ŒUVRES
DE
CHATEAUBRIAND

TOME I

Préface générale. -
Atala. - René. - Le dernier Abencerage. - Mélanges littéraires

Elibron Classics
www.elibron.com

Elibron Classics series.

ISBN 1-4212-2387-2 (paperback)
ISBN 1-4212-2386-4 (hardcover)

This Elibron Classics Replica Edition is an unabridged facsimile of the edition published in 1852 by Dufour et Mulat, Paris.

ŒUVRES

DE

CHATEAUBRIAND

LAGNY. — TYPOGRAPHIE DE VIALAT ET Cie.

G. Staal inv.   F.d Delannoy sc.

ATALA ET CHACTAS.

(Atala)

Abraham Beillet imp.r Quai de la Tournelle, 35 Paris.

ŒUVRES

DE

CHATEAUBRIAND

Préface générale. —

Atala. — René. — Le dernier Abencerage. — Mélanges littéraires

PARIS

DUFOUR ET MULAT, LIBRAIRES-ÉDITEURS

21, QUAI MALAQUAIS

1852

ESSAI

SUR

LA VIE ET LES OUVRAGES

DE

CHATEAUBRIAND[*].

« On le suivra comme un aigle dans les airs, sans savoir comment il a quitté la terre. »

CHATEAUBRIAND (François-Auguste, vicomte de), pair de France et membre de l'Académie française, était issu d'une noble et ancienne famille de Bretagne; il naquit près de Saint-Malo, à Combourg, dans l'antique résidence de ses aïeux, en février 1768. Élevé dans le manoir paternel, il montra dès son enfance le germe d'une imagination, qui en se développant marqua son siècle du type d'un génie créateur. La première éducation répand souvent son influence sur toutes les périodes de la vie, même à l'insu de celui qui l'éprouve : les auteurs de ses jours, dans leurs vœux divers, dirigèrent à la fois ses études vers la théologie et vers l'art maritime; de là découle la source des sentiments religieux qui colorent toutes ses compositions, et du goût des voyages, auquel est attachée une partie de sa renommée. Cependant le propre choix de Chateaubriand lui fit embrasser, à son entrée dans le monde, la carrière des armes, et bientôt on le vit inscrit sur les contrôles du régiment de Navarre. Son nom lui donnait la prérogative de monter dans les carrosses du roi, ce qui à cette époque lui assignait à la cour le rang de capitaine de cavalerie. Mais l'amour d'un service actif lui fit abandonner sans peine son grade et les cercles brillants de Versailles pour aller occuper dans son régiment le poste de sous-lieutenant d'infanterie.

La défection de l'armée, qui commença à marquer les rapides progrès de la révolution de 1789, força Chateaubriand à quitter le service.

La réalité d'une liberté, dont la théorie l'avait séduit dans sa patrie, mais

(1) Cette notice rectifiée de la main de Chateaubriand, a été seule admise par lui à la tête de ses œuvres.

dont les excès naissants lui faisaient présager tous les malheurs, occupait ses pensées, et l'espoir des bienfaits de cette liberté l'attirait vers le nouveau monde.

Depuis longtemps son imagination avait traversé les mers avant que ses pas eussent foulé le sol américain : c'était aux bords de l'Océan, et en errant dans les landes de la Bretagne, que les méditations de sa jeunesse lui firent concevoir le plan aventureux de découvrir le passage qui établit la communication au nord de l'Amérique septentrionale, entre le détroit de Behring et les mers du Groënland : son but était de dévier de la route jusqu'alors suivie, pour marcher par l'occident vers la rive occidentale de l'Amérique, au-dessus du golfe de Californie, et de rentrer ensuite dans les États-Unis par la baie d'Hudson, le Labrador et le Canada. Si Chateaubriand eût effectué son projet, un nom français, au lieu de celui de Makensie, dont l'Angleterre s'honore, aurait rappelé la gloire de la découverte du fleuve que ce célèbre voyageur a signalé le premier, et qui roule ses ondes dans la mer Polaire.

Le précoce jugement du jeune émule de Lapérouse lui fit choisir, pour confident de son hardi dessein, le vénérable Malesherbes, son parent; et c'est en dissertant avec lui sur l'itinéraire de son exploration, qu'il se fortifiait dans la volonté de l'accomplir : il semblait en assurer le succès, en prenant l'expérience pour boussole.

C'était animé de l'espérance du retour qu'il promettait à son digne conseiller de lui apporter le tribut du souvenir, en formant pour lui une collection des plantes rares qui orneraient sa route et des arbres curieux qui lui prêteraient leur abri.

Au printemps de 1791, il quitta les rives de la France pour celles de l'Ohio, et s'éloigna du toit paternel où étaient encore réunis tous les objets de ses affections. Ses adieux à sa respectable mère, qu'il ne devait plus revoir; à tous les siens, que vint bientôt disperser la proscription, et qui plus tard tombèrent sous le glaive révolutionnaire : tout navrait son cœur, en lui faisant pressentir des dangers qu'il avait presque regret de fuir.

Confident des efforts secrets de La Rouarie, son ami, pour raffermir sur ses bases le trône ébranlé de la maison de Bourbon, il reçut de lui une lettre de recommandation pour le célèbre Washington, et s'embarqua à Saint-Malo : il eut pour compagnons de voyage de jeunes séminaristes, que leur supérieur conduisait à Baltimore pour y prêcher la foi évangélique.

En quarante-huit heures, il entra dans l'Atlantique. C'est lorsque le jeune voyageur ne vit plus devant lui que l'immensité de l'Océan, que son âme s'exalta par ce beau idéal de la nature qui, ne fixant point de bornes aux regards, ne pose aucune barrière à l'imagination. La foi pure qui animait les pensées de Chateaubriand reçut au sein des mers l'impression profonde qui plus tard vivifia les pages immortelles du *Génie du Christianisme*.

Il se plaisait à veiller sur le tillac; et lorsque le pilote ne voyait sur les vagues que la route où il guidait la proue de son navire, Chateaubriand, contemplant avec enthousiasme le mouvement des flots, apercevait dans leurs verdoyantes sinuosités, ou dans leur blanche écume, toutes les beautés réunies des vallées du Sud et des frimas du Nord.

L'incrédule aurait aspiré à retrouver des rivages habités, pour fuir la monotonie du cours du soleil sur une mer sans fin; mais l'âme religieuse se plaisait à admirer, dans les gradations de la lumière, la majesté du Dieu dont la présence remplit l'immensité. Les sons pieux de la cloche du navire ramenaient Chateaubriand près de ses compagnons, et lui faisaient joindre sa voix émue aux cantiques du vénérable aumônier, répétés par les mâles accents des marins. C'est surtout pendant cette prière du soir, quand le visage cicatrisé des intrépides enfants des mers s'abaissait devant l'image de la patronne des matelots, que les flots, en réfléchissant les feux du firmament, semblaient à ses yeux unir la terre au ciel pour célébrer la toute-puissance du roi de l'univers.

Après une traversée longue, mais heureuse, le vaisseau jeta l'ancre, et Chateaubriand salua le sol libre de l'Amérique. Ses premiers pas se dirigèrent vers la modeste demeure du président des États-Unis. L'admiration dont il était pénétré pour Washington lui faisait attendre avec impatience le moment de lui être présenté. Ce moderne Cincinnatus avait pour tout palais une humble maisonnette construite à l'anglaise. Cette chaumière, qui renfermait le plus grand homme du siècle, n'avait ni garde pour en défendre l'approche, ni livrée pour en faire le service. Une simple servante fut l'introductrice de Chateaubriand auprès de celui qui avait créé l'indépendance du nouveau monde; là, le plus grand écrivain de notre époque accorda ses pensées avec la philanthropie du fondateur du système de liberté qui a changé la face des empires.

Tout déployait aux yeux de Chateaubriand la grandeur philanthropique, la simplicité des mœurs et le grandiose du pays où son imagination s'était naturalisée.

C'est en errant sur les rives d'une contrée vierge, au sommet d'une montagne que n'avait jamais sillonnée la main de l'homme, planant sur d'immenses forêts empreintes de toute la majesté de la création, au milieu des parfums inconnus à l'Europe, au bruit de la cataracte de Niagara, que Chateaubriand vit se dérouler sous ses pieds des vallées que ne bornait aucune habitation humaine; son âme, pénétrée de l'imposante magie d'une nuit d'Amérique, comprenait tout l'enthousiasme du premier homme créé pour régner sur cette belle nature.

Le tableau qui s'offrait à ses inspirations était sublime; il était là pour en saisir les nuances, et pour doter son pays des tributs de son courage et de son génie.

Explorant les déserts du nouveau monde, Chateaubriand cheminait de hutte en hutte, et c'est en s'abritant dans l'une d'elles, qu'à la faible lueur du foyer hospitalier, son cœur battit à la vue d'un fragment de journal qui lui apprit les malheurs croissants de la France, la fuite de Louis XVI et son arrestation à Varennes. Cet attentat devint pour lui le cri de l'honneur; dès lors, son ambition fut de retourner au rivage où la noblesse française allait combattre la révolution sous le drapeau des princes français.

A cet appel, il sentit dans ses veines le sang de ses aïeux, et atteignit bientôt la terre où s'étaient ralliées les phalanges de la fidélité; mais ses frères d'armes lui tinrent peu de compte de sa course chevaleresque de l'océan Pacifique aux champs de la Neustrie; fiers du titre de premiers inscrits sous la bannière de saint Louis, ils voulurent à peine l'admettre à l'honneur de porter la giberne; ce fut l'épée à la main que Chateaubriand revendiqua, en bon cadet de Bretagne, le droit de mourir pour la cause de son roi.

« Si, continuant mon voyage, dit-il, j'eusse allumé la lampe de mon hô-« tesse avec le journal qui a changé ma vie, personne ne se fût aperçu de mon « absence, car personne ne savait que j'existais. Un simple démêlé entre ma « conscience et moi me ramena sur la scène du monde. J'aurais pu faire ce « que j'aurais voulu, puisque j'étais seul témoin du débat; mais de tous les « témoins, c'est celui aux yeux duquel je craindrais le plus de rougir. »

Il se voua, dès ce moment, à la défense du trône, et on le vit partout où le péril était grand. Dangereusement blessé sous les murs de Thionville, son sang avait scellé son union à la légitimité, lorsque l'ébullition révolutionnaire le décida à suivre en Angleterre l'infortune de ses princes. Il consola ses jours d'exil par les travaux littéraires dont il enrichit la France. En 1800, l'amour de la patrie le ramena sur ses rives. Chateaubriand avait tout perdu, sa plume était tout son bien; mais, livré à ses propres ressources, il fut un de ces hommes qui ne redoutent jamais de se trouver seuls avec eux-mêmes.

Le critique le plus sévère est forcé, lorsqu'il analyse les ouvrages de ce grand écrivain, de trouver, même dans les feuilles échappées à l'exaltation de sa jeunesse, des beautés jusqu'alors inconnues; de même. en approfondissant sa vie, on voit ressortir toute la noblesse de son âme, des fautes dont les apparences trompeuses l'ont fait accuser quelquefois.

Dès sa rentrée en France, Chateaubriand attira l'attention du premier consul par la renommée littéraire qui suivit la publication d'*Atala;* cet épisode fit deviner toute l'énergie de sentiments et de principes qu'il développa peu après avec tant d'éloquence dans le *Génie du Christianisme.* Napoléon alors sentit tout le prix de l'écrivain inaccessible à la crainte, qui dans le moment où les autels étaient à peine relevés, osait publier un ouvrage dont toutes les pages étaient consacrées à exalter les beautés de la religion et la majesté du culte; aussi les journaux eurent-ils la liberté d'analyser avec franchise une production qui rouvrait la lice littéraire si longtemps voilée d'un crêpe de deuil. Tout le clergé paya à Chateaubriand un tribut de reconnaissance, et la sensation que le *Génie du Christianisme* produisit à Rome, engagea Napoléon à attacher l'auteur à l'ambassade française, qui se rendit près du saint-père après la signature du concordat de 1802. Chateaubriand, dans l'indépendance de son caractère, était au moment de refuser une faveur à laquelle il répugnait, lorsque les instances des prélats romains et français le déterminèrent à accepter un poste où on lui faisait entrevoir les moyens de servir la religion; il suivit donc à Rome le cardinal Fesch, en qualité de secrétaire d'ambassade, et visita pour la première fois la capitale du monde chrétien.

Il se délassait de ses travaux en étudiant l'histoire des empires et des arts sur les ruines de l'ancienne Rome; mais bientôt la voix de l'honneur l'arracha à ses méditations : les dépêches du cabinet français, à cette époque, vinrent dérouler aux yeux de Chateaubriand tous les projets d'une politique tortueuse; la loyauté se refusant également à lui servir d'instrument et à trahir des secrets confiés à sa foi, il abandonna un emploi qui n'était plus compatible avec ses principes, et guidé par une conscience pure, il revint à Paris.

Napoléon, de plus en plus excité à faire plier sous son joug cet esprit fier et indépendant, sentit qu'il devait entreprendre de le captiver et non de l'enchaîner. Chateaubriand reprit donc sans entraves ses occupations littéraires, et continua d'écrire dans le *Mercure*, qui était devenu sa propriété. La modération d'une tyrannie offensée lui inspira une sorte de gratitude qui lui fit accepter, en 1804, la nomination de ministre de France dans le Valais.

La persévérance de Napoléon, et son ascendant sur une armée dont les trophées lui avaient servi de pavois, le grandissaient chaque jour; les rois de l'Europe virent avec effroi ce soldat conquérant viser au sceptre dont leur faiblesse n'avait pas su maintenir la légitimité. La politique de Napoléon lui faisait ambitionner d'attacher à sa cour naissante les familles dont les noms consacrés dans les fastes de notre antique monarchie semblaient en entourant son trône en voiler l'usurpation; celui de Chateaubriand fut une conquête.

A cette époque, la France, lasse de l'anarchie, avait vu avec reconnaissance le pouvoir qui ramenait l'ordre au sein de l'État; et une nombreuse partie de la nation pensa que celui qui avait rendu à la patrie ses autels devait aussi lui rendre ses princes.

Ce fut d'une main sanglante que Napoléon déchira le voile de l'illusion; l'assassinat juridique de l'héritier des Condé vint compléter l'envahissement du trône; tous les cœurs furent glacés, et de ce moment Napoléon ne régna plus que par la crainte. Chateaubriand, guidé par la plus noble abnégation, envoya sa démission le jour où la mort du duc d'Enghien fut dévoilée : on reconnut dans ce courageux dévouement le rejeton d'une famille décimée sur l'échafaud du roi-martyr.

Dédaignant la fuite, Chateaubriand revint s'exposer à toutes les persécutions que sa profession de foi lui avait méritées; mais sa conduite énergique redoubla le désir du dictateur, d'attirer à lui l'homme qui avait osé le censurer, et il fut entouré de toutes les offres qui pouvaient satisfaire l'intérêt et l'ambition.

Chateaubriand refusa tout. Alors la liberté qui avait protégé ses premières publications disparut devant le ressentiment d'un dictateur irrité. Toutes les inquisitions d'une police ombrageuse vinrent comprimer les élans du génie, et si Napoléon ne voulut pas ajouter à l'indignation publique qu'avait fait naître l'attentat de Vincennes, par un emprisonnement qui l'eût rappelé, il voua, dès ce jour, à Chateaubriand, une haine dont il lui fit sentir tout le poids, en paralysant les ressources qu'il puisait dans son talent. Ce fut alors que l'illustre écrivain, mû par une imagination chevaleresque, alla chercher au pied du Thabor et sur la montagne des Oliviers, des couleurs locales pour peindre les lieux saints, et identifier l'âme au souvenir d'une terre pleine d'immortalité. Ce fut dans ce pèlerinage qu'il puisa les pensées qui fournirent plus tard de si belles pages à l'*Itinéraire.*

Comme à son départ pour l'Amérique, Chateaubriand avait tracé le plan de sa route vers la Palestine. Il marqua Trieste pour la station de la fidélité, et déposa sur le tombeau de deux filles de France * l'offrande d'un cœur plein de prévisions. Ce voyage ne dura qu'un an, et l'on s'étonne que dans une course si rapide, il ait pu recueillir tant de souvenirs sur la Grèce, sur l'Égypte et sur Jérusalem. Debout sur les rochers des Thermopyles, par trois fois sa voix évoqua la cendre de Léonidas; cet appel aux mânes du héros de la Grèce antique semblait être le son prophétique de la lutte nouvelle qui devait illustrer les jeunes fils de l'Hellénie. Bientôt s'inclinant devant la sépulture des Pharaons, il réveilla la splendeur de leur règne, et redit les exploits d'une gloire récente. La trace des anciens croisés le conduisit enfin dans les cavités saintes, et près de ce tombeau qui « seul n'aura rien à rendre à la fin des siècles. » Explorant ensuite la plage africaine, il médita sur les débris de Carthage, et vint s'asseoir sur les ruines de l'Alhambra, derniers vestiges de la puissance des Maures.

A son retour en France, plein des images de l'Ibérie, sa première publication fut une *Analyse du Voyage en Espagne de Laborde.* Dans cet écrit, la curiosité fut surtout excitée par un portrait de Néron, dont la France nomma le modèle... L'emportement de Napoléon ne connut plus de bornes; le droit de propriété fut violé, le *Mercure* fut enlevé à Chateaubriand, et la colère impériale alla jusqu'à le menacer « de le faire sabrer dans la cour des Tuileries. »

Loin d'être abattue, l'énergie de Chateaubriand reçut une impulsion plus vive; il consacra ses veilles au travail, et la publication des *Martyrs* offrit un nouvel encens aux autels de la chrétienté : cet encens monte toujours.

La souplesse adulatrice des courtisans s'était introduite sous un règne despotique jusque dans la république des lettres : des feuilles périodiques payèrent la dîme au pouvoir, en accablant de leurs traits l'auteur disgracié... Mais du moment où la persécution s'attachait à ses pas, Chateaubriand devint l'écrivain national, et son ouvrage fut accueilli avec enthousiasme.

Tandis que la proscription frappait un Chateaubriand, le trépas allait en moissonner un autre, et porter le deuil dans une famille vouée au culte de la royauté exilée. Un cousin du noble vicomte brigua l'honneur d'être chargé par les princes français d'une mission sur les côtes de Normandie. Arrêté et conduit secrètement à Paris, sa mort fut commandée sans que le simulacre d'un jugement vînt colorer la vengeance du despotisme. Chateaubriand sollicita vainement la triste satisfaction de lui porter un dernier adieu, les verrous de Vincennes ne s'ouvrirent que pour laisser conduire la victime au supplice; la nuit protégea ce nouvel attentat, et Armand de Chateaubriand tomba, à la plaine de Grenelle, sous le feu meurtrier..... Le lendemain, Chateaubriand accourut pour rendre les devoirs funèbres à son infortuné parent; mais il ne trouva plus qu'un chien de boucher qui léchait la cervelle d'un crâne sanglant!...

La police impériale épiait de plus en plus l'écrivain indépendant, et il ne lui était plus permis ni d'écrire ni d'agir. Il allait mettre au jour l'*Itinéraire de Paris à Jérusalem;* tous les libraires ambitionnaient la possession de ce manuscrit; il fit un choix parmi eux, et l'éditeur prépara à grands frais l'impres-

* Mesdames Victoire et Adélaïde, tantes de Louis XVI.

sion de cet ouvrage promis et attendu depuis longtemps. Mais en 1811, au moment de le faire paraître, un ordre ministériel vint imposer à l'auteur une condition sans laquelle cette production devait être bannie des presses françaises : il fallait qu'il introduisît dans cet écrit un éloge de Napoléon, ou qu'il renonçât à le voir imprimer. Chateaubriand, n'écoutant que sa juste indignation, refusa de souscrire à cette injonction; mais l'éditeur de l'*Itinéraire*, atterré par un ordre qui mettait son crédit en danger, vint supplier l'auteur de prendre en considération la position critique où le jetait son refus. Chateaubriand n'hésita pas à faire un sacrifice réclamé avec confiance, et il accorda ce que n'avaient pu obtenir ni l'intérêt, ni la crainte. Incapable cependant de trahir son opinion par une adulation mensongère, il parla avec une vérité bien sentie de la gloire des armes françaises, et de la renommée du chef qui conduisit tant de fois nos bataillons à la victoire; mais il garda un silence expressif sur les actes d'un gouvernement dont la marche et l'arbitraire étaient entièrement opposés aux principes d'une sage liberté.

Une place à l'Institut venait de vaquer par la mort de Chénier; elle appartenait de droit à l'écrivain qui, par tant de productions utiles et brillantes, venait d'illustrer les lettres : c'était à l'Académie une injonction faite par le talent. Elle ne pouvait ignorer non plus qu'à l'occasion des prix décennaux, l'Institut n'ayant fait aucune mention du *Génie du Christianisme*, cette lacune avait été improuvée par Bonaparte, comme membre du corps savant dont il tenait à honneur de faire partie; et comme chef de l'État, il avait à cette occasion ordonné un nouveau rapport sur ces prix et suspendu leur distribution. On décerna donc à Chateaubriand le fauteuil académique; mais, selon la coutume obligée, le récipiendaire était tenu de prononcer le panégyrique de son prédécesseur. C'était celui d'un meurtrier de Louis XVI : la verve indépendante de Chateaubriand faisait présager un anathème contre les crimes de la révolution française. Son discours de réception soumis, d'après l'usage, à une commission, elle décida qu'il ne pouvait être prononcé. Napoléon en prit une connaissance confidentielle; il en fut exaspéré : « Ne suis-je donc qu'un usur« pateur? » s'écria-t-il en marchant à grands pas et en se frappant le front de la main. « Ah! pauvre France, que tu as longtemps encore besoin d'un tuteur!... » Chateaubriand fut exilé de Paris.

Mais déjà les revers de la fortune de Napoléon s'étaient fait sentir; on doutait de son avenir; la révolution s'était repliée, et l'Europe marchait au pas de charge sur les trophées de l'empire; la restauration était prête. La voix de Chateaubriand fit entendre la première les vœux de la France : ce fut au mois de mars 1814, au milieu des murs assiégés de la capitale, qu'il livra à l'impression son entraînant écrit *De Buonaparte et des Bourbons*. Dès les premiers jours qui suivirent l'entrée des souverains alliés à Paris, il fit retentir à leurs oreilles le cri de la patrie redemandant son roi.

Dans le cadre resserré d'une brochure, Chateaubriand a renfermé un vaste tableau aussi brillant de couleurs que frappant de vérité : la vivacité du style, en harmonie avec la rapidité des événements, inculquait une force de conviction qui devint pour l'opinion publique un foyer régénérateur. La peinture de la guerre de Russie, et surtout celle des désastres de Moscou, semblait être le dernier bulletin de cette grande armée ensevelie sous les frimas du Nord, et dont la France entière portait le deuil.

Le roi, après les premiers moments donnés aux soins intérieurs du royaume, s'occupa du choix important de ses représentants près des cours étrangères. L'ambassade de Suède exigeait un mandataire qui sût concilier les intérêts de l'État avec ceux de l'Europe, et maintenir près d'un sceptre moderne la dignité royale d'un Bourbon. Louis XVIII, avec autant de sagacité que d'assurance, confia cette honorable mission à Chateaubriand.

Au moment de quitter son pays, lorsque les lumières des sujets dévoués étaient si utiles au bien du royaume, il publia ses *Réflexions politiques* dont le but était de rallier les esprits par l'unité des sentiments : il soumit le plan de cet ouvrage à l'approbation du roi, qui le sanctionna de son auguste suffrage.

Les événements se pressaient, Napoléon avait rompu le traité de Fontainebleau; il reparut sur les côtes de France : son aigle tenait dans ses serres la Charte mutilée; planant sur le palais de nos rois, il s'y posa un instant. Louis XVIII fut contraint par la défection de rallier ses sujets dévoués sur un sol étranger, on vit Chateaubriand s'attacher de nouveau à l'infortune de ses princes.

Ministre du roi à Gand, il consacra les méditations de l'exil à l'examen approfondi de la situation politique et financière de la France, et consigna, dans son *Rapport au Roi*, le fruit des études d'un homme d'État.

L'Europe s'arma une seconde fois, et marcha vers nos frontières en protestant contre l'usurpation; elle rétablit le trône légitime.

Louis XVIII ayant ressaisi les rênes du gouvernement, le système d'une politique mixte s'établit, le roi céda à une impulsion forcée, et le portefeuille que Chateaubriand avait reçu de la confiance du souverain au jour du péril, lui fut redemandé. Serviteur fidèle et non courtisan, Chateaubriand vit bientôt mettre en pratique, par des conseillers ambitieux, des théories administratives dues à ses sages vues.

Appelé à la pairie et au conseil du roi, comme ministre d'État, il devint, entre le monarque et son peuple, un éloquent interprète.

Les premiers colléges électoraux qui s'assemblèrent pour la formation de la chambre élective, fixèrent l'attention particulière du souverain. Dans cette œuvre nationale se trouvaient concentrés tous les intérêts; le choix des présidents de ces colléges devait avoir une grande influence sur les nominations des députés. Dans cette institution nouvelle, l'inexpérience avait besoin de guides. Le roi le comprit, et Chateaubriand fut choisi pour présider aux élections du département du Loiret.

Le noble pair justifia les espérances du monarque; le discours qu'il prononça à l'ouverture du collége électoral d'Orléans ne fut pas seulement un appel aux principes qui devaient assurer la sécurité de tous; mais il posa les bases de l'opinion, en offrant aux électeurs, dans un résumé rapide et brillant, le tableau de la situation de la France, et le sommaire historique des causes qui avaient présidé aux destinées de la monarchie.

L'enthousiasme qui animait la population des provinces forma une chambre où chaque député apporta le reflet de l'opinion de ses commettants; mais les hommes politiques qui dirigeaient le timon de l'État voulurent arrêter l'élan de la patrie qu'ils jugeaient trop ardente dans l'amour de son roi, et, après avoir tenté d'en réprimer l'expression à la tribune de la chambre élective, cette chambre de 1815 fut enfin dissoute par une ordonnance royale du mois d'août 1816.

Chateaubriand ne put retenir un cri de douleur en voyant refouler, sur tous les points du royaume, les hommes dévoués qui formaient autour du roi le rempart de la fidélité; il exprima ses nobles regrets dans un ouvrage qu'il publia au commencement de septembre 1816, sous le titre *De la Monarchie selon la Charte*. Cet écrit est le premier qui a rendu populaire la connaissance du gouvernement constitutionnel, par la clarté avec laquelle il en développe les avantages.

En professant son attachement aux institutions nouvelles, Chateaubriand donnait au roi et à son pays la franche garantie de l'impartialité qui présidait à ses opinions. Un pouvoir ombrageux et jaloux attaqua l'écrivain dévoué; la *Monarchie selon la Charte* fut saisie d'après les ordres de M. Decazes, alors ministre de la police, et l'ouvrage fut dénoncé ensuite à l'autorité judiciaire.

Le procureur du roi fit comparaître, sur le banc des accusés, l'imprimeur dont les presses avaient reproduit ce code politique; mais l'accusation ne put se soutenir, et le seul examen d'une telle procédure fut suffisant auprès de la chambre du conseil pour repousser les atteintes portées à la liberté de la presse.

Ce fut sur l'auteur même que le ministre attira la disgrâce royale, et Chateaubriand « cessa d'être compté au nombre des ministres d'État. »

Il entra ouvertement dans la lice royaliste; c'est dans *le Conservateur* qu'il combattit le ministère oligarchique qui proscrivait le dévouement. Ce recueil périodique acquit l'importance d'un traité politique. Ce fut là que Chateaubriand soutint les violentes attaques de l'opposition, jusqu'au moment où une sanglante catastrophe vint réaliser de funèbres prédictions... La mort du duc de Berry, en popularisant la douleur, souleva l'animadversion publique; elle amena la chute du ministère. « Le pied lui glissa dans le sang, il tomba. »

Un reflet de la couleur royaliste de 1815 se répandit alors autour du trône. A l'aide de Chateaubriand, de Villèle et de Corbière furent élevés au gouvernail de l'État; la place du noble pair était marquée au poste où la suprématie du roi de France devait se faire sentir dans les destinées de l'Europe; et dans le cabinet britannique, ainsi qu'au congrès de Vérone, Chateaubriand sut, comme ambassadeur, faire respecter les droits de la France et maintenir l'équilibre dans l'intérêt des empires.

En 1822, le vœu du roi l'appela au ministère des affaires étrangères. Il succédait à Mathieu de Montmorency: un débat de délicatesse s'établit entre eux; le bien du pays fut entendu, et l'amitié ne fut point froissée.

L'administration de Chateaubriand a été marquée par une activité infatigable et un travail opiniâtre. Voyant tout par lui-même, ne confiant les secrets de l'État qu'à sa plume, on le citait comme le seul ministre, depuis la restauration, dont la correspondance diplomatique fût tout entière de sa main.

Dans ses hautes méditations, il conçut le projet d'assurer l'indépendance des colonies espagnoles : c'était là où tendaient ses vœux. Déjà il avait préparé Ferdinand VII à donner un gouvernement libre à tous ses peuples. Le plan du noble pair embrassait l'intérêt des deux mondes ; il reposait sur des principes grands et monarchiques qui savaient allier le bonheur des peuples à la dignité des couronnes : l'intervention de la France serait venue fortifier ce système généreux et utile, et les droits de la patrie se seraient accrus par ses bienfaits.

C'était là son ambition ; s'il avait été assez heureux pour la voir se réaliser, il comptait arrêter sa course politique à ce grand acte de philanthropie, en suppliant le roi de rendre ensuite le pouvoir au vertueux duc de Montmorency.

« Couronné de succès, dit-il, je serais sorti de la manière la plus brillante « du ministère, pour me livrer au repos le reste de ma vie. » La marche ouverte, les vues larges de Chateaubriand, la franchise de sa diplomatie, ne purent longtemps sympathiser avec la politique réduite en calcul de Villèle ; ce dernier établit, sous l'égide de la faveur royale, une lutte sourde dans laquelle Chateaubriand succomba ; il reçut avec une noble fierté sa disgrâce : elle fut attirée sur lui par l'impassibilité expressive qu'il montra lors de la discussion de la loi des trois pour cent proposée par de Villèle en 1824.

Tout ce qui était grand dans les combinaisons de l'Europe se rétrécit alors et resta suspendu...

En diplomatie, un plan arrêté n'est pas un plan exécuté : souvent il demande une longue sollicitude ; celui qu'avait conçu Chateaubriand était digne de lui ; et le regret est d'autant plus profond, qu'on remarque qu'après sa sortie du ministère on vit tour à tour s'accomplir plusieurs projets qu'il avait médités. La guerre d'Espagne, l'adoption de la loi septennale, avaient été combattues sous son administration ; elles furent adoptées ensuite, mais on n'en reporta pas le succès à l'homme d'État qui les avait fait naître.

Deux impulsions ont toujours fait battre le cœur de Chateaubriand, la gloire du roi et la gloire des lettres ; il sacrifia le charme de ses loisirs au service de son prince, et retrouva, dans les heures laborieuses de l'étude, la consolation des disgrâces politiques.

Le besoin des œuvres complètes de Chateaubriand se faisait sentir dans le monde littéraire ; il y travailla avec une persévérance infatigable, il retourna toutes les pages de sa vie, et son abnégation consciencieuse laissa pénétrer l'œil investigateur de la critique dans les pensées comme dans les travaux qui la remplirent.

Les fastes de tous les âges sont rassemblés dans les *Essais sur les révolutions anciennes et modernes ;* là, les vicissitudes des couronnes sont jugées avec une haute raison. Dans le cours de sa riche collection, son éloquence semble s'être vouée à la réorganisation de la France : les exemples tirés de la destinée des *Stuarts* sont présentés comme un phare à la faiblesse des rois ; sa *Polémique* est l'étendard de la civilisation ; ses *Opinions* et son *Congrès de Vérone* deviennent le code raisonné d'une franche politique et d'une législation nouvelle.

Ses *Voyages* sont une mappemonde sur laquelle se déploient, et les belles contrées de l'antique Italie, et les découvertes modernes des déserts de l'Amérique. On voit aussi les mœurs des *Natchez*, peuplade de sa prédilection, remplir le cadre de ses ouvrages d'imagination. Une muse gracieuse est toujours la compagne de ses délassements. Ses *Poésies* charment l'esprit et touchent le cœur.

L'art de peindre par l'expression, celui de produire le langage fabuleux en lui donnant tout l'attrait historique; le talent de faire parler la morale et la nature, et de saisir l'expression la plus vraie du sentiment, sont les attributs du génie de Chateaubriand. Ses *Nouvelles* se distinguent par l'élégance du style, la richesse des détails et la fraîcheur du coloris.

Atala est le modèle de l'éloquence des passions saisies dans un cœur pur; *René*, l'exemple de l'amertume qu'elles déversent sur la vie, lorsque la source n'en peut être avouée; et le *Dernier Abencerage*, le type de la grandeur qu'elles impriment à l'âme quand elles germent avec l'amour du devoir.

Au milieu de cette galerie bibliographique, tandis que son *Histoire de France* instruit en attachant, ses *Mélanges* offrent des souvenirs à l'âge mûr, et des tableaux récents aux contemporains. On voit sous son pinceau la vieille Gaule et la nouvelle France se grouper dans le faisceau de la gloire nationale. Enfin, les œuvres complètes de Chateaubriand sont une mosaïque qui peut orner le temple de l'histoire comme celui des arts *.

Pendant que l'horloge silencieuse décrivait son cercle devant la plume de l'illustre écrivain, l'heure des changements politiques avait sonné. Le ministère de Villèle tomba par le malaise public et la force de l'opinion. Chateaubriand, cette fois encore, étaya l'avénement des nouveaux conseillers de la couronne.

Nommé en 1828 ambassadeur dans la patrie des arts, dans cette Rome dont il avait si souvent exhumé les souvenirs antiques, il y puisa de nouvelles inspirations; associant la gloire romaine aux exploits de la Grèce moderne, ses écrits proclamèrent une nouvelle croisade, et à sa voix se levèrent les étendards libérateurs d'une contrée chrétienne.

Sa politique fut toujours appréciée des hommes sages. La mort de Léon XII, l'élection de Pie VIII, furent des circonstances importantes où ses accents retentirent dans la diplomatie européenne.

La cité où s'élèvent tant de monuments artistiques devait aussi porter l'obélisque d'un souvenir contemporain. A ses frais, l'ambassadeur de France éleva la pierre funèbre qui décore la tombe du Poussin; le tribut d'un génie qui apporta une création dans les phases de la littérature fut payé à la cendre du grand peintre qui fit école dans son siècle.

Les débris du règne des Césars, que le soc de la charrue déroule à l'étude moderne, sur la terre où brillèrent leurs phalanges, réveillèrent son amour pour l'antiquité; on lui dut des fouilles qui produisirent des découvertes pré-

* La série des publications des diverses productions de l'illustre écrivain forme à elle seule un cours de bibliographie; il existe un volumineux catalogue des ouvrages dont Chateaubriand a doté la littérature. Ses écrits ont été traduits en grec, en anglais, en allemand, en russe, en italien et en espagnol; et dans toutes les bibliothèques de l'Europe le voyageur français retrouve avec orgueil les œuvres de l'auteur qui honore le plus la France.

cieuses dans le caveau de la Porte du Peuple. Sa main alla consulter le sein du sol antique, comme l'œil de son génie avait pénétré dans la nuit des temps.

Sa santé, altérée par des veilles studieuses, avait besoin de se ranimer à l'air de la patrie. De retour en France, Chateaubriand fut fêté dans la cité où les colonies romaines virent décerner des couronnes à l'éloquence; Lyon accueillit le chantre des arts; et Pau, la ville qui renferme le berceau de Henri IV, paya quelque temps après son hommage à l'écrivain qui défendit avec un si noble courage les droits des petits-fils du Béarnais.

Rome ne vit pas le retour de Chateaubriand; ses travaux diplomatiques furent abandonnés au moment où un ministère, du choix spécial du roi, commençait les siens. Au mois de septembre 1829, il donna à la hâte sa démission d'ambassadeur. Charles X fut blessé dans la politique de son cœur, et les royalistes le plus désintéressés, qui n'avaient jamais séparé leur cause de celle de Chateaubriand, se turent; mais, dans leur affliction muette, ils déplorèrent cet acte de précipitation.

L'amour des lettres assura toujours à Chateaubriand des jouissances dans la retraite, et il rassembla, en explorant les chroniques françaises, de précieux matériaux qui ont fourni de nouvelles palmes à sa renommée.

La vie de Chateaubriand a mis en relief toutes les voies du progrès; sur ses pas la civilisation s'est avancée; tous les partis ont fait corps avec ses sympathies. Il a ramené l'unité dans la foi et dans la monarchie. Toutes les idées éparses se sont groupées à sa voix, et ses hautes leçons ont été entendues des masses. Preux voyageur, homme politique, mentor des fils de saint Louis, proscrit, associé à toutes les infortunes de la royauté, c'est l'homme des beaux jours du malheur; c'est le héros de nos vicissitudes; c'est l'homme de notre gloire; c'est le conseiller des rois; grand de renommée et de sacrifices, c'est la boussole qui guide et qui ne faillit point.

Les *Mémoires d'outre-tombe* de Chateaubriand font ressortir l'action d'une existence qui fut toute à la France, et qui grandit la France en arrhant l'avenir. Écoutons :

« Comme il est impossible de prévoir le moment de ma fin; comme à mon « âge les jours accordés à l'homme ne sont que des jours de grâce, ou plutôt « de rigueur, je vais, dans la crainte d'être surpris, m'expliquer sur un travail « destiné à tromper pour moi l'ennui de ces heures dernières et délaissées, que « personne ne veut, et dont on ne sait que faire.

« Les *Mémoires* à la tête desquels on lira cette préface embrassent ou em- « brasseront le cours entier de ma vie; ils ont été commencés dès l'année 1811, « et continués jusqu'à ce jour. Je raconte, dans ce qui est achevé, et racon- « terai, dans ce qui n'est encore qu'ébauché, mon enfance, mon éducation, « ma jeunesse, mon entrée au service, mon arrivée à Paris, ma présentation « à Louis XVI, les premières scènes de la révolution, mes voyages en Amé- « rique, mon retour en Europe, mon émigration en Allemagne et en Angle- « terre, ma rentrée en France sous le consulat, mes occupations et mes ou- « vrages sous l'empire, ma course à Jérusalem, mes occupations et mes

« ouvrages sous la restauration, enfin l'histoire complète de cette restauration « et de sa chute.

« J'ai rencontré presque tous les hommes qui ont joué de mon temps un « rôle grand ou petit à l'étranger et dans ma patrie, depuis Washington jusqu'à « Napoléon, depuis Louis XVIII jusqu'à Alexandre, depuis Pie VII jusqu'à « Grégoire XVI; depuis Fox, Burke, Pitt, Sheridan, Londonderry, Capo-« d'Istrias, jusqu'à Malesherbes, Mirabeau; depuis Nelson, Bolivar, Méhémet, « pacha d'Égypte, jusqu'à Suffren, Bougainville, Lapérouse, Moreau, etc. « J'ai fait partie d'un triumvirat qui n'avait point eu d'exemple : trois poëtes « opposés d'intérêts et de nations se sont trouvés, presque à la fois, ministres « des affaires étrangères, moi en France, Canning en Angleterre, Martinez de « la Rosa en Espagne. J'ai traversé successivement les années vides de ma « jeunesse, les années si remplies de l'ère républicaine, des fastes de Buona-« parte et du règne de la légitimité.

« J'ai exploré les mers de l'ancien et du nouveau monde, et foulé le sol des « quatre parties de la terre. Après avoir campé sous la hutte de l'Iroquois et « sous la tente de l'Arabe, dans les wigwuams des Hurons, dans les débris « d'Athènes, de Jérusalem, de Memphis, de Carthage, de Grenade, chez le « Grec, le Turc et le Maure, parmi les forêts et les ruines; après avoir revêtu « la casaque de peau d'ours du Sauvage et le cafetan de soie du Mameluck; « après avoir subi la pauvreté, la faim, la soif et l'exil, je me suis assis, mi-« nistre et ambassadeur, brodé d'or, bariolé d'insignes et de rubans, à la table « des rois, aux fêtes des princes et des princesses, pour retomber dans l'indi-« gence et essayer de la prison.

« J'ai été en relation avec une foule de personnages célèbres dans les armes, « l'Église, la politique, la magistrature, les sciences et les arts. Je possède des « matériaux immenses : plus de quatre mille lettres particulières, les corres-« pondances diplomatiques de mes différentes ambassades, celles de mon pas-« sage au ministère des affaires étrangères, entre lesquelles se trouvent des « pièces à moi particulières, uniques et inconnues. J'ai porté le mousquet du « soldat, le bâton du voyageur, le bourdon du pèlerin : navigateur, mes des-« tinées ont eu l'inconstance de ma voile; alcyon, j'ai fait mon nid sur les flots.

« Je me suis mêlé de paix et de guerre, j'ai signé des traités, des protocoles, « et publié, chemin faisant, de nombreux ouvrages. J'ai été initié à des secrets « de partis, de cour et d'État; j'ai vu de près les plus rares malheurs, les plus « hautes fortunes, les plus grandes renommées. J'ai assisté à des siéges, à des « congrès, à des conclaves, à la réédification et à la démolition des trônes. J'ai « fait de l'histoire, et je pouvais l'écrire. Et ma vie solitaire, rêveuse, poétique, « marchait au travers de ce monde de réalités, de catastrophes, de tumulte, de « bruit, avec les fils de mes songes, *Chactas*, *René*, *Eudore*, *Aben-Hamet*; « avec les filles de mes chimères, *Atala*, *Amélie*, *Blanca*, *Velleda*, *Cymo-« docée*. En dedans et à côté de mon siècle, j'exerçais peut-être sur lui, sans « le vouloir et sans le chercher, une triple influence, religieuse, politique et « littéraire.

« Je n'ai plus autour de moi que quatre ou cinq contemporains d'une

« longue renommée. Alfieri, Canova et Monti ont disparu. De ses jours brillants, l'Italie ne conserve que Pindemonte et Manzoni. Pellico a usé ses « belles années dans les cachots du Spielberg; les talents de la patrie de Dante « sont condamnés au silence ou forcés de languir en terre étrangère. Lord « Byron et Canning sont morts jeunes; Walter Scott nous a laissés; Goethe « nous a quittés rempli de gloire et d'années. La France n'a presque plus « rien de son passé si riche; elle commence une autre ère : je reste pour enterrer mon siècle, comme le vieux prêtre qui, dans le sac de Béziers, devait sonner la cloche avant de tomber lui-même, lorsque le dernier citoyen « aurait expiré.

« Quand la mort baissera la toile entre moi et le monde, on trouvera que « mon drame se divise en trois actes.

« Depuis ma première jeunesse jusqu'en 1800, j'ai été soldat et voyageur; « depuis 1800 jusqu'en 1814, sous le consulat et l'empire, ma vie a été littéraire; depuis la restauration jusque aujourd'hui, ma vie a été politique. « Dans mes trois carrières successives, je me suis toujours proposé une grande « tâche : voyageur, j'ai aspiré à la découverte du monde polaire; littérateur, « j'ai essayé de rétablir la religion sur ses ruines; homme d'État, je me suis « efforcé de donner aux peuples le vrai système monarchique représentatif « avec ses diverses libertés : j'ai du moins aidé à conquérir celle qui les vaut, « les remplace, et tient lieu de toute constitution, la liberté de la presse; si « j'ai souvent échoué dans mes entreprises, il y a eu chez moi faillance de « destinée. Les étrangers qui ont succédé dans leurs desseins furent servis « par la fortune; ils avaient derrière eux des amis puissants et une patrie « tranquille; je n'ai pas eu ce bonheur.

« Des auteurs modernes français de ma date, je suis quasi le seul dont la « vie ressemble à ses ouvrages : voyageur, soldat, poëte, publiciste, c'est « dans les bois que j'ai chanté les bois, sur les vaisseaux que j'ai peint la « mer, dans les camps que j'ai parlé des armes; dans l'exil que j'ai appris « l'exil; dans les cours, dans les affaires, dans les assemblées que j'ai étudié « les princes, la politique, les lois et l'histoire. Les orateurs de la Grèce et « de Rome furent mêlés à la chose publique et en partagèrent le sort. Dans « l'Italie et l'Espagne de la fin du moyen âge et de la renaissance, les premiers génies des lettres et des arts participèrent au mouvement social. « Quelles orageuses et belles vies que celles de Dante, de Tasse, de Camoëns, « d'Ercilla, de Cervantes !

« En France, nos anciens poëtes et nos anciens historiens chantaient et « écrivaient au milieu des pèlerinages et des combats : Thibault, comte de « Champagne; Villehardoin, Joinville, empruntent les félicités de leur style « des aventures de leur carrière; Froissart va chercher l'histoire sur les « grands chemins, et l'apprend des chevaliers et des abbés, qu'il rencontre, « avec lesquels il chevauche. Mais à compter du règne de François Ier, nos « écrivains ont été des hommes isolés dont les talents pouvaient être l'expression de l'esprit, non des faits de leur époque. Si j'étais destiné à vivre, je « représenterais dans ma personne, représentée dans mes Mémoires, les

« principes, les idées, les événements, les catastrophes, l'épopée de mon « temps, d'autant plus que j'ai vu finir et commencer un monde, et que les « caractères opposés de cette fin et de ce commencement se trouvent mêlés « dans mes opinions. Je me suis rencontré entre deux siècles comme au con- « fluent de deux fleuves; j'ai plongé dans leurs eaux troublées, m'éloignant à « regret du vieux rivage où j'étais né, et nageant avec espérance vers la rive « inconnue où vont aborder les générations nouvelles.

« Les *Mémoires*, divisés en livres et en parties, sont écrits à différentes « dates et en différents lieux : ces sections amènent naturellement des espèces « de prologues qui rappellent les accidents survenus depuis les dernières dates, « et peignent les lieux où je reprends le fil de ma narration. Les événements « variés et les formes changeantes de ma vie entrent ainsi les uns dans les « autres; il arrive que, dans les instants de mes prospérités, j'ai à parler du « temps de mes misères, et que dans mes jours de tribulation je retrace mes « jours de bonheur. Les divers sentiments de mes âges divers, ma jeunesse « pénétrant dans ma vieillesse, la gravité de mes années d'expérience attristant « mes années légères, les rayons de mon soleil, depuis son aurore jusqu'à son « couchant, se croisant et se confondant comme les reflets épars de mon « existence, donnent une sorte d'unité indéfinissable à mon travail : mon « berceau a de ma tombe, ma tombe a de mon berceau, mes souffrances « deviennent des plaisirs, mes plaisirs des douleurs, et l'on ne sait si ces « *Mémoires* sont l'ouvrage d'une tête brune ou chenue.

« Je ne dis point ceci pour me louer, car je ne sais si cela est bon; je dis « ce qui est arrivé, sans que j'y songeasse, par l'inconstance même des tem- « pêtes déchaînées contre ma barque, et qui souvent ne m'ont laissé pour « écrire tel ou tel fragment de ma vie que l'écueil de mon naufrage. J'ai mis à « composer ces *Mémoires* une prédilection toute paternelle; je désirerais pou- « voir ressusciter à l'heure des fantômes pour en corriger les épreuves : *les « morts vont vite.*

« Les notes qui accompagnent le texte sont de trois sortes : les premières, « rejetées à la fin des volumes, comprennent les *éclaircissements et pièces jus- « tificatives*; les secondes, au bas des pages, sont de l'époque même du texte; « les troisièmes, pareillement au bas des pages, ont été ajoutées depuis la « composition de ce texte, et portent la date du temps et du lieu où elles ont « été écrites. Un an ou deux de solitude dans un coin de la terre suffiraient à « l'achèvement de mes *Mémoires;* mais je n'ai eu de repos que durant les « neuf mois où j'ai dormi la vie dans le sein de ma mère; il est probable que « je ne trouverai ce repos avant-naître que dans les entrailles de notre mère « commune après-mourir.

« Plusieurs de mes amis m'ont pressé de publier à présent une partie de « mon histoire; je n'ai pu me rendre à leur vœu. D'abord je serais, malgré « moi, moins franc et moins véridique; ensuite j'ai toujours supposé que j'é- « crivais assis dans mon cercueil. L'ouvrage a pris de là un certain caractère « religieux que je ne lui pourrais pas ôter sans préjudice; il m'en coûterait « d'étouffer cette voix lointaine qui sort de la tombe et que l'on entend dans

« tout le cours du récit. On ne trouvera pas étrange que je garde quelques « faiblesses, que je sois préoccupé de la fortune du pauvre orphelin, destiné « à rester après moi sur la terre. Si j'ai assez souffert dans ce monde pour « être dans l'autre une ombre heureuse, un peu de lumière des Champs-« Élysées, venant éclairer mon dernier tableau, servirait à rendre moins « saillants les défauts du peintre : la vie me sied mal; la mort m'ira peut-être « mieux. »

. . . .

. . . .

Comme au temps de sa jeunesse, les derniers écrits de Chateaubriand sont empreints du feu vital qui anime sa verve et rend irrésistible l'entraînement qu'il inspire.

Son génie, né roi dans la littérature, a doublé sa puissance par ses succès, son règne y est établi, et par droit de nature et par droit de conquête. C'est toujours de son cœur que part l'étincelle qui embrase son imagination, et c'est bien à lui qu'on peut appliquer sa propre maxime : « La beauté des sen-« timents fait la beauté du style; quand l'âme est élevée, les paroles tombent « d'en haut. »

Oui, elles tombent d'en haut... L'avenir a commencé pour Chateaubriand; il a expiré le 4 juillet 1848, et ses paroles vibrent toujours... toujours...

Une belle vie, une bonne mort!.. Voilà le tribut qui pare la terre, voilà le legs qui retourne au ciel.

La mort, l'Océan, un rocher, une tombe disent, avec le nom de Chateaubriand, que le génie a l'immensité pour horizon... L'heure des siècles lui appartient... Mais quand l'homme met sa chronologie dans les temps, Dieu met la sienne dans l'éternité.

DE SAINT-ESPRIT.

PRÉFACE GÉNÉRALE*.

Si j'avais été le maître de la Fortune, je n'aurais jamais publié le recueil de mes ouvrages. L'avenir (supposé que l'avenir entende parler de moi) eût fait ce qu'il aurait voulu. Plus d'un quart de siècle passé sur mes premiers écrits sans les avoir étouffés ne m'a pas fait présumer une immortalité que j'ambitionne peut-être moins qu'on ne le pense. C'est donc contre mon penchant naturel, et aux dépens de ce repos, dernier besoin de l'homme, que je donne aujourd'hui l'édition de mes œuvres. Peu importent au public les motifs de ma détermination, il suffit qu'il sache (ce qui est la vérité) que ces motifs sont honorables.

J'ai entrepris les *Mémoires* de ma vie : cette vie a été fort agitée. J'ai traversé plusieurs fois les mers; j'ai vécu dans la hutte des Sauvages et dans le palais des rois, dans les camps et dans les cités. Voyageur aux champs de la Grèce, pèlerin à Jérusalem, je me suis assis sur toutes sortes de ruines. J'ai vu passer le royaume de Louis XVI et l'empire de Buonaparte; j'ai partagé l'exil des Bourbons, et j'ai annoncé leur retour. Deux poids qui semblent attachés à ma fortune la font successivement monter et descendre dans une proportion égale : on me prend, on me laisse; on me reprend dépouillé un jour, le lendemain on me jette un manteau, pour m'en dépouiller encore. Accoutumé à ces bourrasques, dans quelque port que j'arrive je me regarde toujours comme un navigateur qui va bientôt remonter sur son vaisseau, et je ne fais à terre aucun établissement solide. Deux heures m'ont suffi pour quitter le ministère, et pour remettre les clefs de l'hôtellerie à celui qui devait l'occuper.

Qu'il faille en gémir ou s'en féliciter, mes écrits ont teint de leur couleur grand nombre des écrits de mon temps. Mon nom, depuis vingt-cinq années, se trouve mêlé aux mouvements de l'ordre social : il s'attache au règne de

* Édition de 1826.

Buonaparte, au rétablissement des autels, à celui de la monarchie légitime, à la fondation de la monarchie constitutionnelle. Les uns repoussent ma personne, mais prêchent mes doctrines, et s'emparent de ma politique en la dénaturant; les autres s'arrangeraient de ma personne si je consentais à la séparer de mes principes. Les plus grandes affaires ont passé par mes mains. J'ai connu presque tous les rois, presque tous les hommes, ministres ou autres, qui ont joué un rôle de mon temps. Présenté à Louis XVI, j'ai vu Washington au début de ma carrière, et je suis retombé à la fin sur ce que je vois aujourd'hui. Plusieurs fois Buonaparte me menaça de sa colère et de sa puissance, et cependant il était entraîné par un secret penchant vers moi, comme je ressentais une involontaire admiration de ce qu'il y avait de grand en lui. J'aurais tout été dans son gouvernement si je l'avais voulu; mais il m'a toujours manqué pour réussir une passion et un vice : l'ambition et l'hypocrisie.

De pareilles vicissitudes, qui me travaillèrent presque au sortir d'une enfance malheureuse, répandront peut-être quelque intérêt dans mes Mémoires. Les ouvrages que je publie seront comme les preuves et les pièces justificatives de ces Mémoires. On y pourra lire d'avance ce que j'ai été, car ils embrassent ma vie entière. Les lecteurs qui aiment ce genre d'études rapprocheront les productions de ma jeunesse de celles de l'âge où je suis parvenu : il y a toujours quelque chose à gagner à ces analyses de l'esprit humain.

Je crois ne me faire aucune illusion, et me juger avec impartialité. Il m'a paru, en relisant mes ouvrages pour les corriger, que deux sentiments y dominaient : l'amour d'une religion charitable, et un attachement sincère aux libertés publiques. Dans l'*Essai historique* même, au milieu d'innombrables erreurs, on distingue ces deux sentiments. Si cette remarque est juste, si j'ai lutté, partout et en tout temps, en faveur de l'indépendance des hommes et des principes religieux, qu'ai-je à craindre de la postérité? Elle pourra m'oublier, mais elle ne maudira pas ma mémoire.

Mes ouvrages, qui sont une histoire fidèle des trente prodigieuses années qui viennent de s'écouler, offrent encore auprès du passé des vues assez claires de l'avenir. J'ai beaucoup prédit, et il restera après moi des preuves irrécusables de ce que j'ai inutilement annoncé. Je n'ai point été aveugle sur les destinées futures de l'Europe; je n'ai cessé de répéter à de vieux gouvernements, qui furent bons dans leur temps et qui eurent leur renommée, que force était pour eux de s'arrêter dans des monarchies constitutionnelles, ou d'aller se perdre dans la république. Le despotisme militaire, qu'ils pourraient secrètement désirer, n'aurait pas même aujourd'hui une existence de quelque durée.

L'Europe, pressée entre un nouveau monde tout républicain et un ancien empire tout militaire, lequel a tressailli subitement au milieu du repos des armes, cette Europe a plus que jamais besoin de comprendre sa position pour se sauver. Qu'aux fautes politiques intérieures on mêle les fautes politiques extérieures, et la décomposition s'achèvera plus vite : le coup de canon dont on refuse quelquefois d'appuyer une cause juste, tôt ou tard on est obligé de le tirer dans une cause déplorable.

Vingt-cinq années se sont écoulées depuis le commencement du siècle. Les hommes de vingt-cinq ans qui vont prendre nos places n'ont point connu le siècle dernier, n'ont point recueilli ses traditions, n'ont point sucé ses doctrines avec le lait, n'ont point été nourris sous l'ordre politique qui l'a régi; en un mot, ne sont point sortis des entrailles de l'ancienne monarchie, et n'attachent au passé que l'intérêt que l'on prend à l'histoire d'un peuple qui n'est plus. Les premiers regards de ces générations cherchèrent en vain la légitimité sur le trône, emportée qu'elle était déjà depuis sept années par la révolution. Le géant qui remplissait le vide immense que cette légitimité avait laissé après elle, d'une main touchait le bonnet de la liberté, de l'autre, la couronne : il allait bientôt les mettre à la fois sur sa tête, et seul il était capable de porter ce double fardeau.

Ces enfants qui n'entendirent que le bruit des armes, qui ne virent que des palmes autour de leurs berceaux, échappèrent par leur âge à l'oppression de l'empire : ils n'eurent que les jeux de la victoire dont leurs pères portaient les chaînes. Race innocente et libre, ces enfants n'étaient pas nés quand la révolution commit ses forfaits; ils n'étaient pas hommes quand la restauration multiplia ses fautes : ils n'ont pris aucun engagement avec nos crimes ou avec nos erreurs.

Combien il eût été facile de s'emparer de l'esprit d'une jeunesse sur laquelle des malheurs qu'elle n'a pas connus ont néanmoins répandu une ombre et quelque chose de grave! La restauration s'est contentée de donner à cette jeunesse sérieuse des représentations théâtrales des anciens jours, des imitations du passé qui ne sont plus le passé. Qu'a-t-on fait pour la race sur qui reposent aujourd'hui les destinées de la France? Rien. S'est-on même aperçu qu'elle existait? Non; dans une lutte misérable d'ambitions vulgaires, on a laissé le monde s'arranger sans guide. Les débris du dix-huitième siècle, qui flottent épars dans le dix-neuvième, sont au moment de s'abîmer; encore quelques années, et la société religieuse, philosophique et politique, appartiendra à des fils étrangers aux mœurs de leurs aïeux. Les semences des idées nouvelles ont levé partout; ce serait en vain qu'on les voudrait détruire : on pouvait cultiver la plante naissante, la dégager de son venin, lui faire porter un fruit salutaire; il n'est donné à personne de l'arracher.

Une déplorable illusion est de supposer nos temps épuisés, parce qu'il ne semble plus possible qu'ils produisent encore, après avoir enfanté tant de choses. La faiblesse s'endort dans cette illusion; la folie croit qu'elle peut surprendre le genre humain dans un moment de lassitude, et le contraindre à rétrograder. Voyez pourtant ce qui arrive.

Quand on a vu la révolution française, dites-vous, que peut-il survenir qui soit digne d'occuper les yeux? La plus vieille monarchie du monde renversée, l'Europe tour à tour conquise et conquérante, des crimes inouïs, des malheurs affreux recouverts d'une gloire sans exemple : qu'y a-t-il après de pareils événements? Ce qu'il y a? Portez vos regards au delà des mers. L'Amérique entière sort républicaine de cette révolution que vous prétendiez finie, et remplace un étonnant spectacle par un spectacle plus étonnant encore.

Et l'on croirait que le monde a pu changer ainsi, sans que rien ait changé dans les idées des hommes! on croirait que les trente dernières années peuvent être regardées comme non avenues, que la société peut être rétablie telle qu'elle existait autrefois! Des souvenirs non partagés, de vains regrets, une génération expirante que le passé appelle, que le présent dévore, ne parviendront point à faire renaître ce qui est sans vie. Il y a des opinions qui périssent comme il y a des races qui s'éteignent, et les unes et les autres restent tout au plus un objet de curiosité et de recherche dans les champs de la mort. Que loin d'être arrivée au but, la société marche à des destinées nouvelles, c'est ce qui me paraît incontestable. Mais laissons cet avenir plus ou moins éloigné à ses jeunes héritiers : le mien est trop rapproché de moi pour étendre mes regards au delà de l'horizon de ma tombe.

O France, *mon cher pays et mon premier amour!* un de vos fils, au bout de sa carrière, rassemble sous vos yeux les titres qu'il peut avoir à votre bienveillance maternelle. S'il ne peut plus rien pour vous, vous pouvez tout pour lui, en déclarant que son attachement à votre religion, à votre roi, à vos libertés, vous fut agréable. Illustre et belle patrie, je n'aurais désiré un peu de gloire que pour augmenter la tienne.

PRÉFACES.

PRÉFACE DE LA PREMIÈRE ÉDITION D'ATALA.

On voit par la lettre précédente (1) ce qui a donné lieu à la publication d'*Atala* avant mon ouvrage sur le *Génie du Christianisme*, dont elle fait partie. Il ne me reste plus qu'à rendre compte de la manière dont cette histoire a été composée.

J'étais encore très-jeune lorsque je conçus l'idée de faire l'*épopée de l'homme de la nature*, ou de peindre les mœurs des Sauvages, en les liant à quelque événement connu. Après la découverte de l'Amérique, je ne vis pas de sujet plus intéressant, surtout pour les Français, que le massacre de la colonie des Natchez à la Louisiane en 1727. Toutes les tribus indiennes conspirant après deux siècles d'oppression, pour rendre la liberté au Nouveau-Monde, me parurent offrir un sujet presque aussi heureux que la conquête du Mexique. Je jetai quelques fragments de cet ouvrage sur le papier; mais je m'aperçus bientôt que je manquais des vraies couleurs, et que, si je voulais faire une image semblable, il fallait, à l'exemple d'Homère, visiter les peuples que je voulais peindre. En 1789, je fis part à M. de Malesherbes du dessein que j'avais de passer en Amérique. Mais désirant en même temps donner un but utile à mon voyage, je formai le dessein de découvrir par terre le *passage* tant recherché, et sur lequel Cook même avait laissé des doutes. Je partis, je vis les solitudes américaines, et je revins avec des plans pour un second voyage, qui devait durer neuf ans. Je me proposais de traverser tout le continent de l'Amérique septentrionale,

(1) La lettre dont il s'agit ici avait été publiée dans le *Journal des Débats* et dans le *Publiciste* (1800); la voici :

« CITOYEN,

« Dans mon ouvrage sur le *Génie du Christianisme*, ou *les Beautés de la religion chrétienne*, il se trouve une partie entière consacrée à la *poétique du Christianisme*. Cette partie se divise en quatre livres : poésie, beaux-arts, littérature, harmonies de la religion avec les scènes de la nature et les passions du cœur humain. Dans ce livre, j'examine plusieurs sujets qui n'ont pu entrer dans les précédents, tels que les effets des ruines gothiques comparées aux autres sortes de ruines, les sites des monastères dans la solitude, etc. Ce livre est terminé par une anecdote extraite de mes *Voyages en Amérique*, et écrite sous les huttes mêmes des Sauvages; elle est intitulée *Atala, etc*. Quelques épreuves de cette petite histoire s'étant trouvées égarées, pour prévenir un accident qui me causerait un tort infini, je me vois obligé de l'imprimer à part, avant mon grand ouvrage.

« Si vous vouliez, citoyen, me faire le plaisir de publier ma lettre, vous me rendriez un important service. J'ai l'honneur d'être, etc. »

de remonter ensuite le long des côtes, au nord de la Californie, et de revenir par la baie d'Hudson, en tournant sur le pôle (1). M. de Malesherbes se chargea de présenter mes plans au gouvernement, et ce fut alors qu'il entendit les premiers fragments du petit ouvrage que je donne aujourd'hui au public. La révolution mit fin à tous mes projets. Couvert du sang de mon frère unique, de ma belle-sœur, de celui de l'illustre vieillard leur père; ayant vu ma mère et une autre sœur pleine de talents mourir des suites du traitement qu'elles avaient éprouvé dans les cachots, j'ai erré sur les terres étrangères où le seul ami que j'eusse conservé s'est poignardé dans mes bras (2).

De tous mes manuscrits sur l'Amérique, je n'ai sauvé que quelques fragments, en particulier *Atala*, qui n'était elle-même qu'un épisode des *Natchez* (3). *Atala* a été écrite dans le désert, et sous les huttes des Sauvages. Je ne sais si le public goûtera cette histoire, qui sort de toutes les routes connues, et qui présente une nature et des mœurs tout à fait étrangères à l'Europe. Il n'y a point d'aventure dans *Atala*. C'est une sorte de poëme (4), moitié descriptif, moitié dramatique : tout consiste dans la peinture de deux amants qui marchent et causent dans la solitude, et dans le tableau des troubles de l'amour, au milieu du calme des déserts. J'ai essayé de donner à cet ouvrage les formes les plus antiques; il est divisé en *prologue*, *récit* et *épilogue*. Les principales parties du récit prennent une dénomination comme *les chasseurs*, *les laboureurs*, *etc.*; et c'était ainsi que dans les premiers siècles de la Grèce les Rhapsodes chantaient sous divers titres les fragments de l'*Iliade* et de l'*Odyssée*.

Je dirai aussi que mon but n'a pas été d'arracher beaucoup de larmes : il me semble que c'est une dangereuse erreur avancée, comme tant d'autres, par Voltaire, que *les bons ouvrages sont ceux qui font le plus pleurer*. Il y a tel drame dont personne ne voudrait être l'auteur, et qui déchire le cœur bien autrement que l'*Enéide*. On n'est point un grand écrivain parce qu'on met l'âme à la torture. Les vraies larmes sont celles que fait couler une belle poésie; il faut qu'il s'y mêle autant d'admiration que de douleur.

C'est Priam disant à Achille :

Ἀνδρὸς παιδοφόνοιο ποτὶ στόμα χεῖρ' ὀρέγεσθαι.

Juge de l'excès de mon malheur, puisque je baise la main qui a tué mon fils.

(1) M. Mackenzie a depuis exécuté une partie de ce plan.

(2) Nous avions été tous deux cinq jours sans nourriture.

Tandis que ma famille était ainsi massacrée, emprisonnée et bannie, une de mes sœurs, qui devait sa liberté à la mort de son mari, se trouvait à Fougères, petite ville de Bretagne. L'armée royaliste arrive; huit cents hommes de l'armée républicaine sont pris et condamnés à être fusillés. Ma sœur se jette aux pieds de M. de La Rarochejaquelein, et obtient la grâce des prisonniers. Aussitôt elle vole à Rennes, se présente au tribunal révolutionnaire avec les certificats qui prouvent qu'elle a sauvé la vie à huit cents hommes, et demande pour seule récompense qu'on mette ses sœurs en liberté. Le président du tribunal lui répond : *Il faut que tu sois une coquine de royaliste que je ferai guillotiner, puisque les brigands ont tant de déférence pour toi. D'ailleurs, la république ne te sait aucun gré de ce que tu as fait! elle n'a que trop de défenseurs, et elle manque de pain.* Voilà les hommes dont Buonaparte a délivré la France!

(3) Voyez la Préface des *Natchez*.

(4) Je suis obligé d'avertir que si je me sers ici du mot de *poëme*, c'est faute de savoir comment me faire entendre autrement. Je ne suis point de ceux qui confondent la prose et les vers. Le poëte, quoi qu'on en dise, est toujours l'homme par excellence, et des volumes entiers de prose descriptive ne valent pas cinquante beaux vers d'Homère, de Virgile ou de Racine.

C'est Joseph s'écriant :

Ego sum Joseph, frater vester, quem vendidistis in Ægyptum.

Je suis Joseph, votre frère, que vous avez vendu pour l'Égypte.

Voilà les seules larmes qui doivent mouiller les cordes de la lyre. Les Muses sont des femmes célestes qui ne défigurent point leurs traits par des grimaces; quand elles pleurent, c'est avec un secret dessein de s'embellir.

Au reste, je ne suis point, comme Rousseau, un enthousiaste des Sauvages; et, quoique j'aie peut-être autant à me plaindre de la société que ce philosophe avait à s'en louer, je ne crois point que la *pure nature* soit la plus belle chose du monde. Je l'ai toujours trouvée fort laide, partout où j'ai eu occasion de la voir. Bien loin d'être d'opinion que l'homme qui pense soit un *animal dépravé*, je crois que c'est la pensée qui fait l'homme. Avec ce mot de *nature*, on a tout perdu. Peignons la nature, mais la belle nature : l'art ne doit pas s'occuper de l'imitation des monstres.

Les moralités que j'ai voulu faire dans *Atala* sont faciles à découvrir; et comme elles sont résumées dans l'épilogue, je n'en parlerai point ici; je dirai seulement un mot de Chactas, l'amant d'Atala.

C'est un Sauvage qui est plus qu'à demi civilisé, puisque non-seulement il sait les langues vivantes, mais encore les langues mortes de l'Europe. Il doit donc s'exprimer dans un style mêlé, convenable à la ligne sur laquelle il marche, entre la société et la nature. Cela m'a donné quelques avantages, en le faisant parler en Sauvage dans la peinture des mœurs, et en Européen dans le drame de la narration. Sans cela il eût fallu renoncer à l'ouvrage : si je m'étais toujours servi du style indien, *Atala* eût été de l'hébreu pour le lecteur.

Quant au missionnaire, c'est un simple prêtre qui parle sans rougir *de la croix*, *du sang de son divin Maître*, *de la chair corrompue*, *etc.*; en un mot, c'est le prêtre tel qu'il est. Je sais qu'il est difficile de peindre un pareil caractère sans réveiller dans l'esprit de certains lecteurs des idées de ridicule. Si je n'attendris pas, je ferai rire : on en jugera.

Il me reste une chose à dire : je ne sais par quel hasard une lettre que j'avais adressée à M. de Fontanes a excité l'attention du public beaucoup plus que je ne m'y attendais. Je croyais que quelques lignes d'un auteur inconnu passeraient sans être aperçues; cependant les papiers publics ont bien voulu parler de cette lettre (1). En réfléchissant sur ce caprice du public, qui a fait attention à une chose de si peu de valeur, j'ai pensé que cela pouvait venir du titre de mon grand ouvrage : *Génie du Christianisme, etc.* On s'est peut-être figuré qu'il s'agissait d'une affaire de parti, et que je dirais dans ce livre beaucoup de mal de la révolution et des philosophes.

Il est sans doute permis à présent, sous un gouvernement qui ne proscrit aucune opinion paisible, de prendre la défense du christianisme. Il a été un

(1) Voyez cette lettre à la fin du *Génie du Christianisme*.

temps où les adversaires de cette religion avaient seuls le droit de parler. Maintenant la lice est ouverte, et ceux qui pensent que le christianisme est poétique et moral peuvent le dire tout haut, comme les philosophes peuvent soutenir le contraire. J'ose croire que si le grand ouvrage que j'ai entrepris, et qui ne tardera pas à paraître, était traité par une main plus habile que la mienne, la question serait décidée.

Quoi qu'il en soit, je suis obligé de déclarer qu'il n'est pas question de la révolution dans le *Génie du Christianisme :* en général, j'y ai gardé une mesure que, selon toutes les apparences, on ne gardera pas envers moi.

On m'a dit que la femme célèbre (1) dont l'ouvrage formait le sujet de ma lettre, s'est plaint d'un passage de cette lettre. Je prendrai la liberté de faire observer que ce n'est pas moi qui ai employé le premier l'arme que l'on me reproche, et qui m'est odieuse; je n'ai fait que repousser le coup qu'on portait à un homme dont je fais profession d'admirer les talents et d'aimer tendrement la personne. Mais dès lors que j'ai offensé, j'ai été trop loin : qu'il soit donc tenu pour effacé, ce passage. Au reste, quand on a l'existence brillante et les talents de madame de Staël, on doit oublier facilement les petites blessures que nous peut faire un solitaire et un homme aussi ignoré que je le suis.

Je dirai un dernier mot sur *Atala :* le sujet n'est pas entièrement de mon invention; il est certain qu'il y a eu un Sauvage aux galères et à la cour de Louis XIV; il est certain qu'un missionnaire français a fait les choses que j'ai rapportées ; il est certain que j'ai trouvé dans les forêts de l'Amérique des Sauvages emportant les os de leurs aïeux, et une jeune mère exposant le corps de son enfant sur les branches d'un arbre. Quelques autres circonstances aussi sont véritables; mais comme elles ne sont pas d'un intérêt général, je suis dispensé d'en parler.

AVIS

SUR LA TROISIÈME ÉDITION D'ATALA.

J'ai profité de toutes les critiques pour rendre ce petit ouvrage plus digne des succès qu'il a obtenus. J'ai eu le bonheur de voir que la vraie philosophie et la vraie religion sont une même chose; car des personnes fort distinguées, qui ne pensent pas comme moi sur le christianisme, ont été les premières à faire la fortune d'*Atala*. Ce seul fait répond à ceux qui voudraient faire croire que la *vogue* de cette anecdote indienne est une affaire de parti. Cependant j'ai été amèrement, pour ne pas dire grossièrement censuré; on a été jusqu'à tourner en ridicule cette apostrophe aux Indiens (2) :

« Indiens infortunés, que j'ai vus errer dans les déserts du Nouveau-Monde

(1) Madame de Staël. — (2) *Décade philosophique*, nº 22, dans une note.

« avec les cendres de vos aïeux; vous qui m'aviez donné l'hospitalité, malgré
« votre misère! je ne pourrais vous l'offrir aujourd'hui, car j'erre ainsi que
« vous à la merci des hommes; et, moins heureux dans mon exil, je n'ai point
« emporté les os de mes pères. »

Les cendres de ma famille confondues avec celles de M. de Malesherbes, six ans d'exil et d'infortunes, n'ont donc paru qu'un sujet de plaisanterie! Puisse le critique n'avoir jamais à regretter les tombeaux de ses pères!

Au reste, il est facile de concilier les divers jugements qu'on a portés d'*Atala*: ceux qui m'ont blâmé n'ont songé qu'à mes talents; ceux qui m'ont loué n'ont pensé qu'à mes malheurs.

AVIS

SUR LA CINQUIÈME ÉDITION D'ATALA.

Depuis quelque temps il a paru de nouvelles critiques d'*Atala*. Je n'ai pu en profiter dans cette cinquième édition. Les conseils qu'on m'a fait l'honneur de m'adresser auraient exigé trop de changements, et le public semble maintenant accoutumé à ce petit ouvrage avec tous ses défauts. Cette nouvelle édition est donc parfaitement semblable à la quatrième; j'ai seulement rétabli dans quelques endroits le texte des trois premières.

PRÉFACE D'ATALA ET DE RENÉ.

(ÉDITION IN-12 DE 1805.)

L'indulgence avec laquelle on a bien voulu accueillir mes ouvrages m'a imposé la loi d'obéir au goût du public et de céder aux conseils de la critique.

Quant au premier, j'ai mis tous mes soins à le satisfaire. Des personnes chargées de l'instruction de la jeunesse ont désiré avoir une édition du *Génie du Christianisme*, qui fût dépouillée de cette partie de l'Apologie, uniquement destinée aux gens du monde : malgré la répugnance naturelle que j'avais à mutiler mon ouvrage, et ne considérant que l'utilité publique, j'ai publié l'abrégé que l'on attendait de moi.

Une autre classe de lecteurs demandait une édition séparée des deux épisodes de l'ouvrage : je donne aujourd'hui cette édition.

Je dirai maintenant ce que j'ai fait relativement à la critique.

Je me suis arrêté pour le *Génie du Christianisme*, à des idées différentes de celles que j'ai adoptées pour ses épisodes.

Il m'a semblé d'abord que par égard pour les personnes qui ont acheté les premières éditions, je ne devais faire, du moins à présent, aucun changement notable à un livre qui se vend aussi cher que le *Génie du Christianisme*. L'amour-propre et l'intérêt ne m'ont pas paru des raisons assez bonnes, même dans ce siècle, pour manquer à la délicatesse.

En second lieu, il ne s'est pas écoulé assez de temps depuis la publication du *Génie du Christianisme*, pour que je sois parfaitement éclairé sur les défauts d'un ouvrage de cette étendue. Où trouverais-je la vérité parmi une foule d'opinions contradictoires? L'un vante mon sujet aux dépens de mon style; l'autre approuve mon style et désapprouve mon sujet. Si l'on m'assure, d'une part, que le *Génie du Christianisme* est un monument à jamais mémorable pour la main qui l'éleva et pour le commencement du dix-neuvième siècle(1): de l'autre, on a pris soin de m'avertir, un mois ou deux après la publication de l'ouvrage, que les critiques venaient trop tard, puisque cet ouvrage était déjà oublié (2).

Je sais qu'un amour-propre plus affermi que le mien trouverait peut-être quelque motif d'espérance pour se rassurer contre cette dernière assertion. Les éditions du *Génie du Christianisme* se multiplient, malgré les circonstances qui ont ôté à la cause que j'ai défendue le puissant intérêt du malheur. L'ouvrage, si je ne m'abuse, paraît même augmenter d'estime dans l'opinion publique à mesure qu'il vieillit, et il semble que l'on commence à y voir autre chose qu'un ouvrage de *pure imagination*. Mais à Dieu ne plaise que je prétende persuader de mon faible mérite ceux qui ont sans doute de bonnes raisons pour ne pas y croire! Hors la religion et l'honneur, j'estime trop peu de choses dans le monde pour ne pas souscrire aux arrêts de la critique la plus rigoureuse. Je suis si peu aveuglé par quelques succès, et si loin de regarder quelques éloges comme un jugement définitif en ma faveur, que je n'ai pas cru devoir mettre la dernière main à mon ouvrage. J'attendrai encore, afin de laisser le temps aux préjugés de se calmer, à l'esprit de parti de s'éteindre; alors l'opinion qui se sera formée sur mon livre sera sans doute la véritable opinion; je saurai ce qu'il faudra changer au *Génie du Christianisme*, pour le rendre tel que je désire le laisser après moi, s'il me survit (3).

Mais si j'ai résisté à la censure dirigée contre l'ouvrage entier par les raisons que je viens de déduire, j'ai suivi pour *Atala*, prise séparément, un système absolument opposé. Je n'ai pu être arrêté dans les corrections ni par la considération du prix du livre, ni par celle de la longueur de l'ouvrage. Quelques années ont été plus que suffisantes pour me faire connaître les endroits faibles ou vicieux de cet épisode. Docile sur ce point à la critique, jusqu'à me faire reprocher mon trop de facilité, j'ai prouvé à ceux qui m'attaquaient que je ne suis jamais volontairement dans l'erreur, et que, dans tous les temps et sur tous les sujets, je suis prêt à céder à des lumières supérieures aux miennes. *Atala* a été réimprimée onze fois; cinq fois séparément, et six fois dans le *Génie du Christianisme*; si l'on confrontait ces onze éditions, à peine en trouverait-on deux tout à fait semblables.

La douzième, que je publie aujourd'hui, a été revue avec le plus grand soin.

(1) M. de Fontanes. — (2) M. Ginguené. (*Décad. philosoph.*) — (3) C'est ce qui a été fait dans les Œuvres complètes de l'auteur; Paris, 1828.

J'ai consulté des *amis prompts à me censurer;* j'ai pesé chaque phrase, examiné chaque mot. Le style, dégagé des épithètes qui l'embarrassaient, marche peut-être avec plus de naturel et de simplicité. J'ai mis plus d'ordre et de suite dans quelques idées; j'ai fait disparaître jusqu'aux moindres incorrections de langage. M. de La Harpe me disait au sujet d'*Atala* : « Si vous voulez vous « renfermer avec moi seulement quelques heures, ce temps nous suffira pour « effacer les taches qui font crier si haut vos censeurs. » J'ai passé quatre ans à revoir cet épisode, mais aussi il est tel qu'il doit rester. C'est la seule *Atala* que je reconnaîtrai à l'avenir.

Cependant il y a des points sur lesquels je n'ai pas cédé entièrement à la critique. On a prétendu que quelques sentiments exprimés par le père Aubry renfermaient une doctrine désolante. On a, par exemple, été révolté de ce passage : (nous avons aujourd'hui tant de sensibilité!)

« Que dis-je! ô vanité des vanités! Que parlé-je de la puissance des ami- « tiés de la terre! Voulez-vous, ma chère fille, en connaître l'étendue? Si un « homme revenait à la lumière quelques années après sa mort, je doute qu'il « fût revu avec joie par ceux-là mêmes qui ont donné le plus de larmes à sa « mémoire, tant on forme vite d'autres liaisons, tant on prend facilement « d'autres habitudes, tant l'inconstance est naturelle à l'homme, tant notre vie « est peu de chose, même dans le cœur de nos amis! »

Il ne s'agit pas de savoir si ce sentiment est pénible à avouer, mais s'il est vrai et fondé sur la commune expérience. Il serait difficile de ne pas en convenir. Ce n'est pas surtout chez les Français que l'on peut avoir la prétention de ne rien oublier. Sans parler des morts dont on ne se souvient guère, que de vivants sont revenus dans leurs familles et n'y ont trouvé que l'oubli, l'humeur et le dégoût! D'ailleurs, quel est ici le but du père Aubry? N'est-ce pas d'ôter à Atala tout regret d'une existence qu'elle vient de s'arracher volontairement et à laquelle elle voudrait en vain revenir? Dans cette intention, le missionnaire, en exagérant même à cette infortunée les maux de la vie, ne ferait encore qu'un acte d'humanité. Mais il n'est pas nécessaire de recourir à cette explication. Le père Aubry exprime une chose malheureusement trop vraie. S'il ne faut pas calomnier la nature humaine, il est aussi très-inutile de la voir meilleure qu'elle ne l'est en effet. Le même critique, M. l'abbé Morellet, s'est encore élevé contre cette autre pensée, comme fausse et paradoxale :

« Croyez-moi, mon fils, les douleurs ne sont point éternelles; il faut tôt ou « tard qu'elles finissent, parce que le cœur de l'homme est fini. C'est une de « nos grandes misères : nous ne sommes pas même capables d'être longtemps « malheureux! »

Le critique prétend que cette sorte d'incapacité de l'homme pour la douleur est au contraire un des grands biens de la vie. Je ne lui répondrai pas que, si cette réflexion est vraie, elle détruit l'observation qu'il a faite sur le premier passage du discours du père Aubry. En effet, ce serait soutenir, d'un côté, que l'on n'oublie jamais ses amis, et de l'autre, qu'on est très-heureux de n'y plus penser. Je remarquerai seulement que l'habile grammairien me semble ici confondre les mots. Je n'ai pas dit : « C'est une de nos grandes *infortunes*, » ce qui serait faux, sans doute; mais : « C'est une de nos grandes *misères*, » ce qui est très-vrai. Eh! qui ne sent que cette impuissance où est le cœur de l'homme de nourrir longtemps un sentiment, même celui de la douleur, est la preuve la plus complète de sa stérilité, de son indigence, de sa *misère ?* M. l'abbé Morellet paraît faire, avec beaucoup de raison, un cas infini du bon sens, du jugement, du naturel; mais suit-il toujours dans la pratique la théorie qu'il professe? Il serait assez singulier que ses idées riantes sur l'homme et sur la vie me donnassent le droit de le soupçonner, à mon tour, de porter dans ces sentiments l'exaltation et les illusions de la jeunesse.

La nouvelle nature et les mœurs nouvelles que j'ai peintes m'ont attiré encore un autre reproche peu réfléchi. On m'a cru l'inventeur de quelques détails extraordinaires, lorsque je rappelais seulement des choses connues de tous les voyageurs. Des notes ajoutées à cette édition d'*Atala* m'auraient aisément justifié; mais s'il en avait fallu mettre dans tous les endroits où chaque lecteur pouvait en avoir besoin, elles auraient bientôt surpassé la longueur de l'ouvrage. J'ai donc renoncé à faire des notes. Je me contenterai de transcrire ici un passage de la *Défense du Génie du Christianisme.* Il s'agit des ours enivrés de raisins, que les doctes censeurs avaient pris pour une gaieté de mon imagination. Après avoir cité des autorités respectables et le témoignage de Carver, Bartram, Imley, Charlevoix, j'ajoute : « Quand on trouve dans un auteur une circon-
« stance qui ne fait pas beauté en elle-même, et qui ne sert qu'à donner de la
« ressemblance au tableau, si cet auteur a d'ailleurs montré quelque sens com-
« mun, il serait assez naturel de supposer qu'il n'a pas inventé cette circon-
« stance, et qu'il n'a fait que rapporter une chose réelle, bien qu'elle ne soit
« pas très-connue. Rien n'empêche qu'on ne trouve *Atala* une méchante pro-
« duction; mais j'ose dire que la nature américaine y est peinte avec la plus
« scrupuleuse exactitude. C'est une justice que lui rendent tous les voyageurs qui
« ont visité la Louisiane et les Florides. Les deux traductions anglaises d'*Atala*
« sont parvenues en Amérique, les papiers publics ont annoncé, en outre, une
« troisième traduction publiée à Philadelphie avec succès. Si les tableaux de
« cette histoire eussent manqué de vérité, auraient-ils réussi chez un peuple
« qui pouvait dire à chaque pas: Ce ne sont pas là nos fleuves, nos montagnes,
« nos forêts? Atala est retournée au désert, et il semble que sa patrie l'ait re-
« connue pour véritable enfant de la solitude (1). »

René, qui accompagne *Atala* dans la présente édition, n'avait point encore été imprimé à part. Je ne sais s'il continuera d'obtenir la préférence que plusieurs personnes lui donnent sur *Atala*. Il fait suite naturelle à cet épisode, dont il diffère néanmoins par le style et par le ton. Ce sont à la vérité les mêmes lieux et les mêmes personnages; mais ce sont d'autres mœurs et un autre ordre

(1) *Défense du Génie du Christianisme.*

de sentiments et d'idées. Pour toute préface, je citerai encore les passages du *Génie du Christianisme* et de la *Défense* qui se rapportent à *René*.

EXTRAIT

du

GÉNIE DU CHRISTIANISME

IIe Part, L. III, Chap. IX.

intitulé :

DU VAGUE DES PASSIONS.

« Il reste à parler d'un état de l'âme qui, ce nous semble, n'a pas encore « été bien observé : c'est celui qui précède le développement des grandes pas- « sions, lorsque toutes les facultés, jeunes, actives, entières, mais renfermées, « ne se sont exercées que sur elles-mêmes, sans but et sans objet. Plus les « peuples avancent en civilisation, plus cet état du vague des passions aug- « mente : car il arrive alors une chose fort triste : le grand nombre d'exemples « qu'on a sous les yeux, la multitude de livres qui traitent de l'homme et de « ses sentiments, rendent habile sans expérience. On est détrompé sans avoir « joui; il reste encore des désirs, et l'on n'a plus d'illusions. L'imagination « est riche, abondante et merveilleuse; l'existence, pauvre, sèche et désen- « chantée. On habite, avec un cœur plein, un monde vide, et sans avoir usé « de rien, on est désabusé de tout.

« L'amertume que cet état de l'âme répand sur la vie est incroyable; le « cœur se retourne et se replie en cent manières, pour employer des forces « qu'il sent lui être inutiles. Les anciens ont peu connu cette inquiétude se- « crète, cette aigreur des passions étouffées qui fermentent toutes ensemble : « une grande existence politique, les jeux du gymnase et du champ de Mars, « les affaires du forum et de la place publique, remplissaient tous leurs mo- « ments, et ne laissaient aucune place aux ennuis du cœur.

« D'une autre part, ils n'étaient pas enclins aux exagérations, aux espérances, « aux craintes sans objet, à la mobilité des idées et des sentiments, à la per- « pétuelle inconstance, qui n'est qu'un dégoût constant, dispositions que nous « acquérons dans la société intime des femmes. Les femmes, chez les peuples « modernes, indépendamment de la passion qu'elles inspirent, influent encore « sur tous les autres sentiments. Elles ont dans leur existence un certain « abandon qu'elles font passer dans la nôtre ; elles rendent notre caractère « d'homme moins décidé ; et nos passions, amollies par le mélange des leurs, « prennent à la fois quelque chose d'incertain et de tendre...

« Il suffirait de joindre quelques infortunes à cet état indéterminé des pas- « sions, pour qu'il pût servir de fond à un drame admirable. Il est étonnant « que les écrivains modernes n'aient pas encore songé à peindre cette singulière « position de l'âme. Puisque nous manquons d'exemples, nous serait-il permis « de donner aux lecteurs un épisode extrait, comme Atala, de nos anciens

« Natchez? C'est la vie de ce jeune René, à qui Chactas a raconté son his-
« toire, etc., etc. »

EXTRAIT

DE *LA DÉFENSE DU GÉNIE DU CHRISTIANISME.*

« On a déjà fait remarquer la tendre sollicitude des critiques (1) pour la « pureté de la religion; on devait donc s'attendre qu'ils se formaliseraient des « deux épisodes que l'auteur a introduits dans son livre. Cette objection parti- « culière rentre dans la grande objection qu'ils ont opposée à tout l'ouvrage, et « elle se détruit par la réponse générale qu'on a y faite plus haut. Encore une « fois l'auteur a dû combattre des poëmes et des romans impies, avec des « poëmes et des romans pieux; il s'est couvert des mêmes armes dont il voyait « l'ennemi revêtu: c'était une conséquence naturelle et nécessaire du genre « d'apologie qu'il avait choisi. Il a cherché à donner l'exemple avec le pré- « cepte. Dans la partie théorique de son ouvrage, il avait dit que la religion « embellit notre existence, corrige les passions sans les éteindre, jette un « intérêt singulier sur tous les sujets où elle est employée; il avait dit que sa « doctrine et son culte se mêlent merveilleusement aux émotions du cœur et « aux scènes de la nature; qu'elle est enfin la seule ressource dans les grands « malheurs de la vie : il ne suffisait pas d'avancer tout cela, il fallait encore le « prouver. C'est ce que l'auteur a essayé de faire dans les deux épisodes de son « livre. Ces épisodes étaient en outre une amorce préparée à l'espèce de lec- « teurs pour qui l'ouvrage est spécialement écrit. L'auteur avait-il donc si « mal connu le cœur humain, lorsqu'il a tendu ce piége innocent aux incré- « dules? Et n'est-il pas probable que tel lecteur n'eût jamais ouvert le *Génie* « *du Christianisme*, s'il n'y avait cherché René et Atala?

Sai che là corre il mondo dove più versi
Delle sue dolcezze il lusinger parnasso,
E che 'l verso, condito in molli versi,
I più schivi allettando, ha persuaso.

« Tout ce qu'un critique impartial qui veut entrer dans l'esprit de l'ouvrage « était en droit d'exiger de l'auteur, c'est que les épisodes de cet ouvrage eus- « sent une tendance visible à faire aimer la religion et à en démontrer l'utilité. « Or, la nécessité des cloîtres pour certains malheurs de la vie, et pour ceux- « là mêmes qui sont les plus grands, la puissance d'une religion qui peut seule « fermer des plaies que tous les baumes de la terre ne sauraient guérir, ne « sont-elles pas invinciblement prouvées dans l'histoire de René? L'auteur y « combat en outre le travers particulier des jeunes gens du siècle, le travers « qui mène directement au suicide. C'est Jean-Jacques Rousseau qui intro- « duisit le premier parmi nous ces rêveries si désastreuses et si coupables.

(1) Il s'agit ici des PHILOSOPHES uniquement.

« En s'isolant des hommes, en s'abandonnant à ses songes, il a fait croire « à une foule de jeunes gens qu'il est beau de se jeter ainsi dans le vague de « la vie. Le roman de Werther a développé depuis ce germe de poison. « L'auteur du *Génie du Christianisme*, obligé de faire entrer dans le cadre de « son Apologie quelques tableaux pour l'imagination, a voulu dénoncer cette « espèce de vice nouveau, et peindre les funestes conséquences de l'amour « outré de la solitude. Les couvents offraient autrefois des retraites à ces « âmes contemplatives que la nature appelle impérieusement aux médita- « tions. Elles y trouvaient auprès de Dieu de quoi remplir le vide qu'elles « sentent en elles-mêmes, et souvent l'occasion d'exercer de rares et sublimes « vertus. Mais, depuis la destruction des monastères et les progrès de l'incré- « dulité, on doit s'attendre à voir se multiplier au milieu de la société (comme « il est arrivé en Angleterre), des espèces de solitaires tout à la fois passionnés « et philosophes, qui, ne pouvant ni renoncer aux vices du siècle, ni aimer « ce siècle, prendront la haine des hommes pour l'élévation du génie, renon- « ceront à tout devoir divin et humain, se nourriront à l'écart des plus vaines « chimères, et se plongeront de plus en plus dans une misanthropie orgueil- « leuse qui les conduira à la folie ou à la mort.

« Afin d'inspirer plus d'éloignement pour ces rêveries criminelles, l'auteur « a pensé qu'il devait prendre la punition de René dans le cercle de ces mal- « heurs épouvantables qui appartiennent moins à l'individu qu'à la famille de « l'homme, et que les anciens attribuaient à la fatalité. L'auteur eût choisi le « sujet de Phèdre s'il n'eût été traité par Racine. Il ne restait que celui d'Érope « et de Thyeste (1) chez les Grecs, ou d'Amnon et de Thamar chez les Hé- « breux(2); et, bien qu'il ait été aussi transporté sur notre scène(3), il est « toutefois moins connu que celui de Phèdre. Peut-être aussi s'applique-t-il « mieux aux caractères que l'auteur a voulu peindre. En effet, les folles rê- « veries de René commencent le mal, et ses extravagances l'achèvent : par « les premières, il égare l'imagination d'une faible femme : par les dernières, « en voulant attenter à ses jours, il oblige cette infortunée à se réunir à lui; « ainsi le malheur naît du sujet et la punition sort de la faute.

« Il ne restait qu'à sanctifier, par le Christianisme, cette catastrophe em- « pruntée à la fois de l'antiquité païenne et de l'antiquité sacrée. L'auteur, « même alors, n'eut pas tout à faire; car il trouva cette histoire presque na- « turalisée chrétienne dans une vieille ballade de pèlerin que les paysans « chantent encore dans plusieurs provinces (4). Ce n'est pas par les maximes « répandues dans un ouvrage, mais par l'impression que cet ouvrage laisse « au fond de l'âme, que l'on doit juger de sa moralité. Or, la sorte d'épouvante « et de mystère qui règne dans l'épisode de René serre et contriste le cœur sans « y exciter d'émotion criminelle. Il ne faut pas perdre de vue qu'Amélie meurt « heureuse et guérie, et que René finit misérablement. Ainsi le vrai coupable

(1) *Sen. in Atr. et Th.* Voyez aussi *Canace et Macareus*, et *Caune et Bybis* dans les *Métamorphoses* et dans les *Héroïdes* d'Ovide. J'ai rejeté comme trop abominable le sujet de Myrra, qu'on retrouve encore dans celui de Loth et de ses filles. — (2) *Reg.* 13, 14. — (3) Dans l'*Abufar* de M. Ducis. — (4) C'est le Chevalier des Landes : « Malheureux chevalier, etc. »

« est puni, tandis que sa trop faible victime, remettant son âme blessée entre « les mains de *celui qui retourne le malade sur sa couche*, sent renaître une « joie ineffable du fond même des tristesses de son cœur. Au reste, le discours « du père Souël ne laisse aucun doute sur le but et les moralités religieuses « de l'histoire de René. »

On voit, par le chapitre cité du *Génie du Christianisme*, quelle espèce de passion nouvelle j'ai essayé de peindre; et par l'extrait de la *Défense*, quel vice non encore attaqué j'ai voulu combattre. J'ajouterai que, quant au style, *René* a été revu avec autant de soin qu'*Atala*, et qu'il a reçu le degré de perfection que je suis capable de lui donner.

ATALA

PROLOGUE.

La France possédait autrefois dans l'Amérique septentrionale un vaste empire qui s'étendait depuis le Labrador jusqu'aux Florides, et depuis les rivages de l'Atlantique jusqu'aux lacs les plus reculés du haut Canada.

Quatre grands fleuves, ayant leurs sources dans les mêmes montagnes, divisaient ces régions immenses : le fleuve Saint-Laurent, qui se perd à l'est dans le golfe de son nom ; la rivière de l'Ouest, qui porte ses eaux à des mers inconnues; le fleuve Bourbon, qui se précipite du midi au nord dans la baie d'Hudson ; et le Meschacébé (1), qui tombe du nord au midi dans le golfe du Mexique.

Ce dernier fleuve, dans un cours de plus de mille lieues, arrose une délicieuse contrée que les habitants des États-Unis appellent le *nouvel Eden*, et à laquelle les Français ont laissé le doux nom de *Louisiane*. Mille autres fleuves, tributaires du Meschacébé, le Missouri, l'Illinois, l'Akanza, l'Ohio, le Wabache, le Tenase, l'engraissent de leur limon et la fertilisent de leurs eaux. Quand tous ces fleuves se sont gonflés des déluges de l'hiver, quand les tempêtes ont abattu des pans entiers de forêts, les arbres déracinés s'assemblent sur les sources. Bientôt la vase les cimente, les lianes les enchaînent, et des plantes y prenant racine de toutes parts, achèvent de consolider ces débris. Charriés par les vagues écumantes, ils descendent au Meschacébé : le fleuve s'en empare, les pousse au golfe Mexicain, les échoue sur des bancs de sable, et accroît ainsi le nombre de ses embouchures. Par intervalle, il élève sa voix en passant sur les monts, et répand ses eaux débordées autour des colonnades des forêts

(1) Vrai nom du Mississipi ou Meschassipi.

et des pyramides des tombeaux indiens; c'est le Nil des déserts. Mais la grâce est toujours unie à la magnificence dans les scènes de la nature : tandis que le courant du milieu entraîne vers la mer les cadavres des pins et des chênes, on voit sur les deux courants latéraux remonter, le long des rivages, des îles flottantes de pistia et de nénuphar, dont les roses jaunes s'élèvent comme de petits pavillons. Des serpents verts, des hérons bleus, des flammants roses, de jeunes crocodiles, s'embarquent passagers sur ces vaisseaux de fleurs, et la colonie, déployant au vent ses voiles d'or, va aborder endormie dans quelque anse retirée du fleuve.

Les deux rives du Meschacébé présentent le tableau le plus extraordinaire. Sur le bord occidental, des savanes se déroulent à perte de vue; leurs flots de verdure, en s'éloignant, semblent monter dans l'azur du ciel où ils s'évanouissent. On voit dans ces prairies sans bornes errer à l'aventure des troupeaux de trois ou quatre mille buffles sauvages. Quelquefois un bison chargé d'années, fendant les flots à la nage, se vient coucher, parmi de hautes herbes, dans une île du Meschacébé. A son front orné de deux croissants, à sa barbe antique et limoneuse, vous le prendriez pour le dieu du fleuve, qui jette un œil satisfait sur la grandeur de ses ondes et la sauvage abondance de ses rives.

Telle est la scène sur le bord occidental; mais elle change sur le bord opposé, et forme avec la première un admirable contraste. Suspendus sur le cours des eaux, groupés sur les rochers et sur les montagnes, dispersés dans les vallées, des arbres de toutes les formes, de toutes les couleurs, de tous les parfums, se mêlent, croissent ensemble, montent dans les airs à des hauteurs qui fatiguent les regards. Les vignes sauvages, les bignonias, les coloquintes, s'entrelacent au pied de ces arbres, escaladent leurs rameaux, grimpent à l'extrémité des branches, s'élancent de l'érable au tulipier, du tulipier à l'alcée, en formant mille grottes, mille voûtes, mille portiques. Souvent, égarées d'arbre en arbre, ces lianes traversent des bras de rivière, sur lesquels elles jettent des ponts de fleurs. Du sein de ces massifs, le magnolia élève son cône immobile; surmonté de ses larges roses blanches, il domine toute la forêt, et n'a d'autre rival que le palmier, qui balance légèrement auprès de lui ses éventails de verdure.

Une multitude d'animaux placés dans ces retraites par la main du Créateur y répandent l'enchantement et la vie. De l'extrémité des avenues on aperçoit des ours, enivrés de raisins, qui chancellent sur les branches des ormeaux; des cariboux se baignent dans un lac; des écureuils noirs se jouent dans l'épaisseur des feuillages; des oiseaux-moqueurs, des colombes de Virginie, de la grosseur d'un passereau, descendent sur les gazons rougis par les fraises; des perroquets verts à tête jaune, des piverts empourprés, des cardinaux de feu, grimpent en circulant au haut des cyprès; des colibris étincellent sur le jasmin des Florides, et des serpents-oiseleurs sifflent suspendus aux dômes des bois, en s'y balançant comme des lianes.

Si tout est silence et repos dans les savanes de l'autre côté du fleuve, tout ici, au contraire, est mouvement et murmure : des coups de bec contre le tronc des chênes, des froissements d'animaux qui marchent, broutent ou broient entre leurs dents les noyaux des fruits; des bruissements d'ondes, de faibles gémissements, de sourds meuglements, de doux roucoulements, remplissent ces déserts d'une tendre et sauvage harmonie. Mais quand une brise vient à animer ces solitudes, à balancer ces corps flottants, à confondre ces masses de blanc, d'azur, de vert, de rose; à mêler toutes les couleurs, à réunir tous les murmures: alors il sort de tels bruits du fond des forêts, il se passe de telles choses aux yeux, que j'essaierais en vain de les décrire à ceux qui n'ont point parcouru ces champs primitifs de la nature.

Après la découverte du Meschacébé par le père Marquette et l'infortuné La Salle, les premiers Français qui s'établirent au Biloxi et à la Nouvelle-Orléans firent alliance avec les Natchez, nation indienne dont la puissance était redoutable dans ces contrées. Des querelles et des jalousies ensanglantèrent dans la suite la terre de l'hospitalité. Il y avait parmi ces Sauvages un vieillard nommé *Chactas* (1), qui, par son âge, sa sagesse, et sa science dans les choses de la vie, était le patriarche et l'amour des déserts. Comme tous les hommes, il avait acheté la vertu par l'infortune. Non-seulement les forêts du Nouveau-Monde furent remplies de ses malheurs, mais il les porta jusque sur les rivages de la France. Retenu aux galères à Marseille par une cruelle injustice, rendu à la liberté, présenté à Louis XIV, il avait conversé avec les grands hommes de ce siècle et assisté aux fêtes de Versailles, aux tragédies de Racine, aux oraisons funèbres de Bossuet; en un mot, le Sauvage avait contemplé la société à son plus haut point de splendeur.

Depuis plusieurs années, rentré dans le sein de sa patrie, Chactas jouissait du repos. Toutefois le ciel lui vendait encore cher cette faveur; le vieillard était devenu aveugle. Une jeune fille l'accompagnait sur les coteaux du Meschacébé, comme Antigone guidait les pas d'Œdipe sur le Cythéron, ou comme Malvina conduisait Ossian sur les rochers de Morven.

Malgré les nombreuses injustices que Chactas avait éprouvées de la part des Français, il les aimait. Il se souvenait toujours de Fénelon, dont il avait été l'hôte, et désirait pouvoir rendre quelque service aux compatriotes de cet homme vertueux. Il s'en présenta une occasion favorable. En 1725, un Français nommé *René*, poussé par des passions et des malheurs, arriva à la Louisiane. Il remonta le Meschacébé jusqu'aux Natchez, et demanda à être reçu guerrier de cette nation. Chactas l'ayant interrogé, et le trouvant inébranlable dans sa résolution, l'adopta pour fils, et lui donna pour épouse une Indienne appelée *Céluta*. Peu de temps après ce mariage, les Sauvages se préparèrent à la chasse du castor.

Chactas, quoique aveugle, est désigné par le conseil des sachems (2) pour commander l'expédition, à cause du respect que les tribus indiennes lui portaient. Les prières et les jeûnes commencent; les jongleurs interprètent les songes; on consulte les manitous; on fait des sacrifices de petun; on brûle des filets de langue d'orignal; on examine s'ils pétillent dans la flamme, afin de découvrir la volonté des génies; on part enfin, après avoir mangé le chien sa-

(1) La voix harmonieuse. — (2) Vieillards ou conseillers.

cré. René est de la troupe. A l'aide des contre-courants, les pirogues remontent le Meschacébé, et entrent dans le lit de l'Ohio. C'est en automne. Les magnifiques déserts du Kentucky se déploient aux yeux étonnés du jeune Français. Une nuit, à la clarté de la lune, tandis que tous les Natchez dorment au fond de leurs pirogues, et que la flotte indienne, élevant ses voiles de peaux de bêtes, fuit devant une légère brise, René, demeuré seul avec Chactas, lui demande le récit de ses aventures. Le vieillard consent à le satisfaire, et assis avec lui sur la poupe de la pirogue, il commence en ces mots :

LE RÉCIT.

LES CHASSEURS.

« C'est une singulière destinée, mon cher fils, que celle qui nous réunit. Je vois en toi l'homme civilisé qui s'est fait sauvage; tu vois en moi l'homme sauvage que le Grand-Esprit (j'ignore pour quel dessein) a voulu civiliser. Entrés l'un et l'autre dans la carrière de la vie par les deux bouts opposés, tu es venu te reposer à ma place, et j'ai été m'asseoir à la tienne : ainsi nous avons dû avoir des objets une vue totalement différente. Qui, de toi ou de moi, a le plus gagné ou le plus perdu à ce changement de position? C'est ce que savent les génies, dont le moins savant a plus de sagesse que tous les hommes ensemble.

« A la prochaine lune des fleurs (1), il y aura sept fois dix neiges, et trois neiges de plus (2), que ma mère me mit au monde sur le bord du Meschacébé. Les Espagnols s'étaient depuis peu établis dans la baie de Pensacola; mais aucun blanc n'habitait encore la Louisiane. Je comptais à peine dix-sept chutes de feuilles lorsque je marchai avec mon père, le guerrier Outalissi, contre les Muscogulges, nation puissante des Florides. Nous nous joignîmes aux Espagnols, nos alliés, et le combat se donna sur une des branches de la Maubile. Areskoui (3) et les manitous ne nous furent pas favorables. Les ennemis triomphèrent; mon père perdit la vie; je fus blessé deux fois en le défendant. Oh ! que ne descendis-je alors dans le pays des âmes (4) ! j'aurais évité les malheurs qui m'attendaient sur la terre. Les esprits en ordonnèrent autrement : je fus entraîné par les fuyards à Saint-Augustin.

« Dans cette ville, nouvellement bâtie par les Espagnols, je courais le risque d'être enlevé pour les mines de Mexico, lorsqu'un vieux Castillan nommé *Lopez*, touché de ma jeunesse et de ma simplicité, m'offrit un asile et me présenta à une sœur avec laquelle il vivait sans épouse.

(1) Mois de mai. — (2) Neige pour année ; soixante-treize ans. — (3) Dieu de la guerre. — (4) Les enfers.

« Tous les deux prirent pour moi les sentiments les plus tendres. On m'éleva avec beaucoup de soin; on me donna toutes sortes de maîtres. Mais après avoir passé trente lunes à Saint-Augustin, je fus saisi du dégoût de la vie des cités. Je dépérissais à vue d'œil : tantôt je demeurais immobile pendant des heures à contempler la cime des lointaines forêts; tantôt on me trouvaît assis au bord d'un fleuve, que je regardais tristement couler. Je me peignais les bois à travers lesquels cette onde avait passé, et mon âme était tout entière à la solitude.

« Ne pouvant plus résister à l'envie de retourner au désert, un matin je me présentai à Lopez, vêtu de mes habits de Sauvage, tenant d'une main mon arc et mes flèches, et de l'autre mes vêtements européens. Je les remis à mon généreux protecteur, aux pieds duquel je tombai en versant des torrents de larmes. Je me donnai des noms odieux; je m'accusai d'ingratitude : « Mais « enfin, lui dis-je, ô mon père! tu le vois toi-même : je meurs si je ne re- « prends la vie de l'Indien. »

Lopez, frappé d'étonnement, voulut me détourner de mon dessein. Il me représenta les dangers que j'allais courir, en m'exposant à tomber de nouveau entre les mains des Muscogulges. Mais voyant que j'étais résolu à tout entreprendre, fondant en pleurs, et me serrant dans ses bras : « Va, s'écria-t-il, « enfant de la nature! reprends cette indépendance de l'homme que Lopez ne « te veut point ravir. Si j'étais plus jeune moi-même, je t'accompagnerais « au désert (où j'ai aussi de doux souvenirs!), et je te remettrais dans les bras « de ta mère. Quand tu seras dans tes forêts, songe quelquefois à ce vieil Espa- « gnol qui te donna l'hospitalité, et rappelle-toi, pour te porter à l'amour de « tes semblables, que la première expérience que tu as faite du cœur humain « a été toute en sa faveur. » Lopez finit par une prière au Dieu des chrétiens, dont j'avais refusé d'embrasser le culte, et nous nous quittâmes avec des sanglots.

« Je ne tardai pas à être puni de mon ingratitude. Mon inexpérience m'égara dans les bois, et je fus pris par un parti de Muscogulges et de Siminoles, comme Lopez me l'avait prédit. Je fus reconnu pour Natchez à mon vêtement et aux plumes qui ornaient ma tête. On m'enchaîna, mais légèrement à cause de ma jeunesse. Simaghan, le chef de la troupe, voulut savoir mon nom; je répondis : « Je m'appelle *Chactas*, fils d'Outalissi, fils de Miscou, qui ont enlevé plus de « cent chevelures aux héros muscogulges. » Simaghan me dit : « Chactas, fils « d'Outalissi, fils de Miscou, réjouis-toi; tu seras brûlé au grand village. » Je repartis : « Voilà qui va bien; » et j'entonnai ma chanson de mort.

« Tout prisonnier que j'étais, je ne pouvais, durant les premiers jours, m'empêcher d'admirer mes ennemis. Le Muscogulge, et surtout son allié, le Siminole, respire la gaieté, l'amour, le contentement. Sa démarche est légère, son abord ouvert et serein. Il parle beaucoup et avec volubilité; son langage est harmonieux et facile. L'âge même ne peut ravir aux sachems cette simplicité joyeuse : comme les vieux oiseaux de nos bois, ils mêlent encore leurs vieilles chansons aux airs nouveaux de leur jeune postérité.

« Les femmes qui accompagnaient la troupe témoignaient pour ma jeunesse une pitié tendre et une curiosité aimable. Elles me questionnaient sur ma mère, sur les premiers jours de ma vie; elles voulaient savoir si l'on suspendait mon berceau de mousse aux branches fleuries des érables, si les brises m'y balançaient auprès du nid des petits oiseaux. C'était ensuite mille autres questions sur l'état de mon cœur : elles me demandaient si j'avais vu une biche blanche dans mes songes, et si les arbres de la vallée secrète m'avaient conseillé d'aimer. Je répondais avec naïveté aux mères, aux filles et aux épouses des hommes. Je leur disais : « Vous êtes les grâces du jour, et la nuit vous aime comme la rosée. « L'homme sort de votre sein pour se suspendre à votre mamelle et à votre « bouche: vous savez des paroles magiques qui endorment toutes les douleurs. « Voilà ce que m'a dit celle qui m'a mis au monde, et qui ne me reverra plus! « elle m'a dit encore que les vierges étaient des fleurs mystérieuses, qu'on trouve « dans les lieux solitaires. »

« Ces louanges faisaient beaucoup de plaisir aux femmes; elles me comblaient de toutes sortes de dons; elles m'apportaient de la crème de noix, du sucre d'érable, de la sagamité (1), des jambons d'ours, des peaux de castor, des coquillages pour me parer, et des mousses pour ma couche. Elles chantaient, elles riaient avec moi, et puis elles se prenaient à verser des larmes en songeant que je serais brûlé.

« Une nuit que les Muscogulges avaient placé leur camp sur le bord d'une forêt, j'étais assis auprès du *feu de la guerre*, avec le chasseur commis à ma garde. Tout à coup j'entendis le murmure d'un vêtement sur l'herbe, et une femme à demi voilée vint s'asseoir à mes côtés. Des pleurs roulaient sous sa paupière; à la lueur du feu, un petit crucifix d'or brillait sur son sein. Elle était régulièrement belle; l'on remarquait sur son visage je ne sais quoi de vertueux et de passionné, dont l'attrait était irrésistible. Elle joignait à cela des grâces plus tendres; une extrême sensibilité, unie à une mélancolie profonde, respirait dans ses regards; son sourire était céleste.

« Je crus que c'était la *Vierge des dernières amours*, cette vierge qu'on envoie au prisonnier de guerre pour enchanter sa tombe. Dans cette persuasion, je lui dis en balbutiant, et avec un trouble qui pourtant ne venait pas de la crainte du bûcher : « Vierge, vous êtes digne des premières amours, et vous n'êtes pas « faite pour les dernières. Les mouvements d'un cœur qui va bientôt cesser de « battre répondraient mal aux mouvements du vôtre. Comment mêler la mort « et la vie? Vous me feriez trop regretter le jour. Qu'un autre soit plus heureux « que moi, et que de longs embrassements unissent la liane et le chêne ! »

« La jeune fille me dit alors : « Je ne suis point la *Vierge des dernières « amours*. Es-tu chrétien? » Je répondis que je n'avais point trahi les génies de ma cabane. A ces mots, l'Indienne fit un mouvement involontaire. Elle me dit : « Je te plains de n'être qu'un méchant idolâtre. Ma mère m'a faite chré- « tienne; je me nomme *Atala*, fille de Simaghan aux bracelets d'or, et chef « des guerriers de cette troupe. Nous nous rendons à Apalachucla où tu seras « brûlé. » En prononçant ces mots, Atala se lève et s'éloigne. »

Ici Chactas fut contraint d'interrompre son récit. Les souvenirs se pressèrent

(1) Sorte de pâte de maïs.

en foule dans son âme; ses yeux éteints inondèrent de larmes ses joues flétries : telles deux sources cachées dans la profonde nuit de la terre se décèlent par les eaux qu'elles laissent filtrer entre les rochers.

« O mon fils, reprit-il enfin, tu vois que Chactas est bien peu sage, malgré sa renommée de sagesse! Hélas! mon cher enfant, les hommes ne peuvent déjà plus voir, qu'ils peuvent encore pleurer! Plusieurs jours s'écoulèrent, la fille du sachem revenait chaque soir me parler. Le sommeil avait fui de mes yeux, et Atala était dans mon cœur comme le souvenir de la couche de mes pères.

« Le dix-septième jour de marche, vers le temps où l'éphémère sort des eaux, nous entrâmes sur la grande savane Alachua. Elle est environnée de coteaux qui, fuyant les uns derrière les autres, portent, en s'élevant jusqu'aux nues, des forêts étagées de copalmes, de citronniers, de magnolias et de chênes-verts. Le chef poussa le cri d'arrivée, et la troupe campa au pied des collines. On me relégua à quelque distance, au bord d'un de ces *puits naturels*, si fameux dans les Florides. J'étais attaché au pied d'un arbre; un guerrier veillait impatiemment auprès de moi. J'avais à peine passé quelques instants dans ce lieu, qu'Atala parut sous les liquidambars de la fontaine. « Chasseur, « dit-elle au héros muscogulge, si tu veux poursuivre le chevreuil, je gar- « derai le prisonnier. » Le guerrier bondit de joie à cette parole de la fille du chef; il s'élance du sommet de la colline et allonge ses pas dans la plaine.

« Étrange contradiction du cœur de l'homme! Moi qui avais tant désiré de dire les choses du mystère à celle que j'aimais déjà comme le soleil, maintenant interdit et confus, je crois que j'eusse préféré d'être jeté aux crocodiles de la fontaine, à me trouver seul ainsi avec Atala. La fille du désert était aussi troublée que son prisonnier; nous gardions un profond silence; les génies de l'amour avaient dérobé nos paroles. Enfin Atala, faisant un effort, dit ceci : « Guerrier, vous êtes retenu faiblement; vous pouvez aisément vous « échapper. » A ces mots, la hardiesse revint sur ma langue; je répondis : « Faiblement retenu, ô femme !... » Je ne sus comment achever. Atala hésita quelques moments; puis elle dit : « Sauvez-vous. » Et elle me détacha du tronc de l'arbre. Je saisis la corde; je la remis dans la main de la fille étrangère, en forçant ses beaux doigts à se fermer sur ma chaîne. « Reprenez-la! re- « prenez-la! » m'écriai-je. — « Vous êtes un insensé, dit Atala d'une voix « émue. Malheureux! ne sais-tu pas que tu seras brûlé? Que prétends-tu? « Songes-tu bien que je suis la fille d'un redoutable sachem? — Il fut un « temps, répliquai-je avec des larmes, que j'étais aussi porté dans une peau « de castor aux épaules d'une mère. Mon père avait aussi une belle hutte, et « ses chevreuils buvaient les eaux de mille torrents ; mais j'erre maintenant « sans patrie. Quand je ne serai plus, aucun ami ne mettra un peu d'herbe « sur mon corps pour le garantir des mouches. Le corps d'un étranger mal- « heureux n'intéresse personne. »

« Ces mots attendrirent Atala. Ses larmes tombèrent dans la fontaine. « Ah! « repris-je avec vivacité, si votre cœur parlait comme le mien! Le désert « n'est-il pas libre? Les forêts n'ont-elles point de replis où nous cacher?

« Faut-il donc, pour être heureux, tant de choses aux enfants des cabanes? « O fille plus belle que le premier songe de l'époux! ô ma bien-aimée! ose « suivre mes pas. » Telles furent mes paroles. Atala me répondit d'une voix tendre : « Mon jeune ami, vous avez appris le langage des blancs; il est « aisé de tromper une Indienne. — Quoi! m'écriai-je, vous m'appelez votre « jeune ami! Ah! si un pauvre esclave... — Hé bien! dit-elle en se penchant « sur moi; un pauvre esclave..... » Je repris avec ardeur : « Qu'un baiser l'as- « sure de ta foi! » Atala écouta ma prière. Comme un faon semble pendre aux fleurs de lianes roses, qu'il saisit de sa langue délicate dans l'escarpement de la montagne, ainsi je restai suspendu aux lèvres de ma bien-aimée.

« Hélas! mon cher fils, la douleur touche de près au plaisir! Qui eût pu croire que le moment où Atala me donnait le premier gage de son amour serait celui-là même où elle détruirait mes espérances? Cheveux blanchis du vieux Chactas, quel fut votre étonnement lorsque la fille du sachem prononça ces paroles! « Beau prisonnier, j'ai follement cédé à ton désir; mais où nous « conduira cette passion? Ma religion me sépare de toi pour toujours.... O « ma mère, qu'as-tu fait?... » Atala se tut tout à coup, et retint je ne sus quel fatal secret près d'échapper à ses lèvres. Ses paroles me plongèrent dans le désespoir. « Hé bien! m'écriai-je, je serai aussi cruel que vous; je ne « fuirai point. Vous me verrez dans le cadre de feu; vous entendrez les gé- « missements de ma chair, et vous serez pleine de joie. » Atala saisit mes mains entre les deux siennes: « Pauvre jeune idolâtre, s'écria-t-elle, tu me « fais réellement pitié! Tu veux donc que je pleure tout mon cœur? Quel « dommage que je ne puisse fuir avec toi! Malheureux a été le ventre de ta « mère, ô Atala! Que ne te jettes-tu aux crocodiles de la fontaine! »

« Dans ce moment même, les crocodiles, aux approches du coucher du soleil, commençaient à faire entendre leurs rugissements. Atala me dit : « Quit- « tons ces lieux. » J'entraînai la fille de Simaghan au pied des coteaux qui formaient des golfes de verdure, en avançant leurs promontoires dans la savane. Tout était calme et superbe au désert. La cigogne criait sur son nid; les bois retentissaient du chant monotone des cailles, du sifflement des perruches, du mugissement des bisons et du hennissement des cavales siminoles.

« Notre promenade fut presque muette. Je marchais à côté d'Atala; elle tenait le bout de la corde, que je l'avais forcée de reprendre. Quelquefois nous versions des pleurs, quelquefois nous essayions de sourire. Un regard, tantôt levé vers le ciel, tantôt attaché à la terre, une oreille attentive au chant de l'oiseau, un geste vers le soleil couchant, une main tendrement serrée, un sein tour à tour palpitant, tour à tour tranquille, les noms de Chactas et d'Atala doucement répétés par intervalle... O première promenade de l'amour, il faut que votre souvenir soit bien puissant, puisque après tant d'années d'infortune vous remuez encore le cœur du vieux Chactas!

« Qu'ils sont incompréhensibles, les mortels agités par des passions! Je venais d'abandonner le généreux Lopez, je venais de m'exposer à tous les dangers pour être libre; dans un instant le regard d'une femme avait changé mes goûts, mes résolutions, mes pensées! Oubliant mon pays, ma mère, ma cabane, et la mort affreuse qui m'attendait, j'étais devenu indifférent à tout ce qui n'était pas Atala. Sans force pour m'élever à la raison de l'homme, j'étais retombé tout à coup dans une espèce d'enfance; et, loin de pouvoir rien faire pour me soustraire aux maux qui m'attendaient, j'aurais eu presque besoin qu'on s'occupât de mon sommeil et de ma nourriture.

« Ce fut donc vainement qu'après nos courses dans la savane, Atala se jetant à mes genoux, m'invita de nouveau à la quitter. Je lui protestai que je retournerais seul au camp, si elle refusait de me rattacher au pied de mon arbre. Elle fut obligée de me satisfaire, espérant me convaincre une autre fois.

« Le lendemain de cette journée, qui décida du destin de ma vie, on s'arrêta dans une vallée, non loin de Cuscowilla, capitale des Siminoles. Ces Indiens, unis aux Muscogulges, forment avec eux la confédération des Creeks. La fille du pays des palmiers vint me trouver au milieu de la nuit. Elle me conduisit dans une grande forêt de pins, et renouvela ses prières pour m'engager à la fuite. Sans lui répondre, je pris sa main dans ma main, et je forçai cette biche altérée d'errer avec moi dans la forêt. La nuit était délicieuse. Le génie des airs secouait sa chevelure bleue, embaumée de la senteur des pins, et l'on respirait la faible odeur d'ambre qu'exhalaient les crocodiles couchés sous les tamarins des fleuves. La lune brillait au milieu d'un azur sans tache, et sa lumière gris de perle descendait sur la cime indéterminée des forêts. Aucun bruit ne se faisait entendre, hors je ne sais quelle harmonie lointaine qui régnait dans la profondeur des bois : on eût dit que l'âme de la solitude soupirait dans toute l'étendue du désert.

« Nous aperçûmes à travers les arbres un jeune homme, qui, tenant à la main un flambeau, ressemblait au génie du printemps parcourant les forêts pour ranimer la nature. C'était un amant qui allait s'instruire de son sort à la cabane de sa maîtresse.

« Si la vierge éteint le flambeau, elle accepte les vœux offerts; si elle se voile sans l'éteindre, elle rejette un époux.

« Le guerrier, en se glissant dans les ombres, chantait à demi-voix ces paroles :

« Je devancerai les pas du jour sur le sommet des montagnes pour chercher « ma colombe solitaire parmi les chênes de la forêt.

« J'ai attaché à son cou un collier de porcelaines (1); on y voit trois grains « rouges pour mon amour, trois violets pour mes craintes, trois bleus pour « mes espérances.

« Mila a les yeux d'une hermine et la chevelure légère d'un champ de riz; « sa bouche est un coquillage rose garni de perles; ses deux seins sont comme « deux petits chevreaux sans tache, nés au même jour, d'une seule mère.

« Puisse Mila éteindre ce flambeau! Puisse sa bouche verser sur lui une

(1) Sorte de coquillage.

« ombre voluptueuse ! Je fertiliserai son sein. L'espoir de la patrie pendra à
« sa mamelle féconde, et je fumerai mon calumet de paix sur le berceau de
« mon fils.

« Ah ! laissez-moi devancer les pas du jour sur le sommet des montagnes
« pour chercher ma colombe solitaire parmi les chênes de la forêt ! »

« Ainsi chantait ce jeune homme, dont les accents portèrent le trouble jusqu'au fond de mon âme, et firent changer de visage à Atala. Nos mains unies frémirent l'une dans l'autre. Mais nous fûmes distraits de cette scène par une scène non moins dangereuse pour nous.

« Nous passâmes auprès du tombeau d'un enfant, qui servait de limites à deux nations. On l'avait placé au bord du chemin, selon l'usage, afin que les jeunes femmes, en allant à la fontaine, pussent attirer dans leur sein l'âme de l'innocente créature, et la rendre à la patrie. On y voyait dans ce moment des épouses nouvelles qui, désirant les douceurs de la maternité, cherchaient, en entr'ouvrant leurs lèvres, à recueillir l'âme du petit enfant, qu'elles croyaient voir errer sur les fleurs. La véritable mère vint ensuite déposer une gerbe de maïs et des fleurs de lis blanc sur le tombeau. Elle arrosa la terre de son lait, s'assit sur le gazon humide, et parla à son enfant d'une voix attendrie.

« Pourquoi te pleuré-je dans ton berceau de terre, ô mon nouveau-né ! quand
« le petit oiseau devient grand, il faut qu'il cherche sa nourriture, et il trouve
« dans le désert bien des graines amères. Du moins tu as ignoré les pleurs;
« du moins ton cœur n'a point été exposé au souffle dévorant des hommes. Le
« bouton qui sèche dans son enveloppe passe avec tous ses parfums, comme
« toi, ô mon fils, avec toute ton innocence. Heureux ceux qui meurent au
« berceau, ils n'ont connu que les baisers et les souris d'une mère ! »

« Déjà subjugués par notre propre cœur, nous fûmes accablés par ces images d'amour et de maternité, qui semblaient nous poursuivre dans ces solitudes enchantées. J'emportai Atala dans mes bras au fond de la forêt, et je lui dis des choses qu'aujourd'hui je chercherais en vain sur mes lèvres. Le vent du midi, mon cher fils, perd sa chaleur en passant sur des montagnes de glace. Les souvenirs de l'amour dans le cœur d'un vieillard sont comme les feux du jour réfléchis par l'orbe paisible de la lune, lorsque le soleil est couché et que le silence plane sur la hutte des Sauvages.

« Qui pouvait sauver Atala ? qui pouvait l'empêcher de succomber à la nature ? rien qu'un miracle sans doute; et ce miracle fut fait ! La fille de Simaghan eut recours au Dieu des chrétiens; elle se précipita sur la terre et prononça une fervente oraison, adressée à sa mère et à la Reine des vierges. C'est de ce moment, ô René, que j'ai conçu une merveilleuse idée de cette religion qui, dans les forêts, au milieu de toutes les privations de la vie, peut remplir de mille dons les infortunés; de cette religion qui, opposant sa puissance au torrent des passions, suffit seule pour les vaincre, lorsque tout les favorise, et le secret des bois, et l'absence des hommes et la fidélité des ombres. Ah! qu'elle me parut divine la simple Sauvage, l'ignorante Atala, qui à genoux devant un vieux pin tombé, comme au pied d'un autel, offrait à son Dieu des vœux pour un amant idolâtre! Ses yeux levés vers l'astre de la nuit, ses joues brillantes des pleurs de la religion et de l'amour, étaient d'une beauté immortelle. Plusieurs fois il me sembla qu'elle allait prendre son vol vers les cieux; plusieurs fois je crus voir descendre sur les rayons de la lune et entendre dans les branches des arbres ces génies que le Dieu des chrétiens envoie aux ermites des rochers, lorsqu'il se dispose à les rappeler à lui. J'en fus affligé, car je craignis qu'Atala n'eût que peu de temps à passer sur la terre.

« Cependant elle versa tant de larmes, elle se montra si malheureuse, que j'allais peut-être consentir à m'éloigner, lorsque le cri de mort retentit dans la forêt. Quatre hommes armés se précipitent sur moi : nous avions été découverts; le chef de guerre avait donné l'ordre de nous poursuivre.

« Atala, qui ressemblait à une reine pour l'orgueil de la démarche, dédaigna de parler à ces guerriers. Elle leur lança un regard superbe, et se rendit auprès de Simaghan.

« Elle ne put rien obtenir. On redoubla mes gardes, on multiplia mes chaînes, on écarta mon amante. Cinq nuits s'écoulent, et nous apercevons Apalachucla, situé au bord de la rivière Chata-Uche. Aussitôt on me couronne de fleurs; on me peint le visage d'azur et de vermillon, on m'attache des perles au nez et aux oreilles, et l'on me met à la main un chichikoué (1).

« Ainsi paré pour le sacrifice, j'entre dans Apalachucla, aux cris répétés de la foule. C'en était fait de ma vie, quand tout à coup le bruit d'une conque se fait entendre, et le Mico, ou chef de la nation, ordonne de s'assembler.

« Tu connais, mon fils, les tourments que les Sauvages font subir aux prisonniers de guerre. Les missionnaires chrétiens, au péril de leurs jours, et avec une charité infatigable, étaient parvenus chez plusieurs nations à faire substituer un esclavage assez doux aux horreurs du bûcher. Les Muscogulges n'avaient point encore adopté cette coutume; mais un parti nombreux s'était déclaré en sa faveur. C'était pour prononcer sur cette importante affaire que le Mico convoquait les sachems. On me conduit au lieu des délibérations.

« Non loin d'Apalachucla s'élevait, sur un tertre isolé, le pavillon du conseil. Trois cercles de colonnes formaient l'élégante architecture de cette rotonde. Les colonnes étaient de cyprès poli et sculpté; elles augmentaient en hauteur et en épaisseur, et diminuaient en nombre, à mesure qu'elles se rapprochaient du centre, marqué par un pilier unique. Du sommet de ce pilier partaient des bandes d'écorce, qui, passant sur le sommet des autres colonnes, couvraient le pavillon en forme d'éventail à jour.

« Le conseil s'assemble. Cinquante vieillards, en manteau de castor, se rangent sur des espèces de gradins faisant face à la porte du pavillon. Le grand chef est assis au milieu d'eux, tenant à la main le calumet de paix à demi coloré pour la guerre. A la droite des vieillards se placent cinquante femmes

(1) Instrument de musique des Sauvages.

couvertes d'une robe de plumes de cygne. Les chefs de guerre, le tomahawk (1) à la main, le pennage en tête, les bras et la poitrine teints de sang, prennent la gauche.

« Au pied de la colonne centrale brûle le feu du conseil. Le premier jongleur, environné des huit gardiens du temple, vêtu de longs habits, et portant un hibou empaillé sur la tête, verse du baume de copalme sur la flamme et offre un sacrifice au soleil. Ce triple rang de vieillards, de matrones, de guerriers; ces prêtres, ces nuages d'encens, ce sacrifice, tout sert à donner à ce conseil un appareil imposant.

« J'étais debout enchaîné au milieu de l'assemblée. Le sacrifice achevé, le Mico prend la parole, et expose avec simplicité l'affaire qui rassemble le conseil. Il jette un collier bleu dans la salle, en témoignage de ce qu'il vient de dire.

« Alors un sachem de la tribu de l'Aigle se lève, et parle ainsi :

« Mon père le Mico, sachems, matrones, guerriers des quatre tribus de
« l'Aigle, du Castor, du Serpent et de la Tortue, ne changeons rien aux mœurs
« de nos aïeux; brûlons le prisonnier, et n'amollissons point nos courages. C'est
« une coutume des blancs qu'on vous propose; elle ne peut être que perni-
« cieuse. Donnez un collier rouge qui contienne mes paroles. J'ai dit. »

« Et il jette un collier rouge dans l'assemblée.

« Une matrone se lève, et dit :

« Mon père l'Aigle, vous avez l'esprit d'un renard et la prudente lenteur
« d'une tortue. Je veux polir avec vous la chaîne d'amitié, et nous planterons
« ensemble l'arbre de paix. Mais changeons les coutumes de nos aïeux en ce
« qu'elles ont de funeste. Ayons des esclaves qui cultivent nos champs, et
« n'entendons plus les cris des prisonniers, qui troublent le sein des mères.
« J'ai dit. »

« Comme on voit les flots de la mer se briser pendant un orage, comme en automne les feuilles séchées sont enlevées par un tourbillon, comme les roseaux du Meschacebé plient et se relèvent dans une inondation subite, comme un grand troupeau de cerfs brame au fond d'une forêt, ainsi s'agitait et murmurait le conseil. Des sachems, des guerriers, des matrones, parlent tour à tour ou tous ensemble. Les intérêts se choquent, les opinions se divisent, le conseil va se dissoudre; mais enfin l'usage antique l'emporte, et je suis condamné au bûcher.

« Une circonstance vint retarder mon supplice; la *Fête des morts* ou le *Festin des âmes* approchait. Il est d'usage de ne faire mourir aucun captif pendant les jours consacrés à cette cérémonie. On me confia à une garde sévère; et sans doute les sachems éloignèrent la fille de Simaghan, car je ne la revis plus.

« Cependant les nations de plus de trois cents lieues à la ronde arrivaient en foule pour célébrer le *Festin des âmes*. On avait bâti une longue hutte sur un

(1) La hache.

site écarté. Au jour marqué, chaque cabane exhuma les restes de ses pères de leurs tombeaux particuliers, et l'on suspendit les squelettes, par ordre et par famille, aux murs de la *Salle commune des aïeux*. Les vents (une tempête s'était élevée), les forêts, les cataractes mugissaient au dehors, tandis que les vieillards des diverses nations concluaient entre eux des traités de paix et d'alliance sur les os de leurs pères.

« On célèbre les jeux funèbres, la course, la balle, les osselets. Deux vierges cherchent à s'arracher une baguette de saule. Les boutons de leurs seins viennent se toucher; leurs mains voltigent sur la baguette, qu'elles élèvent au-dessus de leurs têtes. Leurs beaux pieds nus s'entrelacent, leurs bouches se rencontrent, leurs douces haleines se confondent; elles se penchent et mêlent leurs chevelures; elles regardent leurs mères, rougissent : on applaudit (1). Le jongleur invoque Michabou, génie des eaux. Il raconte les guerres du grand Lièvre contre Machimanitou, dieu du mal. Il dit le premier homme et Athaënsic la première femme précipités du ciel pour avoir perdu l'innocence, la terre rougie du sang fraternel, Jouskeka l'impie immolant le juste Tahouistsaron, le déluge descendant à la voix du Grand-Esprit, Massou sauvé seul dans son canot d'écorce, et le corbeau envoyé à la découverte de la terre : il dit encore la belle Endaé, retirée de la contrée des âmes par les douces chansons de son époux.

« Après ces jeux et ces cantiques, on se prépare à donner aux aïeux une éternelle sépulture.

« Sur les bords de la rivière Chata-Uche se voyait un figuier sauvage, que le culte des peuples avait consacré. Les vierges avaient accoutumé de laver leurs robes d'écorce dans ce lieu, et de les exposer au souffle du désert, sur les rameaux de l'arbre antique. C'était là qu'on avait creusé un immense tombeau. On part de la salle funèbre en chantant l'hymne à la mort; chaque famille porte quelques débris sacrés. On arrive à la tombe; on y descend les reliques; on les y étend par couches; on les sépare avec des peaux d'ours et de castor; le mont du tombeau s'élève, et l'on y plante l'*Arbre des pleurs et du sommeil*.

« Plaignons les hommes, mon cher fils! Ces mêmes Indiens dont les coutumes sont si touchantes, ces mêmes femmes qui m'avaient témoigné un intérêt si tendre, demandaient maintenant mon supplice à grands cris, et des nations entières retardaient leur départ, pour avoir le plaisir de voir un jeune homme souffrir des tourments épouvantables.

« Dans une vallée au nord, à quelque distance du grand village, s'élevait un bois de cyprès et de sapins, appelé le *Bois du sang*. On y arrivait par les ruines d'un de ces monuments dont on ignore l'origine, et qui sont l'ouvrage d'un peuple maintenant inconnu. Au centre de ce bois s'étendait une arène où l'on sacrifiait les prisonniers de guerre. On m'y conduit en triomphe. Tout se prépare pour ma mort : on plante le poteau d'Areskoui; les pins, les ormes, les cyprès, tombent sous la cognée; le bûcher s'élève; les spectateurs bâtissent des amphithéâtres avec des branches et des troncs d'arbres. Chacun invente un supplice : l'un se propose de m'arracher la peau du crâne, l'autre de me

(1) La rougeur est sensible chez les jeunes Sauvages.

brûler les yeux avec des haches ardentes. Je commence ma chanson de mort :

« Je ne crains point les tourments : je suis brave, ô Muscogulges! je vous
« défie ; je vous méprise plus que des femmes. Mon père Outalissi, fils de Mis-
« cou, a bu dans le crâne de vos plus fameux guerriers ; vous n'arracherez
« pas un soupir de mon cœur. »

« Provoqué par ma chanson, un guerrier me perça le bras d'une flèche; je dis : « Frère, je te remercie. »

« Malgré l'activité des bourreaux, les préparatifs du supplice ne purent être achevés avant le coucher du soleil. On consulta le jongleur, qui défendit de troubler les génies des ombres, et ma mort fut encore suspendue jusqu'au lendemain. Mais, dans l'impatience de jouir du spectacle, et pour être plus tôt prêts au lever de l'aurore, les Indiens ne quittèrent point le *Bois du sang*; ils allumèrent de grands feux, et commencèrent des festins et des danses.

« Cependant on m'avait étendu sur le dos. Des cordes partant de mon cou, de mes pieds, de mes bras, allaient s'attacher à des piquets enfoncés en terre. Des guerriers étaient couchés sur ces cordes, et je ne pouvais faire un mouvement sans qu'ils n'en fussent avertis. La nuit s'avance : les chants et les danses cessent par degré; les feux ne jettent plus que des lueurs rougeâtres, devant lesquelles on voit encore passer les ombres de quelques Sauvages ; tout s'endort : à mesure que le bruit des hommes s'affaiblit, celui du désert augmente, et au tumulte des voix succèdent les plaintes du vent dans la forêt.

« C'était l'heure où une jeune Indienne qui vient d'être mère se réveille en sursaut au milieu de la nuit, car elle a cru entendre les cris de son premier-né, qui lui demande la douce nourriture. Les yeux attachés au ciel, où le croissant de la lune errait dans les nuages, je réfléchissais sur ma destinée. Atala me semblait un monstre d'ingratitude. M'abandonner au moment du supplice, moi qui m'étais dévoué aux flammes plutôt que de la quitter! et pourtant je sentais que je l'aimais toujours, et que je mourrais avec joie pour elle.

« Il est dans les extrêmes plaisirs un aiguillon qui nous éveille, comme pour nous avertir de profiter de ce moment rapide ; dans les grandes douleurs, au contraire, je ne sais quoi de pesant nous endort : des yeux fatigués par les larmes cherchent naturellement à se fermer, et la bonté de la Providence se fait ainsi remarquer jusque dans nos infortunes. Je cédai malgré moi à ce lourd sommeil que goûtent quelquefois les misérables. Je rêvais qu'on m'ôtait mes chaînes; je croyais sentir ce soulagement qu'on éprouve lorsque, après avoir été fortement pressé, une main secourable relâche nos fers.

« Cette sensation devint si vive qu'elle me fit soulever les paupières. A la clarté de la lune, dont un rayon s'échappait entre deux nuages, j'entrevois une grande figure blanche penchée sur moi, et occupée à dénouer silencieusement mes liens. J'allais pousser un cri, lorsqu'une main, que je reconnus à l'instant, me ferma la bouche. Une seule corde restait; mais il paraissait impossible de la couper sans toucher un guerrier qui la couvrait tout entière de son corps. Atala y porte la main, le guerrier s'éveille à demi, et se dresse sur son séant.

Atala reste immobile, et le regarde. L'Indien croit voir l'esprit des ruines; il se recouche en fermant les yeux et en invoquant son manitou. Le lien est brisé. Je me lève; je suis ma libératrice, qui me tend le bout d'un arc dont elle tient l'autre extrémité. Mais que de dangers nous environnent! Tantôt nous sommes près de heurter des Sauvages endormis; tantôt une garde nous interroge, et Atala répond en changeant sa voix. Des enfants poussent des cris, des dogues aboient. A peine sommes-nous sortis de l'enceinte funeste, que des hurlements ébranlent la forêt. Le camp se réveille, mille feux s'allument, on voit courir de tous côtés des Sauvages avec des flambeaux: nous précipitons notre course.

« Quand l'aurore se leva sur les Apalaches, nous étions déjà loin. Quelle fut ma félicité lorsque je me trouvai encore une fois dans la solitude avec Atala, avec Atala ma libératrice, avec Atala qui se donnait à moi pour toujours! Les paroles manquèrent à ma langue; je tombai à genoux, et je dis à la fille de Simaghan : « Les hommes sont bien peu de chose; mais quand les génies les « visitent, alors ils ne sont rien du tout. Vous êtes un génie, vous m'avez vi- « sité, et je ne puis parler devant vous. » Atala me tendit la main avec un sourire : « Il faut bien, dit-elle, que je vous suive, puisque vous ne voulez « pas fuir sans moi. Cette nuit, j'ai séduit le jongleur par des présents, j'ai « enivré vos bourreaux avec de l'essence de feu (1), et j'ai dû hasarder ma « vie pour vous, puisque vous aviez donné la vôtre pour moi. Oui, jeune « idolâtre, ajouta-t-elle avec un accent qui m'effraya, le sacrifice sera réci- « proque. »

« Atala me remit les armes qu'elle avait eu soin d'apporter; ensuite elle pansa ma blessure. En l'essuyant avec une feuille de papaya, elle la mouillait de ses larmes. « C'est un baume, lui dis-je, que tu répands sur ma plaie. « — Je crains plutôt que ce ne soit un poison, » répondit-elle. Elle déchira un des voiles de son sein, dont elle fit une première compresse qu'elle attacha avec une boucle de ses cheveux.

« L'ivresse, qui dure longtemps chez les Sauvages, et qui est pour eux une espèce de maladie, les empêcha sans doute de nous poursuivre durant les premières journées. S'ils nous cherchèrent ensuite, il est probable que ce fut du côté du couchant, persuadés que nous aurions essayé de nous rendre au Meschacébé; mais nous avions pris notre route vers l'étoile immobile (2), en nous dirigeant sur la mousse du tronc des arbres.

« Nous ne tardâmes pas à nous apercevoir que nous avions peu gagné à ma délivrance. Le désert déroulait maintenant devant nous ses solitudes démesurées. Sans expérience de la vie des forêts, détournés de notre vrai chemin, et marchant à l'aventure, qu'allions-nous devenir? Souvent en regardant Atala, je me rappelais cette antique histoire d'Agar, que Lopez m'avait fait lire, et qui est arrivée dans le désert de Bersabée, il y a bien longtemps, alors que les hommes vivaient trois âges de chêne. Atala me fit un manteau avec la seconde écorce du frêne, car j'étais presque nu. Elle me broda des mocassines (3) de peau de rat musqué, avec du poil de porc-épic. Je prenais soin

(1) De l'eau-de-vie. — (2) Le nord. — (3) Chaussure indienne.

à mon tour de sa parure. Tantôt je lui mettais sur la tête une couronne de ces mauves bleues, que nous trouvions sur notre route, dans des cimetières indiens abandonnés; tantôt je lui faisais des colliers avec des graines rouges d'azalea; et puis je me prenais à sourire en contemplant sa merveilleuse beauté.

« Quand nous rencontrions un fleuve, nous le passions sur un radeau ou à la nage. Atala appuyait une de ses mains sur mon épaule; et, comme deux cygnes voyageurs, nous traversions ces ondes solitaires.

« Souvent, dans les grandes chaleurs du jour, nous cherchions un abri sous les mousses des cèdres. Presque tous les arbres de la Floride, en particulier le cèdre et le chêne-vert, sont couverts d'une mousse blanche qui descend de leurs rameaux jusqu'à terre. Quand, la nuit, au clair de la lune, vous apercevez sur la nudité d'une savane, une yeuse isolée revêtue de cette draperie, vous croiriez voir un fantôme traînant après lui ses longs voiles. La scène n'est pas moins pittoresque au grand jour; car une foule de papillons, de mouches brillantes, de colibris, de perruches vertes, de geais d'azur, vient s'accrocher à ces mousses, qui produisent alors l'effet d'une tapisserie en laine blanche, où l'ouvrier européen aurait brodé des insectes et des oiseaux éclatants.

« C'était dans ces riantes hôtelleries, préparées par le Grand-Esprit, que nous nous reposions à l'ombre. Lorsque les vents descendaient du ciel pour balancer ce grand cèdre, que le château aérien bâti sur ses branches allait flottant avec les oiseaux et les voyageurs endormis sous ses abris, que mille soupirs sortaient des corridors et des voûtes du mobile édifice, jamais les merveilles de l'ancien monde n'ont approché de ce monument du désert.

« Chaque soir nous allumions un grand feu, et nous bâtissions la hutte du voyage, avec une écorce élevée sur quatre piquets. Si j'avais tué une dinde sauvage, un ramier, un faisan des bois, nous le suspendions, devant le chêne embrasé, au bout d'une gaule plantée en terre, et nous abandonnions au vent le soin de tourner la proie du chasseur. Nous mangions des mousses appelées *tripes de roches*, des écorces sucrées de bouleau, et des pommes de mai, qui ont le goût de la pêche et de la framboise. Le noyer noir, l'érable, le sumac, fournissaient le vin à notre table. Quelquefois j'allais chercher parmi les roseaux une plante, dont la fleur allongée en cornet contenait un verre de la plus pure rosée. Nous bénissions la Providence qui, sur la faible tige d'une fleur, avait placé cette source limpide au milieu des marais corrompus, comme elle a mis l'espérance au fond des cœurs ulcérés par le chagrin, comme elle a fait jaillir la vertu du sein des misères de la vie!

« Hélas! je découvris bientôt que je m'étais trompé sur le calme apparent d'Atala. A mesure que nous avancions, elle devenait triste. Souvent elle tressaillait sans cause, et tournait précipitamment la tête. Je la surprenais attachant sur moi un regard passionné, qu'elle reportait vers le ciel avec une profonde mélancolie. Ce qui m'effrayait surtout, était un secret, une pensée cachée au fond de son âme, que j'entrevoyais dans ses yeux. Toujours m'attirant et me repoussant, ranimant et détruisant mes espérances, quand je croyais avoir fait un peu de chemin dans son cœur, je me retrouvais au même point. Que

ATALA ET CHACTAS SUR LE RADEAU.

de fois elle m'a dit : « O mon jeune amant ! je t'aime comme l'ombre des bois « au milieu du jour ! Tu es beau comme le désert avec toutes ses fleurs et « toutes ses brises. Si je me penche sur toi, je frémis ; si ma main tombe sur « la tienne, il me semble que je vais mourir. L'autre jour le vent jeta tes « cheveux sur mon visage, tandis que tu te délassais sur mon sein ; je crus « sentir le léger toucher des esprits invisibles. Oui, j'ai vu les chevrettes de la « montagne d'Occone ; j'ai entendu les propos des hommes rassasiés de jours : « mais la douceur des chevreaux et la sagesse des vieillards sont moins plaisantes « et moins fortes que tes paroles. Hé bien ! pauvre Chactas, je ne serai jamais « ton épouse ! »

« Les perpétuelles contradictions de l'amour et de la religion d'Atala, l'abandon de sa tendresse et la chasteté de ses mœurs, la fierté de son caractère et sa profonde sensibilité, l'élévation de son âme dans les grandes choses, sa susceptibilité dans les petites, tout en faisait pour moi un être incompréhensible. Atala ne pouvait pas prendre sur un homme un faible empire : pleine de passions, elle était pleine de puissance ; il fallait ou l'adorer ou la haïr.

« Après quinze nuits d'une marche précipitée, nous entrâmes dans la chaîne des monts Alléghanys, et nous atteignîmes une des branches du Tenase, fleuve qui se jette dans l'Ohio. Aidé des conseils d'Atala, je bâtis un canot que j'enduisis de gomme de prunier, après en avoir recousu les écorces avec des racines de sapin. Ensuite je m'embarquai avec Atala, et nous nous abandonnâmes au cours du fleuve.

« Le village indien de Sticoë, avec ses tombes pyramidales et ses huttes en ruines, se montrait à notre gauche, au détour d'un promontoire ; nous laissions à droite la vallée de Keow, terminée par la perspective des cabanes de Jore, suspendues au front de la montagne du même nom. Le fleuve, qui nous entraînait, coulait entre de hautes falaises, au bout desquelles on apercevait le soleil couchant. Ces profondes solitudes n'étaient point troublées par la présence de l'homme. Nous ne vîmes qu'un chasseur indien qui, appuyé sur son arc et immobile sur la pointe d'un rocher, ressemblait à une statue élevée dans la montagne au génie de ces déserts.

« Atala et moi nous joignions notre silence au silence de cette scène. Tout à coup la fille de l'exil fit éclater dans les airs une voix pleine d'émotion et de mélancolie ; elle chantait la patrie absente :

« Heureux ceux qui n'ont point vu la fumée des fêtes de l'étranger, et qui « ne se sont assis qu'aux festins de leurs pères !

« Si le geai bleu du Meschacébé disait à la nonpareille des Florides : Pour- « quoi vous plaignez-vous si tristement ? n'avez-vous pas ici de belles eaux et « de beaux ombrages, et toutes sortes de pâtures comme dans vos forêts ? — « Oui, répondrait la nonpareille fugitive ; mais mon nid est dans le jasmin, qui « me l'apportera ? Et le soleil de ma savane, l'avez-vous ?

« Heureux ceux qui n'ont point vu la fumée des fêtes de l'étranger, et qui
« ne se sont assis qu'aux festins de leurs pères !

« Après les heures d'une marche pénible, le voyageur s'assied tranquille-
« ment. Il contemple autour de lui les toits des hommes ; le voyageur n'a pas
« un lieu où reposer sa tête. Le voyageur frappe à la cabane, il met son
« arc derrière la porte, il demande l'hospitalité ; le maître fait un geste de
« la main ; le voyageur reprend son arc et retourne au désert !

« Heureux ceux qui n'ont point vu la fumée des fêtes de l'étranger, et qui
« ne se sont assis qu'aux festins de leurs pères !

« Merveilleuses histoires racontées autour du foyer, tendres épanchements
« du cœur, longues habitudes d'aimer si nécessaires à la vie, vous avez
« rempli les journées de ceux qui n'ont point quitté leur pays natal ! Leurs
« tombeaux sont dans leur patrie, avec le soleil couchant, les pleurs de leurs
« amis et les charmes de la religion.

« Heureux ceux qui n'ont point vu la fumée des fêtes de l'étranger, et qui
« ne se sont assis qu'aux festins de leurs pères ! »

« Ainsi chantait Atala. Rien n'interrompait ses plaintes, hors le bruit insensible de notre canot sur les ondes. En deux ou trois endroits seulement elles furent recueillies par un faible écho, qui les redit à un second plus faible, et celui-ci à un troisième plus faible encore : on eût cru que les âmes de deux amants, jadis infortunés comme nous, attirées par cette mélodie touchante, se plaisaient à en soupirer les derniers sons dans la montagne.

« Cependant la solitude, la présence continuelle de l'objet aimé, nos malheurs même, redoublaient à chaque instant notre amour. Les forces d'Atala commençaient à l'abandonner, et les passions, en abattant son corps, allaient triompher de sa vertu. Elle priait continuellement sa mère, dont elle avait l'air de vouloir apaiser l'ombre irritée. Quelquefois elle me demandait si je n'entendais pas une voix plaintive, si je ne voyais pas des flammes sortir de la terre. Pour moi, épuisé de fatigue, mais toujours brûlant de désir, songeant que j'étais peut-être perdu sans retour au milieu de ces forêts, cent fois je fus prêt à saisir mon épouse dans mes bras, cent fois je lui proposai de bâtir une hutte sur ces rivages, et de nous y ensevelir ensemble. Mais elle me résista toujours :
« Songez, me disait-elle, mon jeune ami, qu'un guerrier se doit à sa patrie.
« Qu'est-ce qu'une femme auprès des devoirs que tu as à remplir ? Prends
« courage, fils d'Outalissi ; ne murmure point contre ta destinée. Le cœur de
« l'homme est comme l'éponge du fleuve, qui tantôt boit une onde pure dans
« les temps de sérénité, tantôt s'enfle d'une eau bourbeuse quand le ciel a
« troublé les eaux. L'éponge a-t-elle le droit de dire : Je croyais qu'il n'y au-
« rait jamais d'orages, que le soleil ne serait jamais brûlant ? »

« O René, si tu crains les troubles du cœur, défie-toi de la solitude : les grandes passions sont solitaires, et les transporter au désert, c'est les rendre à leur empire. Accablés de soucis et de craintes, exposés à tomber entre les mains des Indiens ennemis, à être engloutis dans les eaux, piqués des serpents, dévorés des bêtes, trouvant difficilement une chétive nourriture, et ne sachant plus de quel côté tourner nos pas, nos maux semblaient ne pouvoir plus s'accroître, lorsqu'un accident y vint mettre le comble.

« C'était le vingt-septième soleil depuis notre départ des cabanes: la *lune de feu* (1) avait commencé son cours, et tout annonçait un orage. Vers l'heure où les matrones indiennes suspendent la crosse du labour aux branches du savinier, et où les perruches se retirent dans le creux des cyprès, le ciel commença à se couvrir. Les voix de la solitude s'éteignirent, le désert fit silence, et les forêts demeurèrent dans un calme universel. Bientôt les roulements d'un tonnerre lointain, se prolongeant dans ces bois aussi vieux que le monde, en firent sortir des bruits sublimes. Craignant d'être submergés, nous nous hâtâmes de gagner le bord du fleuve, et de nous retirer dans une forêt.

« Ce lieu était un terrain marécageux. Nous avancions avec peine sous une voûte de smilax, parmi des ceps de vigne, des indigos, des faséoles, des lianes rampantes, qui entravaient nos pieds comme des filets. Le sol spongieux tremblait autour de nous, et à chaque instant nous étions près d'être engloutis dans des fondrières. Des insectes sans nombre, d'énormes chauves-souris nous aveuglaient; les serpents à sonnettes bruissaient de toutes parts; et les loups, les ours, les carcajous, les petits tigres qui venaient se cacher dans ces retraites, les remplissaient de leurs rugissements.

« Cependant l'obscurité redouble: les nuages abaissés entrent sous l'ombrage des bois. La nue se déchire, et l'éclair trace un rapide losange de feu. Un vent impétueux, sorti du couchant, roule les nuages sur les nuages; les forêts plient, le ciel s'ouvre coup sur coup, et, à travers ses crevasses, on aperçoit de nouveaux cieux et des campagnes ardentes. Quel affreux, quel magnifique spectacle! La foudre met le feu dans les bois; l'incendie s'étend comme une chevelure de flammes; des colonnes d'étincelles et de fumée assiégent les nues, qui vomissent leurs foudres dans le vaste embrasement. Alors le Grand-Esprit couvre les montagnes d'épaisses ténèbres; du milieu de ce vaste chaos s'élève un mugissement confus formé par le fracas des vents, le gémissement des arbres, le hurlement des bêtes féroces, le bourdonnement de l'incendie, et la chute répétée du tonnerre qui siffle en s'éteignant dans les eaux.

« Le Grand-Esprit le sait! Dans ce moment je ne vis qu'Atala, je ne pensai qu'à elle. Sous le tronc penché d'un bouleau, je parvins à la garantir des torrents de la pluie. Assis moi-même sous l'arbre, tenant ma bien-aimée sur mes genoux, et réchauffant ses pieds nus entre mes mains, j'étais plus heureux que la nouvelle épouse qui sent pour la première fois son fruit tressaillir dans son sein.

« Nous prêtions l'oreille au bruit de la tempête; tout à coup je sentis une larme d'Atala tomber sur mon sein: « Orage du cœur, m'écriai-je, est-ce une « goutte de votre pluie? » Puis embrassant étroitement celle que j'aimais:

(1) Mois de juillet.

« Atala, lui dis-je, vous me cachez quelque chose. Ouvre-moi ton cœur, ô ma « beauté! cela fait tant de bien quand un ami regarde dans notre âme! Ra- « conte-moi cet autre secret de la douleur, que tu t'obstines à taire. Ah! je le « vois, tu pleures ta patrie. » Elle repartit aussitôt : « Enfant des hommes, « comment pleurerais-je ma patrie, puisque mon père n'était pas du pays des « palmiers? — Quoi! répliquai-je avec un profond étonnement, votre père « n'était pas du pays des palmiers! Quel est donc celui qui vous a mise sur « cette terre? Répondez. » Atala dit ces paroles :

« Avant que ma mère eût apporté en mariage au guerrier Simaghan trente « cavales, vingt buffles, cent mesures d'huile de glands, cinquante peaux de « castor et beaucoup d'autres richesses, elle avait connu un homme de la chair « blanche. Or, la mère de ma mère lui jeta de l'eau au visage, et la contrai- « gnit d'épouser le magnanime Simaghan, tout semblable à un roi, et honoré « des peuples comme un génie. Mais ma mère dit à son nouvel époux : Mon « ventre a conçu, tuez-moi. Simaghan lui répondit: Le Grand-Esprit me « garde d'une si mauvaise action. Je ne vous mutilerai point, je ne vous cou- « perai point le nez ni les oreilles, parce que vous avez été sincère, et que « vous n'avez point trompé ma couche. Le fruit de vos entrailles sera mon « fruit, et je ne vous visiterai qu'après le départ de l'oiseau de rizière, lorsque « la treizième lune aura brillé. En ce temps-là, je brisai le sein de ma mère « et je commençai à croître, fière comme une Espagnole et comme une Sau- « vage. Ma mère me fit chrétienne, afin que son Dieu et le Dieu de mon père « fût aussi mon Dieu. Ensuite le chagrin d'amour vint la chercher, et elle « descendit dans la petite cave garnie de peaux, d'où l'on ne sort jamais. »

« Telle fut l'histoire d'Atala. « Et quel était donc ton père, pauvre orphe- « line? lui dis-je; comment les hommes l'appelaient-ils sur la terre, et quel « nom portait-il parmi les génies? — Je n'ai jamais lavé les pieds de mon père, « dit Atala; je sais seulement qu'il vivait avec sa sœur à Saint-Augustin, et « qu'il a toujours été fidèle à ma mère : *Philippe* était son nom parmi les anges, « et les hommes le nommaient *Lopez*. »

« A ces mots je poussai un cri qui retentit dans toute la solitude; le bruit de mes transports se mêla au bruit de l'orage. Serrant Atala sur mon cœur, je m'écriai avec des sanglots : « O ma sœur! ô fille de Lopez! fille de mon bien- « faiteur! » Atala, effrayée, me demanda d'où venait mon trouble; mais quand elle sut que Lopez était cet hôte généreux qui m'avait adopté à Saint-Augustin, et que j'avais quitté pour être libre, elle fut saisie elle-même de confusion et de joie.

« C'en était trop pour nos cœurs que cette amitié fraternelle qui venait nous visiter, et joindre son amour à notre amour. Désormais les combats d'Atala allaient devenir inutiles : en vain je la sentis porter une main à son sein et faire un mouvement extraordinaire; déjà je l'avais saisie, déjà je m'étais enivré de son souffle; déjà j'avais bu toute la magie de l'amour sur ses lèvres. Les yeux levés vers le ciel, à la lueur des éclairs, je tenais mon épouse dans mes bras

ATALA N'OFFRAIT PLUS QU'UNE FAIBLE RÉSISTANCE.

en présence de l'Éternel. Pompe nuptiale, digne de nos malheurs et de la grandeur de nos amours : superbes forêts qui agitiez vos lianes et vos dômes comme les rideaux et le ciel de notre couche, pins embrasés qui formiez les flambeaux de notre hymen, fleuve débordé, montagnes mugissantes, affreuse et sublime nature, n'étiez-vous donc qu'un appareil préparé pour nous tromper, et ne pûtes-vous cacher un moment dans vos mystérieuses horreurs la félicité d'un homme !

« Atala n'offrait plus qu'une faible résistance ; je touchais au moment du bonheur, quand tout à coup un impétueux éclair suivi d'un éclat de la foudre, sillonne l'épaisseur des ombres, remplit la forêt de soufre et de lumière, et brise un arbre à nos pieds. Nous fuyons ! O surprise !... dans le silence qui succède, nous entendons le son d'une cloche ! Tous deux interdits, nous prêtons l'oreille à ce bruit, si étrange dans un désert. A l'instant un chien aboie dans le lointain ; il approche, il redouble ses cris, il arrive, il hurle de joie à nos pieds ; un vieux solitaire portant une petite lanterne le suit à travers les ténèbres de la forêt. « La Providence soit bénie ! » s'écria-t-il aussitôt qu'il nous aperçut. « Il y a bien longtemps que je vous cherche ! Notre « chien vous a sentis dès le commencement de l'orage, et il m'a conduit « ici. Bon Dieu ! comme ils sont jeunes ! Pauvres enfants ! comme ils ont « dû souffrir ! Allons : j'ai apporté une peau d'ours, ce sera pour cette « jeune femme ; voici un peu de vin dans notre calebasse. Que Dieu soit « loué dans toutes ses œuvres ! sa miséricorde est bien grande et sa bonté est « infinie. »

« Atala était aux pieds du religieux : « Chef de la prière, lui disait-elle, je « suis chrétienne, c'est le ciel qui t'envoie pour me sauver. — Ma fille, dit « l'ermite en la relevant, nous sonnons ordinairement la cloche de la mission « pendant la nuit et pendant les tempêtes pour appeler les étrangers ; et, à « l'exemple de nos frères des Alpes et du Liban, nous avons appris à notre « chien à découvrir les voyageurs égarés. » Pour moi, je comprenais à peine l'ermite ; cette charité me semblait si fort au-dessus de l'homme que je croyais faire un songe. A la lueur de la petite lanterne que tenait le religieux, j'entrevoyais sa barbe et ses cheveux tout trempés d'eau : ses pieds, ses mains et son visage étaient ensanglantés par les ronces. « Vieillard, » m'écriai-je enfin, « quel cœur as-tu donc, toi qui n'as pas craint d'être frappé par la foudre ? — « Craindre ! repartit le père avec une sorte de chaleur ; craindre lorsqu'il y a « des hommes en péril, et que je leur puis être utile ! Je serais donc un bien « indigne serviteur de Jésus-Christ ! — Mais sais-tu, lui dis-je que je ne suis « pas chrétien ? — Jeune homme, répondit l'ermite, vous ai-je demandé votre « religion ? Jésus-Christ n'a pas dit : Mon sang lavera celui-ci, et non celui-là. « Il est mort pour le Juif et le Gentil, et il n'a vu dans tous les hommes que « des frères et des infortunés. Ce que je fais ici pour vous est fort peu de chose, « et vous trouveriez ailleurs bien d'autres secours ; mais la gloire n'en doit « point retomber sur les prêtres. Que sommes-nous, faibles solitaires, sinon « de grossiers instruments d'une œuvre céleste ? Eh ! quel serait le soldat

« assez lâche pour reculer lorsque son chef, la croix à la main, et le front « couronné d'épines, marche devant lui au secours des hommes? »

«Ces paroles saisirent mon cœur, des larmes d'admiration et de tendresse tombèrent de mes yeux. «Mes chers enfants, dit le missionnaire, je gouverne « dans ces forêts un petit troupeau de vos frères sauvages. Ma grotte est assez « près d'ici dans la montagne; venez vous réchauffer chez moi; vous n'y « trouverez pas les commodités de la vie, mais vous y aurez un abri; et il faut « encore en remercier la bonté divine, car il y a bien des hommes qui en « manquent.»

LES LABOUREURS.

« Il y a des justes dont la conscience est si tranquille, qu'on ne peut approcher d'eux sans participer à la paix qui s'exhale, pour ainsi dire, de leur cœur et de leurs discours. A mesure que le solitaire parlait, je sentais les passions s'apaiser dans mon sein, et l'orage même du ciel semblait s'éloigner à sa voix. Les nuages furent bientôt assez dispersés pour nous permettre de quitter notre retraite. Nous sortîmes de la forêt et nous commençâmes à gravir le revers d'une haute montagne. Le chien marchait devant nous en portant au bout d'un bâton la lanterne éteinte. Je tenais la main d'Atala, et nous suivions le missionnaire. Il se détournait souvent pour nous regarder, contemplant avec pitié nos malheurs et notre jeunesse. Un livre était suspendu à son cou; il s'appuyait sur un bâton blanc. Sa taille était élevée; sa figure, pâle et maigre; sa physionomie, simple et sincère. Il n'avait pas les traits morts et effacés de l'homme né sans passions; on voyait que ses jours avaient été mauvais, et les rides de son front montraient les belles cicatrices des passions guéries par la vertu et par l'amour de Dieu et des hommes. Quand il nous parlait debout et immobile, sa longue barbe, ses yeux modestement baissés, le son affectueux de sa voix, tout en lui avait quelque chose de calme et de sublime. Quiconque a vu comme moi, le père Aubry cheminant seul avec un bâton et son bréviaire dans le désert, a une véritable idée du voyageur chrétien sur la terre.

« Après une demi-heure d'une marche dangereuse par les sentiers de la montagne, nous arrivâmes à la grotte du missionnaire. Nous y entrâmes à travers les lierres et les giraumonts humides, que la pluie avait abattus des rochers. Il n'y avait dans ce lieu qu'une natte de feuilles de papaya, une calebasse pour puiser de l'eau, quelques vases de bois, une bêche, un serpent familier, et, sur une pierre qui servait de table, un crucifix et le livre des chrétiens.

« L'homme des anciens jours se hâta d'allumer du feu avec des lianes sèches; il brisa du maïs entre deux pierres, et en ayant fait un gâteau, il le mit cuire sous la cendre. Quand ce gâteau eut pris au feu une belle couleur dorée, il nous le servit tout brûlant, avec de la crème de noix dans un vase d'érable. Le soir ayant ramené la sérénité, le serviteur du Grand-Esprit nous proposa d'aller nous asseoir à l'entrée de la grotte. Nous le suivîmes dans ce lieu, qui commandait une vue immense. Les restes de l'orage étaient jetés en désordre vers l'orient : les feux de l'incendie allumé dans les forêts par la foudre brillaient encore dans le lointain; au pied de la montagne, un bois de pins tout entier était renversé dans la vase, et le fleuve roulait pêle-mêle les argiles détrempées, les troncs des arbres, les corps des animaux et les poissons morts, dont on voyait le ventre argenté flotter à la surface des eaux.

« Ce fut au milieu de cette scène qu'Atala raconta notre histoire au vieux génie de la montagne. Son cœur parut touché, et des larmes tombèrent sur sa barbe : « Mon enfant, dit-il à Atala, il faut offrir vos souffrances à Dieu, pour « la gloire de qui vous avez déjà fait tant de choses; il vous rendra le repos. « Voyez fumer ces forêts, sécher ces torrents, se dissiper ces nuages; croyez- « vous que celui qui peut calmer une pareille tempête ne pourra pas apaiser « les troubles du cœur de l'homme? Si vous n'avez pas de meilleure retraite, « ma chère fille, je vous offre une place au milieu du troupeau que j'ai eu le « bonheur d'appeler à Jésus-Christ. J'instruirai Chactas, et je vous le donnerai « pour époux quand il sera digne de l'être. »

« A ces mots, je tombai aux genoux du solitaire, en versant des pleurs de joie; mais Atala devint pâle comme la mort. Le vieillard me releva avec bénignité, et je m'aperçus alors qu'il avait les deux mains mutilées. Atala comprit sur-le-champ ses malheurs. « Les barbares! » s'écria-t-elle.

« Ma fille, reprit le père avec un doux sourire, qu'est-ce que cela auprès de « ce qu'a enduré mon divin Maître? Si les Indiens idolâtres m'ont affligé, ce « sont de pauvres aveugles que Dieu éclairera un jour. Je les chéris même « davantage, en proportion des maux qu'ils m'ont faits. Je n'ai pu rester dans « ma patrie, où j'étais retourné, et où une illustre reine m'a fait l'honneur de « vouloir contempler ces faibles marques de mon apostolat. Et quelle récom- « pense plus glorieuse pouvais-je recevoir de mes travaux, que d'avoir obtenu « du chef de notre religion la permission de célébrer le divin sacrifice avec « ces mains mutilées? Il ne me restait plus, après un tel honneur, qu'à tâcher « de m'en rendre digne: je suis revenu au Nouveau-Monde consumer le reste « de ma vie au service de mon Dieu. Il y a bientôt trente ans que j'habite cette « solitude, et il y en aura demain vingt-deux que j'ai pris possession de ce rocher. « Quand j'arrivai dans ces lieux, je n'y trouvai que des familles vagabondes, « dont les mœurs étaient féroces et la vie fort misérable. Je leur ai fait en- « tendre la parole de paix, et leurs mœurs se sont graduellement adoucies. « Ils vivent maintenant rassemblés au bas de cette montagne. J'ai tâché, en « leur enseignant les voies du salut, de leur apprendre les premiers arts de « la vie, mais sans les porter trop loin, et en retenant ces honnêtes gens « dans cette simplicité qui fait le bonheur. Pour moi, craignant de les gêner « par ma présence, je me suis retiré sous cette grotte, où ils viennent me con-

« sulter. C'est ici que, loin des hommes, j'admire Dieu dans la grandeur de « ces solitudes, et que je me prépare à la mort, que m'annoncent mes vieux « jours. »

« En achevant ces mots, le solitaire se mit à genoux, et nous imitâmes son exemple. Il commença à haute voix une prière, à laquelle Atala répondait. De muets éclairs ouvraient encore les cieux dans l'orient, et sur les nuages du couchant trois soleils brillaient ensemble. Quelques renards dispersés par l'orage allongeaient leurs museaux noirs au bord des précipices, et l'on entendait le frémissement des plantes qui, séchant à la brise du soir, relevaient de toutes parts leurs tiges abattues.

« Nous rentrâmes dans la grotte, où l'ermite étendit un lit de mousse de cyprès pour Atala. Une profonde langueur se peignait dans les yeux et dans les mouvements de cette vierge; elle regardait le père Aubry, comme si elle eût voulu lui communiquer un secret; mais quelque chose semblait la retenir, soit ma présence, soit une certaine honte, soit l'inutilité de l'aveu. Je l'entendis se lever au milieu de la nuit; elle cherchait le solitaire : mais, comme il lui avait donné sa couche, il était allé contempler la beauté du ciel, et prier Dieu sur le sommet de la montagne. Il me dit le lendemain que c'était assez sa coutume, même pendant l'hiver, aimant à voir les forêts balancer leurs cimes dépouillées, les nuages voler dans les cieux, et à entendre les vents et les torrents gronder dans la solitude. Ma sœur fut donc obligée de retourner à sa couche où elle s'assoupit. Hélas ! comblé d'espérance, je ne vis dans la faiblesse d'Atala que des marques passagères de lassitude.

« Le lendemain, je m'éveillai aux chants des cardinaux et des oiseaux-moqueurs, nichés dans les acacias et les lauriers qui environnaient la grotte. J'allai cueillir une rose de magnolia et je la déposai, humectée des larmes du matin, sur la tête d'Atala endormie. J'espérais, selon la religion de mon pays, que l'âme de quelque enfant mort à la mamelle serait descendue sur cette fleur dans une goutte de rosée, et qu'un heureux songe la porterait au sein de ma future épouse. Je cherchai ensuite mon hôte; je le trouvai la robe relevée dans ses deux poches, un chapelet à la main, et m'attendant assis sur le tronc d'un pin tombé de vieillesse. Il me proposa d'aller avec lui à la Mission, tandis qu'Atala reposait encore; j'acceptai son offre, et nous nous mîmes en route à l'instant.

« En descendant la montagne, j'aperçus des chênes où les génies semblaient avoir dessiné des caractères étrangers. L'ermite me dit qu'il les avait tracés lui-même, que c'étaient des vers d'un ancien poëte appelé *Homère*, et quelques sentences d'un autre poëte plus ancien encore, nommé *Salomon*. Il y avait je ne sais quelle mystérieuse harmonie entre cette sagesse des temps, ces vers rongés de mousse, ce vieux solitaire qui les avait gravés, et ces vieux chênes qui lui servaient de livres.

« Son nom, son âge, la date de sa mission, étaient aussi marqués sur un roseau de savane, au pied de ces arbres. Je m'étonnai de la fragilité du dernier monument : «Il durera encore plus que moi, me répondit le père, et aura tou« jours plus de valeur que le peu de bien que j'ai fait. »

« De là, nous arrivâmes à l'entrée d'une vallée, où je vis un ouvrage merveilleux : c'était un pont naturel, semblable à celui de la Virginie, dont tu as peut-être entendu parler. Les hommes, mon fils, surtout ceux de ton pays, imitent souvent la nature, et leurs copies sont toujours petites ; il n'en est pas ainsi de la nature quand elle a l'air d'imiter les travaux des hommes en leur offrant en effet des modèles. C'est alors qu'elle jette des ponts du sommet d'une montagne au sommet d'une autre montagne, suspend des chemins dans les nues, répand des fleuves pour canaux, sculpte des monts pour colonnes, et pour bassins creuse des mers.

« Nous passâmes sous l'arche unique de ce pont, et nous nous trouvâmes devant une autre merveille : c'était le cimetière des Indiens de la Mission, ou *les Bocages de la mort*. Le père Aubry avait permis à ses néophytes d'ensevelir leurs morts à leur manière, et de conserver au lieu de leur sépulture son nom sauvage ; il avait seulement sanctifié ce lieu par une croix (1). Le sol en était divisé, comme le champ commun des moissons, en autant de lots qu'il y avait de familles. Chaque lot faisait à lui seul un bois qui variait selon le goût de ceux qui l'avaient planté. Un ruisseau serpentait sans bruit au milieu de ces bocages ; on l'appelait *le Ruisseau de la paix*. Ce riant asile des âmes était fermé à l'orient par le pont sous lequel nous avions passé ; deux collines le bornaient au septentrion et au midi ; il ne s'ouvrait qu'à l'occident, où s'élevait un grand bois de sapins. Les troncs de ces arbres, rouges marbrés de vert, montant sans branches jusqu'à leurs cimes, ressemblaient à de hautes colonnes et formaient le péristyle de ce temple de la mort ; il y régnait un bruit religieux, semblable au sourd mugissement de l'orgue sous les voûtes d'une église ; mais lorsqu'on pénétrait au fond du sanctuaire, on n'entendait plus que les hymnes des oiseaux qui célébraient à la mémoire des morts une fête éternelle.

« En sortant de ce bois, nous découvrîmes le village de la Mission, situé au bord d'un lac, au milieu d'une savane semée de fleurs. On y arrivait par une avenue de magnolias et de chênes-verts, qui bordaient une de ces anciennes routes que l'on trouve vers les montagnes qui divisent le Kentucky des Florides. Aussitôt que les Indiens aperçurent leur pasteur dans la plaine, ils abandonnèrent leurs travaux et accoururent au-devant de lui. Les uns baisaient sa robe, les autres aidaient ses pas ; les mères élevaient dans leurs bras leurs petits enfants pour leur faire voir l'homme de Jésus-Christ qui répandait des larmes. Il s'informait en marchant de ce qui se passait au village ; il donnait un conseil à celui-ci, réprimandait doucement celui-là ; il parlait des moissons à recueillir, des enfants à instruire, des peines à consoler, et il mêlait Dieu à tous ses discours.

« Ainsi escortés, nous arrivâmes au pied d'une grande croix qui se trouvait sur le chemin. C'était là que le serviteur de Dieu avait accoutumé de célébrer les mystères de sa religion : « Mes chers néophytes, dit-il en se tournant vers « la foule, il vous est arrivé un frère et une sœur ; et pour surcroît de bon-

(1) Le père Aubry avait fait comme les jésuites à la Chine, qui permettaient aux Chinois d'enterrer leurs parents dans leurs jardins, selon leur ancienne coutume.

« heur, je vois que la divine Providence a épargné hier vos moissons : voilà « deux grandes raisons de la remercier. Offrons donc le saint sacrifice et que « chacun y apporte un recueillement profond, une foi vive, une reconnais- « sance infinie et un cœur humilié. »

« Aussitôt le prêtre divin revêt une tunique blanche d'écorce de mûrier, les vases sacrés sont tirés d'un tabernacle au pied de la croix, l'autel se prépare sur un quartier de roche, l'eau se puise dans le torrent voisin, et une grappe de raisin sauvage fournit le vin du sacrifice. Nous nous mettons tous à genoux dans les hautes herbes ; le mystère commence.

« L'aurore, paraissant derrière les montagnes, enflammait l'orient. Tout était d'or ou de rose dans la solitude. L'astre annoncé par tant de splendeur sortit enfin d'un abîme de lumière, et son premier rayon rencontra l'hostie consacrée, que le prêtre en ce moment même élevait dans les airs. O charme de la religion ! O magnificence du culte chrétien ! Pour sacrificateur un vieil ermite, pour autel un rocher, pour église le désert, pour assistance d'innocents Sauvages ! Non, je ne doute point qu'au moment où nous nous prosternâmes, le grand mystère ne s'accomplît, et que Dieu ne descendît sur la terre, car je le sentis descendre dans mon cœur.

« Après le sacrifice, où il ne manqua pour moi que la fille de Lopez, nous nous rendîmes au village. Là régnait le mélange le plus touchant de la vie sociale et de la vie de la nature : au coin d'une cyprière de l'antique désert on découvrait une culture naissante ; les épis roulaient à flots d'or sur le tronc du chêne abattu, et la gerbe d'un été remplaçait l'arbre de trois siècles. Partout on voyait les forêts livrées aux flammes pousser de grosses fumées dans les airs, et la charrue se promener lentement entre les débris de leurs racines. Des arpenteurs avec de longues chaînes allaient mesurant le terrain ; des arbitres établissaient les premières propriétés ; l'oiseau cédait son nid ; le repaire de la bête féroce se changeait en une cabane ; on entendait gronder des forges, et les coups de la cognée faisaient pour la dernière fois mugir des échos, expirant eux-mêmes avec les arbres qui leur servaient d'asile.

« J'errais avec ravissement au milieu de ces tableaux, rendus plus doux par l'image d'Atala et par les rêves de félicité dont je berçais mon cœur. J'admirais le triomphe du christianisme sur la vie sauvage ; je voyais l'Indien se civilisant à la voix de la religion ; j'assistais aux noces primitives de l'homme et de la terre : l'homme, par ce grand contrat, abandonnant à la terre l'héritage de ses sueurs ; et la terre s'engageant en retour à porter fidèlement les moissons, les fils et les cendres de l'homme.

« Cependant on présenta un enfant au missionnaire, qui le baptisa parmi des jasmins en fleurs, au bord d'une source, tandis qu'un cercueil, au milieu des jeux et des travaux, se rendait aux bocages de la mort. Deux époux reçurent la bénédiction nuptiale sous un chêne, et nous allâmes ensuite les établir dans un coin du désert. Le pasteur marchait devant nous, bénissant çà et là, et le rocher, et l'arbre, et la fontaine, comme autrefois, selon le livre des chrétiens, Dieu bénit la terre inculte, en la donnant en héritage à Adam.

Cette procession, qui, pêle-mêle avec ses troupeaux, suivait de rocher en rocher son chef vénérable, représentait à mon cœur attendri ces migrations des premières familles, alors que Sem, avec ses enfants, s'avançait à travers le monde inconnu, en suivant le soleil qui marchait devant lui.

« Je voulus savoir du saint ermite comment il gouvernait ses enfants; il me répondit avec une grande complaisance : « Je ne leur ai donné aucune loi; je « leur ai seulement enseigné à s'aimer, à prier Dieu, et à espérer une meil- « leure vie : toutes les lois du monde sont là dedans. Vous voyez au milieu du « village une cabane plus grande que les autres : elle sert de chapelle dans « la saison des pluies. On s'y assemble soir et matin pour louer le Seigneur, « et quand je suis absent c'est un vieillard qui fait la prière; car la vieil- « lesse est, comme la maternité, une espèce de sacerdoce. Ensuite on va « travailler dans les champs; et si les propriétés sont divisées, afin que chacun « puisse apprendre l'économie sociale, les moissons sont déposées dans des « greniers communs, pour maintenir la charité fraternelle. Quatre vieillards « distribuent avec égalité le produit du labeur. Ajoutez à cela des cérémonies « religieuses, beaucoup de cantiques; la croix où j'ai célébré les mystères, l'or- « meau sous lequel je prêche dans les bons jours, nos tombeaux tout près de « nos champs de blé, nos fleuves où je plonge les petits enfants et les saints « Jeans de cette nouvelle Béthanie, vous aurez une idée complète de ce « royaume de Jésus-Christ. »

« Les paroles du solitaire me ravirent, et je sentis la supériorité de cette vie stable et occupée, sur la vie errante et oisive du Sauvage.

« Ah ! René, je ne murmure point contre la Providence, mais j'avoue que je ne me rappelle jamais cette société évangélique sans éprouver l'amertume des regrets. Qu'une hutte, avec Atala, sur ces bords, eût rendu ma vie heureuse! Là finissaient toutes mes courses; là, avec une épouse, inconnu des hommes, cachant mon bonheur au fond des forêts, j'aurais passé comme ces fleuves qui n'ont pas même un nom dans le désert. Au lieu de cette paix que j'osais alors me promettre, dans quel trouble n'ai-je point coulé mes jours! Jouet continuel de la fortune, brisé sur tous les rivages, longtemps exilé de mon pays, et n'y trouvant, à mon retour, qu'une cabane en ruine et des amis dans la tombe : telle devait être la destinée de Chactas. »

LE DRAME.

« Si mon songe de bonheur fut vif, il fut aussi d'une courte durée, et le réveil m'attendait à la grotte du solitaire. Je fus surpris, en y arrivant au milieu du jour, de ne pas voir Atala accourir au-devant de nos pas. Je ne sais quelle soudaine horreur me saisit. En approchant de la grotte, je n'osais appeler la fille de Lopez : mon imagination était également épouvantée, ou du bruit, ou du silence qui succéderait à mes cris. Encore plus effrayé de la nuit qui régnait à l'entrée du rocher, je dis au missionnaire : « O vous que le ciel accom- « pagne et fortifie, pénétrez dans ces ombres. »

« Qu'il est faible celui que les passions dominent! Qu'il est fort celui qui se repose en Dieu! Il y avait plus de courage dans ce cœur religieux, flétri par soixante-seize années, que dans toute l'ardeur de ma jeunesse. L'homme de paix entra dans la grotte, et je restai au dehors plein de terreur. Bientôt un faible murmure semblable à des plaintes sortit du fond du rocher, et vint frapper mon oreille. Poussant un cri, et retrouvant mes forces, je m'élançai dans la nuit de la caverne... Esprits de mes pères, vous savez seuls le spectacle qui frappa mes yeux!

« Le solitaire avait allumé un flambeau de pin; il le tenait d'une main tremblante au-dessus de la couche d'Atala. Cette belle et jeune femme, à moitié soulevée sur le coude, se montrait pâle et échevelée. Les gouttes d'une sueur pénible brillaient sur son front; ses regards à demi éteints cherchaient encore à m'exprimer son amour, et sa bouche essayait de sourire. Frappé comme d'un coup de foudre, les yeux fixes, les bras étendus, les lèvres entr'ouvertes, je demeurai immobile. Un profond silence règne un moment parmi les trois personnages de cette scène de douleur. Le solitaire le rompt le premier : « Ceci, dit-il, « ne sera qu'une fièvre occasionnée par la fatigue, et, si nous nous résignons « à la volonté de Dieu, il aura pitié de nous. »

« A ces paroles, le sang suspendu reprit son cours dans mon cœur, et, avec la mobilité du Sauvage, je passai subitement de l'excès de la crainte à l'excès de la confiance. Mais Atala ne m'y laissa pas longtemps. Balançant tristement la tête, elle nous fit signe de nous approcher de sa couche.

« Mon père, » dit-elle d'une voix affaiblie en s'adressant au religieux, « je « touche au moment de la mort. O Chactas! écoute sans désespoir le funeste « secret que je t'ai caché, pour ne pas te rendre trop misérable, et pour obéir « à ma mère. Tâche de ne pas m'interrompre par des marques d'une douleur « qui précipiterait le peu d'instants que j'ai à vivre. J'ai beaucoup de choses « à raconter, et, aux battements de ce cœur, qui se ralentissent... à je ne « sais quel fardeau glacé que mon sein soulève à peine... je sens que je ne « me saurais trop hâter. »

« Après quelques moments de silence, Atala poursuivit ainsi :

« Ma triste destinée a commencé presque avant que j'eusse vu la lumière. « Ma mère m'avait conçue dans le malheur; je fatiguais son sein, et elle me « mit au monde avec de grands déchirements d'entrailles : on désespéra de ma « vie. Pour sauver mes jours, ma mère fit un vœu : elle promit à la Reine « des anges que je lui consacrerais ma virginité si j'échappais à la mort..... « Vœu fatal qui me précipite au tombeau!

« J'entrais dans ma seizième année lorsque je perdis ma mère. Quelques

« heures avant de mourir, elle m'appela au bord de sa couche. Ma fille, me « dit-elle en présence d'un missionnaire qui consolait ses derniers instants; ma « fille, tu sais le vœu que j'ai fait pour toi. Voudrais-tu démentir ta mère? O « mon Atala! je te laisse dans un monde qui n'est pas digne de posséder une « chrétienne, au milieu d'idolâtres qui persécutent le Dieu de ton père et le « mien, le Dieu qui, après t'avoir donné le jour, te l'a conservé par un miracle. « Eh! ma chère enfant, en acceptant le voile des vierges, tu ne fais que re- « noncer aux soucis de la cabane et aux funestes passions qui ont troublé le « sein de ta mère! Viens donc, ma bien-aimée, viens, jure sur cette image de « la Mère du Sauveur, entre les mains de ce saint prêtre et de ta mère expi- « rante, que tu ne me trahiras point à la face du ciel. Songe que je me suis « engagée pour toi, afin de te sauver la vie, et que, si tu ne tiens ma promesse, « tu plongeras l'âme de ta mère dans des tourments éternels. »

« O ma mère! pourquoi parlâtes-vous ainsi! O religion qui fais à la fois mes « maux et ma félicité, qui me perds et qui me consoles! Et toi, cher et triste « objet d'une passion qui me consume jusque dans les bras de la mort, tu « vois maintenant, ô Chactas, ce qui a fait la rigueur de notre destinée!..... « Fondant en pleurs et me précipitant dans le sein maternel, je promis tout « ce qu'on me voulut faire promettre. Le missionnaire prononça sur moi les « paroles redoutables, et me donna le scapulaire qui me lie pour jamais. Ma « mère me menaça de sa malédiction, si jamais je rompais mes vœux, et après « m'avoir recommandé un secret inviolable envers les païens, persécuteurs de « ma religion, elle expira en me tenant embrassée.

« Je ne connus pas d'abord le danger de mes serments. Pleine d'ardeur et « chrétienne véritable, fière du sang espagnol qui coule dans mes veines, je « n'aperçus autour de moi que des hommes indignes de recevoir ma main; « je m'applaudis de n'avoir d'autre époux que le Dieu de ma mère. Je te vis, « jeune et beau prisonnier, je m'attendris sur ton sort, je t'osai parler au bû- « cher de la forêt; alors je sentis tout le poids de mes vœux. »

« Comme Atala achevait de prononcer ces paroles, serrant les poings, et regardant le missionnaire d'un air menaçant, je m'écriai: « La voilà donc cette « religion que vous m'avez tant vantée! Périsse le serment qui m'enlève Atala! « Périsse le Dieu qui contrarie la nature! Homme-prêtre, qu'es-tu venu faire « dans ces forêts?

— « Te sauver, dit le vieillard d'une voix terrible, dompter tes passions, et « t'empêcher, blasphémateur, d'attirer sur toi la colère céleste. Il te sied bien, « jeune homme, à peine entré dans la vie, de te plaindre de tes douleurs! « Où sont les marques de tes souffrances? Où sont les injustices que tu as sup- « portées? Où sont tes vertus, qui seules pourraient te donner quelques droits « à la plainte? Quel service as-tu rendu? Quel bien as-tu fait? Eh! malheu- « reux, tu ne m'offres que des passions, et tu oses accuser le ciel! Quand tu

« auras, comme le père Aubry, passé trente années exilé sur les montagnes,
« tu seras moins prompt à juger des desseins de la Providence; tu compren-
« dras alors que tu ne sais rien, que tu n'es rien, et qu'il n'y a point de châ-
« timents si rigoureux, point de maux si terribles, que la chair corrompue ne
« mérite de souffrir. »

« Les éclairs qui sortaient des yeux du vieillard, sa barbe qui frappait sa poitrine, ses paroles foudroyantes, le rendaient semblable à un dieu. Accablé de sa majesté, je tombai à ses genoux, et lui demandai pardon de mes emportements. « Mon fils, » me répondit-il avec un accent si doux que le remords entra dans mon âme; « mon fils, ce n'est pas pour moi-même que je vous ai réprimandé. Hélas! vous avez raison, mon cher enfant : je suis venu faire bien
« peu de chose dans ces forêts, et Dieu n'a pas de serviteur plus indigne que
« moi. Mais, mon fils, le ciel, le ciel, voilà ce qu'il ne faut jamais accuser!
« Pardonnez-moi si je vous ai offensé; mais écoutons votre sœur. Il y a peut-
« être du remède, ne nous lassons point d'espérer. Chactas, c'est une religion
« bien divine que celle-là qui a fait une vertu de l'espérance!

— « Mon jeune ami, reprit Atala, tu as été témoin de mes combats, et
« cependant tu n'en as vu que la moindre partie; je te cachais le reste. Non,
« l'esclave noir qui arrose de ses sueurs les sables ardents de la Floride est
« moins misérable que n'a été Atala. Te sollicitant à la fuite, et pourtant cer-
« taine de mourir si tu t'éloignais de moi; craignant de fuir avec toi dans les
« déserts, et cependant haletant après l'ombrage des bois... Ah! s'il n'avait
« fallu que quitter parents, amis, patrie; si même (chose affreuse!) il n'y eût
« eu que la perte de mon âme! Mais ton ombre, ô ma mère, ton ombre était
« toujours là, me reprochant ses tourments! J'entendais tes plaintes, je voyais
« les flammes de l'enfer te consumer. Mes nuits étaient arides et pleines de
« fantômes, mes jours étaient désolés; la rosée du soir séchait en tombant sur
« ma peau brûlante; j'entr'ouvrais mes lèvres aux brises, et les brises, loin de
« m'apporter la fraîcheur, s'embrasaient du feu de mon souffle. Quel tourment
« de te voir sans cesse auprès de moi, loin de tous les hommes, dans de pro-
« fondes solitudes, et de sentir entre toi et moi une barrière invincible! Passer
« ma vie à tes pieds, te servir comme ton esclave, apprêter ton repas et ta
« couche dans quelque coin ignoré de l'univers, eût été pour moi le bonheur
« suprême; ce bonheur, j'y touchais, et je ne pouvais en jouir. Quel dessein
« n'ai-je point rêvé! Quel songe n'est point sorti de ce cœur si triste! Quel-
« quefois, en attachant mes yeux sur toi, j'allais jusqu'à former des désirs aussi
« insensés que coupables : tantôt j'aurais voulu être avec toi la seule créature
« vivante sur la terre; tantôt sentant une divinité qui m'arrêtait dans mes hor-
« ribles transports, j'aurais désiré que cette divinité se fût anéantie, pourvu
« que, serrée dans tes bras, j'eusse roulé d'abîme en abîme avec les débris
« de Dieu et du monde! A présent même... le dirai-je! à présent que l'éter-
« nité va m'engloutir, que je vais paraître devant le Juge inexorable; au
« moment où, pour obéir à ma mère, je vois avec joie ma virginité dévorer

« ma vie ; eh bien! par une affreuse contradiction, j'emporte le regret de n'a-
« voir pas été à toi!...

— « Ma fille, interrompit le missionnaire, votre douleur vous égare. Cet « excès de passion auquel vous vous livrez est rarement juste, il n'est pas « même dans la nature ; et en cela il est moins coupable aux yeux de Dieu, « parce que c'est plutôt quelque chose de faux dans l'esprit que de vicieux « dans le cœur. Il faut donc éloigner de vous ces emportements, qui ne sont « pas dignes de votre innocence. Mais aussi, ma chère enfant, votre imagi- « nation impétueuse vous a trop alarmée sur vos vœux. La religion n'exige « point de sacrifice plus qu'humain. Ses sentiments vrais, ses vertus tempé- « rées, sont bien au-dessus des sentiments exaltés et des vertus forcées d'un « prétendu héroïsme. Si vous aviez succombé, eh bien! pauvre brebis éga- « rée, le bon Pasteur vous aurait cherchée pour vous ramener au troupeau. « Les trésors du repentir vous étaient ouverts : il faut des torrents de sang pour « effacer nos fautes aux yeux des hommes, une seule larme suffit à Dieu. « Rassurez-vous donc, ma chère fille, votre situation exige du calme ; adres- « sons-nous à Dieu, qui guérit toutes les plaies de ses serviteurs. Si c'est sa « volonté, comme je l'espère, que vous échappiez à cette maladie, j'écrirai à « l'évêque de Québec ; il a les pouvoirs nécessaires pour vous relever de vos « vœux, qui ne sont que des vœux simples, et vous achèverez vos jours près de « moi avec Chactas votre époux. »

« A ces paroles du vieillard, Atala fut saisie d'une longue convulsion, dont elle ne sortit que pour donner des marques d'une douleur effrayante. « Quoi ! « dit-elle en joignant les deux mains avec passion, il y avait du remède ! Je « pouvais être relevée de mes vœux ! — Oui, ma fille, répondit le père ; et « vous le pouvez encore. — Il est trop tard, il est trop tard! s'écria-t-elle. « Faut-il mourir, au moment où j'apprends que j'aurais pu être heureuse! Que « n'ai-je connu plus tôt ce saint vieillard ! Aujourd'hui, de quel bonheur je « jouirais, avec toi, avec Chactas chrétien... consolée, rassurée par ce prêtre « auguste... dans ce désert..... pour toujours... oh ! c'eût été trop de félicité! « — Calme-toi, lui dis-je en saisissant une des mains de l'infortunée ; calme- « toi, ce bonheur, nous allons le goûter. — Jamais! jamais ! dit Atala. — Com- « ment? repartis-je. — Tu ne sais pas tout, s'écria la vierge : c'est hier... « pendant l'orage.... J'allais violer mes vœux : j'allais plonger ma mère dans « les flammes de l'abîme ; déjà sa malédiction était sur moi ; déjà je mentais « au Dieu qui m'a sauvé la vie... Quand tu baisais mes lèvres tremblantes, tu « ne savais pas que tu n'embrassais que la mort! — O ciel ! » s'écria le mis- sionnaire ; « chère enfant, qu'avez-vous fait? — Un crime, mon père, » dit Atala les yeux égarés : « mais je ne perdais que moi, et je sauvais ma mère. « — Achève donc, » m'écriai-je plein d'épouvante. « Hé bien ! dit-elle, j'a- « vais prévu ma faiblesse : en quittant les cabanes, j'ai emporté avec moi... « — Quoi ? » repris-je avec horreur. « Un poison ! » dit le père. « Il est dans « mon sein, » s'écria Atala.

« Le flambeau échappe de la main du solitaire, je tombe mourant près de la fille de Lopez; le vieillard nous saisit l'un et l'autre dans ses bras, et tous trois, dans l'ombre, nous mêlons un moment nos sanglots sur cette couche funèbre.

« Réveillons-nous, réveillons-nous! » dit bientôt le courageux ermite en allumant une lampe. « Nous perdons des moments précieux: intrépides chré-« tiens, bravons les assauts de l'adversité: la corde au cou, la cendre sur la « tête, jetons-nous aux pieds du Très-Haut, pour implorer sa clémence, pour « nous soumettre à ses décrets. Peut-être est-il temps encore. Ma fille, vous « eussiez dû m'avertir hier au soir.

— « Hélas! mon père, dit Atala, je vous ai cherché la nuit dernière; mais « le ciel, en punition de mes fautes, vous a éloigné de moi. Tout secours eût « d'ailleurs été inutile; car les Indiens même, si habiles dans ce qui regarde « les poisons, ne connaissent point de remède à celui que j'ai pris. O Chactas! « juge de mon étonnement quand j'ai vu que le coup n'était pas aussi subit « que je m'y attendais! Mon amour a redoublé mes forces, mon âme n'a pu « si vite se séparer de toi. »

« Ce ne fut plus ici par des sanglots que je troublai le récit d'Atala, ce fut par ces emportements qui ne sont connus que des Sauvages. Je me roulai furieux sur la terre en me tordant les bras, et en me dévorant les mains. Le vieux prêtre, avec une tendresse merveilleuse, courait du frère à la sœur, et nous prodiguait mille secours. Dans le calme de son cœur et sous le fardeau des ans, il savait se faire entendre à notre jeunesse et sa religion lui fournissait des accents plus tendres et plus brûlants que nos passions même. Ce prêtre, qui depuis quarante années s'immolait chaque jour au service de Dieu et des hommes dans ces montagnes, ne te rappelle-t-il pas ces holocaustes d'Israël, fumant perpétuellement sur les hauts lieux, devant le Seigneur?

« Hélas! ce fut en vain qu'il essaya d'apporter quelque remède aux maux d'Atala. La fatigue, le chagrin, le poison et une passion plus mortelle que tous les poisons ensemble, se réunissaient pour ravir cette fleur à la solitude. Vers le soir, des symptômes effrayants se manifestèrent; un engourdissement général saisit les membres d'Atala et les extrémités de son corps commencèrent à refroidir: « Touche mes doigts, me disait-elle; ne les trouves-tu pas bien gla-« cés? » Je ne savais que répondre, et mes cheveux se hérissaient d'horreur; ensuite elle ajoutait: « Hier encore, mon bien-aimé, ton seul toucher me faisait « tressaillir, et voilà que je ne sens plus ta main, je n'entends presque plus « ta voix; les objets de la grotte disparaissent tour à tour. Ne sont-ce pas les « oiseaux qui chantent? Le soleil doit être près de se coucher maintenant; « Chactas, ses rayons seront bien beaux au désert, sur ma tombe. »

« Atala, s'apercevant que ces paroles nous faisaient fondre en pleurs, nous dit: « Pardonnez-moi, mes bons amis; je suis bien faible, mais peut-être que « je vais devenir plus forte. Cependant mourir si jeune, tout à la fois, quand « mon cœur était si plein de vie! Chef de la prière, aie pitié de moi; soutiens-

« moi. Crois-tu que ma mère soit contente et que Dieu me pardonne ce que « j'ai fait?

— « Ma fille, » répondit le bon religieux en versant des larmes et les essuyant avec ses doigts tremblants et mutilés; « ma fille, tous vos malheurs viennent de votre ignorance; c'est votre éducation sauvage et le manque d'instruction nécessaire qui vous ont perdue; vous ne saviez pas qu'une chrétienne « ne peut disposer de sa vie. Consolez-vous donc, ma chère brebis; Dieu vous « pardonnera à cause de la simplicité de votre cœur. Votre mère et l'imprudent missionnaire qui la dirigeait ont été plus coupables que vous; ils ont « passé leurs pouvoirs en vous arrachant un vœu indiscret; mais que la paix « du Seigneur soit avec eux! Vous offrez tous trois un terrible exemple des « dangers de l'enthousiasme et du défaut de lumière en matière de religion. « Rassurez-vous, mon enfant; celui qui sonde les reins et les cœurs vous « jugera sur vos intentions, qui étaient pures et non sur votre action qui est « condamnable.

« Quant à la vie, si le moment est arrivé de vous endormir dans le Seigneur, « ah! ma chère enfant, que vous perdez peu de chose en perdant ce monde! « Malgré la solitude où vous avez vécu, vous avez connu les chagrins: que « penseriez-vous donc si vous eussiez été témoin des maux de la société? si, « en abordant sur les rivages de l'Europe, votre oreille eût été frappée de « ce long cri de douleur qui s'élève de cette vieille terre? L'habitant de la « cabane et celui des palais, tout souffre, tout gémit ici-bas; les reines ont « été vues pleurant comme de simples femmes, et l'on s'est étonné de la « quantité de larmes que contiennent les yeux des rois!

« Est-ce votre amour que vous regrettez? Ma fille, il faudrait autant pleurer « un songe. Connaissez-vous le cœur de l'homme, et pourriez-vous compter les « inconstances de son désir? Vous calculeriez plutôt le nombre de vagues que « la mer roule dans une tempête. Atala, les sacrifices, les bienfaits, ne sont pas « des liens éternels: un jour peut-être le dégoût fût venu avec la satiété, le « passé eût été compté pour rien, et l'on n'eût plus aperçu que les inconvénients d'une union pauvre et méprisée. Sans doute, ma fille, les plus belles « amours furent celles de cet homme et de cette femme sortis de la main du « Créateur. Un paradis avait été formé pour eux, ils étaient innocents et « immortels. Parfaits de l'âme et du corps, ils se convenaient en tout: Ève avait « été créée pour Adam et Adam pour Ève. S'ils n'ont pu toutefois se maintenir « dans cet état de bonheur, quels couples le pourront après eux? Je ne vous « parlerai point des mariages des premiers nés des hommes, de ces unions « ineffables, alors que la sœur était l'épouse du frère, que l'amour et l'amitié « fraternelle se confondaient dans le même cœur, et que la pureté de l'une augmentait les délices de l'autre. Toutes ces unions ont été troublées; la jalousie « s'est glissée à l'autel de gazon où l'on immolait le chevreau, elle a régné « sous la tente d'Abraham, et dans ces couches mêmes où les patriarches goûtaient tant de joie qu'ils oubliaient la mort de leurs mères.

« Vous seriez-vous donc flattée, mon enfant, d'être plus innocente et plus « heureuse dans vos liens que ces saintes familles dont Jésus-Christ a voulu

« descendre? Je vous épargne les détails des soucis du ménage, les disputes, « les reproches mutuels, les inquiétudes, et toutes ces peines secrètes qui veillent « sur l'oreiller du lit conjugal. La femme renouvelle ses douleurs chaque fois « qu'elle est mère, et elle se marie en pleurant. Que de maux dans la seule « perte d'un nouveau-né à qui l'on donnait le lait, et qui meurt sur votre sein! « La montagne a été pleine de gémissements; rien ne pouvait consoler Rachel, « parce que ses fils n'étaient plus. Ces amertumes attachées aux tendresses hu- « maines sont si fortes, que j'ai vu dans ma patrie de grandes dames, aimées « par des rois, quitter la cour pour s'ensevelir dans des cloîtres et mutiler cette « chair révoltée dont les plaisirs ne sont que des douleurs.

« Mais peut-être direz-vous que ces derniers exemples ne vous regardent pas; « que toute votre ambition se réduisait à vivre dans une obscure cabane, avec « l'homme de votre choix; que vous cherchiez moins les douceurs du mariage « que les charmes de cette folie que la jeunesse appelle *amour?* Illusion, chi- « mère, vanité, rêve d'une imagination blessée! Et moi aussi, ma fille, j'ai « connu les troubles du cœur; cette tête n'a pas toujours été chauve, ni ce sein « aussi tranquille qu'il vous le paraît aujourd'hui. Croyez-en mon expérience: « si l'homme, constant dans ses affections, pouvait sans cesse fournir à un « sentiment renouvelé sans cesse, sans doute la solitude et l'amour l'égale- « raient à Dieu même; car ce sont là les deux éternels plaisirs du grand Être. « Mais l'âme de l'homme se fatigue, et jamais elle n'aime longtemps le même « objet avec plénitude. Il y a toujours quelques points par où deux cœurs ne « se touchent pas, et ces points suffisent à la longue pour rendre la vie insup- « portable.

« Enfin, ma chère fille, le grand tort des hommes, dans leur songe de bon- « heur, est d'oublier cette infirmité de la mort attachée à leur nature : il faut « finir. Tôt ou tard, quelle qu'eût été votre félicité, ce beau visage se fût changé « en cette figure uniforme que le sépulcre donne à la famille d'Adam; l'œil « même de Chactas n'aurait pu vous reconnaître entre vos sœurs de la tombe. « L'amour n'étend point son empire sur les vers du cercueil. Que dis-je! (ô va- « nité des vanités!) que parlé-je de la puissance des amitiés de la terre! Voulez- « vous, ma chère fille, en connaître l'étendue? Si un homme revenait à la « lumière quelques années après sa mort, je doute qu'il fût revu avec joie par « ceux-là mêmes qui ont donné le plus de larmes à sa mémoire : tant on forme « vite d'autres liaisons, tant on prend facilement d'autres habitudes, tant l'in- « constance est naturelle à l'homme, tant notre vie est peu de chose, même « dans le cœur de nos amis!

« Remerciez donc la bonté divine, ma chère fille, qui vous retire si vite de « cette vallée de misère. Déjà le vêtement blanc et la couronne éclatante des « vierges se préparent pour vous sur les nuées; déjà j'entends la Reine des « anges qui vous crie : Venez, ma digne servante; venez, ma colombe; venez « vous asseoir sur un trône de candeur, parmi toutes ces filles qui ont sacrifié « leur beauté et leur jeunesse au service de l'humanité, à l'éducation des en- « fants et aux chefs-d'œuvre de la pénitence. Venez, rose mystique, vous re- « poser sur le sein de Jésus-Christ. Ce cercueil, lit nuptial que vous vous êtes

« choisi, ne sera point trompé; et les embrassements de votre céleste époux ne « finiront jamais! »

« Comme le dernier rayon du jour abat les vents et répand le calme dans le ciel, ainsi la parole tranquille du vieillard apaisa les passions dans le sein de mon amante. Elle ne parut plus occupée que de ma douleur et des moyens de me faire supporter sa perte. Tantôt elle me disait qu'elle mourrait heureuse si je lui promettais de sécher mes pleurs; tantôt elle me parlait de ma mère, de ma patrie; elle cherchait à me distraire de la douleur présente, en réveillant en moi une douleur passée. Elle m'exhortait à la patience, à la vertu. « Tu ne « seras pas toujours malheureux, disait-elle : si le ciel t'éprouve aujourd'hui, « c'est seulement pour te rendre plus compatissant aux maux des autres. Le « cœur, ô Chactas! est comme ces sortes d'arbres qui ne donnent leur baume « pour les blessures des hommes que lorsque le fer les a blessés eux-mêmes. »

« Quand elle avait ainsi parlé, elle se tournait vers le missionnaire, cherchait auprès de lui le soulagement qu'elle m'avait fait éprouver; et, tour à tour consolante et consolée, elle donnait et recevait la parole de vie sur la couche de la mort.

« Cependant l'ermite redoublait de zèle. Ses vieux os s'étaient ranimés par l'ardeur de la charité, et toujours préparant des remèdes, rallumant le feu, rafraîchissant la couche, il faisait d'admirables discours sur Dieu et sur le bonheur des justes. Le flambeau de la religion à la main, il semblait précéder Atala dans la tombe, pour lui en montrer les secrètes merveilles. L'humble grotte était remplie de la grandeur de ce trépas chrétien, et les esprits célestes étaient sans doute attentifs à cette scène où la religion luttait seule contre l'amour, la jeunesse et la mort.

« Elle triomphait, cette religion divine, et l'on s'apercevait de sa victoire à une sainte tristesse qui succédait dans nos cœurs aux premiers transports des passions. Vers le milieu de la nuit, Atala sembla se ranimer pour répéter des prières que le religieux prononçait au bord de sa couche. Peu de temps après, elle me tendit la main, et avec une voix qu'on entendait à peine, elle me dit : « Fils d'Outalissi, te rappelles-tu cette première nuit où tu me pris pour la « Vierge des dernières amours? Singulier présage de notre destinée! » Elle « s'arrêta, puis elle reprit : Quand je songe que je te quitte pour toujours, mon « cœur fait un tel effort pour revivre, que je me sens presque le pouvoir de me « rendre immortelle à force d'aimer. Mais, ô mon Dieu, que votre volonté soit « faite! » Atala se tut pendant quelques instants; elle ajouta : « Il ne me reste « plus qu'à vous demander pardon des maux que je vous ai causés. Je vous ai « beaucoup tourmenté par mon orgueil et mes caprices. Chactas, un peu de « terre jeté sur mon corps va mettre tout un monde entre vous et moi, et vous « délivrer pour toujours du poids de mes infortunes.

— « Vous pardonner! répondis-je noyé de larmes; n'est-ce pas moi qui ai « causé tous vos malheurs? — Mon ami, dit-elle en m'interrompant, vous « m'avez rendue très-heureuse, et si j'étais à recommencer la vie, je préférerais encore le bonheur de vous avoir aimé quelques instants dans un exil infortuné, à toute une vie de repos dans ma patrie. »

« Ici, la voix d'Atala s'éteignit; les ombres de la mort se répandirent autour de ses yeux et de sa bouche; ses doigts errants cherchaient à toucher quelque chose; elle conversait tout bas avec des esprits invisibles. Bientôt, faisant un effort, elle essaya, mais en vain, de détacher de son cou le petit crucifix, elle me pria de le dénouer moi-même, et elle me dit :

« Quand je te parlai pour la première fois, tu vis cette croix briller à la lueur « du feu sur mon sein; c'est le seul bien que possède Atala. Lopez, ton père « et le mien, l'envoya à ma mère peu de jours après ma naissance. Reçois « donc de moi cet héritage, ô mon frère! conserve-le en mémoire de mes mal- « heurs. Tu auras recours à ce Dieu des infortunés dans les chagrins de ta vie. « Chactas, j'ai une dernière prière à te faire. Ami, notre union aurait été courte « sur la terre, mais il est après cette vie une plus longue vie. Qu'il serait affreux « d'être séparé de toi pour jamais! Je ne fais que te devancer aujourd'hui, « et je te vais attendre dans l'empire céleste. Si tu m'as aimée, fais-toi ins- « truire dans la religion chrétienne, qui prépara notre réunion. Elle fait sous « tes yeux un grand miracle, cette religion, puisqu'elle me rend capable de te « quitter sans mourir dans les angoisses du désespoir. Cependant, Chactas, je « ne veux de toi qu'une simple promesse, je sais trop ce qu'il en coûte pour « te demander un serment. Peut-être ce vœu te séparerait-il de quelque femme « plus heureuse que moi... O ma mère, pardonne à ta fille. O Vierge! retenez « votre courroux. Je retombe dans mes faiblesses, et je te dérobe, ô mon Dieu! « des pensées qui ne devraient être que pour toi. »

« Navré de douleur, je promis à Atala d'embrasser un jour la religion chrétienne. A ce spectacle, le solitaire se levant d'un air inspiré, et étendant les bras vers la voûte de la grotte : « Il est temps, s'écria-t-il, il est temps d'appeler « Dieu ici! »

« A peine a-t-il prononcé ces mots qu'une force surnaturelle me contraint de tomber à genoux, et m'incline la tête au pied du lit d'Atala. Le prêtre ouvre un lieu secret où était renfermée une urne d'or, couverte d'un voile de soie; il se prosterne et adore profondément. La grotte parut soudain illuminée; on entendit dans les airs les paroles des anges et les frémissements des harpes célestes; et, lorsque le solitaire tira le vase sacré de son tabernacle, je crus voir Dieu lui-même sortir du flanc de la montagne.

« Le prêtre ouvrit le calice; il prit entre ses deux doigts une hostie blanche comme la neige, et s'approcha d'Atala en prononçant des mots mystérieux. Cette sainte avait les yeux levés au ciel, en extase. Toutes ses douleurs parurent suspendues, toute sa vie se rassembla sur sa bouche; ses lèvres s'entr'ouvrirent et vinrent avec respect chercher le Dieu caché sous le pain mystique. Ensuite le divin vieillard trempe un peu de coton dans une huile consacrée; il en frotte les tempes d'Atala, il regarde un moment la fille mourante et tout à coup ces fortes paroles lui échappent : « Partez, âme chrétienne, « allez rejoindre votre Créateur! » Relevant alors ma tête abattue, je m'écriai en regardant le vase où était l'huile sainte : « Mon père, ce remède rendra-

« t-il la vie à Atala? — Oui, mon fils, dit le vieillard en tombant dans mes « bras; la vie éternelle!» Atala venait d'expirer. »

Dans cet endroit, pour la seconde fois depuis le commencement de son récit, Chactas fut obligé de s'interrompre. Ses pleurs l'inondaient et sa voix ne laissait échapper que des mots entrecoupés. Le sachem aveugle ouvrit son sein; il en tira le crucifix d'Atala. « Le voilà, s'écria-t-il, ce gage de l'ad-« versité! O René, ô mon fils! tu le vois; et moi, je ne le vois plus! Dis-moi, « après tant d'années, l'or n'en est-il point altéré? n'y vois-tu point la trace « de mes larmes? Pourrais-tu reconnaître l'endroit qu'une sainte a touché de « ses lèvres? Comment Chactas n'est-il point encore chrétien? Quelles frivoles « raisons de politique et de patrie l'ont jusqu'à présent retenu dans les erreurs « de ses pères? Non, je ne veux pas tarder plus longtemps. La terre me crie : « Quand donc descendras-tu dans la tombe, et qu'attends-tu pour embrasser « une religion divine?... O terre! vous ne m'attendrez pas longtemps : aussitôt « qu'un prêtre aura rajeuni dans l'onde cette tête blanchie par les chagrins, « j'espère me réunir à Atala... Mais achevons ce qui me reste à conter de mon « histoire.

LES FUNÉRAILLES.

« Je n'entreprendrai point, ô René! de te peindre aujourd'hui le désespoir qui saisit mon âme lorsque Atala eut rendu le dernier soupir. Il faudrait avoir plus de chaleur qu'il ne m'en reste; il faudrait que mes yeux fermés se pussent rouvrir au soleil pour lui demander compte des pleurs qu'ils versèrent à sa lumière. Oui, cette lune qui brille à présent sur nos têtes se lassera d'éclairer les solitudes du Kentucky; oui, le fleuve qui porte maintenant nos pirogues suspendra le cours de ses eaux avant que mes larmes cessent de couler pour Atala! Pendant deux jours entiers je fus insensible aux discours de l'ermite. En essayant de calmer mes peines, cet excellent homme ne se servait point des vaines raisons de la terre; il se contentait de me dire : « Mon fils, c'est « la volonté de Dieu; » et il me pressait dans ses bras. Je n'aurais jamais cru qu'il y eût tant de consolations dans ce peu de mots du chrétien résigné, si je ne l'avais éprouvé moi-même.

« La tendresse, l'onction, l'inaltérable patience du vieux serviteur de Dieu, vainquirent enfin l'obstination de ma douleur. J'eus honte des larmes que je lui faisais répandre. « Mon père, lui dis-je, c'en est trop: que les passions « d'un jeune homme ne troublent plus la paix de tes jours. Laisse-moi emporter « les restes de mon épouse; je les ensevelirai dans quelque coin du désert, et « si je suis encore condamné à la vie, je tâcherai de me rendre digne de ces « noces éternelles qui m'ont été promises par Atala. »

« A ce retour inespéré de courage, le bon père tressaillit de joie; il s'écria : « O sang de Jésus-Christ, sang de mon divin Maître, je reconnais là tes mé-

« rites ! Tu sauveras sans doute ce jeune homme. Mon Dieu, achève ton « ouvrage; rends la paix à cette âme troublée, et ne lui laisse de ses mal- « heurs que d'humbles et utiles souvenirs ! »

« Le juste refusa de m'abandonner le corps de la fille de Lopez, mais il me proposa de faire venir ses néophytes, et de l'enterrer avec toute la pompe chrétienne; je m'y refusai à mon tour. « Les malheurs et les vertus « d'Atala, lui dis-je, ont été inconnus des hommes; que sa tombe, creusée « furtivement par nos mains, partage cette obscurité. » Nous convînmes que nous partirions le lendemain, au lever du soleil, pour enterrer Atala sous l'arche du pont naturel, à l'entrée des bocages de la mort. Il fut aussi résolu que nous passerions la nuit en prière auprès du corps de cette sainte.

« Vers le soir, nous transportâmes ses précieux restes à une ouverture de la grotte qui donnait vers le nord. L'ermite les avait roulés dans une pièce de lin d'Europe, filé par sa mère : c'était le seul bien qui lui restât de sa patrie, et depuis longtemps il le destinait à son propre tombeau. Atala était couchée sur un gazon de sensitives des montagnes; ses pieds, sa tête, ses épaules et une partie de son sein étaient découverts. On voyait dans ses cheveux une fleur de magnolia fanée... celle-là même que j'avais déposée sur le lit de la vierge, pour la rendre féconde. Ses lèvres, comme un bouton de rose cueilli depuis deux matins, semblaient languir et sourire. Dans ses joues d'une blancheur éclatante, on distinguait quelques veines bleues. Ses beaux yeux étaient fermés, ses pieds modestes étaient joints, et ses mains d'albâtre pressaient sur son cœur un crucifix d'ébène; le scapulaire de ses vœux était passé à son cou. Elle paraissait enchantée par l'ange de la mélancolie, et par le double sommeil de l'innocence et de la tombe : je n'ai rien vu de plus céleste. Quiconque eût ignoré que cette jeune fille avait joui de la lumière aurait pu la prendre pour la statue de la Virginité endormie.

« Le religieux ne cessa de prier toute la nuit. J'étais assis en silence au chevet du lit funèbre de mon Atala. Que de fois, durant son sommeil, j'avais supporté sur mes genoux cette tête charmante ! Que de fois je m'étais penché sur elle pour entendre et pour respirer son souffle ! Mais à présent aucun bruit ne sortait de ce sein immobile, et c'était en vain que j'attendais le réveil de la beauté !

« La lune prêta son pâle flambeau à cette veillée funèbre. Elle se leva au milieu de la nuit, comme une blanche vestale qui vient pleurer sur le cercueil d'une compagne. Bientôt elle répandit dans les bois ce grand secret de mélancolie, qu'elle aime à raconter aux vieux chênes et aux rivages antiques des mers. De temps en temps, le religieux plongeait un rameau fleuri dans une eau consacrée; puis, secouant la branche humide, il parfumait la nuit des baumes du ciel. Parfois il répétait sur un air antique quelques vers d'un vieux poëte nommé *Job*; il disait :

« J'ai passé comme une fleur; j'ai séché comme l'herbe des champs.

« Pourquoi la lumière a-t-elle été donnée à un misérable, et la vie à ceux « qui sont dans l'amertume du cœur ? »

« Ainsi chantait l'ancien des hommes. Sa voix grave et un peu cadencée allait roulant dans le silence des déserts. Le nom de Dieu et du tombeau sortait de tous les échos, de tous les torrents, de toutes les forêts. Les roucoulements de la colombe de Virginie, la chute d'un torrent dans la montagne, les tintements de la cloche qui appelait les voyageurs, se mêlaient à ces chants funèbres, et l'on croyait entendre dans les bocages de la mort le chœur lointain des décédés, qui répondait à la voix du solitaire.

« Cependant une barre d'or se forma dans l'orient. Les éperviers criaient sur les rochers, et les martres rentraient dans le creux des ormes : c'était le signal du convoi d'Atala. Je chargeai le corps sur mes épaules; l'ermite marchait devant moi, une bêche à la main. Nous commençâmes à descendre de rochers en rochers; la vieillesse et la mort ralentissaient également nos pas. A la vue du chien qui nous avait trouvés dans la forêt, et qui maintenant, bondissant de joie, nous traçait une autre route, je me mis à fondre en larmes. Souvent la longue chevelure d'Atala, jouet des brises matinales, étendait son voile d'or sur mes yeux; souvent, pliant sous le fardeau, j'étais obligé de le déposer sur la mousse, et de m'asseoir auprès, pour reprendre des forces. Enfin, nous arrivâmes au lieu marqué par ma douleur; nous descendîmes sous l'arche du pont. O mon fils! il eût fallu voir un jeune Sauvage et un vieil ermite à genoux l'un vis-à-vis de l'autre dans un désert, creusant avec leurs mains un tombeau pour une pauvre fille dont le corps était étendu près de là, dans la ravine desséchée d'un torrent.

« Quand notre ouvrage fut achevé, nous transportâmes la beauté dans son lit d'argile. Hélas! j'avais espéré de préparer une autre couche pour elle! Prenant alors un peu de poussière dans ma main, et gardant un silence effroyable, j'attachai pour la dernière fois mes yeux sur le visage d'Atala. Ensuite je répandis la terre du sommeil sur un front de dix-huit printemps; je vis graduellement disparaître les traits de ma sœur, et ses grâces se cacher sous le rideau de l'éternité; son sein surmonta quelque temps le sol noirci, comme un lis blanc s'élève du milieu d'une sombre argile : « Lopez, m'écriai-je alors, vois « ton fils inhumer ta fille! » et j'achevai de couvrir Atala de la terre du sommeil.

« Nous retournâmes à la grotte, et je fis part au missionnaire du projet que j'avais formé de me fixer près de lui. Le saint, qui connaissait merveilleusement le cœur de l'homme, découvrit ma pensée et la ruse de ma douleur. Il me dit : « Chactas, fils d'Outalissi, tandis qu'Atala a vécu, je vous ai sollicité moi-« même de demeurer auprès de moi; mais à présent votre sort est changé, vous « vous devez à votre patrie. Croyez-moi, mon fils, les douleurs ne sont point « éternelles; il faut tôt ou tard qu'elles finissent, parce que le cœur de l'homme « est fini; c'est une de nos grandes misères : nous ne sommes pas même ca-« pables d'être longtemps malheureux. Retournez au Meschacébé : allez con-« soler votre mère, qui vous pleure tous les jours, et qui a besoin de votre « appui. Faites-vous instruire dans la religion de votre Atala, lorsque vous « en trouverez l'occasion, et souvenez-vous que vous lui avez promis d'être « vertueux et chrétien. Moi, je veillerai ici sur son tombeau. Partez, mon « fils. Dieu, l'âme de votre sœur et le cœur de votre vieil ami vous suivront. »

« Telles furent les paroles de l'homme du rocher; son autorité était trop grande, sa sagesse, trop profonde, pour ne lui obéir pas. Dès le lendemain, je quittai mon vénérable hôte, qui, me pressant sur son cœur, me donna ses derniers conseils, sa dernière bénédiction et ses dernières larmes. Je passai au tombeau; je fus surpris d'y trouver une petite croix qui se montrait au-dessus de la mort, comme on aperçoit encore le mât d'un vaisseau qui a fait naufrage. Je jugeai que le solitaire était venu prier au tombeau pendant la nuit; cette marque d'amitié et de religion fit couler mes pleurs en abondance. Je fus tenté de rouvrir la fosse, et de voir encore une fois ma bien-aimée; une crainte religieuse me retint. Je m'assis sur la terre fraîchement remuée. Un coude appuyé sur mes genoux, et la tête soutenue dans ma main, je demeurai enseveli dans la plus amère rêverie. O René! c'est là que je fis pour la première fois des réflexions sérieuses sur la vanité de nos jours, et la plus grande vanité de nos projets! Eh! mon enfant, qui ne les a point faites, ces réflexions? Je ne suis plus qu'un vieux cerf blanchi par les hivers; mes ans le disputent à ceux de la corneille : hé bien! malgré tant de jours accumulés sur ma tête, malgré une si longue expérience de la vie, je n'ai point encore rencontré d'homme qui n'eût été trompé dans ses rêves de félicité, point de cœur qui n'entretînt une plaie cachée. Le cœur le plus serein en apparence ressemble au puits naturel de la savane Alachua : la surface en paraît calme et pure; mais, quand vous regardez au fond du bassin, vous apercevez un large crocodile, que le puits nourrit dans ses eaux.

« Ayant ainsi vu le soleil se lever et se coucher sur ce lieu de douleur, le lendemain, au premier cri de la cigogne, je me préparai à quitter la sépulture sacrée. J'en partis comme de la borne d'où je voulais m'élancer dans la carrière de la vertu. Trois fois j'évoquai l'âme d'Atala; trois fois le génie du désert répondit à mes cris sous l'arche funèbre. Je saluai ensuite l'orient, et je découvris au loin, dans les sentiers de la montagne, l'ermite qui se rendait à la cabane de quelque infortuné. Tombant à genoux, et embrassant étroitement la fosse, je m'écriai : « Dors en paix dans cette terre étrangère, fille trop malheureuse! Pour prix de ton amour, de ton exil et de ta mort, tu vas être « abandonnée, même de Chactas! » Alors, versant des flots de larmes, je me séparai de la fille de Lopez; alors je m'arrachai de ces lieux, laissant au pied du monument de la nature un monument plus auguste : l'humble tombeau de la vertu. »

ÉPILOGUE.

Chactas, fils d'Outalissi le Natchez, a fait cette histoire à René l'Européen. Les pères l'ont redite aux enfants, et moi, voyageur aux terres lointaines, j'ai fidèlement rapporté ce que des Indiens m'en ont appris. Je vis dans ce récit le tableau du peuple chasseur et du peuple laboureur, la religion, première législatrice des hommes, les dangers de l'ignorance et de l'enthousiasme religieux, opposés aux lumières, à la charité et au véritable esprit de l'Évangile, les combats des passions et des vertus dans un cœur simple, enfin le triomphe du christianisme sur le sentiment le plus fougueux et la crainte la plus terrible: l'amour et la mort.

Quand un Siminole me raconta cette histoire, je la trouvai fort instructive et parfaitement belle, parce qu'il y mit la fleur du désert, la grâce de la cabane, et une simplicité à conter la douleur, que je ne me flatte pas d'avoir conservées. Mais une chose me restait à savoir. Je demandais ce qu'était devenu le père Aubry, et personne ne me le pouvait dire. Je l'aurais toujours ignoré, si la Providence qui conduit tout, ne m'avait découvert ce que je cherchais. Voici comme la chose se passa :

J'avais parcouru les rivages du Meschacébé, qui formaient autrefois la barrière méridionale de la Nouvelle-France, et j'étais curieux de voir, au nord, l'autre merveille de cet empire, la cataracte de Niagara. J'étais arrivé tout près de cette chute, dans l'ancien pays des Agannonsioni (1), lorsqu'un matin, en traversant une plaine, j'aperçus une femme assise sous un arbre, et tenant un enfant mort sur ses genoux. Je m'approchai doucement de la jeune mère, et je l'entendis qui disait :

« Si tu étais resté parmi nous, cher enfant, comme ta main eût bandé l'arc « avec grâce! Ton bras eût dompté l'ours en fureur; et, sur le sommet de la « montagne, tes pas auraient défié le chevreuil à la course. Blanche hermine « du rocher, si jeune être allé dans le pays des âmes! Comment feras-tu pour « y vivre? Ton père n'y est point pour t'y nourrir de sa chasse. Tu auras « froid, et aucun esprit ne te donnera des peaux pour te couvrir. Oh! il faut « que je me hâte de t'aller rejoindre, pour te chanter des chansons et te pré- « senter mon sein. »

Et la jeune mère chantait d'une voix tremblante, balançait l'enfant sur ses genoux, humectait ses lèvres du lait maternel, et prodiguait à la mort tous les soins qu'on donne à la vie.

Cette femme voulait faire sécher le corps de son fils sur les branches d'un arbre, selon la coutume indienne, afin de l'emporter ensuite aux tombeaux de ses pères. Elle dépouilla donc le nouveau-né, et, respirant quelques instants sur sa bouche, elle dit: « Ame de mon fils, âme charmante, ton père t'a créée « jadis sur mes lèvres par un baiser; hélas! les miens n'ont pas le pouvoir de « te donner une seconde naissance. » Ensuite, elle découvrit son sein, et embrassa ses restes glacés, qui se fussent ranimés au feu du cœur maternel, si Dieu ne s'était réservé le souffle qui donne la vie.

Elle se leva, et chercha des yeux un arbre sur les branches duquel elle pût exposer son enfant. Elle choisit un érable à fleurs rouges, festonné de guirlandes d'apios, et qui exhalait les parfums les plus suaves. D'une main elle en abaissa

(1) Les Iroquois.

les rameaux inférieurs, de l'autre elle y plaça le corps; laissant alors échapper la branche, la branche retourna à sa position naturelle, emportant la dépouille de l'innocence, cachée dans un feuillage odorant. Oh! que cette coutume indienne est touchante! Je vous ai vus dans vos campagnes désolées, pompeux monuments des Crassus et des Césars, et je vous préfère encore ces tombeaux aériens du Sauvage, ces mausolées de fleurs et de verdure que parfume l'abeille, que balance le zéphyr, et où le rossignol bâtit son nid et fait entendre sa plaintive mélodie. Si c'est la dépouille d'une jeune fille que la main d'un amant a suspendue à l'arbre de la mort; si ce sont les restes d'un enfant chéri qu'une mère a placés dans la demeure des petits oiseaux, le charme redouble encore. Je m'approchai de celle qui gémissait au pied de l'érable; je lui imposai les mains sur la tête, en poussant les trois cris de douleur. Ensuite, sans lui parler, prenant comme elle un rameau, j'écartai les insectes qui bourdonnaient autour du corps de l'enfant. Mais je me donnai de garde d'effrayer une colombe voisine. L'Indienne lui disait : « Colombe, si tu n'es pas l'âme de mon « fils qui s'est envolée, tu es sans doute une mère qui cherche quelque chose « pour faire un nid. Prends de ces cheveux, que je ne laverai plus dans l'eau « d'esquine; prends-en pour coucher tes petits : puisse le Grand-Esprit te les « conserver! »

Cependant la mère pleurait de joie en voyant la politesse de l'étranger. Comme nous faisions ceci, un jeune homme approcha : « Fille de Céluta, « retire notre enfant; nous ne séjournerons pas plus longtemps ici, et nous « partirons au premier soleil. » Je dis alors : « Frère, je te souhaite un ciel « bleu, beaucoup de chevreuils, un manteau de castor, et l'espérance. Tu « n'es donc pas de ce désert? — Non » répondit le jeune homme, « nous « sommes des exilés, et nous allons chercher une patrie. » En disant cela, le guerrier baissa la tête dans son sein, et avec le bout de son arc il abattait la tête des fleurs. Je vis qu'il y avait des larmes au fond de cette histoire, et je me tus. La femme retira son fils des branches de l'arbre, et elle le donna à porter à son époux. Alors je dis : « Voulez-vous me permettre d'allumer votre « feu cette nuit? — Nous n'avons point de cabane, reprit le guerrier; si vous « voulez nous suivre, nous campons au bord de la chute. — Je le veux bien, » répondis-je, et nous partîmes ensemble.

Nous arrivâmes bientôt au bord de la cataracte qui s'annonçait par d'affreux mugissements. Elle est formée par la rivière Niagara, qui sort du lac Érié, et se jette dans le lac Ontario; sa hauteur perpendiculaire est de cent quarante-quatre pieds. Depuis le lac Érié jusqu'au saut, le fleuve accourt par une pente rapide, et au moment de la chute, c'est moins un fleuve qu'une mer, dont les torrents se pressent à la bouche béante d'un gouffre. La cataracte se divise en deux branches, et se courbe en fer à cheval. Entre les deux chutes s'avance une île creusée en dessous, qui pend avec tous ses arbres sur le chaos des ondes. La masse du fleuve qui se précipite au midi, s'arrondit en un vaste cylindre, puis se déroule en nappe de neige, et brille au soleil de toutes les couleurs; celle qui tombe au levant descend dans une ombre effrayante; on dirait une colonne d'eau du déluge. Mille arcs-en-ciel se courbent et se croisent sur l'abîme. Frappant le roc ébranlé, l'eau rejaillit en tourbillons d'écume, qui s'élèvent au-dessus des forêts, comme les fumées d'un vaste embrasement. Des pins, des noyers sauvages, des rochers taillés en forme de fantômes, décorent la scène. Des aigles entraînés par le courant d'air descendent en tournoyant au fond du gouffre, et des carcajous se suspendent par leurs queues flexibles au bout d'une branche abaissée, pour saisir dans l'abîme les cadavres brisés des élans et des ours.

Tandis qu'avec un plaisir mêlé de terreur je contemplais ce spectacle, l'Indienne et son époux me quittèrent. Je les cherchai en remontant le fleuve au-dessus de la chute, et bientôt je les trouvai dans un endroit convenable à leur deuil. Ils étaient couchés sur l'herbe, avec des vieillards, auprès de quelques ossements humains enveloppés dans des peaux de bêtes. Étonné de tout ce que je voyais depuis quelques heures, je m'assis auprès de la jeune mère, et lui dis : « Qu'est-ce que tout ceci, ma sœur? » Elle me répondit : « Mon frère, « c'est la terre de la patrie, ce sont les cendres de nos aïeux, qui nous suivent « dans notre exil. — Et comment, m'écriai-je, avez-vous été réduits à un « tel malheur? » La fille de Céluta repartit : « Nous sommes les restes des Nat« chez. Après le massacre que les Français firent de notre nation pour venger « leurs frères, ceux de nos frères qui échappèrent aux vainqueurs trouvèrent « un asile chez les Chikassas nos voisins. Nous y sommes demeurés assez long« temps tranquilles; mais il y a sept lunes que les blancs de la Virginie se « sont emparés de nos terres, en disant qu'elles leur ont été données par un « roi d'Europe. Nous avons levé les yeux au ciel, et, chargés des restes de « nos aïeux, nous avons pris notre route à travers le désert. Je suis accouchée « pendant la marche; et comme mon lait était mauvais, à cause de la douleur, « il a fait mourir mon enfant. » En disant cela, la jeune mère essuya ses yeux avec sa chevelure; je pleurais aussi.

Or, je dis bientôt : « Ma sœur, adorons le Grand-Esprit, tout arrive par son « ordre. Nous sommes tous voyageurs; nos pères l'ont été comme nous; mais « il y a un lieu où nous nous reposerons. Si je ne craignais d'avoir la langue « aussi légère que celle d'un blanc, je vous demanderais si vous avez entendu « parler de Chactas le Natchez? » A ces mots, l'Indienne me regarda, et me dit : « Qui est-ce qui vous a parlé de Chactas le Natchez? » Je répondis : « C'est « la Sagesse. » L'Indienne reprit : « Je vous dirai ce que je sais, parce que vous « avez éloigné les mouches du corps de mon fils, et que vous venez de dire de « belles paroles sur le Grand-Esprit. Je suis la fille de la fille de René l'Euro« péen, que Chactas avait adopté. Chactas, qui avait reçu le baptême, et René « mon aïeul si malheureux, ont péri dans le massacre. — L'homme va tou« jours de douleur en douleur, répondis-je en m'inclinant. Vous pourriez donc « aussi m'apprendre des nouvelles du père Aubry? — Il n'a pas été plus heu« reux que Chactas, dit l'Indienne. Les Chéroquois, ennemis des Français, pé« nétrèrent à sa Mission; ils y furent conduits par le son de la cloche qu'on « sonnait pour secourir les voyageurs. Le père Aubry se pouvait sauver; mais « il ne voulut pas abandonner ses enfants, et il demeura pour les encourager

« à mourir par son exemple. Il fut brûlé avec de grandes tortures; jamais on « ne put tirer de lui un cri qui tournât à la honte de son Dieu, ou au déshon- « neur de sa patrie. Il ne cessa, durant le supplice, de prier pour ses bour- « reaux, et de compatir au sort des victimes. Pour lui arracher une marque de « faiblesse, les Chéroquois amenèrent à ses pieds un Sauvage chrétien, qu'ils « avaient horriblement mutilé. Mais ils furent bien surpris quand ils virent le « jeune homme se jeter à genoux, et baiser les plaies du vieil ermite, qui lui « criait : Mon enfant, nous avons été mis en spectacle aux anges et aux hommes. « Les Indiens, furieux, lui plongèrent un fer rouge dans la gorge pour l'em- « pêcher de parler. Alors, ne pouvant plus consoler les hommes, il expira.

« On dit que les Chéroquois, tout accoutumés qu'ils étaient à voir des Sau- « vages souffrir avec constance, ne purent s'empêcher d'avouer qu'il y avait « dans l'humble courage du père Aubry quelque chose qui leur était inconnu, « et qui surpassait tous les courages de la terre. Plusieurs d'entre eux, frappés « de cette mort, se sont faits chrétiens.

« Quelques années après, Chactas, à son retour de la terre des blancs, ayant « appris les malheurs du chef de la prière, partit pour aller recueillir ses « cendres et celles d'Atala. Il arriva à l'endroit où était située la Mission, mais « il put à peine le reconnaître. Le lac s'était débordé, et la savane était changée « en un marais; le pont naturel, en s'écroulant, avait enseveli sous ses débris « le tombeau d'Atala et les bocages de la mort. Chactas erra longtemps dans « ce lieu; il visita la grotte du solitaire, qu'il trouva remplie de ronces et de « framboisiers, et dans laquelle une biche allaitait son faon. Il s'assit sur le « rocher de la Veillée de la mort, où il ne vit que quelques plumes tombées de « l'aile de l'oiseau de passage. Tandis qu'il y pleurait, le serpent familier du « missionnaire sortit des broussailles voisines, et vint s'entortiller à ses pieds. « Chactas réchauffa dans son sein ce fidèle ami, resté seul au milieu de ces « ruines. Le fils d'Outalissi a raconté que plusieurs fois, aux approches de la « nuit, il avait cru voir les ombres d'Atala et du père Aubry s'élever dans la « vapeur du crépuscule. Ces visions le remplirent d'une religieuse frayeur et « d'une joie triste.

« Après avoir cherché vainement le tombeau de sa sœur et celui de l'er- « mite, il était près d'abandonner ces lieux, lorsque la biche de la grotte se « mit à bondir devant lui. Elle s'arrêta au pied de la croix de la Mission. « Cette croix était alors à moitié entourée d'eau; son bois était rongé de « mousse, et le pélican du désert aimait à se percher sur ses bras vermoulus. « Chactas jugea que la biche reconnaissante l'avait conduit au tombeau de « son hôte. Il creusa sous la roche qui jadis servait d'autel, et il y trouva les « restes d'un homme et d'une femme. Il ne douta point que ce ne fussent ceux « du prêtre et de la vierge, que les anges avaient peut-être ensevelis dans ce « lieu; il les enveloppa dans des peaux d'ours, et reprit le chemin de son pays, « emportant ces précieux restes, qui résonnaient sur ses épaules comme le car-

« quois de la mort. La nuit, il les mettait sous sa tête, et il avait des songes
« d'amour et de vertu. O étranger! tu peux contempler ici cette poussière avec
« celle de Chactas lui-même. »

Comme l'Indienne achevait de prononcer ces mots, je me levai; je m'approchai des cendres sacrées, et me prosternai devant elles en silence. Puis m'éloignant à grands pas, je m'écriai : « Ainsi passe sur la terre tout ce qui fut
« bon, vertueux, sensible! Homme, tu n'es qu'un songe rapide, un rêve dou-
« loureux; tu n'existes que par le malheur; tu n'es quelque chose que par la
« tristesse de ton âme et l'éternelle mélancolie de ta pensée! »

Ces réflexions m'occupèrent toute la nuit. Le lendemain, au point du jour, mes hôtes me quittèrent. Les jeunes guerriers ouvraient la marche, et les épouses la fermaient; les premiers étaient chargés des saintes reliques; les secondes portaient leurs nouveau-nés : les vieillards cheminaient lentement au milieu, placés entre leurs aïeux et leur postérité, entre les souvenirs et l'espérance, entre la patrie perdue et la patrie à venir. Oh! que de larmes sont répandues lorsqu'on abandonne ainsi la terre natale, lorsque du haut de la colline de l'exil on découvre pour la dernière fois le toit où l'on fut nourri, et le fleuve de la cabane qui continue de couler tristement à travers les champs solitaires de la patrie!

Indiens infortunés que j'ai vus errer dans les déserts du Nouveau-Monde avec les cendres de vos aïeux; vous qui m'aviez donné l'hospitalité malgré votre misère! je ne pourrais vous la rendre aujourd'hui, car j'erre ainsi que vous à la merci des hommes; et, moins heureux dans mon exil, je n'ai point emporté les os de mes pères.

FIN D'ATALA.

RENÉ.

En arrivant chez les Natchez, René avait été obligé de prendre une épouse, pour se conformer aux mœurs des Indiens; mais il ne vivait point avec elle. Un penchant mélancolique l'entraînait au fond des bois; il y passait seul des journées entières, et semblait sauvage parmi les Sauvages. Hors Chactas, son père adoptif, et le père Souël, missionnaire au fort Rosalie (1), il avait renoncé au commerce des hommes. Ces deux vieillards avaient pris beaucoup d'empire sur son cœur : le premier, par une indulgence aimable; l'autre, au contraire, par une extrême sévérité. Depuis la chasse du castor, où le sachem aveugle raconta ses aventures à René, celui-ci n'avait jamais voulu parler des siennes. Cependant Chactas et le missionnaire désiraient vivement connaître par quel malheur un Européen bien né avait été conduit à l'étrange résolution de s'ensevelir dans les déserts de la Louisiane. René avait toujours donné pour motif de ses refus le peu d'intérêt de son histoire, qui se bornait, disait-il, à celle de ses pensées et de ses sentiments. « Quant à l'événement qui m'a déterminé à « passer en Amérique, ajoutait-il, je le dois ensevelir dans un éternel oubli. »

Quelques années s'écoulèrent de la sorte, sans que les deux vieillards lui pussent arracher son secret. Une lettre qu'il reçut d'Europe, par le bureau des Missions étrangères, redoubla tellement sa tristesse, qu'il fuyait jusqu'à ses vieux amis. Ils n'en furent que plus ardents à le presser de leur ouvrir son cœur; ils y mirent tant de discrétion, de douceur et d'autorité, qu'il fut enfin obligé de les satisfaire. Il prit donc jour avec eux pour leur raconter, non les aventures de sa vie, puisqu'il n'en avait point éprouvé, mais les sentiments secrets de son âme.

Le 21 de ce mois que les Sauvages appellent *la lune des fleurs*, René se rendit à la cabane de Chactas. Il donna le bras au sachem, et le conduisit sous un sassa-

(1) Colonie française aux Natchez.

fras, au bord du Meschacébé. Le père Souël ne tarda pas à arriver au rendez-vous. L'aurore se levait : à quelque distance dans la plaine, on apercevait le village des Natchez, avec son bocage de mûriers, et ses cabanes qui ressemblent à des ruches d'abeilles. La colonie française et le fort Rosalie se montraient sur la droite, au bord du fleuve. Des tentes, des maisons à moitié bâties, des forteresses commencées, des défrichements couverts de nègres, des groupes de blancs et d'Indiens présentaient, dans ce petit espace, le contraste des mœurs sociales et des mœurs sauvages. Vers l'orient, au fond de la perspective, le soleil commençait à paraître entre les sommets brisés des Apalaches, qui se dessinaient comme des caractères d'azur dans les hauteurs dorées du ciel; à l'occident, le Meschacébé roulait ses ondes dans un silence magnifique, et formait la bordure du tableau avec une inconcevable grandeur.

Le jeune homme et le missionnaire admirèrent quelque temps cette belle scène, en plaignant le sachem qui ne pouvait plus en jouir; ensuite le père Souël et Chactas s'assirent sur le gazon, au pied de l'arbre; René prit sa place au milieu d'eux, et, après un moment de silence, il parla de la sorte à ses vieux amis :

« Je ne puis, en commençant mon récit, me défendre d'un mouvement de honte. La paix de vos cœurs, respectables vieillards, et le calme de la nature autour de moi, me font rougir du trouble et de l'agitation de mon âme.

« Combien vous aurez pitié de moi! Que mes éternelles inquiétudes vous paraîtront misérables! Vous qui avez épuisé tous les chagrins de la vie, que penserez-vous d'un jeune homme sans force et sans vertu, qui trouve en lui-même son tourment, et ne peut guère se plaindre que des maux qu'il se fait à lui-même? Hélas! ne le condamnez pas; il a été trop puni!

« J'ai coûté la vie à ma mère en venant au monde; j'ai été tiré de son sein avec le fer. J'avais un frère, que mon père bénit, parce qu'il voyait en lui son fils aîné. Pour moi, livré de bonne heure à des mains étrangères, je fus élevé loin du toit paternel.

« Mon humeur était impétueuse, mon caractère inégal. Tour à tour bruyant et joyeux, silencieux et triste, je rassemblais autour de moi mes jeunes compagnons; puis, les abandonnant tout à coup, j'allais m'asseoir à l'écart pour contempler la nue fugitive ou entendre la pluie tomber sur le feuillage.

« Chaque automne je revenais au château paternel, situé au milieu des forêts, près d'un lac, dans une province reculée.

« Timide et contraint devant mon père, je ne trouvais l'aise et le contentement qu'auprès de ma sœur Amélie. Une douce conformité d'humeur et de goûts m'unissait étroitement à cette sœur; elle était un peu plus âgée que moi. Nous aimions à gravir les coteaux ensemble, à voguer sur le lac, à parcourir les bois à la chute des feuilles : promenades dont le souvenir remplit encore mon âme de délices. O illusions de l'enfance et de la patrie, ne perdez-vous jamais vos douceurs!

« Tantôt nous marchions en silence, prêtant l'oreille au sourd mugissement de l'automne, ou au bruit des feuilles séchées que nous traînions tristement dans nos pas; tantôt, dans nos jeux innocents, nous poursuivions l'hirondelle dans la prairie, l'arc-en-ciel sur les collines pluvieuses; quelquefois aussi nous murmurions des vers que nous inspirait le spectacle de la nature. Jeune, je cultivais les muses; il n'y a rien de plus poétique, dans la fraîcheur de ses passions, qu'un cœur de seize années. Le matin de la vie est comme le matin du jour, plein de pureté, d'images et d'harmonies.

« Les dimanches et les jours de fête, j'ai souvent entendu dans le grand bois, à travers les arbres, les sons de la cloche lointaine qui appelait au temple l'homme des champs. Appuyé contre le tronc d'un ormeau, j'écoutais en silence le pieux murmure. Chaque frémissement de l'airain portait à mon âme naïve l'innocence des mœurs champêtres, le calme de la solitude, le charme de la religion, et la délectable mélancolie des souvenirs de ma première enfance! Oh! quel cœur si mal fait n'a tressailli au bruit des cloches de son lieu natal, de ces cloches qui frémirent de joie sur son berceau, qui annoncèrent son avénement à la vie, qui marquèrent le premier battement de son cœur, qui publièrent dans tous les lieux d'alentour la sainte allégresse de son père, les douleurs et les joies encore plus ineffables de sa mère! Tout se trouve dans les rêveries enchantées où nous plonge le bruit de la cloche natale: religion, famille, patrie, et le berceau et la tombe, et le passé et l'avenir.

« Il est vrai qu'Amélie et moi nous jouissions plus que personne de ces idées graves et tendres, car nous avions tous les deux un peu de tristesse au fond du cœur: nous tenions cela de Dieu ou de notre mère.

« Cependant mon père fut atteint d'une maladie qui le conduisit en peu de jours au tombeau. Il expira dans mes bras. J'appris à connaître la mort sur les lèvres de celui qui m'avait donné la vie. Cette impression fut grande; elle dure encore. C'est la première fois que l'immortalité de l'âme s'est présentée clairement à mes yeux. Je ne pus croire que ce corps inanimé était en moi l'auteur de la pensée; je sentis qu'elle me devait venir d'une autre source; et, dans une sainte douleur qui approchait de la joie, j'espérai me rejoindre un jour à l'esprit de mon père.

« Un autre phénomène me confirma dans cette haute idée. Les traits paternels avaient pris au cercueil quelque chose de sublime. Pourquoi cet étonnant mystère ne serait-il pas l'indice de notre immortalité? Pourquoi la mort, qui sait tout, n'aurait-elle pas gravé sur le front de sa victime les secrets d'un autre univers? Pourquoi n'y aurait-il pas dans la tombe quelque grande vision de l'éternité?

« Amélie, accablée de douleur, était retirée au fond d'une tour, d'où elle entendit retentir, sous les voûtes du château gothique, le chant des prêtres du convoi et les sons de la cloche funèbre.

« J'accompagnai mon père à son dernier asile; la terre se referma sur sa dépouille; l'éternité et l'oubli le pressèrent de tout leur poids: le soir même l'indifférent passait sur sa tombe; hors pour sa fille et pour son fils, c'était déjà comme s'il n'avait jamais été.

« Il fallut quitter le toit paternel, devenu l'héritage de mon frère: je me retirai avec Amélie chez de vieux parents.

« Arrêté à l'entrée des voies trompeuses de la vie, je les considérais l'une après l'autre sans m'y oser engager. Amélie m'entretenait souvent du bonheur de la vie religieuse; elle me disait que j'étais le seul lien qui la retînt dans le monde, et ses yeux s'attachaient sur moi avec tristesse.

« Le cœur ému par ces conversations pieuses, je portais souvent mes pas vers un monastère voisin de mon nouveau séjour; un moment même j'eus la tentation d'y cacher ma vie. Heureux ceux qui ont fini leur voyage sans avoir quitté le port, et qui n'ont point, comme moi, traîné d'inutiles jours sur la terre!

« Les Européens, incessamment agités, sont obligés de se bâtir des solitudes. Plus notre cœur est tumultueux et bruyant, plus le calme et le silence nous attirent. Ces hospices de mon pays, ouverts aux malheureux et aux faibles, sont souvent cachés dans des vallons qui portent au cœur le vague sentiment de l'infortune et l'espérance d'un abri; quelquefois aussi on les découvre sur de hauts sites où l'âme religieuse, comme une plante des montagnes, semble s'élever vers le ciel pour lui offrir ses parfums.

« Je vois encore le mélange majestueux des eaux et des bois de cette antique abbaye où je pensai dérober ma vie aux caprices du sort; j'erre encore au déclin du jour dans ces cloîtres retentissants et solitaires. Lorsque la lune éclairait à demi les piliers des arcades, et dessinait leur ombre sur le mur opposé, je m'arrêtais à contempler la croix qui marquait le champ de la mort, et les longues herbes qui croissaient entre les pierres des tombes. O hommes qui, ayant vécu loin du monde, avez passé du silence de la vie au silence de la mort, de quel dégoût de la terre vos tombeaux ne remplissaient-ils point mon cœur!

« Soit inconstance naturelle, soit préjugé contre la vie monastique, je changeai mes desseins; je me résolus à voyager. Je dis adieu à ma sœur; elle me serra dans ses bras avec un mouvement qui ressemblait à de la joie, comme si elle eût été heureuse de me quitter; je ne pus me défendre d'une réflexion amère sur l'inconséquence des amitiés humaines.

« Cependant, plein d'ardeur, je m'élançai seul sur cet orageux océan du monde, dont je ne connaissais ni les ports, ni les écueils. Je visitai d'abord les peuples qui ne sont plus : je m'en allai, m'asseyant sur les débris de Rome et de la Grèce, pays de forte et d'ingénieuse mémoire, où les palais sont ensevelis dans la poudre et les mausolées des rois cachés sous les ronces. Force de la nature, et faiblesse de l'homme! un brin d'herbe perce souvent le marbre le plus dur de ces tombeaux, que tous ces morts, si puissants, ne soulèveront jamais!

« Quelquefois une haute colonne se montrait seule debout dans un désert, comme une grande pensée s'élève, par intervalle, dans une âme que le temps et le malheur ont dévastée.

« Je méditai sur ces monuments dans tous les accidents et à toutes les heures de la journée. Tantôt ce même soleil qui avait vu jeter les fondements de ces cités se couchait majestueusement, à mes yeux, sur leurs ruines; tantôt la lune se levant dans un ciel pur, entre deux urnes cinéraires à moitié brisées, me montrait les pâles tombeaux. Souvent, aux rayons de cet astre qui alimente les rêveries, j'ai cru voir le génie des souvenirs assis tout pensif à mes côtés.

« Mais je me lassai de fouiller dans des cercueils, où je ne remuais trop souvent qu'une poussière criminelle.

« Je voulus voir si les races vivantes m'offriraient plus de vertus ou moins de malheurs que les races évanouies. Comme je me promenais un jour dans une grande cité, en passant derrière un palais, dans une cour retirée et déserte, j'aperçus une statue qui indiquait du doigt un lieu fameux par un sacrifice (1). Je fus frappé du silence de ces lieux; le vent seul gémissait autour du marbre tragique. Des manœuvres étaient couchés avec indifférence au pied de la statue, ou taillaient des pierres en sifflant. Je leur demandai ce que signifiait ce monument : les uns purent à peine me le dire, les autres ignoraient la catastrophe qu'il retraçait. Rien ne m'a plus donné la juste mesure des événements de la vie et du peu que nous sommes. Que sont devenus ces personnages qui firent tant de bruit? Le temps a fait un pas, et la face de la terre a été renouvelée.

« Je recherchai surtout dans mes voyages les artistes et ces hommes divins qui chantent les dieux sur la lyre, et la félicité des peuples qui honorent les lois, la religion et les tombeaux.

« Ces chantres sont de race divine; ils possèdent le seul talent incontestable dont le ciel ait fait présent à la terre. Leur vie est à la fois naïve et sublime; ils célèbrent les dieux avec une bouche d'or, et sont les plus simples des hommes; ils causent comme des immortels ou comme de petits enfants; ils expliquent les lois de l'univers, et ne peuvent comprendre les affaires les plus innocentes de la vie; ils ont des idées merveilleuses de la mort, et meurent sans s'en apercevoir, comme des nouveau-nés.

« Sur les monts de la Calédonie, le dernier barde qu'on ait ouï dans ces déserts me chanta les poëmes dont un héros consolait jadis sa vieillesse. Nous étions assis sur quatre pierres rongées de mousse; un torrent coulait à nos pieds; le chevreuil paissait à quelque distance parmi les débris d'une tour, et le vent des mers sifflait sur la bruyère de Cona. Maintenant la religion chrétienne, fille aussi des hautes montagnes, a placé des croix sur les monuments des héros de Morven, et touché la harpe de David au bord du même torrent où Ossian fit gémir la sienne. Aussi pacifique que les divinités de Selma étaient guerrières, elle garde des troupeaux où Fingal livrait des combats, et elle a répandu des anges de paix dans les nuages qu'habitaient des fantômes homicides.

« L'ancienne et riante Italie m'offrit la foule de ses chefs-d'œuvre. Avec quelle sainte et poétique horreur j'errais dans ces vastes édifices consacrés par les arts à la religion! Quel labyrinthe de colonnes! quelle succession d'arches et de voûtes!.. Qu'ils sont beaux ces bruits qu'on entend autour des dômes, semblables aux rumeurs des flots dans l'Océan, aux murmures des vents dans les forêts, ou à la voix de Dieu dans son temple! L'architecte bâtit, pour ainsi dire, les idées du poëte, et les fait toucher aux sens.

« Cependant, qu'avais-je appris jusqu'alors avec tant de fatigue? Rien de certain parmi les anciens, rien de beau parmi les modernes. Le passé et le présent sont deux statues incomplètes : l'une a été retirée toute mutilée du débris des âges; l'autre n'a pas encore reçu sa perfection de l'avenir.

(1) A Londres, derrière White-Hall, la statue de Charles II.

« Mais peut-être, mes vieux amis, vous surtout, habitants du désert, êtes-vous étonnés que, dans ce récit de mes voyages, je ne vous aie pas une seule fois entretenus des monuments de la nature?

« Un jour j'étais monté au sommet de l'Etna, volcan qui brûle au milieu d'une île. Je vis le soleil se lever dans l'immensité de l'horizon au-dessous de moi, la Sicile resserrée comme un point à mes pieds, et la mer déroulée au loin dans les espaces. Dans cette vue perpendiculaire du tableau, les fleuves ne me semblaient plus que des lignes géographiques tracées sur une carte; mais, tandis que d'un côté mon œil apercevait ces objets, de l'autre il plongeait dans le cratère de l'Etna, dont je découvrais les entrailles brûlantes, entre les bouffées d'une noire vapeur.

« Un jeune homme plein de passions, assis sur la bouche d'un volcan, et pleurant sur les mortels dont à peine il voyait à ses pieds les demeures, n'est sans doute, ô vieillards! qu'un objet digne de votre pitié; mais quoique vous puissiez penser de René, ce tableau vous offre l'image de son caractère et de son existence : c'est ainsi que toute ma vie j'ai eu devant les yeux une création à la fois immense et imperceptible, et un abîme ouvert à mes côtés. »

En prononçant ces derniers mots, René se tut et tomba subitement dans la rêverie. Le père Souël le regardait avec étonnement, et le vieux sachem aveugle, qui n'entendait plus parler le jeune homme, ne savait que penser de ce silence.

René avait les yeux attachés sur un groupe d'Indiens qui passaient gaiement dans la plaine. Tout à coup sa physionomie s'attendrit, des larmes coulent de ses yeux; il s'écrie :

« Heureux Sauvages! oh! que ne puis-je jouir de la paix qui vous accompagne toujours! Tandis qu'avec si peu de fruit je parcourais tant de contrées, vous, assis tranquillement sous vos chênes, vous laissiez couler les jours sans les compter. Votre raison n'était que vos besoins, et vous arriviez, mieux que moi, au résultat de la sagesse, comme l'enfant, entre les jeux et le sommeil. Si cette mélancolie qui s'engendre de l'excès du bonheur atteignait quelquefois votre âme, bientôt vous sortiez de cette tristesse passagère, et votre regard levé vers le ciel cherchait avec attendrissement ce je ne sais quoi inconnu qui prend pitié du pauvre Sauvage. »

Ici la voix de René expira de nouveau, et le jeune homme pencha la tête sur sa poitrine. Chactas, étendant la main dans l'ombre, et prenant le bras de son fils, lui cria d'un ton ému : « Mon fils! mon cher fils! » A ces accents, le frère d'Amélie revenant à lui, et rougissant de son trouble, pria son père de lui pardonner.

Alors le vieux Sauvage : « Mon jeune ami, les mouvements d'un cœur « comme le tien ne sauraient être égaux; modère seulement ce caractère qui « t'a déjà fait tant de mal. Si tu souffres plus qu'un autre des choses de la vie, « il ne faut pas t'en étonner; une grande âme doit contenir plus de douleurs

« qu'une petite. Continue ton récit. Tu nous as fait parcourir une partie de « l'Europe, fais-nous connaître ta patrie. Tu sais que j'ai vu la France, et quels « liens m'y ont attaché; j'aimerai à entendre parler de ce grand chef (1), qui « n'est plus, et dont j'ai visité la superbe cabane. Mon enfant, je ne vis plus « que par la mémoire. Un vieillard avec ses souvenirs ressemble au chêne dé- « crépit de nos bois : ce chêne ne se décore plus de son propre feuillage, mais « il couvre quelquefois sa nudité des plantes étrangères qui ont végété sur ses « antiques rameaux. »

Le frère d'Amélie, calmé par ces paroles, reprit ainsi l'histoire de son cœur :

« Hélas! mon père, je ne pourrai t'entretenir de ce grand siècle dont je n'ai vu que la fin dans mon enfance, et qui n'était plus lorsque je rentrai dans ma patrie. Jamais un changement plus étonnant et plus soudain ne s'est opéré chez un peuple. De la hauteur du génie, du respect pour la religion, de la gravité des mœurs tout était subitement descendu à la souplesse de l'esprit, à l'impiété, à la corruption.

« C'était donc bien vainement que j'avais espéré retrouver dans mon pays de quoi calmer cette inquiétude, cette ardeur de désir qui me suit partout. L'étude du monde ne m'avait rien appris, et pourtant je n'avais plus la douceur de l'ignorance.

« Ma sœur, par une conduite inexplicable, semblait se plaire à augmenter mon ennui; elle avait quitté Paris quelques jours avant mon arrivée. Je lui écrivis que je comptais l'aller rejoindre; elle se hâta de me répondre pour me détourner de ce projet, sous prétexte qu'elle était incertaine du lieu où l'appelleraient ses affaires. Quelles tristes réflexions ne fis-je point alors sur l'amitié, que la présence attiédit, que l'absence efface, qui ne résiste point au malheur, et encore moins à la prospérité!

« Je me trouvai bientôt plus isolé dans ma patrie que je ne l'avais été sur une terre étrangère. Je voulus me jeter pendant quelque temps dans un monde qui ne me disait rien et qui ne m'entendait pas. Mon âme, qu'aucune passion n'avait encore usée, cherchait un objet qui pût l'attacher; mais je m'aperçus que je donnais plus que je ne recevais. Ce n'était ni un langage élevé, ni un sentiment profond qu'on demandait de moi. Je n'étais occupé qu'à rapetisser ma vie, pour la mettre au niveau de la société. Traité partout d'esprit romanesque, honteux du rôle que je jouais, dégoûté de plus en plus des choses et des hommes, je pris le parti de me retirer dans un faubourg pour y vivre totalement ignoré.

« Je trouvai d'abord assez de plaisir dans cette vie obscure et indépendante. Inconnu, je me mêlais à la foule : vaste désert d'hommes!

« Souvent assis dans une église peu fréquentée, je passais des heures entières en méditation. Je voyais de pauvres femmes venir se prosterner devant le Très-Haut, ou des pécheurs s'agenouiller au tribunal de la pénitence. Nul ne sortait

(1) Louis XIV.

de ces lieux sans un visage plus serein, et les sourdes clameurs qu'on entendait au dehors semblaient être les flots des passions et des orages du monde, qui venaient expirer au pied du temple du Seigneur. Grand Dieu, qui vis en secret couler mes larmes dans ces retraites sacrées, tu sais combien de fois je me jetai à tes pieds pour te supplier de me décharger du poids de l'existence, ou de changer en moi le vieil homme! Ah! qui n'a senti quelquefois le besoin de se régénérer, de se rajeunir aux eaux du torrent, de retremper son âme à la fontaine de vie? Qui ne se trouve quelquefois accablé du fardeau de sa propre corruption, et incapable de rien faire de grand, de noble, de juste?

« Quand le soir était venu, reprenant le chemin de ma retraite, je m'arrêtais sur les ponts pour voir se coucher le soleil. L'astre, enflammant les vapeurs de la cité, semblait osciller lentement dans un fluide d'or, comme le pendule de l'horloge des siècles. Je me retirais ensuite avec la nuit, à travers un labyrinthe de rues solitaires. En regardant les lumières qui brillaient dans la demeure des hommes, je me transportais par la pensée au milieu des scènes de douleur et de joie qu'elles éclairaient, et je songeais que sous tant de toits habités je n'avais pas un ami. Au milieu de mes réflexions, l'heure venait frapper à coups mesurés dans la tour de la cathédrale gothique; elle allait se répétant sur tous les tons, et à toutes les distances, d'église en église. Hélas! chaque heure dans la société ouvre un tombeau et fait couler des larmes.

« Cette vie, qui m'avait d'abord enchanté, ne tarda pas à me devenir insupportable. Je me fatiguai de la répétition des mêmes scènes et des mêmes idées. Je me mis à sonder mon cœur, à me demander ce que je désirais. Je ne le savais pas; mais je crus tout à coup que les bois me seraient délicieux. Me voilà soudain résolu d'achever dans un exil champêtre une carrière à peine commencée, et dans laquelle j'avais déjà dévoré des siècles.

« J'embrassai ce projet avec l'ardeur que je mets à tous mes desseins; je partis précipitamment pour m'ensevelir dans une chaumière, comme j'étais parti autrefois pour faire le tour du monde.

« On m'accuse d'avoir des goûts inconstants, de ne pouvoir jouir longtemps de la même chimère, d'être la proie d'une imagination qui se hâte d'arriver au fond de mes plaisirs, comme si elle était accablée de leur durée; on m'accuse de passer toujours le but que je puis atteindre : hélas! je cherche seulement un bien inconnu dont l'instinct me poursuit. Est-ce ma faute si je trouve partout des bornes, si ce qui est fini n'a pour moi aucune valeur? Cependant je sens que j'aime la monotonie des sentiments de la vie, et si j'avais encore la folie de croire au bonheur, je le chercherais dans l'habitude.

« La solitude absolue, le spectacle de la nature, me plongèrent bientôt dans un état presque impossible à décrire. Sans parents, sans amis pour ainsi dire, sur la terre, n'ayant point encore aimé, j'étais accablé d'une surabondance de vie. Quelquefois je rougissais subitement, et je sentais couler dans mon cœur comme des ruisseaux d'une lave ardente; quelquefois je poussais des cris involontaires, et la nuit était également troublée de mes songes et de mes veilles. Il me manquait quelque chose pour remplir l'abîme de mon existence : je descendais dans la vallée, je m'élevais sur la montagne, appelant de toute la force de mes désirs l'idéal objet d'une flamme future; je l'embrassais dans les vents; je croyais l'entendre dans les gémissements du fleuve; tout était ce fantôme imaginaire, et les astres dans les cieux, et le principe même de vie dans l'univers.

« Toutefois cet état de calme et de trouble, d'indigence et de richesse, n'était pas sans quelques charmes : un jour, je m'étais amusé à effeuiller une branche de saule sur un ruisseau, et à attacher une idée à chaque feuille que le courant entraînait. Un roi qui craint de perdre sa couronne par une révolution subite, ne ressent pas des angoisses plus vives que les miennes à chaque accident qui menaçait les débris de mon rameau. O faiblesse des mortels! O enfance du cœur humain qui ne vieillit jamais! Voilà donc à quel degré de puérilité notre superbe raison peut descendre! Et encore est-il vrai que bien des hommes attachent leur destinée à des choses d'aussi peu de valeur que mes feuilles de saule.

« Mais comment exprimer cette foule de sensations fugitives que j'éprouvais dans mes promenades? Les sons que rendent les passions dans le vide d'un cœur solitaire ressemblent au murmure que les vents et les eaux font entendre dans le silence d'un désert : on en jouit, mais on ne peut les peindre.

« L'automne me surprit au milieu de ces incertitudes : j'entrai avec ravissement dans les mois des tempêtes. Tantôt j'aurais voulu être un de ces guerriers errant au milieu des vents, des nuages et des fantômes; tantôt j'enviais jusqu'au sort du pâtre que je voyais réchauffer ses mains à l'humble feu de broussailles qu'il avait allumé au coin d'un bois. J'écoutais ses chants mélancoliques, qui me rappelaient que dans tout pays le chant naturel de l'homme est triste, lors même qu'il exprime le bonheur. Notre cœur est un instrument incomplet, une lyre où il manque des cordes, et où nous sommes forcés de rendre les accents de la joie sur le ton consacré aux soupirs.

« Le jour, je m'égarais sur de grandes bruyères terminées par des forêts. Qu'il fallait peu de chose à ma rêverie! une feuille séchée que le vent chassait devant moi, une cabane dont la fumée s'élevait dans la cime dépouillée des arbres, la mousse qui tremblait au souffle du nord, sur le tronc d'un chêne, une roche écartée, un étang désert où le jonc flétri murmurait! Le clocher solitaire s'élevant au loin dans la vallée a souvent attiré mes regards; souvent j'ai suivi des yeux les oiseaux de passage qui volaient au-dessus de ma tête. Je me figurais les bords ignorés, les climats lointains où ils se rendent; j'aurais voulu être sur leurs ailes. Un secret instinct me tourmentait, je sentais que je n'étais moi-même qu'un voyageur; mais une voix du ciel semblait me dire : « Homme, la saison de ta migration n'est pas encore venue; attends que « le vent de la mort se lève, alors tu déploieras ton vol vers ces régions in-« connues que ton cœur demande. »

« Levez-vous vite, orages désirés, qui devez emporter René dans les es-« paces d'une autre vie! » Ainsi disant, je marchais à grands pas, le visage enflammé, le vent sifflant dans ma chevelure, ne sentant ni pluie, ni frimas, enchanté, tourmenté, et comme possédé par le démon de mon cœur.

« La nuit, lorsque l'aquilon ébranlait ma chaumière, que les pluies tombaient en torrent sur mon toit; qu'à travers ma fenêtre je voyais la lune sillonner les nuages amoncelés, comme un pâle vaisseau qui laboure les vagues, il me semblait que la vie redoublait au fond de mon cœur, que j'aurais la puissance de créer des mondes. Ah! si j'avais pu faire partager à un autre les transports que j'éprouvais! O Dieu! si tu m'avais donné une femme selon mes désirs; si, comme à notre premier père, tu m'eusses amené par la main une Ève tirée de moi-même... Beauté céleste! je me serais prosterné devant toi; puis, te prenant dans mes bras, j'aurais prié l'Éternel de te donner le reste de ma vie.

« Hélas! j'étais seul, seul sur la terre! Une langueur secrète s'emparait de mon corps. Ce dégoût de la vie que j'avais ressenti dès mon enfance revenait avec une force nouvelle. Bientôt mon cœur ne fournit plus d'aliments à ma pensée, et je ne m'apercevais de mon existence que par un profond sentiment d'ennui.

« Je luttai quelque temps contre mon mal, mais avec indifférence et sans avoir la ferme résolution de le vaincre. Enfin, ne pouvant trouver de remède à cette étrange blessure de mon cœur, qui n'était nulle part et qui était partout, je résolus de quitter la vie.

« Prêtre du Très-Haut qui m'entendez, pardonnez à un malheureux que le ciel avait presque privé de la raison. J'étais plein de religion, et je raisonnais en impie; mon cœur aimait Dieu, et mon esprit le méconnaissait; ma conduite, mes discours, mes sentiments, mes pensées, n'étaient que contradiction, ténèbres, mensonges. Mais l'homme sait-il bien toujours ce qu'il veut, est-il toujours sûr de ce qu'il pense?

« Tout m'échappait à la fois, l'amitié, le monde, la retraite. J'avais essayé de tout, et tout m'avait été fatal. Repoussé par la société, abandonné d'Amélie, quand la solitude vint à me manquer, que me restait-il? C'était la dernière planche sur laquelle j'avais espéré me sauver, et je la sentais encore s'enfoncer dans l'abîme.

« Décidé que j'étais à me débarrasser du poids de la vie, je résolus de mettre toute ma raison dans cet acte insensé. Rien ne me pressait, je ne fixai point le moment du départ, afin de savourer à longs traits les derniers moments de l'existence, et de recueillir toutes mes forces, à l'exemple d'un ancien, pour sentir mon âme s'échapper.

« Cependant je crus nécessaire de prendre des arrangements concernant ma fortune, et je fus obligé d'écrire à Amélie. Il m'échappa quelques plaintes sur son oubli, et je laissai sans doute percer l'attendrissement qui surmontait peu à peu mon cœur. Je m'imaginais pourtant avoir bien dissimulé mon secret, mais ma sœur, accoutumée à lire dans les replis de mon âme, le devina sans peine. Elle fut alarmée du ton de contrainte qui régnait dans ma lettre, et de mes questions sur des affaires dont je ne m'étais jamais occupé. Au lieu de me répondre, elle me vint tout à coup surprendre.

« Pour bien sentir quelle dut être dans la suite l'amertume de ma douleur, et quels furent mes premiers transports en revoyant Amélie, il faut vous figurer que c'était la seule personne au monde que j'eusse aimée, que tous mes sentiments se venaient confondre en elle, avec la douceur des souvenirs de mon enfance. Je reçus donc Amélie dans une sorte d'extase de cœur. Il y avait si longtemps que je n'avais trouvé quelqu'un qui m'entendît, et devant qui je pusse ouvrir mon âme!

« Amélie se jetant dans mes bras, me dit : « Ingrat, tu veux mourir, et ta « sœur existe! Tu soupçonnes son cœur! Ne t'explique point, ne t'excuse « point, je sais tout; j'ai tout compris, comme si j'avais été avec toi. Est-ce « moi que l'on trompe, moi, qui ai vu naître tes premiers sentiments? Voilà « ton malheureux caractère, tes dégoûts, tes injustices. Jure, tandis que « je te presse sur mon cœur, jure que c'est la dernière fois que tu te livreras « à tes folies; fais le serment de ne jamais attenter à tes jours. »

« En prononçant ces mots, Amélie me regardait avec compassion et tendresse, et couvrait mon front de ses baisers; c'était presque une mère, c'était quelque chose de plus tendre. Hélas! mon cœur se rouvrit à toutes les joies; comme un enfant, je ne demandais qu'à être consolé; je cédai à l'empire d'Amélie; elle exigea un serment solennel; je le fis sans hésiter, ne soupçonnant même pas que désormais je pusse être malheureux.

« Nous fûmes plus d'un mois à nous accoutumer à l'enchantement d'être ensemble. Quand, le matin, au lieu de me trouver seul, j'entendais la voix de ma sœur, j'éprouvais un tressaillement de joie et de bonheur. Amélie avait reçu de la nature quelque chose de divin; son âme avait les mêmes grâces innocentes que son corps; la douceur de ses sentiments était infinie; il n'y avait rien que de suave et d'un peu rêveur dans son esprit; on eût dit que son cœur, sa pensée et sa voix soupiraient comme de concert; elle tenait de la femme la timidité et l'amour, et de l'ange, la pureté et la mélodie.

« Le moment était venu où j'allais expier toutes mes inconséquences. Dans mon délire, j'avais été jusqu'à désirer d'éprouver un malheur, pour avoir du moins un objet réel de souffrance : épouvantable souhait que Dieu, dans sa colère, a trop exaucé!

« Que vais-je vous révéler, ô mes amis! voyez les pleurs qui coulent de mes yeux. Puis-je même... Il y a quelques jours, rien n'aurait pu m'arracher ce secret... A présent, tout est fini!

« Toutefois, ô vieillards! que cette histoire soit à jamais ensevelie dans le silence : souvenez-vous qu'elle n'a été racontée que sous l'arbre du désert.

« L'hiver finissait lorsque je m'aperçus qu'Amélie perdait le repos et la santé, qu'elle commençait à me rendre. Elle maigrissait, ses yeux se creusaient, sa démarche était languissante, et sa voix troublée. Un jour, je la surpris tout en larmes au pied d'un crucifix. Le monde, la solitude, mon absence, ma présence, la nuit, le jour, tout l'alarmait. D'involontaires soupirs venaient expirer sur ses lèvres; tantôt elle soutenait, sans se fatiguer, une longue course; tantôt elle se traînait à peine; elle prenait et laissait son ouvrage, ouvrait un livre sans pouvoir lire, commençait une phrase qu'elle n'achevait pas, fondait tout à coup en pleurs, et se retirait pour prier.

AMÉLIE ET RENÉ.

« En vain je cherchais à découvrir son secret. Quand je l'interrogeais en la pressant dans mes bras, elle me répondait, avec un sourire, qu'elle était comme moi, qu'elle ne savait pas ce qu'elle avait.

« Trois mois se passèrent de la sorte, et son état devenait pire chaque jour. Une correspondance mystérieuse me semblait être la cause de ses larmes, car elle paraissait, ou plus tranquille, ou plus émue, selon les lettres qu'elle recevait. Enfin, un matin, l'heure à laquelle nous déjeunions ensemble étant passée, je monte à son appartement; je frappe : on ne me répond point; j'entr'ouvre la porte : il n'y avait personne dans la chambre. J'aperçois sur la cheminée un paquet à mon adresse. Je le saisis en tremblant, je l'ouvre, et je lis cette lettre, que je conserve pour m'ôter à l'avenir tout mouvement de joie.

A RENÉ.

« Le ciel m'est témoin, mon frère, que je donnerais mille fois ma vie pour « vous épargner un moment de peine; mais, infortunée que je suis, je ne « puis rien pour votre bonheur. Vous me pardonnerez donc de m'être dérobée « de chez vous comme une coupable; je n'aurais jamais pu résister à vos « prières, et cependant il fallait partir... Mon Dieu, ayez pitié de moi!

« Vous savez, René, que j'ai toujours eu du penchant pour la vie reli- « gieuse; il est temps que je mette à profit les avertissements du ciel. Pourquoi « ai-je attendu si tard! Dieu m'en punit. J'étais restée pour vous dans le « monde... Pardonnez, je suis toute troublée par le chagrin que j'ai de vous « quitter.

« C'est à présent, mon cher frère, que je sens bien la nécessité de ces asiles, « contre lesquels je vous ai vu souvent vous élever. Il est des malheurs qui « nous séparent pour toujours des hommes; que deviendraient alors de pauvres « infortunées!... Je suis persuadée que vous-même, mon frère, vous trouve- « riez le repos dans ces retraites de la religion : la terre n'offre rien qui soit « digne de vous.

« Je ne vous rappellerai point votre serment : je connais la fidélité de « votre parole. Vous l'avez juré, vous vivrez pour moi. Y a-t-il rien de plus « misérable que de songer sans cesse à quitter la vie? Pour un homme de « votre caractère, il est si aisé de mourir! Croyez-en votre sœur, il est plus « difficile de vivre.

« Mais, mon frère, sortez au plus vite de la solitude, qui ne vous est pas « bonne; cherchez quelque occupation. Je sais que vous riez amèrement de « cette nécessité où l'on est en France de *prendre un état*. Ne méprisez pas tant « l'expérience et la sagesse de nos pères. Il vaut mieux, mon cher René, « ressembler un peu plus au commun des hommes, et avoir un peu moins « de malheur.

« Peut-être trouveriez-vous dans le mariage un soulagement à vos ennuis. « Une femme, des enfants, occuperaient vos jours. Et quelle est la femme « qui ne chercherait pas à vous rendre heureux! L'ardeur de votre âme, la

« beauté de votre génie, votre air noble et passionné, ce regard fier et tendre, « tout vous assurerait de son amour et de sa fidélité. Ah! avec quelles délices « ne te presserait-elle pas dans ses bras et sur son cœur! Comme tous ses « regards, toutes ses pensées seraient attachés sur toi pour prévenir tes « moindres peines! Elle serait tout amour, tout innocence devant toi; tu croi- « rais retrouver une sœur.

« Je pars pour le couvent de... Ce monastère, bâti au bord de la mer, con- « vient à la situation de mon âme. La nuit, du fond de ma cellule, j'entendrai « le murmure des flots qui baignent les murs du couvent; je songerai à ces « promenades que je faisais avec vous au milieu des bois, alors que nous « croyions retrouver le bruit des mers dans la cime agitée des pins. Aimable « compagnon de mon enfance, est-ce que je ne vous verrai plus? A peine plus « âgée que vous, je vous balançais dans votre berceau; souvent nous avons « dormi ensemble. Ah! si un même tombeau nous réunissait un jour! Mais « non : je dois dormir seule sous les marbres glacés de ce sanctuaire, où re- « posent pour jamais ces filles qui n'ont point aimé.

« Je ne sais si vous pourrez lire ces lignes à demi effacées par mes larmes. « Après tout, mon ami, un peu plus tôt, un peu plus tard, n'aurait-il pas « fallu nous quitter? Qu'ai-je besoin de vous entretenir de l'incertitude et du « peu de valeur de la vie? Vous vous rappelez le jeune M... qui fit naufrage « à l'île de France. Quand vous reçûtes sa dernière lettre, quelques mois « après sa mort, sa dépouille terrestre n'existait même plus, et l'instant où vous « commenciez son deuil en Europe était celui où on le finissait aux Indes. « Qu'est-ce donc que l'homme, dont la mémoire périt si vite? Une partie de « ses amis ne peut apprendre sa mort, que l'autre n'en soit déjà consolée! « Quoi, cher et trop cher René, mon souvenir s'effacera-t-il si promptement « de ton cœur? O mon frère! si je m'arrache à vous dans le temps, c'est pour « n'être pas séparée de vous dans l'éternité.

« AMÉLIE. »

« *P. S.* Je joins ici l'acte de la donation de mes biens; j'espère que vous « ne refuserez pas cette marque de mon amitié. »

« La foudre qui fût tombée à mes pieds ne m'eût pas causé plus d'effroi que cette lettre. Quel secret Amélie me cachait-elle? Qui la forçait si subitement à embrasser la vie religieuse? Ne m'avait-elle rattaché à l'existence par le charme de l'amitié, que pour me délaisser tout à coup? Oh! pourquoi était-elle venue me détourner de mon dessein? Un mouvement de pitié l'avait rappelée auprès de moi; mais bientôt fatiguée d'un pénible devoir elle se hâte de quitter un malheureux qui n'avait qu'elle sur la terre. On croit avoir tout fait quand on a empêché un homme de mourir! Telles étaient mes plaintes. Puis, faisant un retour sur moi-même : Ingrate Amélie, disais-je, si tu avais été à ma place; si, comme moi, tu avais été perdue dans le vide de tes jours, ah! tu n'aurais pas été abandonnée de ton frère!

« Cependant, quand je relisais la lettre, j'y trouvais je ne sais quoi de si triste et de si tendre, que tout mon cœur se fondait. Tout à coup il me vint une idée qui me donna quelque espérance : je m'imaginai qu'Amélie avait peut-être conçu une passion pour un homme qu'elle n'osait avouer. Ce soupçon sembla m'expliquer sa mélancolie, sa correspondance mystérieuse, et le ton passionné qui respirait dans sa lettre. Je lui écrivis aussitôt pour la supplier de m'ouvrir son cœur.

« Elle ne tarda pas à me répondre, mais sans me découvrir son secret : elle me mandait seulement qu'elle avait obtenu les dispenses du noviciat, et qu'elle allait prononcer ses vœux.

« Je fus révolté de l'obstination d'Amélie, du mystère de ses paroles, et de son peu de confiance en mon amitié.

« Après avoir hésité un moment sur le parti que j'avais à prendre, je résolus d'aller à B... pour faire un dernier effort auprès de ma sœur. La terre où j'avais été élevé se trouvait sur la route. Quand j'aperçus les bois où j'avais passé les seuls moments heureux de ma vie, je ne pus retenir mes larmes, et il me fut impossible de résister à la tentation de leur dire un dernier adieu.

« Mon frère aîné avait vendu l'héritage paternel, et le nouveau propriétaire ne l'habitait pas. J'arrivai au château par la longue avenue de sapins ; je traversai à pied les cours désertes ; je m'arrêtai à regarder les fenêtres fermées ou demi-brisées, le chardon qui croissait au pied des murs, les feuilles qui jonchaient le seuil des portes, et ce perron solitaire où j'avais vu si souvent mon père et ses fidèles serviteurs. Les marches étaient déjà couvertes de mousse ; le violier jaune croissait entre leurs pierres déjointes et tremblantes. Un gardien inconnu m'ouvrit brusquement les portes. J'hésitais à franchir le seuil ; cet homme s'écria : « Hé bien ! « allez-vous faire comme cette étrangère qui vint « ici il y a quelques jours ? Quand ce fut pour entrer, elle s'évanouit, et je fus « obligé de la reporter à sa voiture. » Il me fut aisé de reconnaître l'*étrangère* qui, comme moi, était venue chercher dans ces lieux des pleurs et des souvenirs !

« Couvrant un moment mes yeux de mon mouchoir, j'entrai sous le toit de mes ancêtres. Je parcourus les appartements sonores où l'on n'entendait que le bruit de mes pas. Les chambres étaient à peine éclairées par la faible lumière qui pénétrait entre les volets fermés : je visitai celle où ma mère avait perdu la vie en me mettant au monde, celle où se retirait mon père, celle où j'avais dormi dans mon berceau, celle enfin où l'amitié avait reçu mes premiers vœux dans le sein d'une sœur. Partout les salles étaient détendues, et l'araignée filait sa toile dans les couches abandonnées. Je sortis précipitamment de ces lieux, je m'en éloignai à grands pas, sans oser tourner la tête. Qu'ils sont doux, mais qu'ils sont rapides, les moments que les frères et les sœurs passent dans leurs jeunes années, réunis sous l'aile de leurs vieux parents ! La famille de l'homme n'est que d'un jour ; le souffle de Dieu la disperse comme une fumée. À peine le fils connaît-il le père, le père le fils, le frère la sœur, la sœur le frère ! Le chêne voit germer ses glands autour de lui ; il n'en est pas ainsi des enfants des hommes !

« En arrivant à B..., je me fis conduire au couvent ; je demandai à parler à ma sœur. On me dit qu'elle ne recevait personne. Je lui écrivis : elle me répondit que, sur le point de se consacrer à Dieu, il ne lui était pas permis de donner une pensée au monde; que, si je l'aimais, j'éviterais de l'accabler de ma douleur. Elle ajoutait : « Cependant si votre projet est de paraître à l'autel le « jour de ma profession, daignez m'y servir de père; ce rôle est le seul digne « de votre courage, le seul qui convienne à notre amitié et à mon repos. »

« Cette froide fermeté qu'on opposait à l'ardeur de mon amitié me jeta dans de violents transports. Tantôt j'étais près de retourner sur mes pas; tantôt je voulais rester, uniquement pour troubler le sacrifice. L'enfer me suscitait jusqu'à la pensée de me poignarder dans l'église, et de mêler mes derniers soupirs aux vœux qui m'arrachaient ma sœur. La supérieure du couvent me fit prévenir qu'on avait préparé un banc dans le sanctuaire, et elle m'invitait à me rendre à la cérémonie, qui devait avoir lieu dès le lendemain.

« Au lever de l'aube, j'entendis le premier son des cloches... Vers dix heures, dans une sorte d'agonie, je me traînai au monastère. Rien ne peut plus être tragique quand on a assisté à un pareil spectacle; rien ne peut plus être douloureux quand on y a survécu.

« Un peuple immense remplissait l'église. On me conduit au banc du sanctuaire; je me précipite à genoux sans presque savoir où j'étais, ni à quoi j'étais résolu. Déjà le prêtre attendait à l'autel; tout à coup la grille mystérieuse s'ouvre, et Amélie s'avance, parée de toutes les pompes du monde. Elle était si belle, il y avait sur son visage quelque chose de si divin, qu'elle excita un mouvement de surprise et d'admiration. Vaincu par la glorieuse douleur de la sainte, abattu par les grandeurs de la religion, tous mes projets de violence s'évanouirent; ma force m'abandonna; je me sentis lié par une main toute-puissante, et, au lieu de blasphèmes et de menaces, je ne trouvai dans mon cœur que de profondes adorations et les gémissements de l'humilité.

« Amélie se place sous un dais. Le sacrifice commence à la lueur des flambeaux, au milieu des fleurs et des parfums, qui devaient rendre l'holocauste agréable. A l'offertoire, le prêtre se dépouilla de ses ornements, ne conserva qu'une tunique de lin, monta en chaire, et, dans un discours simple et pathétique, peignit le bonheur de la vierge qui se consacre au Seigneur. Quand il prononça ces mots : « Elle a paru comme l'encens qui se consume dans le feu, » un grand calme et des odeurs célestes semblèrent se répandre dans l'auditoire; on se sentit comme à l'abri sous les ailes de la colombe mystique, et l'on eût cru voir les anges descendre sur l'autel et remonter vers les cieux avec des parfums et des couronnes.

« Le prêtre achève son discours, reprend ses vêtements, continue le sacrifice. Amélie, soutenue de deux jeunes religieuses, se met à genoux sur la dernière marche de l'autel. On vient alors me chercher pour remplir les fonctions paternelles. Au bruit de mes pas chancelants dans le sanctuaire, Amélie est prête à défaillir. On me place à côté du prêtre, pour lui présenter les ciseaux. En ce moment, je sens renaître mes transports; ma fureur va éclater, quand Amélie, rappelant son courage, me lance un regard où il y a tant de reproche et de douleur, que j'en suis atterré. La religion triomphe. Ma sœur profite de mon trouble, elle avance hardiment la tête. Sa superbe chevelure tombe de toutes parts sous le fer sacré ; une longue robe d'étamine remplace pour elle les ornements du siècle, sans la rendre moins touchante ; les ennuis de son front se cachent sous un bandeau de lin ; et le voile mystérieux, double symbole de la virginité et de la religion, accompagne sa tête dépouillée. Jamais elle n'avait paru si belle. L'œil de la pénitente était attaché sur la poussière du monde, et son âme était dans le ciel.

« Cependant Amélie n'avait point encore prononcé ses vœux ; et pour mourir au monde il fallait qu'elle passât à travers le tombeau. Ma sœur se couche sur le marbre ; on étend sur elle un drap mortuaire : quatre flambeaux en marquent les quatre coins. Le prêtre, l'étole au cou, le livre à la main, commence l'Office des morts ; de jeunes vierges le continuent. O joies de la religion, que vous êtes grandes, mais que vous êtes terribles ! On m'avait contraint de me placer à genoux près de ce lugubre appareil. Tout à coup un murmure confus sort de dessous le voile sépulcral ; je m'incline, et ces paroles épouvantables (que je fus seul à entendre) viennent frapper mon oreille : « Dieu de miséricorde, fais « que je ne me relève jamais de cette couche funèbre, et comble de tes biens « un frère qui n'a point partagé ma criminelle passion ! »

« A ces mots échappés du cercueil, l'affreuse vérité m'éclaire ; ma raison s'égare ; je me laisse tomber sur le linceul de la mort, je presse ma sœur dans mes bras ; je m'écrie : « Chaste épouse de Jésus-Christ, reçois mes derniers em« brassements à travers les glaces du trépas et les profondeurs de l'éternité, « qui te séparent déjà de ton frère ! »

« Ce mouvement, ce cri, ces larmes, troublent la cérémonie : le prêtre s'interrompt, les religieuses ferment la grille, la foule s'agite et se presse vers l'autel ; on m'emporte sans connaissance. Que je sus peu de gré à ceux qui me rappelèrent au jour ! J'appris, en rouvrant les yeux, que le sacrifice était consommé, et que ma sœur avait été saisie d'une fièvre ardente. Elle me faisait prier de ne plus chercher à la voir. O misère de ma vie ! une sœur craindre de parler à un frère, et un frère craindre de faire entendre sa voix à une sœur ! Je sortis du monastère comme de ce lieu d'expiation où des flammes nous préparent pour la vie céleste, où l'on a tout perdu comme aux enfers, hors l'espérance.

« On peut trouver des forces dans son âme contre un malheur personnel ; mais devenir la cause involontaire du malheur d'un autre, cela est tout à fait insupportable. Éclairé sur les maux de ma sœur, je me figurais ce qu'elle avait dû souffrir. Alors s'expliquèrent pour moi plusieurs choses que je n'avais pu comprendre ; ce mélange de joie et de tristesse qu'Amélie avait fait paraître au moment de mon départ pour mes voyages, le soin qu'elle prit de m'éviter à mon retour, et cependant cette faiblesse qui l'empêcha si longtemps d'entrer dans un monastère : sans doute la fille malheureuse s'était flattée de guérir ! Ses projets de retraite, la dispense du noviciat, la disposition de ses biens en ma faveur, avaient apparemment produit cette correspondance secrète qui servit à me tromper.

« O mes amis! je sus donc ce que c'était que de verser des larmes pour un mal qui n'était point imaginaire! Mes passions, si longtemps indéterminées, se précipitèrent sur cette première proie avec fureur. Je trouvai même une sorte de satisfaction inattendue dans la plénitude de mon chagrin, et je m'aperçus, avec un secret mouvement de joie, que la douleur n'est pas une affection qu'on épuise comme le plaisir.

« J'avais voulu quitter la terre avant l'ordre du Tout-Puissant; c'était un grand crime : Dieu m'avait envoyé Amélie à la fois pour me sauver et pour me punir. Ainsi toute pensée coupable, toute action criminelle entraîne après elle des désordres et des malheurs. Amélie me priait de vivre, et je lui devais bien de ne pas aggraver ses maux. D'ailleurs (chose étrange!) je n'avais plus envie de mourir depuis que j'étais réellement malheureux. Mon chagrin était devenu une occupation qui remplissait tous mes moments : tant mon cœur est naturellement pétri d'ennui et de misère!

« Je pris donc subitement une autre résolution; je me déterminai à quitter l'Europe, et à passer en Amérique.

« On équipait, dans ce moment même, au port de B..., une flotte pour la Louisiane; je m'arrangeai avec un des capitaines de vaisseau; je fis savoir mon projet à Amélie et je m'occupai de mon départ.

« Ma sœur avait touché aux portes de la mort, mais Dieu, qui lui destinait la première palme des vierges, ne voulut pas la rappeler si vite à lui; son épreuve ici-bas fut prolongée. Descendue une seconde fois dans la pénible carrière de la vie, l'héroïne, courbée sous la croix, s'avança courageusement à l'encontre des douleurs, ne voyant plus que le triomphe dans le combat, et dans l'excès des souffrances, l'excès de la gloire.

« La vente du peu de bien qui me restait, et que je cédai à mon frère, les longs préparatifs d'un convoi, les vents contraires, me retinrent longtemps dans le port. J'allais chaque matin m'informer des nouvelles d'Amélie, et je revenais toujours avec de nouveaux motifs d'admiration et de larmes.

« J'errais sans cesse autour du monastère, bâti au bord de la mer. J'apercevais souvent à une petite fenêtre grillée qui donnait sur une plage déserte, une religieuse assise dans une attitude pensive; elle rêvait à l'aspect de l'océan où apparaissait quelque vaisseau, cinglant aux extrémités de la terre. Plusieurs fois, à la clarté de la lune, j'ai revu la même religieuse aux barreaux de la même fenêtre : elle contemplait la mer, éclairée par l'astre de la nuit, et semblait prêter l'oreille au bruit des vagues qui se brisaient tristement sur des grèves solitaires.

« Je crois encore entendre la cloche qui, pendant la nuit, appelait les religieuses aux veilles et aux prières. Tandis qu'elle tintait avec lenteur et que les vierges s'avançaient en silence à l'autel du Tout-Puissant, je courais au monastère : là, seul au pied des murs, j'écoutais dans une sainte extase les derniers sons des cantiques, qui se mêlaient sous les voûtes du temple au faible bruissement des flots.

« Je ne sais comment toutes ces choses, qui auraient dû nourrir mes peines, en émoussaient au contraire l'aiguillon. Mes larmes avaient moins d'amertume, lorsque je les répandais sur les rochers et parmi les vents. Mon chagrin même, par sa nature extraordinaire, portait avec lui quelque remède : on jouit de ce qui n'est pas commun, même quand cette chose est un malheur. J'en conçus presque l'espérance que ma sœur deviendrait à son tour moins misérable.

« Une lettre que je reçus d'elle avant mon départ sembla me confirmer dans ces idées. Amélie se plaignait tendrement de ma douleur, et m'assurait que le temps diminuait la sienne. « Je ne désespère pas de mon bonheur, me « disait-elle. L'excès même du sacrifice, à présent que le sacrifice est con- « sommé, sert à me rendre quelque paix. La simplicité de mes compagnes, la « pureté de leurs vœux, la régularité de leur vie, tout répand du baume sur « mes jours. Quand j'entends gronder les orages, et que l'oiseau de mer vient « battre des ailes à ma fenêtre, moi, pauvre colombe du ciel, je songe au « bonheur que j'ai eu de trouver un abri contre la tempête. C'est ici la sainte « montagne; le sommet élevé d'où l'on entend les derniers bruits de la terre et « les premiers concerts du ciel; c'est ici que la religion trompe doucement une « âme sensible : aux plus violentes amours elle substitue une sorte de chasteté « brûlante où l'amante et la vierge sont unies; elle épure les soupirs; elle « change en une flamme incorruptible une flamme périssable; elle mêle divi- « nement son calme et son innocence à ce reste de trouble et de volupté d'un « cœur qui cherche à se reposer, et d'une vie qui se retire. »

« Je ne sais ce que le ciel me réserve, et s'il a voulu m'avertir que les orages accompagneraient partout mes pas. L'ordre était donné pour le départ de la flotte; déjà plusieurs vaisseaux avaient appareillé au baisser du soleil; je m'étais arrangé pour passer la dernière nuit à terre, afin d'écrire ma lettre d'adieux à Amélie. Vers minuit, tandis que je m'occupe de ce soin, et que je mouille mon papier de mes larmes, le bruit des vents vient frapper mon oreille. J'écoute; et au milieu de la tempête, je distingue les coups de canon d'alarme, mêlés au glas de la cloche monastique. Je vole sur le rivage où tout était désert, et où l'on n'entendait que le rugissement des flots. Je m'assieds sur un rocher. D'un côté s'étendent les vagues étincelantes, de l'autre les murs sombres du monastère se perdent confusément dans les cieux. Une petite lumière paraissait à la fenêtre grillée. Était-ce toi, ô mon Amélie, qui, prosternée au pied du crucifix, priais le Dieu des orages d'épargner ton malheureux frère? La tempête sur les flots, le calme dans ta retraite; des hommes brisés sur des écueils, au pied de l'asile que rien ne peut troubler; l'infini de l'autre côté du mur d'une cellule; les fanaux agités des vaisseaux, le phare immobile du couvent; l'incertitude des destinées du navigateur, la vestale connaissant dans un seul jour tous les jours futurs de sa vie; d'une autre part, une âme telle que la tienne, ô Amélie, orageuse comme l'océan; un naufrage plus affreux que celui du marinier : tout ce tableau est encore profondément gravé dans ma mémoire. Soleil de ce ciel nouveau, maintenant témoin de mes larmes, échos du rivage américain qui répétez les accents de René, ce fut le lendemain de cette nuit terrible qu'appuyé sur le gaillard de mon vaisseau, je vis s'éloigner pour jamais ma terre natale! Je contemplai longtemps sur la côte les derniers balancements des arbres de la patrie, et les faîtes du monastère qui s'abaissaient à l'horizon. »

Comme René achevait de raconter son histoire, il tira un papier de son sein, et le donna au père Souël; puis, se jetant dans les bras de Chactas, et étouffant ses sanglots, il laissa le temps au missionnaire de parcourir la lettre qu'il venait de lui remettre.

Elle était de la supérieure de... Elle contenait le récit des derniers moments de la sœur Amélie de la Miséricorde, morte victime de son zèle et de sa charité en soignant ses compagnes attaquées d'une maladie contagieuse. Toute la communauté était inconsolable, et l'on y regardait Amélie comme une sainte. La supérieure ajoutait que depuis trente ans qu'elle était à la tête de la maison, elle n'avait jamais vu de religieuse d'une humeur aussi douce et aussi égale, ni qui fût plus contente d'avoir quitté les tribulations du monde.

Chactas pressait René dans ses bras, le vieillard pleurait. « Mon enfant, dit-il « à son fils, je voudrais que le père Aubry fût ici; il tirait du fond de son cœur « je ne sais quelle paix qui, en les calmant, ne semblait cependant point étran-« gère aux tempêtes; c'était la lune dans une nuit orageuse: les nuages errants « ne peuvent l'emporter dans leur course; pure et inaltérable, elle s'avance « tranquille au-dessus d'eux. Hélas! pour moi, tout me trouble et m'entraîne! »

Jusqu'alors le père Souël, sans proférer une parole, avait écouté d'un air austère l'histoire de René. Il portait en secret un cœur compatissant, mais il montrait au dehors un caractère inflexible; la sensibilité du sachem le fit sortir du silence :

« Rien, dit-il au frère d'Amélie, rien ne mérite, dans cette histoire, la pitié « qu'on vous montre ici. Je vois un jeune homme entêté de chimères, à qui « tout déplaît, et qui s'est soustrait aux charges de la société pour se livrer à « d'inutiles rêveries. On n'est point, monsieur, un homme supérieur parce « qu'on aperçoit le monde sous un jour odieux. On ne hait les hommes et la « vie que faute de voir assez loin. Étendez un peu plus votre regard, et vous « serez bientôt convaincu que tous ces maux dont vous vous plaignez sont de « purs néants. Mais quelle honte de ne pouvoir songer au seul malheur réel « de votre vie, sans être forcé de rougir! Toute la pureté, toute la vertu, toute « la religion, toutes les couronnes d'une sainte rendent à peine tolérable la « seule idée de vos chagrins. Votre sœur a expié sa faute; mais, s'il faut ici dire « ma pensée, je crains que, par une épouvantable justice, un aveu sorti du « sein de la tombe n'ait troublé votre âme à son tour. Que faites-vous seul au « fond des forêts où vous consumez vos jours, négligeant tous vos devoirs? Des « saints, me direz-vous, se sont ensevelis dans les déserts? Ils y étaient avec « leurs larmes, et employaient à éteindre leurs passions le temps que vous « perdez peut-être à allumer les vôtres. Jeune présomptueux qui avez cru que

« l'homme se peut suffire à lui-même! La solitude est mauvaise à celui qui n'y « vit pas avec Dieu; elle redouble les puissances de l'âme, en même temps « qu'elle leur ôte tout sujet pour s'exercer. Quiconque a reçu des forces doit « les consacrer au service de ses semblables; s'il les laisse inutiles, il en est « d'abord puni par une secrète misère, et tôt ou tard le ciel lui envoie un « châtiment effroyable. »

Troublé par ces paroles, René releva du sein de Chactas sa tête humiliée. Le sachem aveugle se prit à sourire; et ce sourire de la bouche, qui ne se mariait plus à celui des yeux, avait quelque chose de mystérieux et de céleste. « Mon « fils, dit le vieil amant d'Atala, il nous parle sévèrement; il corrige et le « vieillard et le jeune homme, et il a raison. Oui, il faut que tu renonces à cette « vie extraordinaire qui n'est pleine que de soucis; il n'y a de bonheur que « dans les voies communes.

« Un jour le Meschacébé, encore assez près de sa source, se lassa de n'être « qu'un limpide ruisseau. Il demanda des neiges aux montagnes, des eaux aux « torrents, des pluies aux tempêtes; il franchit ses rives, et désole ses bords « charmants. L'orgueilleux ruisseau s'applaudit d'abord de sa puissance; mais « voyant que tout devenait désert sur son passage; qu'il coulait abandonné dans « la solitude; que ses eaux étaient toujours troublées, il regretta l'humble lit « que lui avait creusé la nature, les oiseaux, les fleurs, les arbres et les ruis- « seaux, jadis modestes compagnons de son paisible cours. »

Chactas cessa de parler, et l'on entendit la voix du *flammant* qui, retiré dans les roseaux du Meschacébé, annonçait un orage pour le milieu du jour. Les trois amis reprirent la route de leurs cabanes : René marchait en silence entre le missionnaire qui priait Dieu, et le sachem aveugle qui cherchait sa route. On dit que, pressé par les deux vieillards, il retourna chez son épouse, mais sans y trouver le bonheur. Il périt peu de temps après avec Chactas et le père Souël, dans le massacre des Français et des Natchez à la Louisiane. On montre encore un rocher où il allait s'asseoir au soleil couchant.

FIN DE RENÉ.

LES

AVENTURES DU DERNIER ABENCERAGE.

AVERTISSEMENT.

Les Aventures du dernier Abencerage sont écrites depuis à peu près une vingtaine d'années : le portrait que j'ai tracé des Espagnols explique assez pourquoi cette Nouvelle n'a pu être imprimée sous le gouvernement impérial. La résistance des Espagnols à Buonaparte, d'un peuple désarmé à ce conquérant qui avait vaincu les meilleurs soldats de l'Europe, excitait alors l'enthousiasme de tous les cœurs susceptibles d'être touchés par les grands dévouements et les nobles sacrifices. Les ruines de Saragosse fumaient encore, et la censure n'aurait pas permis des éloges où elle eût découvert, avec raison, un intérêt caché pour les victimes. La peinture des vieilles mœurs de l'Europe, les souvenirs de la gloire d'un autre temps, et ceux de la cour d'un de nos plus brillants monarques, n'auraient pas été plus agréables à la censure, qui d'ailleurs commençait à se repentir de m'avoir tant de fois laissé parler de l'ancienne monarchie et de la religion de nos pères : ces morts que j'évoquais sans cesse faisaient trop penser aux vivants. On place souvent dans les tableaux quelque personnage difforme pour faire ressortir la beauté des autres : dans cette Nouvelle, j'ai voulu peindre trois hommes d'un caractère également élevé, mais ne sortant point de la nature, et conservant, avec des passions, les mœurs et les préjugés même de leurs pays. Le caractère de la femme est aussi dessiné dans les mêmes proportions. Il faut au moins que le monde chimérique, quand on s'y transporte, nous dédommage du monde réel.

On s'apercevra facilement que cette Nouvelle est l'ouvrage d'un homme qui a senti les chagrins de l'exil, et dont le cœur est tout à sa patrie.

C'est sur les lieux mêmes que j'ai pris, pour ainsi dire, les vues de Grenade, de l'Alhambra, et de cette mosquée transformée en église, qui n'est autre chose que la cathédrale de Cordoue. Ces descriptions sont donc une espèce d'addition à ce passage de l'*Itinéraire :*

LE DERNIER ABENCERRAGE.

(Le dernier Abencerrage)

A. Beillet. Impr. Quai de la Tournelle, 35. Paris.

« De Cadix je me rendis à Cordoue : j'admirai la mosquée qui fait aujourd'hui « la cathédrale de cette ville. Je parcourus l'ancienne Bétique, où les poëtes « avaient placé le bonheur. Je remontai jusqu'à Andujar, et je revins sur mes « pas pour voir Grenade. L'Alhambra me parut digne d'être regardé, même « après les temples de la Grèce. La vallée de Grenade est délicieuse, et res- « semble beaucoup à celle de Sparte : on conçoit que les Maures regrettent « un pareil pays. » (*Itinéraire*, VIIe et dernière partie.)

Il est souvent fait allusion dans cette Nouvelle à l'histoire des Zégris et des Abencerages ; cette histoire est si connue qu'il m'a semblé superflu d'en donner un précis dans cet Avertissement. La Nouvelle d'ailleurs contient les détails suffisants pour l'intelligence du texte.

Lorsque Boabdil, dernier roi de Grenade, fut obligé d'abandonner le royaume de ses pères, il s'arrêta au sommet du mont Padul. De ce lieu élevé on découvrait la mer où l'infortuné monarque allait s'embarquer pour l'Afrique ; on apercevait aussi Grenade, la Véga et le Xénil, au bord duquel s'élevaient les tentes de Ferdinand et d'Isabelle. A la vue de ce beau pays et des cyprès qui marquaient encore çà et là les tombeaux des musulmans, Boabdil se prit à verser des larmes. La sultane Aïxa, sa mère, qui l'accompagnait dans son exil avec les grands qui composaient jadis sa cour, lui dit : « Pleure maintenant « comme une femme un royaume que tu n'as pas su défendre comme un « homme. » Ils descendirent de la montagne, et Grenade disparut à leurs yeux pour toujours.

Les Maures d'Espagne, qui partagèrent le sort de leur roi, se dispersèrent en Afrique. Les tribus des Zégris et des Gomèles s'établirent dans le royaume de Fez, dont elles tiraient leur origine. Les Vanégas et les Alabés s'arrêtèrent sur la côte, depuis Oran jusqu'à Alger ; enfin les Abencerages se fixèrent dans les environs de Tunis. Ils formèrent, à la vue des ruines de Carthage, une colonie que l'on distingue encore aujourd'hui des Maures d'Afrique par l'élégance de ses mœurs et la douceur de ses lois.

Ces familles portèrent dans leur patrie nouvelle le souvenir de leur ancienne patrie. Le *Paradis de Grenade* vivait toujours dans leur mémoire ; les mères en redisaient le nom aux enfants qui suçaient encore la mamelle. Elles les berçaient avec les romances des Zégris et des Abencerages. Tous les cinq jours on priait dans la mosquée, en se tournant vers Grenade. On invoquait Allah, afin qu'il rendît à ses élus cette terre de délices. En vain le pays des Lotophages offrait aux exilés ses fruits, ses eaux, sa verdure, son brillant soleil ; loin des *Tours vermeilles* (1), il n'y avait ni fruits agréables, ni fontaines limpides, ni fraîche verdure, ni soleil digne d'être regardé. Si l'on montrait à

(1) Tours du palais de Grenade.

quelque banni les plaines de la Bagrada, il secouait la tête, et s'écriait en soupirant : « Grenade ! »

Les Abencerages surtout conservaient le plus tendre et le plus fidèle souvenir de la patrie. Ils avaient quitté avec un mortel regret le théâtre de leur gloire, et les bords qu'ils firent si souvent retentir de ce cri d'armes : « Honneur et Amour. » Ne pouvant plus lever la lance dans les déserts, ni se couvrir du casque dans une colonie de laboureurs, ils s'étaient consacrés à l'étude des simples, profession estimée, chez les Arabes, à l'égal du métier des armes. Ainsi cette race de guerriers, qui jadis faisait des blessures, s'occupait maintenant de l'art de les guérir. En cela, elle avait retenu quelque chose de son premier génie, car les chevaliers pansaient souvent eux-mêmes les plaies de l'ennemi qu'ils avaient abattu.

La cabane de cette famille, qui jadis eut des palais, n'était point placée dans le hameau des autres exilés, au pied de la montagne du Mamelife; elle était bâtie parmi les débris mêmes de Carthage, au bord de la mer, dans l'endroit où saint Louis mourut sur la cendre, et où l'on voit aujourd'hui un ermitage mahométan. Aux murailles de la cabane étaient attachés des boucliers de peau de lion, qui portaient empreintes sur un champ d'azur deux figures de Sauvages brisant une ville avec une massue. Autour de cette devise on lisait ces mots : « *C'est peu de chose!* » armes et devise des Abencerages. Des lances ornées de pennons blancs et bleus, des alburnos, des casaques de satin tailladé, étaient rangés auprès des boucliers, et brillaient au milieu des cimeterres et des poignards. On voyait encore suspendus çà et là des gantelets, des mors enrichis de pierreries, de larges étriers d'argent, de longues épées dont le fourreau avait été brodé par les mains des princesses, et des éperons d'or que les Yseult, les Genièvre, les Oriane, chaussèrent jadis à de vaillants chevaliers.

Sur des tables, au pied de ces trophées de la gloire, étaient posés des trophées d'une vie pacifique : c'étaient des plantes cueillies sur les sommets de l'Atlas et dans le désert de Zaara; plusieurs même avaient été apportées de la plaine de Grenade. Les unes étaient propres à soulager les maux du corps; les autres devaient étendre leur pouvoir jusque sur les chagrins de l'âme. Les Abencerages estimaient surtout celles qui servaient à calmer les vains regrets, à dissiper les folles illusions, et ces espérances de bonheur toujours naissantes, toujours déçues. Malheureusement ces simples avaient des vertus opposées, et souvent le parfum d'une fleur de la patrie était comme une espèce de poison pour les illustres bannis.

Vingt-quatre ans s'étaient écoulés depuis la prise de Grenade. Dans ce court espace de temps, quatorze Abencerages avaient péri par l'influence d'un nouveau climat, par les accidents d'une vie errante, et surtout par le chagrin, qui mine sourdement les forces de l'homme. Un seul rejeton était tout l'espoir de cette maison fameuse. Aben-Hamet portait le nom de cet Abencerage qui fut accusé par les Zégris d'avoir séduit la sultane Alfaïma. Il réunissait en lui la beauté, la valeur, la courtoisie, la générosité de ses ancêtres, avec ce doux éclat et cette légère expression de tristesse que donne le malheur noblement supporté. Il n'avait que vingt-deux ans lorsqu'il perdit son père; il résolut alors de faire un pèlerinage au pays de ses aïeux, afin de satisfaire au besoin de son cœur, et d'accomplir un dessein qu'il cacha soigneusement à sa mère.

Il s'embarque à l'échelle de Tunis; un vent favorable le conduit à Carthagène; il descend du navire et prend aussitôt la route de Grenade : il s'annonçait comme un médecin arabe qui venait herboriser parmi les rochers de la Sierra-Nevada. Une mule paisible le portait lentement dans le pays où les Abencerages volaient jadis sur de belliqueux coursiers : un guide marchait en avant, conduisant deux autres mules ornées de sonnettes et de touffes de laine de diverses couleurs. Aben-Hamet traversa les grandes bruyères et les bois de palmiers du royaume de Murcie : à la vieillesse de ces palmiers, il jugea qu'ils devaient avoir été plantés par ses pères, et son cœur fut pénétré de regrets. Là s'élevait une tour où veillait la sentinelle au temps de la guerre des Maures et des chrétiens; ici se montrait une ruine dont l'architecture annonçait une origine moresque; autre sujet de douleur pour l'Abencerage! Il descendait de sa mule, et, sous prétexte de chercher des plantes, il se cachait un moment dans ces débris pour donner un libre cours à ses larmes. Il reprenait ensuite sa route; en rêvant au bruit des sonnettes de la caravane et au chant monotone de son guide. Celui-ci n'interrompait sa longue romance que pour encourager ses mules, en leur donnant le nom de *belles* et de *valeureuses*, ou pour les gourmander, en les appelant *paresseuses* et *obstinées*.

Des troupeaux de moutons qu'un berger conduisait comme une armée dans des plaines jaunes et incultes, quelques voyageurs solitaires, loin de répandre la vie sur le chemin, ne servaient qu'à le faire paraître plus triste et plus désert. Ces voyageurs portaient tous une épée à la ceinture: ils étaient enveloppés dans un manteau, et un large chapeau rabattu leur couvrait à demi le visage. Ils saluaient en passant Aben-Hamet, qui ne distinguait dans ce noble salut que le nom de *Dieu*, de *Seigneur* et de *Chevalier*. Le soir, à la *venta*, l'Abencerage prenait sa place au milieu des étrangers, sans être importuné de leur curiosité indiscrète. On ne lui parlait point, on ne le questionnait point; son turban, sa robe, ses armes, n'excitaient aucun mouvement. Puisque Allah avait voulu que les Maures d'Espagne perdissent leur belle patrie, Aben-Hamet ne pouvait s'empêcher d'en estimer les graves conquérants.

Des émotions encore plus vives attendaient l'Abencerage au terme de sa course. Grenade est bâtie au pied de la Sierra-Nevada, sur deux hautes collines que sépare une profonde vallée. Les maisons placées sur la pente des coteaux, dans l'enfoncement de la vallée, donnent à la ville l'air et la forme d'une grenade entr'ouverte, d'où lui est venu son nom. Deux rivières, le Xénil et le Douro, dont l'une roule des paillettes d'or, et l'autre, des sables d'argent, lavent le pied des collines, se réunissent et serpentent ensuite au milieu d'une plaine charmante, appelée la Véga. Cette plaine, que domine Grenade, est couverte de vignes, de grenadiers, de figuiers, de mûriers, d'orangers; elle est entourée par des montagnes d'une forme et d'une couleur admirables. Un ciel enchanté, un air pur et délicieux, portent dans l'âme une langueur secrète dont le voyageur qui ne fait que passer a même de la peine à se défendre. On sent que, dans ce pays, les tendres passions auraient promptement étouffé les passions héroïques, si l'amour, pour être véritable, n'avait pas toujours besoin d'être accompagné de la gloire.

Lorsque Aben-Hamet découvrit le faîte des premiers édifices de Grenade, le cœur lui battit avec tant de violence qu'il fut obligé d'arrêter sa mule. Il croisa les bras sur sa poitrine, et, les yeux attachés sur la ville sacrée, il resta muet et immobile. Le guide s'arrêta à son tour, et comme tous les sentiments élevés sont aisément compris d'un Espagnol, il parut touché et devina que le Maure revoyait son ancienne patrie. L'Abencerage rompit enfin le silence.

« Guide, s'écria-t-il, sois heureux! ne me cache point la vérité, car le « calme régnait dans les flots le jour de ta naissance, et la lune entrait dans « son croissant. Quelles sont ces tours qui brillent comme des étoiles au-dessus « d'une verte forêt? »

— « C'est l'Alhambra, » répondit le guide.

« Et cet autre château, sur cette autre colline? » dit Aben-Hamet.

« C'est le Généralife, répliqua l'Espagnol. Il y a dans ce château un jardin « planté de myrtes où l'on prétend qu'Abencerage fut surpris avec la sultane « Alfaïma. Plus loin vous voyez l'Albaïzyn, et plus près de nous, les Tours « vermeilles. »

Chaque mot du guide perçait le cœur d'Aben-Hamet. Qu'il est cruel d'avoir recours à des étrangers pour apprendre à connaître les monuments de ses pères, et de se faire raconter par des indifférents l'histoire de sa famille et de ses amis! Le guide, mettant fin aux réflexions d'Aben-Hamet, s'écria: « Marchons, « seigneur Maure; marchons, Dieu l'a voulu! Prenez courage. François Ier « n'est-il pas aujourd'hui même prisonnier dans notre Madrid? Dieu l'a voulu! » Il ôta son chapeau, fit un grand signe de croix, et frappa ses mules. L'Abencerage, pressant la sienne à son tour, s'écria: « C'était écrit (1); » et ils descendirent vers Grenade.

Ils passèrent près du gros frêne célèbre par le combat de Muça et du grand maître de Calatrava, sous le dernier roi de Grenade. Ils firent le tour de la promenade Alameïda, et pénétrèrent dans la cité par la porte d'Elvire. Ils remontèrent le Rambla, et arrivèrent bientôt sur une place qu'environnaient de toutes parts des maisons d'architecture moresque. Un kan était ouvert sur cette place pour les Maures d'Afrique, que le commerce de soies de la Véga attirait en foule à Grenade. Ce fut là que le guide conduisit Aben-Hamet.

L'Abencerage était trop agité pour goûter un peu de repos dans sa nouvelle demeure; la patrie le tourmentait. Ne pouvant résister aux sentiments qui troublaient son cœur, il sortit au milieu de la nuit pour errer dans les rues de Grenade. Il essayait de reconnaître avec ses yeux ou ses mains quelques-uns

(1) Expression que les musulmans ont sans cesse à la bouche et qu'ils appliquent à la plupart des événements de la vie.

des monuments que les vieillards lui avaient si souvent décrits. Peut-être que ce haut édifice dont il entrevoyait les murs à travers les ténèbres était autrefois la demeure des Abencerages; peut-être était-ce sur cette place solitaire que se donnaient ces fêtes qui portèrent la gloire de Grenade jusqu'aux nues. Là passaient les quadrilles superbement vêtus de brocards; là s'avançaient les galères chargées d'armes et de fleurs, les dragons qui lançaient des feux et qui recélaient dans leurs flancs d'illustres guerriers; ingénieuses inventions du plaisir et de la galanterie.

Mais, hélas! au lieu du son des anafins, du bruit des trompettes et des chants d'amour, un silence profond régnait autour d'Aben-Hamet. Cette ville muette avait changé d'habitants, et les vainqueurs reposaient sur la couche des vaincus. « Ils dorment donc, ces fiers Espagnols, » s'écriait le jeune Maure indigné, « sous ces toits dont ils ont exilé mes aïeux! Et moi, Abencerage, « je veille inconnu, solitaire, délaissé, à la porte du palais de mes pères! »

Aben-Hamet réfléchissait alors sur les destinées humaines, sur les vicissitudes de la fortune, sur la chute des empires, sur cette Grenade enfin, surprise par ses ennemis au milieu des plaisirs, et changeant tout à coup ses guirlandes de fleurs contre des chaînes; il lui semblait voir ses citoyens abandonnant leurs foyers en habits de fête, comme des convives qui, dans le désordre de leur parure, sont tout à coup chassés de la salle du festin par un incendie.

Toutes ces images, toutes ces pensées, se pressaient dans l'âme d'Aben-Hamet; plein de douleur et de regret, il songeait surtout à exécuter le projet qui l'avait amené à Grenade : le jour le surprit. L'Abencerage s'était égaré : il se trouvait loin du kan, dans un faubourg écarté de la ville. Tout dormait; aucun bruit ne troublait le silence des rues; les portes et les fenêtres des maisons étaient fermées : seulement la voix du coq proclamait dans l'habitation du pauvre le retour des peines et des travaux.

Après avoir erré longtemps sans pouvoir retrouver sa route, Aben-Hamet entendit une porte s'ouvrir. Il vit sortir une jeune femme, vêtue à peu près comme ces reines gothiques sculptées sur les monuments de nos anciennes abbayes. Son corset noir, garni de jais, serrait sa taille élégante; son jupon court, étroit et sans plis, découvrait une jambe fine et un pied charmant; une mantille également noire était jetée sur sa tête : elle tenait avec sa main gauche cette mantille croisée et fermée comme une guimpe au-dessous de son menton, de sorte que l'on n'apercevait de tout son visage que ses grands yeux et sa bouche de rose. Une duègne accompagnait ses pas; un page portait devant elle un livre d'église; deux varlets, parés de ses couleurs, suivaient à quelque distance la belle inconnue : elle se rendait à la prière matinale, que les tintements d'une cloche annonçaient dans un monastère voisin.

Aben-Hamet crut voir l'ange Israfil ou la plus jeune des houris. L'Espagnole, non moins surprise, regardait l'Abencerage, dont le turban, la robe et les armes, embellissaient encore la noble figure. Revenue de son premier étonnement, elle fit signe à l'étranger de s'approcher avec une grâce et une liberté particulières aux femmes de ce pays. « Seigneur Maure, lui dit-elle,

« vous paraissez nouvellement arrivé à Grenade : vous seriez-vous égaré? »

« Sultane des fleurs, répondit Aben-Hamet, délices des yeux des hommes,
« ô esclave chrétienne, plus belle que les vierges de la Géorgie, tu l'as deviné!
« je suis étranger dans cette ville : perdu au milieu de ces palais, je n'ai pu
« retrouver le kan des Maures. Que Mahomet touche ton cœur et récompense
« ton hospitalité! »

« Les Maures sont renommés pour leur galanterie, » reprit l'Espagnole avec le plus doux sourire; « mais je ne suis ni sultane des fleurs, ni esclave,
« ni contente d'être recommandée à Mahomet. Suivez-moi, seigneur cheva-
« lier; je vais vous reconduire au kan des Maures. »

Elle marcha légèrement devant l'Abencerage, le mena jusqu'à la porte du kan, le lui montra de la main, passa derrière un palais, et disparut.

A quoi tient donc le repos de la vie! La patrie n'occupe plus seule et tout entière l'âme d'Aben-Hamet : Grenade a cessé d'être pour lui déserte, abandonnée, veuve, solitaire; elle est plus chère que jamais à son cœur; mais c'est un prestige nouveau qui embellit ses ruines : au souvenir des aïeux se mêle à présent un autre charme. Aben-Hamet a découvert le cimetière où reposent les cendres des Abencerages; mais en priant, mais en se prosternant, mais en versant des larmes filiales il songe, que la jeune Espagnole a passé quelquefois sur ces tombeaux, et il ne trouve plus ses ancêtres si malheureux.

C'est en vain qu'il ne veut s'occuper que de son pèlerinage au pays de ses pères; c'est en vain qu'il parcourt les coteaux du Douro et du Xénil, pour y recueillir des plantes au lever de l'aurore : la fleur qu'il cherche maintenant, c'est la belle chrétienne. Que d'inutiles efforts il a déjà tentés pour retrouver le palais de son enchanteresse! Que de fois il a essayé de repasser par les chemins que lui fit parcourir son divin guide! Que de fois il a cru reconnaître le son de cette cloche, le chant de ce coq qu'il entendit près de la demeure de l'Espagnole! Trompé par des bruits pareils, il court aussitôt de ce côté, et le palais magique ne s'offre point à ses regards! Souvent encore le vêtement uniforme des femmes de Grenade lui donnait un moment d'espoir : de loin toutes les chrétiennes ressemblaient à la maîtresse de son cœur; de près, pas une n'avait sa beauté ou sa grâce. Aben-Hamet avait enfin parcouru les églises pour découvrir l'étrangère; il avait même pénétré jusqu'à la tombe de Ferdinand et d'Isabelle; mais c'était aussi le plus grand sacrifice qu'il eût jusqu'alors fait à l'amour.

Un jour il herborisait dans la vallée du Douro. Le coteau du midi soutenait sur sa pente fleurie les murailles de l'Alhambra et les jardins du Généralife; la colline du nord était décorée par l'Albaïzyn, par de riants vergers, et par des grottes qu'habitait un peuple nombreux. A l'extrémité occidentale de la vallée on découvrait les clochers de Grenade qui s'élevaient en groupe du milieu des chênes-verts et des cyprès. A l'autre extrémité, vers l'orient, l'œil rencontrait sur des pointes de rochers, des couvents, des ermitages, quelques ruines de l'ancienne Illibérie, et dans le lointain les sommets de la Sierra-Nevada. Le Douro roulait au milieu du vallon, et présentait le long de son cours de frais moulins, de bruyantes cascades, les arches brisées d'un aqueduc romain, et les restes d'un pont du temps des Maures.

Aben-Hamet n'était plus ni assez infortuné, ni assez heureux, pour bien goûter le charme de la solitude: il parcourait avec distraction et indifférence ces bords enchantés. En marchant à l'aventure, il suivit une allée d'arbres qui circulait sur la pente du coteau de l'Albaïzyn. Une maison de campagne, environnée d'un bocage d'orangers, s'offrit bientôt à ses yeux : en approchant du bocage, il entendit les sons d'une voix et d'une guitare. Entre la voix, les traits et les regards d'une femme, il y a des rapports qui ne trompent jamais un homme que l'amour possède. « C'est ma houri! » dit Aben-Hamet; et il écoute, le cœur palpitant : au nom des Abencerages plusieurs fois répété, son cœur bat encore plus vite. L'inconnue chantait une romance castillane qui retraçait l'histoire des Abencerages et des Zégris. Aben-Hamet ne peut plus résister à son émotion; il s'élance à travers une haie de myrtes, et tombe au milieu d'une troupe de jeunes femmes effrayées qui fuient en poussant des cris. L'Espagnole, qui venait de chanter et qui tenait encore la guitare, s'écrie : « C'est le seigneur Maure! » Et elle rappelle ses compagnes : « Favorite des « génies, dit l'Abencerage, je te cherchais comme l'Arabe cherche une source « dans l'ardeur du midi; j'ai entendu les sons de ta guitare, tu célébrais les « héros de mon pays; je t'ai devinée à la beauté de tes accents, et j'apporte à « tes pieds le cœur d'Aben-Hamet.

« Et moi, répondit dona Blanca, c'était en pensant à vous que je redisais « la romance des Abencerages. Depuis que je vous ai vu, je me suis figuré « que ces chevaliers maures vous ressemblaient. »

Une légère rougeur monta au front de Blanca en prononçant ces mots. Aben-Hamet se sentit prêt à tomber aux genoux de la jeune chrétienne, à lui déclarer qu'il était le dernier Abencerage; mais un reste de prudence le retint; il craignit que son nom, trop fameux à Grenade, ne donnât des inquiétudes au gouverneur. La guerre des Morisques était à peine terminée, et la présence d'un Abencerage dans ce moment pouvait inspirer aux Espagnols de justes craintes. Ce n'est pas qu'Aben-Hamet s'effrayât d'aucun péril; mais il frémissait à la pensée d'être obligé de s'éloigner pour jamais de la fille de don Rodrigue.

Dona Blanca descendait d'une famille qui tirait son origine du Cid de Bivar et de Chimène, fille du comte Gomez de Gormas. La postérité du vainqueur de Valence la Belle tomba, par l'ingratitude de la cour de Castille, dans une extrême pauvreté, on crut même pendant plusieurs siècles qu'elle s'était éteinte, tant elle devint obscure. Mais, vers le temps de la conquête de Grenade, un dernier rejeton de la race des Bivar, l'aïeul de Blanca, se fit reconnaître moins encore à ses titres qu'à l'éclat de sa valeur. Après l'expulsion des infidèles, Ferdinand donna au descendant du Cid les biens de plusieurs familles maures, et le créa duc de Santa-Fé. Le nouveau duc fixa sa demeure à Grenade, et mourut jeune encore, laissant un fils unique déjà marié, don Rodrigue, père de Blanca.

Dona Thérésa de Xérès, femme de don Rodrigue, mit au jour un fils qui reçut à sa naissance le nom de Rodrigue, comme tous ses aïeux, mais que l'on appela don Carlos, pour le distinguer de son père. Les grands événements que don Carlos eut sous les yeux dès sa plus tendre jeunesse, les périls auxquels il fut exposé presque au sortir de l'enfance, ne firent que rendre plus grand et plus rigide un caractère naturellement porté à l'austérité. Don Carlos comptait à peine quatorze ans lorsqu'il suivit Cortez au Mexique : il avait supporté tous les dangers, il avait été témoin de toutes les horreurs de cette étonnante aventure; il avait assisté à la chute du dernier roi d'un monde jusqu'alors inconnu. Trois ans après cette catastrophe, don Carlos s'était trouvé en Europe à la bataille de Pavie, comme pour voir l'honneur et la vaillance couronnés succomber sous les coups de la fortune. L'aspect d'un nouvel univers, de longs voyages sur des mers non encore parcourues, le spectacle des révolutions et des vicissitudes du sort, avaient fortement ébranlé l'imagination religieuse et mélancolique de don Carlos: il était entré dans l'ordre chevaleresque de Calatrava, et, renonçant au mariage malgré les prières de don Rodrigue, il destinait tous ses biens à sa sœur.

Blanca de Bivar, sœur unique de don Carlos, et beaucoup plus jeune que lui, était l'idole de son père : elle avait perdu sa mère, et elle entrait dans sa dix-huitième année lorsque Aben-Hamet parut à Grenade. Tout était séduction dans cette femme enchanteresse; sa voix était ravissante, sa danse plus légère que le zéphyr : tantôt elle se plaisait à guider un char comme Armide, tantôt elle volait sur le dos du plus rapide coursier d'Andalousie, comme ces fées charmantes qui apparaissaient à Tristan et à Galaor dans les forêts. Athènes l'eût prise pour Aspasie, et Paris, pour Diane de Poitiers qui commençait à briller à la cour. Mais, avec les charmes d'une Française, elle avait les passions d'une Espagnole, et sa coquetterie naturelle n'ôtait rien à la sûreté, à la constance, à la force, à l'élévation des sentiments de son cœur.

Aux cris qu'avaient poussés les jeunes Espagnoles lorsque Aben-Hamet s'était élancé dans le bocage, don Rodrigue était accouru. « Mon père, dit Blanca, « voilà le seigneur Maure dont je vous ai parlé. Il m'a entendue chanter, il « m'a reconnue; il est entré dans le jardin pour me remercier de lui avoir en« seigné sa route. »

Le duc de Santa-Fé reçut l'Abencerage avec la politesse grave et pourtant naïve des Espagnols. On ne remarque chez cette nation aucun de ces airs serviles, aucun de ces tours de phrase qui annoncent l'abjection des pensées et la dégradation de l'âme. La langue du grand seigneur et du paysan est la même, le salut le même; les compliments, les habitudes, les usages, sont les mêmes. Autant la confiance et la générosité de ce peuple envers les étrangers sont sans bornes, autant sa vengeance est terrible quand on le trahit. D'un courage héroïque, d'une patience à toute épreuve, incapable de céder à la mauvaise fortune, il faut qu'il la dompte ou qu'il en soit écrasé. Il a peu de ce qu'on appelle esprit, mais les passions exaltées lui tiennent lieu de cette lumière qui vient de la finesse et de l'abondance des idées. Un Espagnol qui passe le jour sans parler, qui n'a rien vu, qui ne se soucie de rien voir, qui n'a rien lu, rien étudié, rien comparé, trouvera dans la grandeur de ses résolutions les ressources nécessaires au moment de l'adversité.

C'était le jour de la naissance de don Rodrigue, et Blanca donnait à son père une *tertullia*, ou petite fête, dans cette charmante solitude. Le duc de Santa-Fé invita Aben-Hamet à s'asseoir au milieu des jeunes femmes, qui s'amusaient du turban et de la robe de l'étranger. On apporta des carreaux de velours, et l'Abencerage se reposa sur ces carreaux à la façon des Maures. On lui fit des questions sur son pays et sur ses aventures : il y répondit avec esprit et gaieté. Il parlait le castillan le plus pur ; on aurait pu le prendre pour un Espagnol, s'il n'eût presque toujours dit *toi* au lieu de *vous*. Ce mot avait quelque chose de si doux dans sa bouche que Blanca ne pouvait se défendre d'un secret dépit lorsqu'il s'adressait à l'une de ses compagnes.

De nombreux serviteurs parurent : ils portaient le chocolat, les pâtes de fruits et les petits pains de sucre de Malaga, blancs comme la neige, poreux et légers comme des éponges. Après le *refresco*, on pria Blanca d'exécuter une de ces danses de caractère, où elle surpassait les plus habiles guitanas. Elle fut obligée de céder aux vœux de ses amies. Aben-Hamet avait gardé le silence ; mais ses regards suppliants parlaient au défaut de sa bouche. Blanca choisit une zambra, danse expressive que les Espagnols ont empruntée des Maures.

Une des jeunes femmes commence à jouer sur la guitare l'air de la danse étrangère. La fille de don Rodrigue ôte son voile, et attache à ses mains blanches des castagnettes de bois d'ébène. Ses cheveux noirs tombent en boucles sur son cou d'albâtre ; sa bouche et ses yeux sourient de concert ; son teint est animé par le mouvement de son cœur. Tout à coup elle fait retentir le bruyant ébène, frappe trois fois la mesure, entonne le chant de la zambra, et, mêlant sa voix au son de la guitare, elle part comme un éclair.

Quelle variété dans ses pas ! quelle élégance dans ses attitudes ! Tantôt elle lève ses bras avec vivacité, tantôt elle les laisse retomber avec mollesse. Quelquefois elle s'élance comme enivrée de plaisir, et se retire comme accablée de douleur. Elle tourne la tête, semble appeler quelqu'un d'invisible, tend modestement une joue vermeille au baiser d'un nouvel époux, fuit honteuse, revient brillante et consolée, marche d'un pas noble et presque guerrier, puis voltige de nouveau sur le gazon. L'harmonie de ses pas, de ses chants, et des sons de sa guitare, était parfaite. La voix de Blanca, légèrement voilée, avait cette sorte d'accent qui remue les passions jusqu'au fond de l'âme. La musique espagnole, composée de soupirs et de mouvements vifs, de refrains tristes, de chants subitement arrêtés, offre un singulier mélange de gaieté et de mélancolie. Cette musique et cette danse fixèrent sans retour le destin du dernier Abencerage : elles auraient suffi pour troubler un cœur moins malade que le sien.

On retourna le soir à Grenade par la vallée du Douro. Don Rodrigue, charmé des manières nobles et polies d'Aben-Hamet, ne voulut point se séparer de lui qu'il ne lui eût promis de venir souvent amuser Blanca des merveilleux récits de l'Orient. Le Maure, au comble de ses vœux, accepta l'invitation du duc de Santa-Fé; et dès le lendemain il se rendit au palais où respirait celle qu'il aimait plus que la lumière du jour.

Blanca se trouva bientôt engagée dans une passion profonde par l'impossibilité même où elle crut être d'éprouver jamais cette passion. Aimer un infidèle, un Maure, un inconnu, lui paraissait une chose si étrange, qu'elle ne prit aucune précaution contre le mal qui commençait à se glisser dans ses veines; mais aussitôt qu'elle en reconnut les atteintes, elle accepta ce mal en véritable Espagnole. Les périls et les chagrins qu'elle prévit ne la firent point reculer au bord de l'abîme, ni délibérer longtemps avec son cœur. Elle se dit: « Qu'Aben-« Hamet soit chrétien, qu'il m'aime, et je le suis au bout de la terre. »

L'Abencerage ressentait de son côté toute la puissance d'une passion irrésistible: il ne vivait plus que pour Blanca. Il ne s'occupait plus des projets qui l'avaient amené à Grenade; il lui était facile d'obtenir les éclaircissements qu'il était venu chercher; mais tout autre intérêt que celui de son amour s'était évanoui à ses yeux. Il redoutait même des lumières qui auraient pu apporter des changements dans sa vie. Il ne demandait rien, il ne voulait rien connaître; il se disait: « Que Blanca soit musulmane, qu'elle m'aime, et je la sers jusqu'à « mon dernier soupir. »

Aben-Hamet et Blanca, ainsi fixés dans leur résolution, n'attendaient que le moment de se découvrir leurs sentiments. On était alors dans les plus beaux jours de l'année. « Vous n'avez point vu l'Alhambra, » dit la fille du duc de Santa-Fé à l'Abencerage. « Si j'en crois quelques paroles qui vous sont échappées, « votre famille est originaire de Grenade. Peut-être serez-vous bien aise de « visiter le palais de vos anciens rois? Je veux moi-même ce soir vous servir « de guide. »

Aben-Hamet jura par le prophète que jamais promenade ne pouvait lui être plus agréable.

L'heure fixée pour le pèlerinage de l'Alhambra étant arrivée, la fille de don Rodrigue monta sur une haquenée blanche accoutumée à gravir les rochers comme un chevreuil. Aben-Hamet accompagnait la brillante Espagnole sur un cheval andalou équipé à la manière des Turcs. Dans la course rapide du jeune Maure, sa robe de pourpre s'enflait derrière lui, son sabre recourbé retentissait sur la selle élevée, et le vent agitait l'aigrette dont son turban était surmonté. Le peuple, charmé de sa bonne grâce, disait en le regardant passer: « C'est « un prince infidèle que dona Blanca va convertir. »

Ils suivirent d'abord une longue rue qui portait encore le nom d'une illustre famille maure; cette rue aboutissait à l'enceinte extérieure de l'Alhambra. Ils traversèrent ensuite un bois d'ormeaux, arrivèrent à une fontaine, et se trouvèrent bientôt devant l'enceinte intérieure du palais de Boabdil. Dans une muraille flanquée de tours et surmontée de créneaux, s'ouvrait une porte appelée *la Porte du Jugement*. Ils franchirent cette première porte, et s'avancèrent par un chemin étroit qui serpentait entre de hauts murs et des masures à demi ruinées. Ce chemin les conduisit à la place des Algibes, près de laquelle Charles-Quint faisait alors élever un palais. De là, tournant vers le nord, ils s'arrêtèrent dans une cour déserte, au pied d'un mur sans ornements et dégradé par les âges. Aben-Hamet, sautant légèrement à terre, offrit la main à Blanca pour descendre de sa mule. Les serviteurs frappèrent à une porte abandonnée, dont l'herbe cachait le seuil : la porte s'ouvrit, et laissa voir tout à coup les réduits secrets de l'Alhambra.

Tous les charmes, tous les regrets de la patrie, mêlés aux prestiges de l'amour, saisirent le cœur du dernier Abencerage. Immobile et muet, il plongeait des regards étonnés dans cette habitation des génies; il croyait être transporté à l'entrée d'un de ces palais dont on lit la description dans les contes arabes. De légères galeries, des canaux de marbre blanc bordés de citronniers et d'orangers en fleur, des fontaines, des cours solitaires, s'offraient de toutes parts aux yeux d'Aben-Hamet, et, à travers les voûtes allongées des portiques, il apercevait d'autres labyrinthes et de nouveaux enchantements. L'azur du plus beau ciel se montrait entre des colonnes qui soutenaient une chaîne d'arceaux gothiques. Les murs, chargés d'arabesques, imitaient à la vue ces étoffes de l'Orient, que brode dans l'ennui du harem le caprice d'une femme esclave. Quelque chose de voluptueux, de religieux et de guerrier, semblait respirer dans ce magique édifice; espèce de cloître de l'amour, retraite mystérieuse où les rois maures goûtaient tous les plaisirs, et oubliaient tous les devoirs de la vie.

Après quelques instants de surprise et de silence, les deux amants entrèrent dans ce séjour de la puissance évanouie et des félicités passées. Ils firent d'abord le tour de la salle des Mésucar, au milieu du parfum des fleurs et de la fraîcheur des eaux. Ils pénétrèrent ensuite dans la cour des Lions. L'émotion d'Aben-Hamet augmentait à chaque pas. « Si tu ne remplissais pas « mon âme de délices, dit-il à Blanca, avec quel chagrin me verrais-je obligé « de te demander, à toi Espagnole, l'histoire de ces demeures ! Ah ! ces « lieux sont faits pour servir de retraite au bonheur, et moi !... »

Aben-Hamet aperçut le nom de Boabdil enchâssé dans des mosaïques. « O mon roi, s'écria-t-il, qu'es-tu devenu? Où te trouverai-je dans ton « Alhambra désert? » Et les larmes de la fidélité, de la loyauté et de l'honneur couvraient les yeux du jeune Maure. « Vos anciens maîtres, dit Blanca, « ou plutôt les rois de vos pères, étaient des ingrats. — Qu'importe? repartit « l'Abencerage; ils ont été malheureux! »

Comme il prononçait ces mots, Blanca le conduisit dans un cabinet qui semblait être le sanctuaire même du temple de l'Amour. Rien n'égalait l'élégance de cet asile : la voûte entière, peinte d'azur et d'or, et composée d'arabesques découpées à jour, laissait passer la lumière comme à travers un tissu de fleurs. Une fontaine jaillissait au milieu de l'édifice, et ses eaux, retombant en rosée, étaient recueillies dans une conque d'albâtre. « Aben-« Hamet, dit la fille du duc de Santa-Fé, regardez bien cette fontaine : elle « reçut les têtes défigurées des Abencerages. Vous voyez encore sur le marbre « la tache du sang des infortunés que Boabdil sacrifia à ses soupçons. C'est

« ainsi qu'on traite dans votre pays les hommes qui séduisent les femmes « crédules. »

Aben-Hamet n'écoutait plus Blanca; il s'était prosterné, et baisait avec respect la trace du sang de ses ancêtres. Il se relève et s'écrie : « O Blanca! je « jure, par le sang de ces chevaliers, de t'aimer avec la constance, la fidélité « et l'ardeur d'un Abencerage. »

« Vous m'aimez donc? » repartit Blanca en joignant ses deux belles mains et levant ses regards au ciel. « Mais songez-vous que vous êtes un infidèle, « un Maure, un ennemi, et que je suis chrétienne et Espagnole? »

« O saint prophète, dit Aben-Hamet, soyez témoin de mes serments!.... » Blanca l'interrompant : « Quelle foi voulez-vous que j'ajoute aux serments « d'un persécuteur de mon Dieu? Savez-vous si je vous aime? Qui vous a « donné l'assurance de me tenir un pareil langage? »

Aben-Hamet consterné répondit : « Il est vrai, je ne suis que ton esclave; « tu ne m'as pas choisi pour ton chevalier. »

« Maure, dit Blanca, laisse là la ruse; tu as vu dans mes regards que je « t'aimais; ma folie pour toi passe toute mesure; sois chrétien, et rien ne « pourra m'empêcher d'être à toi. Mais si la fille du duc de Santa-Fé ose te « parler avec cette franchise, tu peux juger par cela même qu'elle saura se « vaincre, et que jamais un ennemi des chrétiens n'aura aucun droit sur elle. »

Aben-Hamet, dans un transport de passion, saisit les mains de Blanca, les posa sur son turban, et ensuite sur son cœur. « Allah est puissant, s'écria-t-il, « et Aben-Hamet est heureux! O Mahomet! que cette chrétienne connaisse « ta loi, et rien ne pourra... — Tu blasphèmes, dit Blanca : sortons d'ici. »

Elle s'appuya sur le bras du Maure, et s'approcha de la fontaine des Douze-« Lions, qui donne son nom à l'une des cours de l'Alhambra : Étranger, dit la « naïve Espagnole, quand je regarde ta robe, ton turban, tes armes, et que je « songe à nos amours, je crois voir l'ombre du bel Abencerage se promenant « dans cette retraite abandonnée avec l'infortunée Alfaïma. Explique-moi l'in-« scription arabe gravée sur le marbre de cette fontaine. »

Aben-Hamet lut ces mots (1) :

La belle princesse qui se promène couverte de perles dans son jardin, en augmente si prodigieusement la beauté... Le reste de l'inscription était effacé.

(1) Cette inscription existe avec quelques autres. Il est inutile de répéter que j'ai fait cette description de l'Alhambra sur les lieux mêmes.

« C'est pour toi qu'elle a été faite, cette inscription, dit Aben-Hamet. Sul-
« tane aimée, ces palais n'ont jamais été aussi beaux dans leur jeunesse, qu'ils
« le sont aujourd'hui dans leurs ruines. Écoute le bruit des fontaines dont
« la mousse a détourné les eaux; regarde les jardins qui se montrent à travers
« ces arcades à demi tombées; contemple l'astre du jour qui se couche par delà
« tous ces portiques: qu'il est doux d'errer avec toi dans ces lieux? Tes paroles
« embaument ces retraites, comme les roses de l'hymen. Avec quel charme
« je reconnais dans ton langage quelques accents de la langue de mes pères!
« le seul frémissement de ta robe sur ces marbres me fait tressaillir. L'air
« n'est parfumé que parce qu'il a touché ta chevelure. Tu es belle comme le
« génie de ma patrie au milieu de ces débris. Mais Aben-Hamet peut-il espé-
« rer de fixer ton cœur? Qu'est-il auprès de toi? Il a parcouru les montagnes
« avec son père; il connaît les plantes du désert... hélas! il n'en est pas une
« seule qui pût le guérir de la blessure que tu lui as faite! Il porte des armes,
« mais il n'est point chevalier. Je me disais autrefois: L'eau de la mer qui
« dort à l'abri dans le creux du rocher est tranquille et muette, tandis que
« tout auprès la grande mer est agitée et bruyante. Aben-Hamet! ainsi sera ta
« vie, silencieuse, paisible, ignorée dans un coin de terre inconnu, tandis que
« la cour du sultan est bouleversée par les orages. Je me disais cela, jeune
« chrétienne, et tu m'as prouvé que la tempête peut aussi troubler la goutte
« d'eau dans le creux du rocher. »

Blanca écoutait avec ravissement ce langage nouveau pour elle, et dont le tour oriental semblait si bien convenir à la demeure des fées, qu'elle parcourait avec son amant. L'amour pénétrait dans son cœur de toutes parts; elle sentait chanceler ses genoux; elle était obligée de s'appuyer plus fortement sur le bras de son guide. Aben-Hamet soutenait le doux fardeau, et répétait en marchant: » Ah! que ne suis-je un brillant Abencerage! »

« Tu me plairais moins, dit Blanca, car je serais plus tourmentée; reste
« obscur et vis pour moi. Souvent un chevalier célèbre oublie l'amour pour
« la renommée. »

« Tu n'aurais pas ce danger à craindre, » répliqua vivement Aben-Hamet.

« Et comment m'aimerais-tu donc, si tu étais un Abencerage? » dit la descendante de Chimène.

« Je t'aimerais, répondit le Maure, plus que la gloire et moins que l'hon-
« neur. »

Le soleil était descendu sous l'horizon pendant la promenade des deux amants. Ils avaient parcouru tout l'Alhambra. Quels souvenirs offerts à la pensée d'Aben-Hamet! Ici, la sultane recevait par des soupiraux la fumée des parfums qu'on brûlait au-dessous d'elle. Là, dans cet asile écarté, elle se parait de tous les atours de l'Orient. Et c'était Blanca, c'était une femme adorée qui racontait ces détails au beau jeune homme qu'elle idolâtrait.

La lune, en se levant, répandit sa clarté douteuse dans les sanctuaires abandonnés, et dans les parvis déserts de l'Alhambra. Ses blancs rayons dessinaient sur le gazon des parterres, sur les murs des salles, la dentelle d'une architecture aérienne, les cintres des cloîtres, l'ombre mobile des eaux jaillissantes, et celle des arbustes balancés par le zéphyr. Le rossignol chantait dans un cyprès qui perçait les dômes d'une mosquée en ruine, et les échos répétaient ses plaintes. Aben-Hamet écrivit, au clair de la lune, le nom de Blanca sur le marbre de la salle des Deux-Sœurs: il traça ce nom en caractères arabes, afin que le voyageur eût un mystère de plus à deviner dans ce palais des mystères.

« Maure, ces lieux sont cruels, dit Blanca; quittons ces lieux. Le destin de « ma vie est fixé pour jamais. Retiens bien ces mots: Musulman, je suis ton « amante sans espoir; chrétien, je suis ton épouse fortunée. »

Aben-Hamet répondit :» Chrétienne, je suis ton esclave désolé; musulmane, « je suis ton époux glorieux. »

Et ces nobles amants sortirent de ce dangereux palais.

La passion de Blanca s'augmenta de jour en jour, et celle d'Aben-Hamet s'accrut avec la même violence. Il était si enchanté d'être aimé pour lui seul, de ne devoir à aucune cause étrangère les sentiments qu'il inspirait, qu'il ne révéla point le secret de sa naissance à la fille du duc de Santa-Fé : il se faisait un plaisir délicat de lui apprendre qu'il portait un nom illustre, le jour même où elle consentirait à lui donner sa main. Mais il fut tout à coup rappelé à Tunis : sa mère, atteinte d'un mal sans remède, voulait embrasser son fils et le bénir avant d'abandonner la vie. Aben-Hamet se présente au palais de Blanca. « Sultane, lui dit-il, ma mère va mourir. Elle me demande pour lui fer« mer les yeux. Me conserveras-tu ton amour?

— « Tu me quittes, répondit Blanca pâlissante. Te reverrai-je jamais?

— « Viens, dit Aben-Hamet. Je veux exiger de toi un serment et t'en faire un que la mort seule pourra briser. Suis-moi. »

Ils sortent; ils arrivent à un cimetière qui fut jadis celui des Maures. On voyait encore çà et là de petites colonnes funèbres autour desquelles le sculpteur figura jadis un turban; mais les chrétiens avaient depuis remplacé ce turban par une croix. Aben-Hamet conduisit Blanca au pied de ces colonnes.

« Blanca, dit-il, mes ancêtres reposent ici; je jure par leurs cendres de « t'aimer jusqu'au jour où l'ange du jugement m'appellera au tribunal d'Al« lah. Je te promets de ne jamais engager mon cœur à une autre femme,

« et de te prendre pour épouse aussitôt que tu connaîtras la sainte lumière « du prophète. Chaque année, à cette époque, je reviendrai à Grenade pour « voir si tu m'as gardé ta foi et si tu veux renoncer à tes erreurs.

— « Et moi, dit Blanca en larmes, je t'attendrai tous les ans; je te conser- « verai jusqu'à mon dernier soupir la foi que je t'ai jurée, et je te recevrai « pour époux lorsque le Dieu des chrétiens, plus puissant que ton amante, « aura touché ton cœur infidèle. »

Aben-Hamet part; les vents l'emportent aux bords africains : sa mère venait d'expirer. Il la pleure; il embrasse son cercueil. Les mois s'écoulent : tantôt errant parmi les ruines de Carthage, tantôt assis sur le tombeau de saint Louis, l'Abencerage exilé appelle le jour qui doit le ramener à Grenade. Ce jour se lève enfin : Aben-Hamet monte sur un vaisseau et fait tourner la proue vers Malaga. Avec quel transport, avec quelle joie mêlée de crainte il aperçut les premiers promontoires de l'Espagne! Blanca l'attend-elle sur ces bords? Se souvient-elle encore d'un pauvre Arabe qui ne cessa de l'adorer sous le palmier du désert?

La fille du duc de Santa-Fé n'était point infidèle à ses serments. Elle avait prié son père de la conduire à Malaga. Du haut des montagnes qui bordaient la côte inhabitée, elle suivait des yeux les vaisseaux lointains et les voiles fugitives. Pendant la tempête, elle contemplait avec effroi la mer soulevée par les vents : elle aimait alors à se perdre dans les nuages, à s'exposer dans les passages dangereux, à se sentir baignée par les mêmes vagues, enlevée par le même tourbillon qui menaçaient les jours d'Aben-Hamet. Quand elle voyait la mouette plaintive raser les flots avec ses grandes ailes recourbées, et voler vers les rivages de l'Afrique, elle la chargeait de toutes ces paroles d'amour, de tous ces vœux insensés, qui sortent d'un cœur que la passion dévore.

Un jour qu'elle errait sur les grèves, elle aperçut une longue barque dont la proue élevée, le mât penché et la voile latine annonçaient l'élégant génie des Maures. Blanca court au port, et voit bientôt entrer le vaisseau barbaresque qui faisait écumer l'onde sous la rapidité de sa course. Un Maure, couvert de superbes habits, se tenait debout sur la proue. Derrière lui deux esclaves noirs arrêtaient par le frein un cheval arabe, dont les naseaux fumants et les crins épars, annonçaient à la fois son naturel ardent et la frayeur que lui inspirait le bruit des vagues. La barque arrive, abaisse ses voiles, touche au môle, présente le flanc : le Maure s'élance sur la rive, qui retentit du son de ses armes. Les esclaves font sortir le coursier tigré comme un léopard, qui hennit et bondit de joie en retrouvant la terre. D'autres esclaves descendent doucement une corbeille où reposait une gazelle couchée parmi des feuilles de palmier. Ses jambes fines étaient attachées et ployées sous elle, de peur qu'elles ne se fussent brisées dans les mouvements du vaisseau; elle portait un collier de grains d'aloès; et sur une plaque d'or qui servait à rejoindre les deux bouts du collier, étaient gravés en arabe un nom et un talisman.

Blanca reconnaît Aben-Hamet : elle n'ose se trahir aux yeux de la foule; elle se retire et envoie Dorothée, une de ses femmes, avertir l'Abencerage qu'elle l'attend au palais des Maures. Aben-Hamet présentait dans ce moment au gouverneur son firman écrit en lettres d'azur, sur un vélin précieux et renfermé dans un fourreau de soie. Dorothée s'approche et conduit l'heureux Abencerage aux pieds de Blanca. Quels transports en se retrouvant tous deux fidèles! Quel bonheur de se revoir, après avoir été si longtemps séparés! Quels nouveaux serments de s'aimer toujours!

Les deux esclaves noirs amènent le cheval numide, qui, au lieu de selle, n'avait sur le dos qu'une peau de lion, rattachée par une zone de pourpre. On apporte ensuite la gazelle. « Sultane, dit Aben-Hamet, c'est un chevreuil « de mon pays, presque aussi léger que toi. » Blanca détache elle-même l'animal charmant qui semblait la remercier en jetant sur elle les regards les plus doux. Pendant l'absence de l'Abencerage, la fille du duc de Santa-Fé avait étudié l'arabe : elle lut avec des yeux attendris son propre nom sur le collier de la gazelle. Celle-ci, rendue à la liberté, se soutenait à peine sur ses pieds si longtemps enchaînés; elle se couchait à terre, et appuyait sa tête sur les genoux de sa maîtresse. Blanca lui présentait des dattes nouvelles, et caressait cette chevrette du désert, dont la peau fine avait retenu l'odeur du bois d'aloès et de la rose de Tunis.

L'Abencerage, le duc de Santa-Fé et sa fille partirent ensemble pour Grenade. Les jours du couple heureux s'écoulèrent comme ceux de l'année précédente : mêmes promenades, même regret à la vue de la patrie, même amour ou plutôt amour toujours croissant, toujours partagé; mais aussi même attachement dans les deux amants à la religion de leurs pères. « Sois chrétien, » disait Blanca; « Sois musulmane, » disait Aben-Amet, et ils se séparèrent encore une fois sans avoir succombé à la passion qui les entraînait l'un vers l'autre.

Aben-Hamet reparut la troisième année, comme ces oiseaux voyageurs que l'amour ramène au printemps dans nos climats. Il ne trouva point Blanca au rivage, mais une lettre de cette femme adorée apprit au fidèle Arabe le départ du duc de Santa-Fé pour Madrid, et l'arrivée de don Carlos à Grenade. Don Carlos était accompagné d'un prisonnier français, ami du frère de Blanca. Le Maure sentit son cœur se serrer à la lecture de cette lettre. Il partit de Malaga pour Grenade avec les plus tristes pressentiments. Les montagnes lui parurent d'une solitude effrayante, et il tourna plusieurs fois la tête pour regarder la mer qu'il venait de traverser.

Blanca, pendant l'absence de son père, n'avait pu quitter un frère qu'elle aimait, un frère qui voulait en sa faveur se dépouiller de tous ses biens, et qu'elle revoyait après sept années d'absence. Don Carlos avait tout le courage et toute la fierté de sa nation : terrible comme les conquérants du Nouveau-Monde, parmi lesquels il avait fait ses premières armes; religieux comme les chevaliers espagnols vainqueurs des Maures, il nourrissait dans son cœur contre les infidèles la haine qu'il avait héritée du sang du Cid.

Thomas de Lautrec, de l'illustre maison de Foix, où la beauté dans les femmes et la valeur dans les hommes passaient pour un don héréditaire, était frère cadet de la comtesse de Foix, et du brave et malheureux Odet de Foix, seigneur de Lautrec. A l'âge de dix-huit ans, Thomas avait été armé chevalier par Bayard, dans cette retraite qui coûta la vie au chevalier sans peur et sans reproche. Quelque temps après, Thomas fut percé de coups et fait prisonnier à Pavie, en défendant le roi chevalier qui perdit tout alors, *fors l'honneur.*

Don Carlos de Bivar, témoin de la vaillance de Lautrec, avait fait prendre soin des blessures du jeune Français, et bientôt il s'établit entre eux une de ces amitiés héroïques, dont l'estime et la vertu sont les fondements. François Ier était retourné en France; mais Charles-Quint retint les autres prisonniers. Lautrec avait eu l'honneur de partager la captivité de son roi, et de coucher à ses pieds dans la prison. Resté en Espagne après le départ du monarque, il avait été remis sur sa parole à don Carlos, qui venait de l'amener à Grenade.

Lorsque Aben-Hamet se présenta au palais de don Rodrigue, et fut introduit dans la salle où se trouvait la fille du duc de Santa-Fé, il sentit des tourments jusqu'alors inconnus pour lui. Aux pieds de dona Blanca était assis un jeune homme qui la regardait en silence, dans une espèce de ravissement. Ce jeune homme portait un haut-de-chausses de buffle, et un pourpoint de même couleur, serré par un ceinturon d'où pendait une épée aux fleurs de lis. Un manteau de soie était jeté sur ses épaules, et sa tête était couverte d'un chapeau à petits bords, ombragé de plumes : une fraise de dentelle, rabattue sur sa poitrine, laissait voir son cou découvert. Deux moustaches noires comme l'ébène donnaient à son visage naturellement doux un air mâle et guerrier. De larges bottes, qui tombaient et se repliaient sur ses pieds, portaient l'éperon d'or, marque de la chevalerie.

A quelque distance, un autre chevalier se tenait debout appuyé sur la croix de fer de sa longue épée : il était vêtu comme l'autre chevalier; mais il paraissait plus âgé. Son air austère, bien qu'ardent et passionné, inspirait le respect et la crainte. La croix rouge de Calatrava était brodée sur son pourpoint, avec cette devise : *Pour elle et pour mon roi.*

Un cri involontaire s'échappa de la bouche de Blanca lorsqu'elle aperçut Aben-Hamet. « Chevaliers, dit-elle aussitôt, voici l'infidèle dont je vous ai « tant parlé; craignez qu'il ne remporte la victoire. Les Abencerages étaient « faits comme lui, et nul ne les surpassait en loyauté, courage et galanterie. »

Don Carlos s'avança au-devant d'Aben-Hamet. « Seigneur Maure, dit-il, mon « père et ma sœur m'ont appris votre nom; on vous croit d'une race noble et « brave ; vous-même, vous êtes distingué par votre courtoisie. Bientôt Charles-« Quint, mon maître, doit porter la guerre à Tunis, et nous nous verrons, « j'espère, au champ d'honneur. »

Aben-Hamet posa la main sur son sein, s'assit à terre sans répondre, et resta les yeux attachés sur Blanca et sur Lautrec. Celui-ci admirait, avec la curiosité de son pays, la robe superbe, les armes brillantes, la beauté du Maure; Blanca ne paraissait point embarrassée; toute son âme était dans ses yeux : la sincère Espagnole n'essayait point de cacher le secret de son cœur. Après quelques moments de silence, Aben-Hamet se leva, s'inclina devant la fille de don Rodrigue, et se retira. Étonné du maintien du Maure et des regards de Blanca, Lautrec sortit avec un soupçon qui se changea bientôt en certitude.

Don Carlos resta seul avec sa sœur. « Blanca, lui dit-il, expliquez-vous. « D'où naît le trouble que vous a causé la vue de cet étranger?

« Mon frère, répondit Blanca, j'aime Aben-Hamet! et s'il veut se faire « chrétien, ma main est à lui. »

« Quoi! s'écria don Carlos, vous aimez Aben-Hamet! la fille des Bivar aime « un Maure, un infidèle, un ennemi que nous avons chassé de ces palais! »

« Don Carlos, répliqua Blanca, j'aime Aben-Hamet; Aben-Hamet m'aime; « depuis trois ans il renonce à moi plutôt que de renoncer à la religion de « ses pères. Noblesse, honneur, chevalerie, sont en lui; jusqu'à mon dernier « soupir je l'adorerai. »

Don Carlos était digne de sentir ce que la résolution d'Aben-Hamet avait de généreux, quoiqu'il déplorât l'aveuglement de cet infidèle. « Infortunée Blanca, « dit-il, où te conduira cet amour? J'avais espéré que Lautrec, mon ami, de- « viendrait mon frère.

« Tu t'étais trompé, répondit Blanca: je ne puis aimer cet étranger. Quant « à mes sentiments pour Aben-Hamet, je n'en dois compte à personne. Garde « tes serments de chevalerie comme je garderai mes serments d'amour. Sache « seulement, pour te consoler, que jamais Blanca ne sera l'épouse d'un infidèle.

« Notre famille disparaîtra donc de la terre! » s'écria don Carlos.

« C'est à toi de la faire revivre, dit Blanca. Qu'importent d'ailleurs des fils que « tu ne verras point, et qui dégénéreront de ta vertu? Don Carlos, je sens que « nous sommes les derniers de notre race; nous sortons trop de l'ordre commun « pour que notre sang fleurisse après nous: le Cid fut notre aïeul, il sera notre « postérité. » Blanca sortit.

Don Carlos vole chez l'Abencerage. « Maure, lui dit-il, renonce à ma sœur ou accepte le combat.

— « Es-tu chargé par ta sœur, répondit Aben-Hamet, de me redemander « les serments qu'elle m'a faits?

— « Non, répliqua don Carlos; elle t'aime plus que jamais.

— « Ah! digne frère de Blanca! » s'écria Aben-Hamet en l'interrompant,

« je dois tenir tout mon bonheur de ton sang! O fortuné Aben-Hamet! O heu-
« reux jour! je croyais Blanca infidèle pour ce chevalier français..

— « Et c'est là ton malheur, » s'écria à son tour don Carlos hors de lui; « Lautrec est mon ami; sans toi il serait mon frère. Rends-moi raison des larmes « que tu fais verser à ma famille.

— « Je le veux bien, répondit Aben-Hamet, mais né d'une race qui peut-« être a combattu la tienne, je ne suis pourtant point chevalier. Je ne vois « ici personne pour me conférer l'ordre qui te permettra de te mesurer avec « moi sans descendre de ton rang. »

Don Carlos, frappé de la réflexion du Maure, le regarda avec un mélange d'admiration et de fureur. Puis tout à coup : « C'est moi qui t'armerai cheva-« lier! tu en es digne. »

Aben-Hamet fléchit le genou devant don Carlos, qui lui donne l'accolade, en lui frappant trois fois l'épaule du plat de son épée; ensuite don Carlos lui ceint cette même épée que l'Abencerage va peut-être lui plonger dans la poitrine : tel était l'antique honneur.

Tous deux s'élancent sur leurs coursiers, sortent des murs de Grenade, et volent à la fontaine du Pin. Les duels des Maures et des chrétiens avaient depuis longtemps rendu cette source célèbre. C'était là que Malique Alabès s'était battu contre Ponce de Léon, et que le grand maître de Calatrava avait donné la mort au valeureux Abayados. On voyait encore les débris des armes de ce chevalier maure suspendus aux branches du pin, et l'on apercevait sur l'écorce de l'arbre quelques lettres d'une inscription funèbre. Don Carlos montra de la main la tombe d'Abayados à l'Abencerage : « Imite, lui cria-t-il, ce brave infi-« dèle; et reçois le baptême et la mort de ma main.

— « La mort peut-être, répondit Aben-Hamet : mais vive Allah et le pro-« phète! »

Ils prirent aussitôt du champ, et coururent l'un sur l'autre avec furie. Ils n'avaient que leurs épées, Aben-Hamet était moins habile dans les combats que don Carlos, mais la bonté de ses armes, trempées à Damas, et la légèreté de son cheval arabe, lui donnaient encore l'avantage sur son ennemi. Il lança son coursier comme les Maures, et avec son large étrier tranchant, il coupa la jambe droite du cheval de don Carlos au-dessous du genou. Le cheval blessé s'abattit, et don Carlos, démonté par ce coup heureux, marche sur Aben-Hamet l'épée haute. Aben-Hamet saute à terre et reçoit don Carlos avec intrépidité. Il pare les premiers coups de l'Espagnol, qui brise son épée sur le fer de Damas. Trompé deux fois par la fortune, don Carlos verse des pleurs de rage, et crie à son ennemi : « Frappe, Maure, frappe; don Carlos désarmé te défie, toi « et toute ta race infidèle.

— « Tu pouvais me tuer, répond l'Abencerage, mais je n'ai jamais songé à « te faire la moindre blessure : j'ai voulu seulement te prouver que j'étais « digne d'être ton frère, et t'empêcher de me mépriser. »

Dans cet instant on aperçoit un nuage de poussière : Lautrec et Blanca pressaient deux cavales de Fez plus légères que les vents. Ils arrivent à la fontaine du Pin et voient le combat suspendu.

« Je suis vaincu, dit don Carlos; ce chevalier m'a donné la vie. Lautrec, « vous serez peut-être plus heureux que moi.

— « Mes blessures, » dit Lautrec d'une voix noble et gracieuse « me per- « mettent de refuser le combat contre ce chevalier courtois. Je ne veux point, « ajouta-t-il en rougissant, connaître le sujet de votre querelle, et pénétrer « un secret qui porterait peut-être la mort dans mon sein. Bientôt mon ab- « sence fera renaître la paix parmi vous, à moins que Blanca ne m'ordonne « de rester à ses pieds.

— « Chevalier, dit Blanca, vous demeurerez auprès de mon frère, vous « me regarderez comme votre sœur. Tous les cœurs qui sont ici éprouvent des « chagrins; vous apprendrez de nous à supporter les maux de la vie. »

Blanca voulut contraindre les trois chevaliers à se donner la main ; tous les trois s'y refusèrent : « Je hais Aben-Hamet! » s'écria don Carlos. « Je l'en- « vie, » dit Lautrec, « Et moi, dit l'Abencerage, j'estime don Carlos, et je « plains Lautrec; mais je ne saurais les aimer.

« — Voyons-nous toujours, dit Blanca, et tôt ou tard l'amitié suivra l'estime. « Que l'événement fatal qui nous rassemble ici soit à jamais ignoré de Grenade. »

Aben-Hamet devint, dès ce moment, mille fois plus cher à la fille du duc de Santa-Fé : l'amour aime la vaillance; il ne manquait plus rien à l'Abencerage, puisqu'il était brave, et que don Carlos lui devait la vie. Aben-Hamet, par le conseil de Blanca, s'abstint, pendant quelques jours, de se présenter au palais, afin de laisser se calmer la colère de don Carlos. Un mélange de sentiments doux et amers remplissait l'âme de l'Abencerage : si d'un côté l'assurance d'être aimé avec tant de fidélité et d'ardeur était pour lui une source inépuisable de délices, d'un autre côté la certitude de n'être jamais heureux sans renoncer à la religion de ses pères accablait le courage d'Aben-Hamet. Déjà plusieurs années s'étaient écoulées sans apporter de remède à ses maux : verrait-il ainsi s'écouler le reste de sa vie ?

Il était plongé dans un abîme de réflexions les plus sérieuses et les plus tendres, lorsqu'un soir il entendit sonner cette prière chrétienne qui annonce la fin du jour. Il lui vint en pensée d'entrer dans le temple du Dieu de Blanca, et de demander des conseils au Maître de la nature.

LAUTREC ET BEN-HAMET.

Imp. r. de la Tournelle, 33, Paris

(Le dernier Abencerage)

Il sort, il arrive à la porte d'une ancienne mosquée convertie en église par les fidèles. Le cœur saisi de tristesse et de religion, il pénètre dans le temple qui fut autrefois celui de son Dieu et de sa patrie. La prière venait de finir : il n'y avait plus personne dans l'église. Une sainte obscurité régnait à travers une multitude de colonnes qui ressemblaient aux troncs des arbres d'une forêt régulièrement plantée. L'architecture légère des Arabes s'était mariée à l'architecture gothique, et, sans rien perdre de son élégance, elle avait pris une gravité plus convenable aux méditations. Quelques lampes éclairaient à peine les enfoncements des voûtes ; mais à la clarté de plusieurs cierges allumés, on voyait encore briller l'autel du sanctuaire : il étincelait d'or et de pierreries. Les Espagnols mettent toute leur gloire à se dépouiller de leurs richesses pour en parer les objets de leur culte, et l'image du Dieu vivant placée au milieu des voiles de dentelles, des couronnes de perles et des gerbes de rubis, est adorée par un peuple à demi nu.

On ne remarquait aucun siége au milieu de la vaste enceinte : un pavé de marbre qui recouvrait des cercueils servait aux grands comme aux petits, pour se prosterner devant le Seigneur. Aben-Hamet s'avançait lentement dans les nefs désertes qui retentissaient du seul bruit de ses pas. Son esprit était partagé entre les souvenirs que cet ancien édifice de la religion des Maures retraçait à sa mémoire, et les sentiments que la religion des chrétiens faisait naître dans son cœur. Il entrevit au pied d'une colonne une figure immobile, qu'il prit d'abord pour une statue sur un tombeau ; il s'en approche ; il distingue un jeune chevalier à genoux, le front respectueusement incliné et les deux bras croisés sur sa poitrine. Ce chevalier ne fit aucun mouvement au bruit des pas d'Aben-Hamet ; aucune distraction, aucun signe extérieur de vie ne troubla sa profonde prière. Son épée était couchée à terre devant lui, et son chapeau, chargé de plumes, était posé sur le marbre à ses côtés : il avait l'air d'être fixé dans cette attitude par l'effet d'un enchantement. C'était Lautrec : « Ah ! dit l'Abencerage en lui-même, ce jeune et beau Français demande au ciel « quelque faveur signalée ; ce guerrier, déjà célèbre par son courage, répand « ici son cœur devant le souverain du ciel, comme le plus humble et le plus « obscur des hommes. Prions donc aussi le Dieu des chevaliers et de la gloire. »

. . . .

Aben-Hamet allait se précipiter sur le marbre, lorsqu'il aperçut, à la lueur d'une lampe, des caractères arabes et un verset du Coran, qui paraissaient sous un plâtre à demi tombé. Les remords rentrent dans son cœur, et il se hâte de quitter l'édifice où il a pensé devenir infidèle à sa religion et à sa patrie.

Le cimetière qui environnait cette ancienne mosquée était une espèce de jardin planté d'orangers, de cyprès, de palmiers, et arrosé par deux fontaines ; un cloître régnait à l'entour. Aben-Hamet, en passant sous un des portiques, aperçut une femme prête à entrer dans l'église. Quoiqu'elle fût enveloppée d'un voile, l'Abencerage reconnut la fille du duc de Santa-Fé ; il l'arrête et lui dit : « Viens-tu chercher Lautrec dans ce temple ?

« — Laisse là ces vulgaires jalousies, répondit Blanca ; si je ne t'aimais plus,

« je te le dirais; je dédaignerais de te tromper. Je viens ici prier pour toi; toi « seul es maintenant l'objet de mes vœux : j'oublie mon âme pour la tienne. « Il ne fallait pas m'enivrer du poison de ton amour, ou il fallait consentir à « servir le Dieu que je sers. Tu troubles toute ma famille, mon frère te hait; « mon père est accablé de chagrin, parce que je refuse de choisir un époux. « Ne t'aperçois-tu pas que ma santé s'altère? Vois cet asile de la mort; il est « enchanté! Je m'y reposerai bientôt, si tu ne te hâtes de recevoir ma foi au « pied de l'autel des chrétiens. Les combats que j'éprouve minent peu à peu « ma vie; la passion que tu m'inspires ne soutiendra pas toujours ma frêle « existence : songe, ô Maure, pour te parler ton langage, que le feu qui allume « le flambeau est aussi le feu qui le consume. »

Blanca entre dans l'église, et laisse Aben-Hamet accablé de ces dernières paroles.

C'en est fait : l'Abencerage est vaincu; il va renoncer aux erreurs de son culte; assez longtemps il a combattu. La crainte de voir Blanca mourir l'emporte sur tout autre sentiment dans le cœur d'Aben-Hamet. Après tout, se disait-il, le Dieu des chrétiens est peut-être le Dieu véritable? Ce Dieu est toujours le Dieu des nobles âmes, puisqu'il est celui de Blanca, de don Carlos et de Lautrec.

Dans cette pensée, Aben-Hamet attendit avec impatience le lendemain pour faire connaître sa résolution à Blanca, et changer une vie de tristesse et de larmes en une vie de joie et de bonheur. Il ne put se rendre au palais du duc de Santa-Fé que le soir. Il apprit que Blanca était allée avec son frère au Généralife, où Lautrec donnait une fête. Aben-Hamet, agité de nouveaux soupçons, vole sur les traces de Blanca. Lautrec rougit en voyant paraître l'Abencerage; quant à don Carlos, il reçut le Maure avec une froide politesse, mais à travers laquelle perçait l'estime.

Lautrec avait fait servir les plus beaux fruits de l'Espagne et de l'Afrique dans une des salles du Généralife, appelée la salle des Chevaliers. Tout autour de cette salle étaient suspendus les portraits des princes et des chevaliers vainqueurs des Maures, Pélasge, le Cid, Gonzalve de Cordoue. L'épée du dernier roi de Grenade était attachée au-dessous de ces portraits. Aben-Hamet renferma sa douleur en lui-même, et dit seulement comme le lion, en regardant ces tableaux : « Nous ne savons pas peindre. »

Le généreux Lautrec, qui voyait les yeux de l'Abencerage se tourner malgré lui vers l'épée de Boabdil, lui dit : « Chevalier maure, si j'avais prévu que « vous m'eussiez fait l'honneur de venir à cette fête, je ne vous aurais pas « reçu ici. On perd tous les jours une épée, et j'ai vu le plus vaillant des rois « remettre la sienne à son heureux ennemi. »

« Ah! » s'écria le Maure en se couvrant le visage d'un pan de sa robe, « on peut la perdre comme François Ier, mais comme Boabdil!... »

La nuit vint; on apporta des flambeaux, la conversation changea de cours.

On pria don Carlos de raconter la découverte du Mexique. Il parla de ce monde inconnu avec l'éloquence pompeuse naturelle à la nation espagnole. Il dit les malheurs de Montézume, les mœurs des Américains, les prodiges de la valeur castillane, et même les cruautés de ses compatriotes, qui ne lui semblaient mériter ni blâme ni louange. Ces récits enchantaient Aben-Hamet, dont la passion pour les histoires merveilleuses trahissait le sang arabe. Il fit à son tour le tableau de l'empire ottoman, nouvellement assis sur les ruines de Constantinople, non sans donner des regrets au premier empire de Mahomet; temps heureux où le commandeur des croyants voyait briller autour de lui Zobéide, Fleur de Beauté, Force des Cœurs, Tourmente, et ce généreux Ganem, esclave par amour. Quant à Lautrec, il peignit la cour galante de François Ier, les arts renaissant du sein de la barbarie, l'honneur, la loyauté, la chevalerie des anciens temps, unis à la politesse des siècles civilisés; les tourelles gothiques ornées des ordres de la Grèce, et les dames gauloises rehaussant la richesse de leurs atours par l'élégance athénienne.

Après ces discours, Lautrec, qui voulait amuser la divinité de cette fête, prit une guitare, et chanta cette romance qu'il avait composée sur un air des montagnes de son pays :

Combien j'ai douce souvenance (1)
Du joli lieu de ma naissance!
Ma sœur, qu'ils étaient beaux les jours
De France!
O mon pays, sois mes amours
Toujours!

Te souvient-il que notre mère,
Au foyer de notre chaumière,
Nous pressait sur son cœur joyeux,
Ma chère;
Et nous baisions ses blancs cheveux
Tous deux.

Ma sœur, te souvient-il encore
Du château que baignait la Dore?
Et de cette tant vieille tour
Du Maure,
Où l'airain sonnait le retour
Du jour?

Te souvient-il du lac tranquille
Qu'effleurait l'hirondelle agile,
Du vent qui courbait le roseau
Mobile,
Et du soleil couchant sur l'eau,
Si beau.

(1) Cette romance est déjà connue du public. J'en avais composé les paroles pour un air des montagnes d'Auvergne, remarquable par sa douceur et sa simplicité.

Oh! qui me rendra mon Hélène,
Et ma montagne et le grand chêne?
Leur souvenir fait tous les jours
Ma peine :
Mon pays sera mes amours
Toujours!

Lautrec, en achevant le dernier couplet, essuya avec son gant une larme que lui arrachait le souvenir du gentil pays de France. Les regrets du beau prisonnier furent vivement sentis par Aben-Hamet, qui déplorait comme Lautrec la perte de sa patrie. Sollicité de prendre à son tour la guitare, il s'en excusa, en disant qu'il ne savait qu'une romance, et qu'elle serait peu agréable à des chrétiens.

« Si ce sont des infidèles qui gémissent de nos victoires, » repartit dédaigneusement don Carlos, « vous pouvez chanter; les larmes sont permises aux vaincus.

« — Oui, dit Blanca; et c'est pour cela que nos pères, soumis autrefois au « joug des Maures, nous ont laissé tant de complaintes. »

Aben-Hamet chanta donc cette ballade, qu'il avait apprise d'un poëte de la tribu des Abencerages (1) :

Le roi don Juan,
Un jour chevauchant,
Vit sur la montagne
Grenade d'Espagne;
Il lui dit soudain :
Cité mignonne,
Mon cœur te donne
Avec ma main.

Je t'épouserai,
Puis apporterai
En dons à ta ville,
Cordoue et Séville.
Superbes atours
Et perle fine
Je te destine
Pour nos amours.

Grenade répond:
Grand roi de Léon,

(1) En traversant un pays montagneux entre Algésiras et Cadix, je m'arrêtai dans une *venta* située au milieu d'un bois. Je n'y trouvai qu'un petit garçon de quatorze à quinze ans, et une petite fille à peu près du même âge, frère et sœur, qui tressaient auprès du feu des nattes de jonc. Ils chantaient une romance dont je ne comprenais pas les paroles, mais dont l'air était simple et naïf. Il faisait un temps affreux; je restai deux heures à la *venta*. Mes jeunes hôtes répétèrent si longtemps les couplets de leur romance, qu'il me fut aisé d'en apprendre l'air par cœur. C'est sur cet air que j'ai composé la romance de l'Abencerage. Peut-être était-il question d'Aben-Hamet dans la chanson de mes deux petits Espagnols. Au reste, le dialogue de Grenade et du roi de Léon est imité d'une romance espagnole.

Au Maure liée,
Je suis mariée.
Garde tes présents
J'ai pour parure
Riche ceinture
Et beaux enfants.

Ainsi tu disais,
Ainsi tu mentais;
O mortelle injure!
Grenade est parjure!
Un chrétien maudit
D'Abencerage
Tient l'héritage:
C'était écrit!

Jamais le chameau
N'apporte au tombeau
Près de la piscine,
L'haggi de Médine.
Un chrétien maudit
D'Abencerage
Tient l'héritage:
C'était écrit!

O bel Alhambra!
O palais d'Allah!
Cité des fontaines!
Fleuve aux vertes plaines!
Un chrétien maudit
D'Abencerage
Tient l'héritage:
C'était écrit!

La naïveté de ces plaintes avait touché jusqu'au superbe don Carlos, malgré les imprécations prononcées contre les chrétiens. Il aurait bien désiré qu'on le dispensât de chanter lui-même; mais par courtoisie pour Lautrec il crut devoir céder à ses prières. Aben-Hamet donna la guitare au frère de Blanca, qui célébra les exploits du Cid, son illustre aïeul :

Prêt à partir pour la rive africaine (1)
Le Cid armé, tout brillant de valeur,

(1) Tout le monde connaît l'air des *Folies d'Espagne*. Cet air était sans paroles, du moins il n'y avait point de paroles qui en rendissent le caractère grave, religieux et chevaleresque. J'ai essayé d'exprimer ce caractère dans la romance du Cid. Cette romance s'étant répandue dans le public sans mon aveu, des maîtres célèbres m'ont fait l'honneur de l'embellir de leur musique. Mais comme je l'avais expressément composée pour l'air des *Folies d'Espagne*, il y a un couplet qui devient un vrai galimatias, s'il ne se rapporte à mon intention primitive :

...... Mon noble chant vainqueur,
D'Espagne un jour deviendra *la folie*, *etc.*

Enfin ces trois romances n'ont quelque mérite qu'autant qu'elles sont chantées sur trois vieux airs véritablement nationaux; elles amènent d'ailleurs le dénoûment.

Sur sa guitare, aux pieds de sa Chimène,
Chantait ces vers que lui dictait l'honneur :

Chimène a dit : Va combattre le Maure ;
De ce combat surtout reviens vainqueur.
Oui, je croirai que Rodrigue m'adore
S'il fait céder son amour à l'honneur.

Donnez, donnez et mon casque et ma lance !
Je veux montrer que Rodrigue a du cœur.
Dans les combats signalant sa vaillance,
Son cri sera pour sa dame et l'honneur.

Maure vanté par ta galanterie,
De tes accents mon noble chant vainqueur,
D'Espagne un jour deviendra la folie,
Car il peindra l'amour avec l'honneur.

Dans le vallon de notre Andalousie
Les vieux chrétiens conteront ma valeur ;
Il préféra, diront-ils, à la vie,
Son Dieu, son roi, sa Chimène et l'honneur.

Don Carlos avait paru si fier en chantant ces paroles d'une voix mâle et sonore, qu'on l'aurait pris pour le Cid lui-même. Lautrec partageait l'enthousiasme guerrier de son ami ; mais l'Abencerage avait pâli au nom du Cid.

« Ce chevalier, dit-il, que les chrétiens appellent la Fleur des batailles, « porte parmi nous le nom de cruel. Si sa générosité avait égalé sa valeur !...

— « Sa générosité, » repartit vivement don Carlos interrompant Aben-Hamet, « surpassait encore son courage, et il n'y a que des Maures qui puissent ca- « lomnier le héros à qui ma famille doit le jour.

— « Que dis-tu ? » s'écria Aben-Hamet s'élançant du siége où il était à demi couché : « tu comptes le Cid parmi tes aïeux ?

— « Son sang coule dans mes veines, » répliqua don Carlos, et je me re- « connais de ce noble sang à la haine qui brûle dans mon cœur contre les en- « nemis de mon Dieu.

— « Ainsi, dit Aben-Hamet regardant Blanca, vous êtes de la maison de ces « Bivar qui, après la conquête de Grenade, envahirent les foyers des mal- « heureux Abencerages et donnèrent la mort à un vieux chevalier de ce nom « qui voulut défendre le tombeau de ses aïeux !

— « Maure ! » s'écria don Carlos enflammé de colère, « sache que je ne me

« laisse point interroger. Si je possède aujourd'hui la dépouille des Abence-
« rages, mes ancêtres l'ont acquise au prix de leur sang, et ils ne la doivent
« qu'à leur épée.

— « Encore un mot, » dit Aben-Hamet toujours plus ému : « nous avons
« ignoré dans notre exil que les Bivar eussent porté le titre de Santa-Fé; c'est
« ce qui a causé mon erreur.

— « Ce fut, répondit don Carlos, à ce même Bivar, vainqueur des Aben-
« cerages, que ce titre fut conféré par Ferdinand le Catholique. »

La tête d'Aben-Hamet se pencha sur son sein : il resta debout au milieu de don Carlos, de Lautrec et de Blanca étonnés. Deux torrents de larmes coulèrent de ses yeux sur le poignard attaché à sa ceinture. « Pardonnez, dit-il; les
« hommes, je le sais, ne doivent pas répandre des larmes : désormais les
« miennes ne couleront plus au dehors, quoiqu'il me reste beaucoup à pleurer;
« écoutez-moi :

« Blanca, mon amour pour toi égale l'ardeur des vents brûlants de l'Arabie.
« J'étais vaincu; je ne pouvais plus vivre sans toi. Hier, la vue de ce cheva-
« lier français en prières, tes paroles dans le cimetière du temple, m'avaient
« fait prendre la résolution de connaître ton Dieu, et de t'offrir ma foi. »

Un mouvement de joie de Blanca, et de surprise de don Carlos, interrompit Aben-Hamet; Lautrec cacha son visage dans ses deux mains. Le Maure devina sa pensée, et secouant la tête avec un sourire déchirant : « Chevalier,
« dit-il, ne perds pas toute espérance; et toi, Blanca, pleure à jamais sur le
« dernier Abencerage ! »

Blanca, don Carlos, Lautrec, lèvent tous trois les mains au ciel, et s'écrient : « Le dernier Abencerage ! »

Le silence règne; la crainte, l'espoir, la haine, l'amour, l'étonnement, la jalousie, agitent tous les cœurs; Blanca tombe bientôt à genoux. « Dieu de
« bonté ! dit-elle, tu justifies mon choix, je ne pouvais aimer que le descen-
« dant des héros.

— « Ma sœur, s'écria don Carlos irrité, songez donc que vous êtes ici devant
« Lautrec !

— « Don Carlos, dit Aben-Hamet, suspends ta colère; c'est à moi à vous
« rendre le repos. » Alors s'adressant à Blanca, qui s'était assise de nouveau :

« Houri du ciel, génie de l'amour et de la beauté, Aben-Hamet sera ton
« esclave jusqu'à son dernier soupir; mais connais toute l'étendue de son

« malheur. Le vieillard immolé par ton aïeul en défendant ses foyers était le « père de mon père ; apprends encore un secret que je t'ai caché, ou plutôt « que tu m'avais fait oublier. Lorsque je vins la première fois visiter cette « triste patrie, j'avais surtout pour dessein de chercher quelque fils des Bivar, « qui pût me rendre compte du sang que ses pères avaient versé.

— « Eh bien! » dit Blanca d'une voix douloureuse, mais soutenue par l'accent d'une grande âme, « quelle est ta résolution?

— « La seule qui soit digne de toi, » répondit Aben-Hamet : te rendre tes « serments, satisfaire par mon éternelle absence et par ma mort, à ce que « nous devons l'un et l'autre à l'inimitié de nos dieux, de nos patries et de nos « familles. Si jamais mon image s'effaçait de ton cœur, si le temps, qui détruit « tout, emportait de ta mémoire le souvenir d'Abencerage.... ce chevalier « français... Tu dois ce sacrifice à ton frère. »

Lautrec se lève avec impétuosité, se jette dans les bras du Maure. « Aben- « Hamet! s'écrie-t-il, ne crois pas me vaincre en générosité : je suis Français; « Bayard m'arma chevalier; j'ai versé mon sang pour mon roi; je serai, « comme mon parrain et comme mon prince, sans peur et sans reproche. Si tu « restes parmi nous, je supplie don Carlos de t'accorder la main de sa sœur; « si tu quittes Grenade, jamais un mot de mon amour ne troublera ton amante. « Tu n'emporteras point dans ton exil la funeste idée que Lautrec, insensible « à ta vertu, cherche à profiter de ton malheur. »

Et le jeune chevalier pressait le Maure sur son sein avec la chaleur et la vivacité d'un Français.

« Chevaliers, dit don Carlos à son tour, je n'attendais pas moins de vos « illustres races. Aben-Hamet, à quelle marque puis-je vous reconnaître pour « le dernier Abencerage?

« A ma conduite, » répondit Aben-Hamet.

— « Je l'admire, dit l'Espagnol; mais, avant de m'expliquer, montrez-moi « quelque signe de votre naissance. »

Aben-Hamet tira de son sein l'anneau héréditaire des Abencerages qu'il portait suspendu à une chaîne d'or.

A ce signe, don Carlos tendit la main au malheureux Aben-Hamet. « Sire « chevalier, dit-il, je vous tiens pour prud'homme et véritable fils de rois. « Vous m'honorez par vos projets sur ma famille; j'accepte le combat que « vous étiez venu secrètement chercher. Si je suis vaincu, tous mes biens, « autrefois tous les vôtres, vous seront fidèlement remis. Si vous renoncez « au projet de combattre, acceptez à votre tour ce que je vous offre : soyez

BLANCA ET ABEN-HAMET.

« chrétien et recevez la main de ma sœur, que Lautrec a demandée pour « vous. »

La tentation était grande ; mais elle n'était pas au-dessus des forces d'Aben-Hamet. Si l'amour dans toute sa puissance parlait au cœur de l'Abencerage, d'une autre part il ne pensait qu'avec épouvante à l'idée d'unir le sang des persécuteurs au sang des persécutés. Il croyait voir l'ombre de son aïeul sortir du tombeau, et lui reprocher cette alliance sacrilége. Transpercé de douleur, Aben-Hamet s'écrie : « Ah ! faut-il que je rencontre ici tant d'âmes sublimes, « tant de caractères généreux, pour mieux sentir ce que je perds ! Que Blanca « prononce ; qu'elle dise ce qu'il faut que je fasse pour être plus digne de son « amour ! »

Blanca s'écrie : « Retourne au désert ! » et elle s'évanouit.

Aben-Hamet se prosterna, adora Blanca encore plus que le ciel, et sortit sans prononcer une seule parole. Dès la nuit même, il partit pour Malaga, et s'embarqua sur un vaisseau qui devait toucher à Oran. Il trouva campée près de cette ville la caravane qui tous les trois ans sort de Maroc, traverse l'Afrique, se rend en Égypte, et rejoint dans l'Yémen la caravane de la Mecque. Aben-Hamet se mit au nombre des pèlerins.

Blanca, dont les jours furent d'abord menacés, revint à la vie. Lautrec, fidèle à la parole qu'il avait donnée à l'Abencerage, s'éloigna, et jamais un mot de son amour ou de sa douleur ne troubla la mélancolie de la fille du duc de Santa-Fé. Chaque année Blanca allait errer sur les montagnes de Malaga, à l'époque où son amant avait coutume de revenir d'Afrique ; elle s'asseyait sur les rochers, regardait la mer, les vaisseaux lointains, et retournait ensuite à Grenade : elle passait le reste de ses jours parmi les ruines de l'Alhambra. Elle ne se plaignait point ; elle ne pleurait point ; elle ne parlait jamais d'Aben-Hamet : un étranger l'aurait crue heureuse. Elle resta seule de sa famille. Son père mourut de chagrin, et don Carlos fut tué dans un duel où Lautrec lui servit de second. On n'a jamais su quelle fut la destinée d'Aben-Hamet.

Lorsqu'on sort de Tunis, par la porte qui conduit aux ruines de Carthage, on trouve un cimetière : sous un palmier, dans un coin de ce cimetière, on m'a montré un tombeau qu'on appelle *le tombeau du dernier Abencerage*. Il n'a rien de remarquable ; la pierre sépulcrale en est tout unie. Seulement, d'après une coutume des Maures, on a creusé au milieu de cette pierre un léger enfoncement avec le ciseau. L'eau de la pluie se rassemble au fond de cette coupe funèbre, et sert, dans un climat brûlant, à désaltérer l'oiseau du ciel.

FIN DES AVENTURES DU DERNIER ABENCERAGE.

MÉLANGES LITTÉRAIRES.

PRÉFACE.

Lorsque je rentrai en France, en 1800, après une émigration pénible, mon ami, M. de Fontanes, rédigeait le *Mercure de France ;* il m'invita à écrire avec lui dans ce journal, pour le rétablissement des saines doctrines religieuses et monarchiques.

J'acceptai cette invitation : je donnai quelques articles au *Mercure,* avant même d'avoir publié *Atala,* avant d'être connu, car mon *Essai historique* était resté enseveli en Angleterre. Ces combats n'étaient pas sans quelques périls : on ne pouvait alors arriver à la politique que par la littérature ; la police de Buonaparte entendait à demi-mot ; le donjon de Vincennes, les déserts de la Guiane et la plaine de Grenelle attendaient encore, si besoin était, les écrivains royalistes. Mon premier article sur le *Voyage en Espagne* de M. de Laborde faillit de me coûter cher : Buonaparte menaça de me *faire sabrer sur les marches de son palais,* ce furent ses expressions. Il ordonna la suppression du *Mercure,* et sa réunion à la *Décade.* Le *Journal des Débats,* qui avait osé répéter l'article, fut bientôt après ravi à ses propriétaires.

Au retour du roi, je réclamai auprès du gouvernement la propriété du *Mercure,* que j'avais acheté de M. de Fontanes pour une somme de vingt mille francs. Je m'étais imaginé que la cause qui avait fait supprimer cet ouvrage ferait un peu valoir mon bon droit : je me trompai. C'est ainsi qu'ayant eu à répéter une part de mes appointements de ministre, je n'ai pu l'obtenir, par la raison qu'ayant fait le voyage de Gand, je ne m'étais pas rendu à mon poste à Stockholm ; c'est ainsi qu'en sortant du ministère, non-seulement on ne m'a pas alloué le traitement de retraite accoutumé ; mais encore on m'a supprimé ma pension de ministre d'État. Je rappelai ceci, non pour me plaindre, mais afin qu'on ne fasse pas à l'avenir porter sur d'autres que moi ces misérables vengeances et ces ignobles économies, si peu d'accord avec la générosité naturelle de nos monarques et la dignité de la couronne.

Un choix des articles du *Mercure* a été fait par moi : ces articles, réunis à quelques autres articles littéraires tirés du *Conservateur* et du *Journal des Débats*, forment la collection renfermée ici sous le titre de *Mélanges littéraires*. Les lettres n'ont jamais été si honorables que lorsque, dans le silence du monde subjugué, elles proclamaient des vérités courageuses, et faisaient entendre les accents de la liberté au milieu des cris de la victoire.

Puisque le nom de M. de Fontanes est venu se placer naturellement sous ma plume, qu'il me soit permis de payer ici un nouveau tribut de regrets et de douleur à la mémoire de l'excellent homme que la France littéraire pleurera longtemps. Si la Providence me laisse encore quelques jours sur la terre, j'écrirai la vie de mon illustre et généreux ami. Il annonça au monde ce que, selon lui, je devais devenir; moi, je dirai ce qu'il a été : ses droits auprès de la postérité seront plus sûrs que les miens.

DE L'ANGLETERRE ET DES ANGLAIS.

Juin 1800.

Si un instinct sublime n'attachait pas l'homme à sa patrie, sa condition la plus naturelle sur la terre serait celle de voyageur. Une certaine inquiétude le pousse sans cesse hors de lui; il veut tout voir, et puis il se plaint quand il a tout vu. J'ai parcouru quelques régions du globe; mais j'avoue que j'ai mieux observé le désert que les hommes, parmi lesquels, après tout, on trouve souvent la solitude.

J'ai peu séjourné chez les Allemands, les Portugais et les Espagnols; mais j'ai vécu assez longtemps avec les Anglais. Comme c'est aujourd'hui le seul peuple qui dispute l'empire aux Français, les moindres détails sur lui deviennent intéressants.

Érasme est le plus ancien des voyageurs que je connaisse qui nous ait parlé des Anglais. Il n'a vu à Londres, sous Henri III, que des Barbares et des huttes enfumées. Longtemps après, Voltaire, qui avait besoin d'un parfait philosophe, le plaça parmi les quakers, sur les bords de la Tamise. Les tavernes de la Grande-Bretagne devinrent le séjour des esprits forts, de la vraie liberté, etc., etc., quoiqu'il soit bien connu que le pays du monde où l'on parle le moins de religion, où on la respecte le plus, où l'on agite le moins de ces questions oiseuses qui troublent les empires, soit l'Angleterre.

Il me semble qu'on doit chercher le secret des mœurs des Anglais dans l'origine de ce peuple. Mélange du sang français et du sang allemand, il forme la nuance entre ces deux nations. Leur politique, leur religion, leur militaire, leur littérature, leurs arts, leur caractère national, me paraissent placés dans ce milieu; ils me semblent réunir, en partie, à la simplicité, au calme, au bon sens, au mauvais goût germanique, l'éclat, la grandeur, l'audace et la vivacité de l'esprit français.

Inférieurs à nous sous plusieurs rapports, ils nous sont supérieurs en quelques autres, particulièrement en tout ce qui tient au commerce et aux richesses. Ils nous surpassent encore en propreté; et c'est une chose remarquable que ce peuple qui paraît si pesant a, dans ses meubles, ses vêtements, ses manufactures, une élégance qui nous manque. On dirait que l'Anglais met dans le travail des mains la délicatesse que nous mettons dans celui de l'esprit.

Le principal défaut de la nation anglaise, c'est l'orgueil, et c'est le défaut de tous les hommes. Il domine à Paris comme à Londres, mais modifié par le caractère français, et transformé en amour-propre. L'orgueil pur appartient à l'homme solitaire, qui ne déguise rien, et qui n'est obligé à aucun sacrifice; mais l'homme qui vit beaucoup avec ses semblables est forcé de dissimuler son orgueil, et de le cacher sous les formes plus douces et plus variées de l'amour-propre. En général, les passions sont plus dures et plus soudaines chez l'Anglais, plus actives et plus raffinées chez le Français. L'orgueil du premier veut tout écraser de force en un instant; l'amour-propre du second mine tout avec lenteur. En Angleterre, on hait un homme pour un vice, pour une offense; en France, un pareil motif n'est pas nécessaire. Les avantages de la figure ou de la fortune, un succès, un bon mot, suffisent. Cette haine, qui se forme de mille détails honteux, n'est pas moins implacable que la haine qui naît d'une plus noble cause. Il n'y a point de si dangereuses passions que celles qui sont d'une basse origine; car elles sentent cette bassesse, et cela les rend furieuses. Elles cherchent à la couvrir sous des crimes, et à se donner, par les effets, une sorte d'épouvantable grandeur qui leur manque par le principe. C'est ce qu'a prouvé la révolution.

L'éducation commence de bonne heure en Angleterre. Les filles sont envoyées à l'école dès leur plus tendre jeunesse. Vous voyez quelquefois des groupes de ces petites Anglaises, toutes en grands mantelets blancs, un chapeau de paille noué sous le menton avec un ruban, une corbeille passée au bras, et dans laquelle sont des fruits et un livre, toutes tenant les yeux baissés, toutes rougissant lorsqu'on les regarde. Quand j'ai revu nos petites Françaises coiffées à *l'huile antique*, relevant la queue de leur robe, regardant avec effronterie, fredonnant des airs d'amour et prenant des leçons de déclamation, j'ai regretté la gaucherie et la pudeur des petites Anglaises; un enfant sans innocence est une fleur sans parfum.

Les garçons passent aussi leur première jeunesse à l'école, où ils apprennent le grec et le latin. Ceux qui se destinent à l'Église, ou à la carrière politique, vont de là aux universités de Cambridge ou d'Oxford. La première est particulièrement consacrée aux mathématiques, en mémoire de Newton; mais en général les Anglais estiment peu cette étude, qu'ils croient très-dangereuse aux bonnes mœurs quand elle est portée trop loin. Ils pensent que les sciences dessèchent le cœur, désenchantent la vie, mènent les esprits faibles à l'athéisme, et de l'athéisme à tous les crimes. Les belles-lettres au contraire, disent-ils, rendent nos jours merveilleux, attendrissent nos âmes, nous font pleins de foi envers la Divinité, et conduisent ainsi, par la religion, à la pratique de toutes les vertus (1).

(1) Vid. GIBBON, *Litt.*, *etc.*

L'agriculture, le commerce, le militaire, la religion, la politique, telles sont les carrières ouvertes à l'Anglais devenu homme. Est-on ce qu'on appelle un *gentleman farmer* (*un gentilhomme cultivateur*), on vend son blé, on fait des expériences sur l'agriculture; on chasse le renard ou la perdrix en automne; on mange l'oie grasse à Noël; on chante le *roast-beef of old England;* on se plaint du présent, on vante le passé, qui ne valait pas mieux, et le tout en maudissant Pitt et la guerre, qui augmente le prix du vin de Porto; on se couche ivre, pour recommencer le lendemain la même vie.

L'état militaire, quoique si brillant sous la reine Anne, était tombé dans un discrédit dont la guerre actuelle l'a relevé. Les Anglais ont été longtemps sans songer à tourner leurs forces vers la marine. Ils ne voulaient se distinguer que comme puissance continentale. C'était un reste des vieilles opinions, qui tenaient le commerce à déshonneur. Les Anglais ont toujours eu comme nous une physionomie historique qui les distingue dans tous les siècles. Aussi c'est la seule nation qui, avec la française, mérite proprement ce nom en Europe. Quand nous avions notre Charlemagne, ils avaient leur Alfred. Leurs archers balançaient la renommée de notre infanterie gauloise; leur prince Noir le disputait à notre du Guesclin, et leur Marlborough, à notre Turenne. Leurs révolutions et les nôtres se suivent; nous pouvons nous vanter de la même gloire, et déplorer les mêmes crimes et les mêmes malheurs.

Depuis que l'Angleterre est devenue puissance maritime, elle a déployé son génie particulier dans cette nouvelle carrière; ses marins sont distingués de tous les marins du monde. La discipline de ses vaisseaux est singulière; le matelot anglais est absolument esclave. Mis à bord de force, obligé de servir malgré lui, cet homme, si indépendant tandis qu'il est laboureur, semble perdre tous ses droits à la liberté aussitôt qu'il devient matelot. Ses supérieurs appesantissent sur lui le joug le plus dur et le plus humiliant. Comment des hommes si orgueilleux et si maltraités se soumettent-ils à une pareille tyrannie? C'est là le miracle d'un gouvernement libre; c'est que le nom de la loi est tout-puissant dans ce pays; et quand elle a parlé, nul ne résiste.

Je ne crois pas que nous puissions ni même que nous devions jamais transporter la discipline anglaise sur nos vaisseaux. Le Français, spirituel, franc, généreux, veut approcher de son chef; il le regarde comme son camarade encore plus que comme son capitaine. D'ailleurs, une servitude aussi absolue que celle du matelot anglais ne peut émaner que d'une autorité civile: or, il serait à craindre qu'elle ne fût méprisée de nos marins; car malheureusement le Français obéit plutôt à l'homme qu'à la loi, et ses vertus sont plus des vertus privées que des vertus publiques.

Nos officiers de mer étaient plus instruits que les officiers anglais. Ceux-ci ne savent que leurs manœuvres; ceux-là étaient des mathématiciens et des hommes savants dans tous les genres. En général, nous avons déployé dans notre marine notre véritable caractère: nous y paraissons comme guerriers et comme artistes. Aussitôt que nous aurons des vaisseaux, nous reprendrons notre droit d'aînesse sur l'Océan comme sur la terre; nous pourrons faire aussi des observations astronomiques et des voyages autour du monde; mais pour devenir jamais un peuple de marchands, je crois que nous pouvons y renoncer d'avance. Nous faisons tout par génie et par inspiration, mais nous mettons peu de suite à nos projets. Un grand homme en finance, un homme hardi en entreprises commerciales, s'élèvera peut-être parmi nous; mais son fils poursuivra-t-il la même carrière, et ne pensera-t-il pas à jouir de la fortune de son père, au lieu de songer à l'augmenter? Avec un tel esprit, une nation ne devient point mercantile; le commerce a toujours eu chez nous je ne sais quoi de poétique et de fabuleux, comme le reste de nos mœurs. Nos manufactures ont été créées par enchantement; elles ont jeté un grand éclat, et puis elles se sont éteintes. Tant que Rome fut prudente, elle se contenta des Muses et de Jupiter, et laissa Neptune à Carthage. Ce dieu n'avait après tout que le second empire, et Jupiter lançait aussi la foudre sur l'Océan.

Le clergé anglican est instruit, hospitalier et généreux. Il aime sa patrie, et sert puissamment au maintien des lois. Malgré les différences d'opinion, il a reçu le clergé français avec une charité vraiment chrétienne. L'université d'Oxford a fait imprimer à ses frais et distribuer *gratis* aux pauvres curés un Nouveau Testament latin, selon la version romaine, avec ces mots : *A l'usage du clergé catholique, exilé pour la religion.* Rien n'est plus délicat et plus touchant. C'est sans doute un beau spectacle pour la philosophie que de voir, à la fin du dix-huitième siècle, un clergé *anglican* donner l'hospitalité à des prêtres *papistes*, souffrir l'exercice public de leur culte et même l'établissement de quelques communautés. Étranges vicissitudes des opinions et des affaires humaines! Le cri *un pape! un pape!* a fait la révolution sous Charles Ier, et Jacques II perdit sa couronne pour avoir protégé la religion catholique.

Ceux qui s'effraient au seul mot de religion ne connaissent guère l'esprit humain : ils voient toujours cette religion telle qu'elle était dans les âges de fanatisme et de barbarie, sans songer qu'elle prend, comme toute autre institution, le caractère des siècles où elle passe.

Toutefois le clergé anglais n'est pas sans défaut. Il néglige trop ses devoirs, il aime trop le plaisir, il donne trop de bals, il se mêle trop aux fêtes du monde. Rien n'est plus choquant pour un étranger que de voir un jeune *ministre* promener lourdement une jolie femme entre les deux files d'une contredanse anglaise. Il faut qu'un prêtre soit un personnage tout divin : il faut qu'autour de lui règnent la vertu et le mystère, qu'il vive retiré dans les ténèbres du temple, et que ses apparitions soient rares parmi les hommes; qu'il ne se montre enfin au milieu du siècle que pour faire du bien aux malheureux. C'est à ce prix qu'on accorde au prêtre le respect et la confiance : il perdra bientôt l'un et l'autre s'il est assis au festin à nos côtés, si on se familiarise avec lui, s'il a tous les vices du temps, et qu'on puisse un moment le soupçonner faible et fragile comme les autres hommes.

Les Anglais déploient une grande pompe dans leurs fêtes religieuses; ils commencent même à orner leurs temples de tableaux. Ils ont à la fin senti qu'une religion sans culte n'est que le songe d'un froid enthousiasme, et que l'imagination de l'homme est une faculté qu'il faut nourrir comme la raison.

L'émigration du clergé français a beaucoup servi à répandre ces idées. On peut remarquer que, par un retour naturel vers les institutions de leurs pères, les Anglais se plaisaient depuis longtemps à mettre en scène, sur leur théâtre et dans leurs livres, la religion romaine.

Dans ces derniers temps, le catholicisme, apporté à Londres par les prêtres exilés de France, se montre aux Anglais précisément comme dans leurs romans, à travers le charme des ruines et la puissance des souvenirs. Tout le monde a voulu entendre l'oraison funèbre d'une Fille de France, prononcée à Londres, dans une écurie, par un évêque émigré.

L'Église anglicane a surtout conservé pour les morts la plus grande partie des honneurs que leur rend l'Église romaine.

Dans toutes les grandes villes d'Angleterre il y a des hommes appelés *undertaker* (entrepreneurs) qui se chargent des pompes funèbres. On lit souvent sur leurs boutiques *King's coffinmaker :* Faiseur de cercueils du roi; ou bien *Funerals performed here ;* mot à mot: *Ici on représente des funérailles*. Il y a longtemps qu'on ne voit plus parmi nous que des représentations de la douleur, et il faut acheter des larmes quand personne n'en donne à nos cendres. Les derniers devoirs qu'on rend aux hommes seraient bien tristes s'ils étaient dépouillés des signes de la religion. La religion a pris naissance aux tombeaux, et les tombeaux ne peuvent se passer d'elle. Il est beau que le cri de l'espérance s'élève du fond d'un cercueil; il est beau que le prêtre du Dieu vivant escorte la cendre de l'homme à son dernier asile : c'est en quelque sorte l'immortalité qui marche à la tête de la mort.

La vie politique d'un Anglais est bien connue en France; mais ce qu'on ignore assez généralement, ce sont les partis qui divisent le parlement aujourd'hui.

Outre le parti de l'opposition et le parti du ministère, il y en a un troisième qu'on peut appeler des *anglicans*, et à la tête duquel se trouve M. Wilberforce. C'est une centaine de membres qui tiennent fortement aux mœurs antiques, et surtout à la religion. Leurs femmes sont vêtues comme des quakeresses; ils affectent eux-mêmes une rigoureuse simplicité, et donnent une grande partie de leur revenu aux pauvres : M. Pitt est de leur secte. Ce sont eux qui l'avaient porté et qui l'ont soutenu au ministère; car, en se jetant d'un côté ou de l'autre, ils sont à peu près sûrs de déterminer la majorité. Dans la dernière affaire d'Irlande, ils ont été alarmés des promesses que M. Pitt avait faites aux catholiques; ils l'ont menacé de passer à l'opposition. Alors le ministre a donné habilement sa retraite, pour conserver ses amis, dont l'opinion est intérieurement la sienne, et pour se tirer du pas difficile où les circonstances l'avaient engagé. Si le bill passe en faveur des catholiques, il n'en aura pas l'odieux vis-à-vis des anglicans; si, au contraire, il est rejeté, les catholiques irlandais ne pourront l'accuser de manquer à sa parole.... On a demandé, en France, si M. Pitt avait perdu son crédit en perdant sa place; un seul fait aurait dû répondre à cette question : *M. Pitt est encore membre de la chambre des communes*. Quand on le verra devenir pair et passer à la chambre haute, sa carrière sera finie.

C'est à tort que l'on croit ici quelque influence à la pure opposition. Elle est absolument tombée dans l'opinion publique; elle n'a ni grands talents, ni véritable patriotisme. M. Fox lui-même ne peut plus rien pour elle; il a perdu presque toute son éloquence : l'âge et les excès de table la lui ont enlevée. On sait que c'est son amour-propre blessé, plus encore qu'aucune autre raison, qui l'a tenu si longtemps éloigné du parlement.

Le bill qui exclut de la chambre des communes tout membre engagé dans les ordres sacrés a été aussi mal interprété à Paris. On ne savait pas que ce bill n'a d'autre but que d'éloigner M. Horn Tooke, homme d'esprit, violent ennemi du gouvernement; jadis dans les ordres, ensuite réfractaire; autrefois ami de la puissance, jusqu'au point d'avoir été attaqué dans les *Lettres de Junius;* ensuite devenu l'apôtre de la liberté, comme tant d'autres.

Le parlement a perdu, dans M. Burke, un de ses membres les plus distingués. Il détestait la révolution; mais il faut lui rendre cette justice, qu'aucun Anglais n'a plus aimé les Français en particulier, et plus applaudi à leur valeur et à leur génie. Quoiqu'il fût peu riche, il avait fondé une école pour les petits Français expatriés, et il y passait des journées entières à admirer l'esprit et la vivacité de ces enfants. Il racontait souvent, à ce sujet, une anecdote : Ayant mené le fils d'un lord à cette école, les pauvres orphelins lui proposèrent de jouer avec eux. Le lord ne le voulut pas: « *Je n'aime pas les Français, moi,* » répondit-il avec humeur. Un petit garçon n'en pouvant tirer que cette réponse, lui dit: « Cela « n'est pas possible, vous avez un trop bon cœur pour nous haïr: votre sei« gneurie ne prendrait-elle point sa crainte pour sa haine? »

Il faudrait maintenant parler de la littérature et des gens de lettres, mais cela nous mènerait trop loin, et demande un article à part. Je me contenterai de rapporter quelques jugements littéraires qui m'ont fort étonné, parce qu'ils sont en contradiction directe avec nos opinions reçues.

Richardson est peu lu; on lui reproche d'insupportables longueurs et de la bassesse de style. Hume et Gibbon ont, dit-on, perdu le génie de la langue anglaise, en remplissant leurs écrits d'une foule de gallicismes; on accuse le premier d'être lourd et immoral. Pope ne passe que pour un versificateur exact et élégant; Johnson prétend que son *Essai sur l'homme* n'est qu'un recueil de lieux communs, mis en beaux vers. C'est à Dryden et à Milton qu'on donne exclusivement le titre de poëtes. Le *Spectateur* est presque oublié. On entend rarement parler de Locke, qui est regardé comme un assez faible idéologue. Il n'y a que les savants de profession qui lisent Bacon. Shakespeare seul conserve son empire. On en sentira aisément la raison par le trait suivant.

J'étais au théâtre de Covent-Garden, qui tire son nom, comme on sait, du jardin d'un ancien couvent où il est bâti. Un homme fort bien mis était assis auprès de moi; il me demande *quelle est la salle* où il se trouve. Je le regarde avec étonnement, et je lui réponds : « Mais vous êtes à Covent-Garden. — *Pretty garden indeed!* « Joli jardin en vérité! » s'écria-t-il en éclatant de rire, et me présentant une bouteille de rhum. C'était un matelot de la Cité, qui, passant par hasard dans la rue à l'heure du spectacle, et voyant la foule se presser à une porte, était entré là pour son argent, sans savoir de quoi il s'agissait.

Comment les Anglais auraient-ils un théâtre supportable, quand leurs parterres sont composés de juges arrivant du Bengale ou de la côte de Guinée, qui ne savent seulement pas où ils sont? Shakespeare doit régner éternellement chez un pareil peuple. On croit tout justifier en disant que les folies du tragique anglais sont dans la nature. Quand cela serait vrai, ce ne sont pas toujours les choses naturelles qui touchent. Il est naturel de craindre la mort, et cependant une victime qui se lamente sèche les pleurs qu'on versait pour elle. Le cœur humain veut plus qu'il ne peut; il veut surtout admirer: il a en soi un élan vers je ne sais quelle beauté inconnue, pour laquelle il fut peut-être créé dans son origine.

Il y a même quelque chose de plus grave. Un peuple qui a toujours été à peu près barbare dans les arts peut continuer à admirer des productions barbares, sans que cela tire à conséquence; mais je ne sais jusqu'à quel point une nation qui a des chefs-d'œuvre en tous genres peut revenir à l'amour des monstres sans exposer ses mœurs. C'est en cela que le penchant pour Shakespeare est bien plus dangereux en France qu'en Angleterre. Chez les Anglais il n'y a qu'ignorance; chez nous il y a dépravation. Dans un siècle de lumières, les bonnes mœurs d'un peuple très-poli tiennent plus au bon goût qu'on ne pense. Le mauvais goût alors, qui a tant de moyens de se redresser, ne peut dépendre que d'une fausseté ou d'un biais naturel dans les idées; or, comme l'esprit agit incessamment sur le cœur, il est difficile que les voies du cœur soient droites quand celles de l'esprit sont tortueuses. Celui qui aime la laideur n'est pas fort loin d'aimer le vice: quiconque est insensible à la beauté peut bien méconnaître la vertu. Le mauvais goût et le vice marchent presque toujours ensemble; le premier n'est que l'expression du second, comme la parole rend la pensée.

Je terminerai cette notice par quelques mots sur le sol, le ciel et les monuments de l'Angleterre.

Les campagnes de cette île sont presque sans oiseaux, les rivières, petites; cependant leurs bords ont quelque chose d'agréable par leur solitude. La verdure est très-animée; il y a peu ou point de bois; mais chaque propriété étant fermée d'un fossé planté, quand vous regardez du haut d'une éminence, vous croyez être au milieu d'une forêt. L'Angleterre ressemble assez, au premier coup d'œil, à la Bretagne: des bruyères et des champs entourés d'arbres.

Le ciel de ce pays est moins élevé que le nôtre; son azur est plus vif, mais moins transparent. Les accidents de lumière y sont beaux, à cause de la multitude des nuages. En été, quand le soleil se couche, à Londres, par delà les bois de Kensington on jouit quelquefois d'un spectacle fort pittoresque. L'immense colonne de fumée de charbon qui flotte sur la Cité représente ces gros rochers, enluminés de pourpre, qu'on voit dans nos décorations du Tartare, tandis que les vieilles tours de Westminster, couronnées de nuages et rougies par les derniers feux du soleil, s'élèvent au-dessus de la ville, du palais et du parc de Saint-James, comme un grand monument de la mort, qui semble dominer tous les monuments des hommes.

Saint-Paul est le plus bel édifice moderne, et Westminster, le plus bel édifice gothique de l'Angleterre. Je parlerai peut-être un jour de ce dernier. Souvent, en revenant de mes courses autour de Londres, j'ai passé derrière White-Hall, dans l'endroit où Charles fut décapité. Ce n'est plus qu'une cour abandonnée, où l'herbe croît entre les pierres. Je m'y suis quelquefois arrêté pour entendre le vent gémir autour de la statue de Charles II, qui montre du doigt la place où périt son père. Je n'ai jamais vu dans ces lieux que des ouvriers qui taillaient des pierres en sifflant. Leur ayant demandé un jour ce que signifiait cette statue, les uns purent à peine me le dire, et les autres n'en savaient pas un mot : rien ne m'a plus donné la juste mesure des événements de la vie humaine, et du peu que nous sommes. Que sont devenus ces personnages qui firent tant de bruit? Le temps a fait un pas, et la face de la terre a été renouvelée. A ces générations, divisées par les haines politiques, ont succédé des générations indifférentes au passé, mais qui remplissent le présent de nouvelles inimitiés qu'oublieront encore les générations qui doivent suivre.

ESSAI

SUR

LA LITTÉRATURE ANGLAISE.

YOUNG.

Mars 1801.

Lorsqu'un écrivain a formé une école nouvelle, et qu'après un demi-siècle de critique on le trouve encore en possession d'une grande renommée, il importe aux lettres de rechercher la cause de ce succès, surtout quand il n'est dû ni à la grandeur du génie, ni à la perfection du goût et de l'art.

Quelques situations tragiques, quelques mots sortis des entrailles de l'homme, je ne sais quoi de vague et de fantastique dans les scènes, des bois, des bruyères, des vents, des spectres, des tempêtes, expliquent la célébrité de Shakespeare.

Young, qui n'a rien de tout cela, doit peut-être une grande partie de sa réputation au beau tableau que présente l'ouverture de ses *Nuits* ou *Complaintes*. Un ministre du Tout-Puissant, un vieux père, qui a perdu sa fille unique, s'éveille au milieu des nuits pour gémir sur des tombeaux; il associe à la mort, au temps et à l'éternité, la seule chose que l'homme ait de grand en soi-même, je veux dire la douleur. Ce tableau frappe d'abord, et l'impression en est durable.

Mais avancez un peu dans ces *Nuits*, quand l'imagination, éveillée par le début du poëte, a déjà créé tout un monde de pleurs et de rêveries, vous ne trouvez plus rien de ce que l'on vous a promis. Vous voyez un homme qui tourmente son esprit dans tous les sens pour enfanter des idées tendres et tristes, et qui n'arrive qu'à une philosophie morose. Young, que le fantôme du monde poursuivait jusqu'au milieu des tombeaux, ne décèle dans toutes ses déclamations sur la mort qu'une ambition trompée; il a pris son humeur pour de la mélancolie. Point de naturel dans sa sensibilité, point d'idéal dans sa douleur. C'est toujours une main pesante qui se traîne sur la lyre.

Young a surtout cherché à donner à ses méditations le caractère de la tristesse. Or, ce caractère se tire de trois sources : les scènes de la nature, le vague des souvenirs, et les pensées de la religion.

Quant aux scènes de la nature, Young a voulu les faire servir à ses plaintes : mais je ne sais s'il a réussi. Il apostrophe la lune, il parle à la nuit et aux étoiles, et l'on ne se sent point ému. Je ne pourrais dire où gît cette tristesse qu'un poëte fait sortir des tableaux de la nature ; mais il est certain qu'il la retrouve à chaque pas. Il unit son âme au bruit des vents, qui lui rappelle des idées de solitude : une onde qui fuit, c'est la vie ; une feuille qui tombe, c'est l'homme. Cette tristesse est cachée pour le poëte dans tous les déserts ; c'est l'Écho de la Fable, desséchée par la douleur, et habitante invisible de la montagne.

La réflexion dans le chagrin doit toujours prendre la forme du sentiment et de l'image ; et dans Young, au contraire, le sentiment se change en réflexion et en raisonnement. Si j'ouvre la première complainte, je lis :

From short (as usual) and disturb'd repose
I wake : how happy they who wake no more!
Yet that were vain, if dreams infest the grave.
I wake, emerging from a sea of dreams
Tumultuous, where my wreck'd desponding thought
From wave to wave of fancied misery
At random drove, her helm of reason lost.
. . . .
The day too short for my distress, and night,
Ev'n in the zenith of her dark domain,
Is sunshine to the colour of my fate.

« D'un repos court et troublé je m'éveille. O heureux ceux qui ne se réveillent plus ! « encore cela même est-il vain, si les rêves habitent au tombeau ! Je sors d'une mer trou- « blée de songes, où ma pensée, triste et submergée, privée du gouvernail de sa raison, « flotte au gré des vagues d'une misère imaginaire..... Le jour est trop court pour ma « tristesse ; et la nuit, même au zénith de son noir domaine, est un soleil auprès de la « couleur de mon sort. »

Est-ce là le langage de la douleur ? Je sais que la traduction mot à mot ne rend ni la nuance de l'expression, ni l'harmonie du style ; mais une traduction littérale n'est jamais ridicule quand le texte ne l'est pas. Qu'est-ce que c'est qu'une *pensée sans gouvernail, flottant de vague en vague sur une mer de malheur imaginaire ?* Qu'est-ce qu'une *nuit qui est un soleil* auprès de la *couleur d'un sort ?* Le seul trait remarquable de ce morceau, c'est le sommeil du tombeau, *peut-être aussi troublé par des songes*. Mais cela rappelle trop le mot d'Hamlet : *To sleep ? — to dream ?* Dormir ? — rêver ?

Ossian se lève aussi au milieu de la nuit pour pleurer ; mais Ossian pleure :

Lead, son of Alpin, lead the aged to his woods. The winds begin to rise. The dark wave of the lake resounds. Bends there not a tree from Mora, with its branches bare ? It beats, son of Alpin, in the rustling blast. My harp hangs on a blasted branch. The sound of its strings is mournful. Does the wind touch thee, o harp! or is it some passing ghost? It is the hand of Malvina! But bring me the harp, son of Alpin; another song shall arise. My soul shall depart in the sound; my fathers shall hear it in their airy hall. Their dim faces shall hang, with joy, from their cloud; and their hands receive their son.

« Conduis-moi, fils d'Alpin, conduis le vieillard à ses bois. Les vents se lèvent, les flots
« noircis du lac murmurent. Ne vois-tu pas sur le sommet de *Mora* un arbre qui s'incline
« avec toutes ses branches dépouillées? Il s'incline, ô fils d'Alpin, sous le bruyant tour-
« billon. Ma harpe est suspendue à l'une de ses branches desséchées. Le son de ses cordes
« est triste. O harpe! le vent t'a-t-il touchée, ou bien est-ce un léger fantôme? C'est la
« main de Malvina! Donne-moi la harpe, fils d'Alpin. Il faut qu'un autre chant s'élève!
« Mon âme s'envolera au milieu des sons. Mes pères entendront ces soupirs dans leur salle
« aérienne. Du fond de leurs nuages ils pencheront avec joie leurs visages obscurs, et leurs
« bras recevront leur fils. »

Voilà des images tristes, voilà de la rêverie.

Les Anglais conviennent que la prose d'Ossian est aussi poétique que les vers, et qu'elle en a toutes les inversions. Or, on voit que la traduction littérale est ici très-supportable. Ce qui est beau, simple et naturel, l'est dans toutes les langues.

On croit généralement que ces images mélancoliques, empruntées des vents, de la lune, des nuages, ont été inconnues des anciens; il y en a pourtant quelques exemples dans Homère, et surtout un charmant dans Virgile. Énée aperçoit l'ombre de Didon dans l'épaisseur d'une forêt, *comme on voit, ou comme on croit voir, la lune nouvelle se lever au milieu des nuages :*

. . . . Qualem primo qui surgere mense
Aut videt aut vidisse putat per nubila lunam.

Remarquez toutes les circonstances. C'est la lune qu'*on voit* ou qu'*on croit voir* se lever à travers les nuages: l'ombre de Didon est déjà réduite à bien peu de chose. Mais cette lune est dans sa première phase. Qu'est-ce donc que cet astre lui-même? — L'ombre de Didon ne semble-t-elle pas s'évanouir? On retrouve ici Ossian dans Virgile; mais c'est Ossian sous le ciel de Naples, sous un ciel où la lumière est plus pure et les vapeurs plus transparentes.

Young a donc premièrement ignoré, ou plutôt mal exprimé, cette tristesse qui se nourrit du spectacle de la nature, et qui, douce ou majestueuse, suit le cours naturel des sentiments. Combien Milton est supérieur au chantre des *Nuits*, dans la noblesse de la douleur! Rien n'est beau comme ces quatre vers qui terminent le *Paradis perdu*:

The world was all before them, where to choose
Their place of rest, and Providence their guide!
They, hand in hand, with wandering steps and slow,
Through Eden took their solitary way.

« Le monde entier s'ouvrait devant eux. Ils pouvaient y choisir un lieu de repos; la
« Providence était leur seul guide : Ève et Adam, se tenant par la main et marchant à pas
« lents et indécis, prirent à travers Éden leur chemin solitaire. »

On voit toutes les solitudes du monde ouvertes devant notre premier père, toutes ces mers qui baignent des côtes inconnues, toutes ces forêts qui se balancent sur un globe habité, et l'homme laissé seul avec son péché au milieu des déserts de la création.

Hervey, dans ses *Méditations* (quoique d'un génie moins élevé que l'auteur des *Nuits*) a quelquefois montré une sensibilité plus douce et plus vraie. On connaît ses vers sur l'enfant qui *goûte à la coupe de la vie:*

Mais, sentant sa liqueur d'amertume suivie,
Il détourna la tête, et, regardant les cieux,
Pour jamais au soleil il referma les yeux.

Le docteur Beattie, poëte écossais, qui vit encore (1), a répandu dans son *Minstrel* la rêverie la plus aimable. C'est la peinture des premiers effets de la Muse sur un jeune barde de la montagne, qui ignore encore le génie dont il est tourmenté. Tantôt le poëte futur va s'asseoir au bord des mers pendant une tempête; tantôt il quitte les jeux du village, pour aller entendre à l'écart et dans le lointain le son des musettes. Young était peut-être appelé par la nature à traiter de plus hauts sujets; mais alors ce n'était pas le poëte complet. Milton, qui a chanté les douleurs du premier homme, a aussi soupiré le *Penseroso.*

Ceux de nos bons écrivains qui ont connu le charme de la rêverie ont prodigieusement surpassé le docteur anglais. Chaulieu a mêlé, comme Horace, les pensées de la mort aux illusions de la vie. Ces vers si connus valent, pour la mélancolie, toutes les exagérations du poëte d'Albion:

Grotte d'où sort ce clair ruisseau,
De mousse et de fleurs tapissée,
N'entretiens jamais ma pensée
Que du murmure de ton eau.

. . . .

Fontenay, lieu délicieux
Où je vis d'abord la lumière,
Bientôt au bout de ma carrière,
Chez toi je joindrai mes aïeux.

Muses, qui dans ce lieu champêtre
Avec soin me fîtes nourrir,
Beaux arbres qui m'avez vu naître,
Bientôt vous me verrez mourir!

Et l'inimitable La Fontaine, comme il sait rêver aussi!

Que je peigne en mes vers quelque rive fleurie!
La Parque à filets d'or n'ourdira point ma vie,
Je ne dormirai point sous de riches lambris;
Mais voit-on que le somme en perde de son prix?

(1) Voyez la note, à l'article *Alex. Mackensie.*

En est-il moins profond et moins plein de délices?
Je lui voue au désert de nouveaux sacrifices!

C'est un grand poëte que celui-là qui a fait de pareils vers!

La page la plus rêveuse d'Young ne peut être comparée à ce passage de J.-J. Rousseau :

« Quand le soir approchait, je descendais des cimes de l'île et j'allais volontiers m'asseoir au bord du lac, sur la grève, dans quelque asile caché : là le bruit des vagues et l'agitation de l'eau fixant mes sens, et chassant de mon âme toute autre agitation, la plongeaient dans une rêverie délicieuse, où la nuit me surprenait souvent sans que je m'en fusse aperçu. Le flux et le reflux de cette eau, son bruit continu, mais renflé par intervalles, frappant sans relâche mon oreille et mes yeux, suppléaient aux mouvements internes que la rêverie éteignait en moi, et suffisaient pour me faire sentir avec plaisir mon existence, sans prendre la peine de penser. De temps à autre naissait quelque faible et courte réflexion sur l'instabilité des choses de ce monde, dont la surface des eaux m'offrait l'image; mais bientôt ces impressions légères s'effaçaient dans l'uniformité du mouvement continu qui me berçait, et qui, sans aucun concours actif de mon âme, ne laissait pas de m'attacher, au point qu'appelé par l'heure et le signal convenu, je ne pouvais m'arracher de là sans efforts. »

Ce passage de Rousseau me rappelle qu'une nuit, étant couché dans une cabane en Amérique, j'entendis un murmure extraordinaire qui venait d'un lac voisin. Prenant ce murmure pour l'avant-coureur d'un orage, je sortis de la hutte pour regarder le ciel. Jamais je n'ai vu de nuit plus belle et plus pure. Le lac s'étendait tranquille, et répétait la lumière de la lune, qui brillait sur les pointes des montagnes et sur les forêts du désert. Un canot indien traversait les flots en silence. Le bruit que j'avais entendu provenait du flux du lac, qui commençait à s'élever, et qui imitait une sorte de gémissement sous les rochers du rivage. J'étais sorti de la hutte avec l'idée d'une tempête : qu'on juge de l'impression que fit sur moi le calme et la sérénité de ce tableau! ce fut comme un enchantement.

Young a mal profité, ce me semble, des rêveries qu'inspirent de pareilles scènes, parce que son génie manquait éminemment de tendresse. Par la même raison, il a échoué dans cette seconde sorte de tristesse que j'ai appelée tristesse des souvenirs.

Jamais le chantre des tombeaux n'a de ces retours attendrissants vers le premier âge de la vie, alors que tout est innocence et bonheur. Il ignore les souvenirs de la famille et du toit paternel; il ne connaît point les regrets pour les plaisirs et les jeux de l'enfance; il ne s'écrie point, comme le chantre des *Saisons:*

Welcome, kindred glooms!
Congenial horrors, hail! with frequent foot,
Pleas'd have I, in my cheerful morn of life.
When nurs'd by careless solitude I liv'd,
And sung of Nature with unceasing joy,
Pleas'd have I wander'd thro' your rough domain;
Trod the pure virgin-snows, myself pure, etc.

« Ombres propices des hivers, agréables horreurs, je vous salue ! combien de fois, au « matin de ma vie, lorsque, rempli d'insouciance et nourri par la solitude, je chantais « la nature dans une extase sans fin, combien de fois n'ai-je point erré avec ravissement « dans les régions des tempêtes, foulant les neiges virginales, moi-même aussi pur « qu'elles ! »

Gray, dans son ode sur une vue lointaine du collége d'Éton, a répandu cette même douceur des souvenirs:

Ah! happy hills, ah! pleasing shade,
Ah! fields belov'd in vain,
Where once my careless childhood stray'd
A stranger yet to pain!
I feel the gales that from you blow
. . . .
My weary soul they seem to sooth,
And redolent of joy and youth
To breath a second spring.

« O heureuse colline ! ô doux ombrage ! ô champs aimés en vain, champs où se joua ma « tranquille enfance, encore étrangère aux douleurs ! je sens les vents qui soufflent de « vos bocages..... Ils semblent ranimer mon âme fatiguée, et parfumés de joie et de jeu- « nesse, m'apporter un second printemps. »

Quant aux souvenirs du malheur, ils sont nombreux dans le poëte anglais. Mais pourquoi semblent-ils encore manquer de vérité comme tout le reste? Pourquoi le lecteur ne peut-il s'intéresser aux larmes du chantre des *Nuits?* Gilbert expirant à la fleur de son âge, dans un hôpital, et se rappelant l'abandon où ses amis l'ont laissé, attendrit tous les cœurs :

Au banquet de la vie, infortuné convive,
J'apparus un jour, et je meurs!
Je meurs, et sur ma tombe, où lentement j'arrive,
Nul ne viendra verser des pleurs.
Adieu, champs fortunés! adieu, douce verdure!
Adieu, riant exil des bois!
Ciel, pavillon de l'homme, admirable nature,
Adieu, pour la dernière fois!
Ah! puissent voir longtemps votre beauté sacrée
Tant d'amis sourds à mes adieux!
Qu'ils meurent pleins de jours! que leur mort soit pleurée!
Qu'un ami leur ferme les yeux!

Voyez dans Virgile les femmes troyennes assises au bord de la mer, et *qui regardent en pleurant l'immensité des flots :*

Cunctæque profundum
Pontum aspectabant flentes.

Quelle beauté d'harmonie ! comme elle peint les vastes solitudes de l'Océan!

Quel souvenir de la patrie perdue! Que de douleurs dans ce seul regard jeté sur la face des mers, et que le *flentes*, qui en est l'effet, est triste!

M. de Parny a su faire entrer dans une autre espèce de sentiment le charme attendrissant des souvenirs. Sa complainte sur le tombeau d'Emma est pleine de cette douce mélancolie qui caractérise les écrits du seul poëte élégiaque de la France :

> L'Amitié même, oui, l'Amitié volage
> A rappelé les ris et l'enjouement;
> D'Emma mourante elle a chassé l'image,
> Son deuil trompeur n'a duré qu'un moment.
> Sensible Emma, douce et constante amie,
> Ton souvenir ne vit plus dans ces lieux;
> De ce tombeau l'on détourne les yeux;
> Ton nom s'efface, et le monde t'oublie!

La Muse du chantre d'Éléonore nourrissait ses rêveries sur les mêmes rochers où *Paul*, la tête appuyée sur sa main, regardait fuir le vaisseau qui emportait *Virginie*. Héloïse, dans les cloîtres du Paraclet, ranimait toutes ses douleurs et tout son amour à la seule pensée d'Abeilard. Les souvenirs sont comme les échos des passions; et les sons qu'ils répètent prennent par l'éloignement quelque chose de vague et de mélancolique, qui les rend plus séduisants que l'accent des passions mêmes.

Il me reste à parler de la tristesse religieuse.

En exceptant Gray et Hervey, je ne connais, parmi les écrivains protestants, que M. Necker qui ait répandu quelque tendresse sur les sentiments tirés de la religion. On sait que Pope était catholique, que Dryden le fut par intervalles, et l'on croit que Shakespeare appartenait aussi à l'Église romaine. Un père enterrant furtivement sa fille dans une terre étrangère, quel beau texte pour un ministre chrétien! Et cependant, si vous ôtez la comparaison touchante du rossignol (comparaison prodigieusement embellie par le traducteur, comme on va le voir à l'instant), il reste à peine quelques traits touchants dans la nuit intitulée *Narcisse*. Young verse moins de larmes sur la tombe de sa fille unique, que Bossuet sur le cercueil de madame Henriette :

> Sweet harmonist! and beautiful as sweet!
> And young as beautiful! and soft as young!
> And gay as soft! and innocent as gay!
> And happy (if aught happy here) as good,
> For fortune fond had built her nest on high.
> Like birds quite exquisite of note and plume
> Transfix'd by fate (who loves a lofty mark),
> How from the summit of the grove she fell,
> And left it unharmonious! All its charm
> Extinguish'd in the wonders of her song!
> Her song still vibrates in my ravish'd ear,
> Still melting there, and with voluptuous pain
> (O to forget her!) trilling thro' my heart.

« Fille de l'Harmonie, tu étais belle autant qu'aimable, jeune autant que belle, douce
« autant que jeune. Ta gaieté égalait ta douceur, et ton innocence ta gaieté. Pour ton
« bonheur (s'il est quelque bonheur ici-bas), il était égal à ta bonté, car la fortune avait
« bâti ton nid sur des lieux élevés. Comme des oiseaux éclatants par le chant et le plu-
« mage sont frappés par le sort (qui aime un but élevé), tu es tombée du haut du bocage,
« et tu l'as laissé sans harmonie. Tous ses charmes ont disparu avec la merveille de tes
« concerts! Ta voix résonne encore à mon oreille ravie (oh! comment pourrais-je l'ou-
« blier!) elle attendrit encore mon âme; elle fait encore frémir mon cœur d'une douceur
« voluptueuse. »

Ce morceau, sauf erreur, me semble tout à fait intolérable; et c'est cependant un des plus beaux dans la traduction de M. Le Tourneur. Si j'avais suivi un rigoureux mot à mot, ce serait bien pis encore. Est-ce là le langage d'un père? *Une fille de l'Harmonie* (sweet Harmonist, *douce musicienne*), *qui est belle autant qu'aimable, jeune autant que belle, douce autant que jeune, gaie autant que douce, innocente autant que gaie.* Est-ce ainsi que la mère d'Euryale déplore la perte de son fils, ou que Priam gémit sur les restes d'Hector?

M. Le Tourneur a montré beaucoup de goût en transformant en un *rossignol atteint par le plomb du chasseur* ces oiseaux *frappés par le sort, qui aime un but élevé.* Il faut toujours proportionner le moyen à la chose, et ne pas prendre un levier pour soulever une paille. *Le sort* peut disposer d'un empire, changer un monde, élever ou précipiter un grand homme, mais il ne doit point frapper un oiseau. C'est le *durus arator*, c'est la *flèche empennée*, qui doit faire gémir les rossignols et les colombes.

Ce n'est pas de ce ton que Bossuet parle de madame Henriette :

« Madame cependant a passé du matin au soir, ainsi que l'herbe des champs. Le matin
« elle fleurissait, avec quelles grâces! vous le savez : le soir nous la vîmes séchée; et ces
« fortes expressions par lesquelles l'Écriture sainte exagère l'inconstance des choses hu-
« maines devaient être pour cette princesse si précises et si littérales! Hélas! nous com-
« posions son histoire de tout ce qu'on peut imaginer de plus glorieux : le passé et le pré-
« sent nous garantissaient de l'avenir..... Telle était l'agréable histoire que nous faisions :
« et pour achever ces nobles projets, il n'y avait que la durée de sa vie dont nous ne
« croyions pas devoir être en peine : car qui eût pu seulement penser que les années
« eussent dû manquer à une jeunesse qui semblait si vive? Toutefois, c'est par cet endroit
« que tout se dissipe en un moment..... La voilà, malgré ce grand cœur, cette princesse
« si admirée et si chérie! la voilà telle que la mort nous l'a faite! encore ce reste, tel quel,
« va-t-il disparaître, etc. »

Je désirerais pouvoir citer de l'auteur des *Nuits* quelques pages d'une beauté soutenue. On les trouve, ces pages, dans le traducteur, mais non dans l'original. Les *Nuits* de M. Le Tourneur, et l'imitation de M. Colardeau, sont des ouvrages tout à fait différents de l'ouvrage anglais. Ce dernier n'offre que des traits épars; il fournit rarement de suite dix vers irréprochables. On retrouve quelquefois dans Young Sénèque et Lucain, mais jamais Job ni Pascal. Il n'est point l'homme de la douleur; il ne plaît point aux cœurs véritablement malheureux.

Dans plusieurs endroits, Young déclame contre la solitude : l'habitude de son cœur n'était donc pas la rêverie. Les saints nourrissent leurs méditations au désert, et le Parnasse des poëtes est aussi une montagne solitaire. Bourdaloue suppliait le chef de son ordre de lui permettre de se retirer du monde. « Je sens que mon corps s'affaiblit et tend vers sa fin, écrivait-il. J'ai achevé « ma course : et plût à Dieu que je pusse ajouter, J'ai été fidèle! . . . . « Qu'il me soit permis d'employer uniquement pour Dieu et pour moi-même « ce qui me reste de vie. . . . . . . Là, oubliant les choses du monde, je « passerai devant Dieu toutes les années de ma vie dans l'amertume de mon « âme. » Si Bossuet, vivant au milieu des pompes de Versailles, a su pourtant répandre dans ses écrits une sainte et majestueuse tristesse, c'est qu'il avait trouvé dans la religion toute une solitude; c'est que son corps était dans le monde et son esprit dans le désert; c'est qu'il avait mis son cœur à l'abri sous les voiles secrets du tabernacle; c'est, comme il l'a dit lui-même de Marie-Thérèse d'Autriche, « qu'on *le* voyait courir aux autels, pour y goûter avec David un « humble repos, et s'enfoncer dans son oratoire, où, malgré le tumulte de la « cour, *il* trouvait le Carmel d'Élie, le désert de Jean, et la montagne si sou- « vent témoin des gémissements de Jésus. »

Le docteur Johnson, après avoir sévèrement critiqué les *Nuits* d'Young, finit par les comparer à un jardin chinois. Pour moi, tout ce que j'ai voulu dire, c'est que, si nous jugeons avec impartialité les ouvrages étrangers et les nôtres, nous trouverons toujours une immense supériorité du côté de la littérature française : au moins égaux par la force de la pensée, nous l'emportons toujours par le goût. Or, on ne doit jamais perdre de vue que si le génie enfante, c'est le goût qui conserve. Le goût est le bon sens du génie; sans le goût, le génie n'est qu'une sublime folie. Mais c'est une chose étrange que ce toucher sûr, par qui une chose ne rend jamais que le son qu'elle doit rendre, soit encore plus rare que la faculté qui crée. L'esprit et le génie sont répandus en portions assez égales dans les siècles; mais il n'y a dans ces siècles que de certaines nations, et chez ces nations qu'un certain moment, où le goût se montre dans toute sa pureté : avant ce moment, après ce moment, tout pèche par défaut ou par excès. Voilà pourquoi les ouvrages parfaits sont si rares; car il faut qu'ils soient produits dans ces heureux jours de l'union du goût et du génie. Or, cette grande rencontre, comme celle de certains astres, semble n'arriver qu'après la révolution de plusieurs siècles, et ne durer qu'un moment.

SHAKSPERE OU SHAKESPEARE.

Avril 1801.

Après avoir parlé d'Young dans notre premier extrait, je viens à un homme qui a fait schisme en littérature, à un homme divinisé par le pays qui l'a vu naître, admiré dans tout le nord de l'Europe, et mis par quelques Français au-dessus de Corneille et de Racine.

C'est Voltaire qui a fait connaître Shakespeare à la France. Le jugement qu'il porta d'abord du tragique anglais fut, comme la plupart de ses premiers jugements, plein de mesure, de goût et d'impartialité. Il écrivait à mylord Bolingbroke vers 1730 :

« Avec quel plaisir n'ai-je pas vu à Londres votre tragédie de *Jules César*, qui depuis « cent cinquante années, fait les délices de votre nation ! »

Il dit ailleurs :

« Shakespeare créa le théâtre anglais. Il avait un génie plein de force et de fécondité, de « naturel et de sublime, sans la moindre étincelle de bon goût, et sans la moindre con- « naissance des règles. Je vais vous dire une chose hasardée, mais vraie : c'est que le « mérite de cet auteur a perdu le théâtre anglais. Il y a de si belles scènes, des morceaux « si grands et si terribles répandus dans ces farces monstrueuses qu'on appelle *tragédies*, « que ces pièces ont toujours été jouées avec un grand succès. »

Telles furent les premières opinions de Voltaire sur Shakespeare. Mais lorsqu'on eut voulu faire passer ce grand génie pour un modèle de perfection, lorsqu'on ne rougit point d'abaisser devant lui les chefs-d'œuvre de la scène grecque et française, alors l'auteur de *Mérope* sentit le danger. Il vit qu'en relevant les beautés des Barbares, il avait séduit des hommes qui, comme lui, ne sauraient pas séparer l'alliage de l'or. Il voulut revenir sur ses pas ; il attaqua l'idole qu'il avait encensée : mais il était déjà trop tard, et en vain il se repentit d'avoir *ouvert la porte à la médiocrité*, *d'avoir aidé*, comme il le disait lui-même, *à placer le monstre sur l'autel.* Voltaire avait fait de l'Angleterre, alors assez peu connue, une espèce de pays merveilleux, où il plaçait les héros, les opinions et les idées dont il pouvait avoir besoin. Sur la fin de sa vie, il se reprochait ses fausses admirations, dont il ne s'était servi que pour appuyer ses systèmes. Il commençait à en découvrir les funestes conséquences ; malheureusement il pouvait se dire : *Et quorum pars magna fui.*

Un excellent critique, M. de La Harpe, en analysant *la tempête* dans la traduction de Le Tourneur, présenta dans tout leur jour les grossières irrégularités de Shakespeare, et vengea la scène française. Deux auteurs modernes, madame de Staël et M. de Rivarol, ont aussi jugé le tragique anglais. Mais il me semble que, malgré tout ce qu'on a écrit sur ce sujet, on peut encore faire quelques remarques intéressantes.

Quant aux critiques anglais, ils ont rarement dit la vérité sur leur poëte favori. Ben-Johnson, qui fut le disciple et ensuite le rival de Shakespeare, partagea d'abord les suffrages. On vantait le savoir du premier pour ravaler le génie du second, et on élevait au ciel le génie du second pour déprécier le savoir du premier. Ben-Johnson n'est plus connu aujourd'hui que par sa comédie du *Fox* et par celle de l'*Alchimiste.*

Pope montra plus d'impartialité dans sa critique.

Of all English poets, dit-il, *Shakspeare must be confessed to be the fairest and fullest subject fort criticism, and to afford the most numerous instances, both of beauties and faults of all sorts.*

« Il faut avouer que de tous les poëtes anglais, Shakespeare présente à la critique le « sujet le plus agréable et le plus dégoûtant, et qu'il fournit d'innombrables exemples de « beautés et de défauts de toute espèce. »

Si Pope s'en était tenu à ce jugement, il faudrait louer sa modération. Mais bientôt, emporté par les préjugés de son pays, il place Shakespeare au-dessus de tous les génies antiques et modernes. Il va jusqu'à excuser la bassesse de quelques-uns des *caractères* du tragique anglais, par cette ingénieuse comparaison:

« Dans ces cas-là, dit-il, son génie est comme un héros de roman déguisé sous l'habit « d'un berger : une certaine grandeur perce de temps en temps, et révèle une plus haute « extraction et de plus puissantes destinées. »

MM. Théobald et Hanmer viennent ensuite. Leur admiration est sans bornes. Ils attaquent Pope, qui s'était permis de corriger quelques trivialités du grand homme. Le célèbre docteur Warburton, prenant la défense de son ami, nous apprend que M. Théobald était un *pauvre homme*, et M. Hanmer, un *pauvre critique;* qu'au premier il donna de l'argent, et au second, des notes.

Le bon sens et l'esprit du docteur Johnson semblent l'abandonner à son tour quand il parle de Shakespeare. Il reproche à Rymer et à Voltaire d'avoir dit que le tragique anglais ne conserve pas assez *la vraisemblance des mœurs.*

« Ce sont là, dit-il, les petites chicanes de petits esprits : un poëte néglige la distinction « accidentelle du pays et de la condition, comme un peintre satisfait de la figure, s'occupe « peu de la draperie. »

Il est inutile de relever le mauvais ton et la fausseté de cette critique. La *vraisemblance des mœurs*, loin d'être la *draperie*, est le *fond* même du tableau. Tous ces critiques qui s'appuient sans cesse sur la *nature*, et qui regardent comme des préjugés de l'art *la distinction accidentelle du pays et de la condition*, sont comme ces politiques qui replongent les États dans la barbarie, en voulant anéantir les distinctions sociales.

Je ne citerai point les opinions de MM. Rowe, Steevens, Gildon, Dennis, Peck, Garrick, etc. Madame de Montague les a tous surpassés en enthousiasme. Hume et le docteur Blair ont seuls gardé quelque mesure. Sherlock a osé dire (et c'est avoir du courage pour un Anglais), il a osé dire : *Qu'il n'y a rien de médiocre dans Shakespeare, que tout ce qu'il a écrit est excellent ou détestable; que jamais il ne suivit ni même ne conçut un plan, excepté peut-être celui des* Merry wives of Windsor; *mais qu'il fait souvent fort bien une scène.* Cela approche beaucoup de la vérité. M. Masson, dans son *Elfrida* et dans son *Caractacus*, a essayé, mais sans succès, de donner la tragédie grecque à l'Angleterre. On ne joue presque plus le *Caton* d'Addison. On ne se délasse au théâtre anglais des monstruosités de Shakespeare que par les horreurs d'Otway.

Si l'on se contente de parler vaguement de Shakespeare sans poser les bases de la question, et sans réduire toute la critique à quelques points principaux, on ne parviendra jamais à s'entendre; parce que, confondant le siècle, le génie et l'art, chacun peut louer et blâmer à volonté le père du théâtre anglais. Il nous semble donc que Shakespeare doit être considéré sous trois rapports:

1° Par rapport à son siècle;

2° Par rapport à ses talents naturels ou à son génie;

3° Par rapport à l'art dramatique.

Sous le premier point de vue, on ne peut jamais trop admirer Shakespeare. Peut-être supérieur à Lopez de Vega, son contemporain, on ne le peut comparer en aucune manière aux Garnier et aux Hardy, qui balbutiaient alors parmi nous les premiers accents de la Melpomène française. Il est vrai que le prélat Trissino, dans sa *Sophonisbe*, avait déjà fait renaître en Italie la tragédie régulière. On a recherché curieusement les traductions des auteurs anciens qui pouvaient exister du temps de Shakespeare. Je ne remarque comme pièces dramatiques dans le catalogue, qu'une *Jocaste*, tirée des *Phéniciennes* d'Euripide, l'*Andria* et l'*Eunuque*, de Térence, les *Ménechmes* de Plaute et les tragédies de Sénèque. Il est douteux que Shakespeare ait eu connaissance de ces traductions; car il n'a pas emprunté le fond de ses pièces d'invention des originaux mêmes traduits en anglais, mais de quelques imitations anglaises de ces originaux. C'est ce qu'on voit par *Roméo et Juliette*, dont il n'a pris l'histoire ni dans *Girolamo de la Corte*, ni dans la nouvelle de *Bandello*; mais dans un petit poëme anglais intitulé *la tragique histoire de Roméo et Juliette*. Il en est ainsi du sujet d'*Hamlet*, qu'il n'a pu tirer immédiatement de *Saxo Grammaticus*, puisqu'il ne savait pas le latin (1). En général, on sait que Shakespeare fut un homme sans éducation et sans lettres. Obligé de fuir de sa province pour avoir chassé sur les terres d'un seigneur, avant d'être acteur à Londres, il gardait pour quelque argent les chevaux des *gentlemen* à la porte du spectacle. C'est une chose mémorable que Shakespeare et Molière aient été comédiens. Ces rares génies se sont vus forcés de monter sur des tréteaux pour gagner leur vie. L'un a trouvé l'art dramatique, l'autre l'a porté à sa perfection: semblables à deux philosophes anciens, ils s'étaient partagé l'empire des ris et des larmes, et tous les deux se consolaient peut-être des injustices de la fortune, l'un en peignant les travers, et l'autre les douleurs des hommes.

Sous le second rapport, c'est-à-dire sous le rapport des talents naturels ou du grand écrivain, Shakespeare n'est pas moins prodigieux. Je ne sais si jamais homme a jeté des regards plus profonds sur la nature humaine. Soit qu'il traite des passions, soit qu'il parle de morale ou de politique, soit qu'il déplore ou qu'il prévoie les malheurs des États, il a mille sentiments à citer, mille pensées à recueillir, mille sentences à appliquer dans toutes les circonstances de la vie. C'est *sous le rapport du génie* qu'il faut considérer les belles scènes isolées dans Shakespeare, et non *sous le rapport de l'art dramatique*. Et c'est ici que se trouve la principale erreur des admirateurs du poëte anglais; car si l'on considère ces

(1) Voyez Saxo Grammaticus, depuis la page 48 jusqu'à la page 59. « Amlethus, ne prudentius agendo patruo « suspectus redderetur, stoliditatis simulationem amplexus, extremum mentis vitium finxit. » (Sax. Gramm., *Hist. Dan.*, in-folio, edit. Steph., 1544.)

scènes relativement à l'*art*, il faudra savoir si elles sont *nécessaires*, si elles sont bien liées au sujet, bien motivées, si elles forment partie du tout, et conservent les unités. Or, le *non erat hic locus* se présente à toutes les pages de Shakespeare.

Mais, à ne parler que du grand écrivain, combien elle est belle cette troisième scène du quatrième acte de *Macbeth!*

MACDUFF.

Qui s'avance ici?

MALCOLM.

C'est un Écossais, et cependant je ne le connais pas.

MACDUFF.

Cousin, soyez le bien venu.

MALCOLM.

Je le reconnais à présent. Grand Dieu! renverse les obstacles qui nous rendent étrangers les uns aux autres.

ROSSE.

Puisse votre souhait s'accomplir!

MACDUFF.

L'Écosse est-elle toujours aussi malheureuse?

ROSSE.

Hélas! déplorable patrie! elle est presque effrayée de connaître ses propres maux. Ne l'appelons plus notre mère, mais notre tombe. On n'y voit plus sourire personne, hors l'enfant qui ignore ses malheurs. Les soupirs, les gémissements, les cris frappent les airs, et ne sont point remarqués. Le plus violent chagrin semble un mal ordinaire : quand la cloche de la mort sonne, on demande à peine pour qui.

MACDUFF.

O récit trop véritable!

MALCOLM.

Quel est le dernier malheur?

ROSSE, *à Macduff.*

. . . . Votre château est surpris, votre femme et vos enfants sont inhumainement massacrés...

MACDUFF.

Mes enfants aussi?

ROSSE.

Femmes, enfants, serviteurs, tout ce qu'on a trouvé!

MACDUFF.

Et ma femme aussi?

ROSSE.

Je vous l'ai dit.

MALCOLM.

Prenez courage; la vengeance offre un remède à vos maux. Courons, punissons le tyran!

MACDUFF.

Il n'a point d'enfants!

Quelle vérité et quelle énergie dans la description des malheurs de l'Écosse! Ce sourire qui n'est plus que sur la bouche des enfants, ces cris qu'on n'ose pas remarquer, ces trépas si fréquents qu'on ne daigne plus demander *pour qui sonne* la cloche funèbre, ne croit-on pas voir la France sous Robespierre? Xénophon a fait à peu près la même peinture d'Athènes sous le règne des trente tyrans :

« Athènes, dit-il, n'était qu'un vaste tombeau, habité par la terreur et le silence ; le « geste et le coup d'œil, la pensée même, devenaient funestes aux malheureux citoyens. « On étudiait le front de la victime, et les scélérats y cherchaient la candeur et la vertu, « comme un juge tâche d'y découvrir le crime caché du coupable (1). »

Le dialogue de *Rosse* et de *Macduff* rappelle celui de Flavian et de Curiace dans Corneille, lorsque Flavian vient annoncer à l'amant de Camille qu'il a été choisi pour combattre les Horaces :

CURIACE.

Albe de trois guerriers a-t-elle fait le choix ?

FLAVIAN.

Je viens pour vous l'apprendre.

CURIACE.

Eh bien! qui sont les trois?

FLAVIAN.

Vos deux frères et vous.

CURIACE.

Qui ?

FLAVIAN.

Vous et vos deux frères.

Les interrogations de *Macduff* et de *Curiace* sont des beautés du même ordre. *Mes enfants aussi? — Femmes, enfants. — Et ma femme aussi? — Je vous l'ai dit.* — EH BIEN ! QUI SONT LES TROIS? — VOS DEUX FRÈRES ET VOUS. — QUI? — VOUS ET VOS DEUX FRÈRES. Mais le mot de Shakespeare, *Il n'a point d'enfants!* reste sans parallèle.

Le même homme qui a tracé ce tableau a écrit la scène charmante des adieux de *Roméo* et de *Juliette*. Roméo, condamné à l'exil, est surpris par le jour naissant chez Juliette, à laquelle il est marié secrètement :

Wilt thou be gone ? It is not yet near day:
It was the nightingale, and not the lark
That pierc'd the fearful hollow of thine ear, etc.

JULIETTE.

Veux-tu déjà partir? Le jour ne paraît point encore. C'était le rossignol, et non l'alouette, dont la voix a frappé ton oreille alarmée : il chante toute la nuit sur cet oranger lointain. Crois-moi, mon jeune époux, c'était le rossignol.

ROMÉO.

C'était l'alouette, qui annonce l'aurore; ce n'était pas le rossignol. Regarde, ô mon amour ! regarde les traits de lumière qui pénètrent les nuages dans l'orient. Les flambeaux de la nuit s'éteignent, et le jour se lève sur le sommet vaporeux des montagnes. Il faut ou partir et vivre, ou rester et mourir.

JULIETTE.

La lumière que tu vois là-bas n'est pas celle du jour ; c'est quelque météore qui te ser-

(1) XENOPH., *Hist. Græc.*, lib. II.

vira de flambeau et t'éclairera sur la route de Mantoue. Reste encore ; il n'est pas encore nécessaire que tu me quittes.

ROMÉO.

Eh bien ! que je sois arrêté, que je sois conduit à la mort, si tu le désires, je suis satisfait. Je dirai : « Cette blancheur lointaine n'est pas celle du matin, ce n'est que le pâle « reflet de la lune ; ce n'est pas l'alouette, dont les chants retentissent si haut au-dessus « de nos têtes, dans la voûte du ciel. » Ah ! je crains moins de rester que de partir. Viens, ô mort ! viens, je te reçois avec joie ! J'obéis à Juliette....... Mais que regardes-tu, ma bien-aimée ? Parlons, parlons encore ensemble, il n'est pas encore jour !

JULIETTE.

Il est jour ! il est jour ! Fuis, pars, éloigne-toi ! C'est l'alouette qui chante, je reconnais sa voix aiguë. Ah ! dérobe-toi à la mort : la lumière croît de plus en plus.

Qu'il est touchant ce contraste des charmes du matin et des derniers plaisirs des deux jeunes époux, avec la catastrophe horrible qui va suivre ! C'est encore plus naïf que les Grecs, et moins pastoral que l'*Aminte* et le *Pastor fido*. Je ne connais qu'une scène d'un drame indien, en langue *sanskrite*, qui ait quelque rapport avec les adieux de Roméo et Juliette ; encore n'est-ce que par la fraîcheur des images, et point du tout par l'intérêt de la situation. *Sacontala*, prête à quitter le séjour paternel, se sent arrêtée par son voile.

SACONTALA.

Qui saisit ainsi les plis de mon voile ?

UN VIEILLARD.

C'est le chevreau que tu as tant de fois nourri des graines du *synmaka*. Il ne veut pas quitter les pas de sa bienfaitrice.

SACONTALA.

Pourquoi pleures-tu, tendre chevreau ? Je suis forcée d'abandonner notre commune demeure. Lorsque tu perdis ta mère, peu de temps après ta naissance, je te pris sous ma garde. Retourne à ta crèche, pauvre jeune chevreau ; il faut à présent nous séparer !

La scène des adieux de Roméo et Juliette n'est point indiquée dans Bandello, et elle appartient tout entière à Shakespeare. Les cinquante-deux commentateurs de Shakespeare, au lieu de nous apprendre beaucoup de choses inutiles, auraient dû s'attacher à découvrir les beautés qui appartiennent à cet homme extraordinaire, et celles qu'il n'a fait qu'emprunter. Bandello raconte en peu de mots la séparation des deux amants :

A la fine, cominciando l'aurora a voler uscire, si basciarono, estrettamente abbraciarono gli amanti, e pieni di lagrime e sospiri si dissero adio (1).

« Enfin, l'aurore commençant à paraître, les deux amants se baisèrent, s'embrassèrent « étroitement, et, pleins de larmes et de soupirs, ils se dirent adieu. »

On peut remarquer, en général, que Shakespeare fait un grand usage des contrastes. Il aime à placer la gaieté auprès de la tristesse, à mêler les diver-

(1) *Novelle del* BANDELLO, sec. parte, pag. 52 ; Luc. edit. in-4o, 1554.

tissements et les cris de joie à des pompes funèbres et à des cris de douleur. Que des musiciens appelés aux noces de Juliette arrivent précisément pour accompagner son cercueil; qu'indifférents au deuil de la maison, ils se livrent à d'indécentes plaisanteries, et s'entretiennent des choses les plus étrangères à la catastrophe; qui ne reconnaît là toute la vie? qui ne sent toute l'amertume de ce tableau? qui n'a pas été témoin de pareilles scènes? Ces effets ne furent point inconnus des Grecs, et l'on retrouve dans Euripide plusieurs traces de ces naïvetés que Shakespeare mêle au plus haut ton tragique. Phèdre vient d'expirer; le chœur ne sait s'il doit entrer dans l'appartement de la princesse :

PREMIER DEMI-CHŒUR.

Φίλαι, τί δρῶμεν; ἢ δοκεῖ περᾶν δόμους,
Λῦσαί τ' ἄνασσαν ἐξ ἐπισπαστῶν βρόχων;

SECOND DEMI-CHŒUR.

Τί δ'; οὐ πάρεισι πρόσπολοι νεανίαι;
Τὸ πολλὰ πράσσειν οὐκ ἐν ἀσφαλεῖ βίου.

PREMIER DEMI-CHŒUR.

Compagnes, que ferons-nous? Devons-nous entrer dans le palais pour aider à dégager la reine de ses liens *étroits?*

SECOND DEMI-CHŒUR.

Ce soin appartient à ses esclaves. Pourquoi ne sont-ils pas présents? Quand on se mêle de beaucoup d'affaires, il n'y a pas de sûreté dans la vie (1).

Dans *Alceste*, la Mort et Apollon se font des plaisanteries. La Mort veut saisir Alceste tandis qu'elle est jeune, parce qu'elle ne se soucie pas d'une vieille proie, et, comme traduit le père Brumoy, d'une proie ridée. Il ne faut pas rejeter entièrement ces contrastes, qui touchent de près au terrible, mais qu'une seule nuance ou trop forte ou trop faible dans l'expression rend à l'instant ou bas ou ridicule.

Shakespeare, comme tous les poëtes tragiques, a trouvé quelquefois le véritable comique, tandis que les poëtes comiques n'ont jamais pu s'élever à la bonne tragédie; ce qui prouve qu'il y a peut-être quelque chose de plus vaste dans le génie de Melpomène que dans celui de Thalie. Quiconque peint savamment le côté douloureux de l'homme peut aussi représenter le côté ridicule, parce que celui qui saisit *le plus* peut, à la rigueur, saisir *le moins*. Mais l'esprit qui s'attache particulièrement aux détails plaisants laisse échapper les rapports sévères, parce que la faculté de distinguer les objets infiniment petits suppose presque toujours l'impossibilité d'embrasser les objets infiniment grands : d'où il faudrait conclure que le sérieux est le véritable génie de l'homme. *Homo natus de muliere, brevi vivens tempore repletur multis miseriis!* Un seul poëte

(1) Brumoy traduit ainsi, en tronquant un couplet et paraphrasant l'autre :

UNE FEMME DU CHOEUR.

Qu'en pensez-vous, mes compagnes? est-il à propos que nous entrions?

UNE AUTRE FEMME.

Où sont donc ses officiers? C'est à eux de lui prêter du secours. On est souvent dupe de son trop d'empressement dans les affaires d'autrui.

comique marche l'égal des Sophocle et des Corneille : c'est Molière. Mais il est remarquable que le comique du *Tartufe* et du *Misanthrope*, par son extrême profondeur, et, si j'osais le dire, par sa *tristesse*, se rapproche beaucoup de la gravité tragique.

Les Anglais ont en grande estime le caractère comique de Falstaff dans les *Merry wives of Windsor*. En effet, ce caractère est bien dessiné, quoiqu'il soit souvent d'un comique peu naturel, bas et outré. Il y a deux manières de faire rire des défauts des hommes : l'une est de présenter d'abord les ridicules, et d'offrir ensuite les qualités, c'est la manière de l'Anglais, c'est le comique de Sterne et de Fielding, qui finit quelquefois par faire verser des larmes; l'autre consiste à donner d'abord quelques louanges, et à ajouter successivement tant de ridicules, qu'on oublie les meilleures qualités, et qu'on perd enfin toute estime pour les plus nobles talents et les plus hautes vertus : c'est la manière du Français, c'est le comique de Voltaire, c'est le *Nihil mirari* qui flétrit tout parmi nous. Mais les partisans du génie tragique et comique du poëte anglais me semblent beaucoup se tromper lorsqu'ils vantent le *naturel de son style*. Shakespeare est naturel dans les sentiments et dans la pensée, jamais dans l'expression, excepté dans les belles scènes où son génie s'élève à sa plus grande hauteur; encore, dans ces scènes mêmes, son langage est-il souvent affecté; il a tous les défauts des écrivains italiens de son siècle; il manque éminemment de simplicité. Ses descriptions sont enflées, contournées; on y sent souvent l'homme de mauvaise éducation, qui, ne connaissant ni les genres, ni les tons, ni les sujets, ni la valeur exacte des mots, va plaçant au hasard des expressions poétiques au milieu des choses les plus triviales. Comment, par exemple, ne pas gémir de voir une nation éclairée, et qui compte parmi ses critiques les Pope et les Addison, de la voir s'extasier sur le portrait de l'*apothicaire* dans *Roméo et Juliette?* C'est le burlesque le plus hideux et le plus dégoûtant. Il est vrai qu'un éclair y brille comme dans toutes les ombres de Shakespeare. *Roméo* fait une réflexion sur ce malheureux qui tient si fortement à la vie, bien qu'il soit accablé de toutes les misères. C'est le sentiment qu'Homère met avec tant de naïveté dans la bouche d'Achille aux enfers :

« J'aimerais mieux être sur la terre l'esclave d'un laboureur indigent, où la vie serait « peu abondante, que de régner en souverain dans l'empire des mânes. »

Il reste à considérer Shakespeare sous le *rapport de l'art dramatique*. Après avoir fait la part de l'éloge, on me permettra de faire la part de la critique.

Tout ce qu'on a dit à la louange de Shakespeare, comme auteur dramatique, se trouve dans ce passage du docteur Johnson :

Shakspeare has no heroes, etc. « Shakespeare n'a point de héros. Sa scène « est seulement occupée par des hommes qui agissent et parlent comme le « spectateur eût agi et parlé lui-même dans la même occasion. Les drames de « Shakespeare ne sont point (dans le sens d'une critique rigoureuse) des comé- « dies ou des tragédies, mais des compositions particulières, qui peignent l'état « réel de ce monde sublunaire. Elles offrent, sous des formes innombrables,

« le bien et le mal, la joie et la douleur, combinés dans une variété sans fin ;
« elles représentent le train du monde, où la perte de l'un est le gain de l'autre ;
« où le voluptueux s'abandonne à la débauche, au moment même où l'affligé
« ensevelit son ami ; où la méchanceté de celui-ci est quelquefois déjouée par la
« légèreté de celui-là, et où mille biens et mille maux arrivent ou sont pré-
« venus sans dessein. »

Voilà le grand paradoxe littéraire des partisans de Shakespeare. Tout ce raisonnement tend à prouver *qu'il n'y a point de règles dramatiques* ou que l'*art* n'est pas un *art*.

Lorsque Voltaire s'est reproché d'avoir ouvert la porte à la médiocrité, en louant trop Shakespeare, il a voulu dire sans doute qu'en bannissant toute règle, et retournant à la *pure nature*, rien n'était plus aisé que d'égaler les *chefs-d'œuvre* du théâtre anglais. Si, pour atteindre à la hauteur de l'art tragique, il suffit d'entasser des scènes disparates, sans suite et sans liaison; de mêler le bas et le noble, le burlesque et le pathétique; de placer le porteur d'eau auprès du monarque, et la marchande d'herbes auprès de la reine, qui ne peut raisonnablement se flatter d'être le rival de Sophocle et de Racine? Quiconque se trouve placé dans la société de manière à voir beaucoup d'hommes et beaucoup de choses, s'il veut seulement se donner la peine de retracer tous les accidents d'une de ses journées, ses conversations avec l'artisan ou le ministre, avec le soldat ou le prince; s'il veut rappeler les objets qui ont passé sous ses yeux, le bal ou le convoi funèbre, le festin du riche et la misère du pauvre; celui-là, dis-je, aura fait un drame à la manière du poëte anglais. Les scènes de génie pourront y manquer, mais si l'on n'y trouve pas Shakespeare *écrivain*, on y trouvera Shakespeare *dramatiste*.

Il faut donc se persuader d'abord qu'écrire est un art; que cet art a nécessairement des genres, et que chaque genre a des règles. Et qu'on ne dise pas que les genres et les règles sont arbitraires; ils sont nés de la nature même : l'art a seulement séparé ce que la nature a confondu ; il a choisi les plus beaux traits, sans s'écarter de la ressemblance du grand modèle. La perfection ne détruit point la vérité; et l'on peut dire que Racine, dans toute l'excellence de son art, est plus naturel que Shakespeare; comme l'*Apollon*, dans toute sa divinité, a plus les formes humaines qu'une statue grossière de l'Égypte.

Mais si Shakespeare, dit-on, a péché contre toutes les règles, mêlé tous les genres, blessé toutes les vraisemblances, il a du moins mis plus de mouvement sur la scène et porté plus loin la terreur que les tragiques français.

Je n'examinerai point jusqu'à quel degré cette assertion est véritable; si la liberté que l'on se donne de tout dire et de tout représenter ne mène pas naturellement à ce fracas de scène, à cette multitude de personnages qui en imposent : je n'examinerai pas si, dans les pièces de Shakespeare, tout marche rapidement à la catastrophe; si l'intrigue se noue et se dénoue avec art, en prolongeant et précipitant sans cesse l'intérêt pour le spectateur : je dirai seulement que, s'il est vrai que nos tragiques manquent de mouvement (ce que je suis fort loin d'accorder), il est bon qu'ils en mettent davantage dans leurs sujets. Mais cela ne prouve pas qu'on doive introduire sur notre théâtre les monstruosités de cet homme que Voltaire appelait un *Sauvage ivre*. Une beauté dans Shakespeare n'excuse pas ses innombrables défauts : un monument gothique peut plaire par son obscurité et la difformité même de ses proportions, mais personne ne songe à bâtir un palais sur son modèle.

On prétend surtout que Shakespeare est un grand maître dans l'art de faire verser des larmes. Je ne sais s'il est vrai que le premier des arts *soit celui de faire pleurer*, dans le sens où l'on entend ce mot aujourd'hui. Les *vraies larmes* sont celles que fait couler une belle poésie; il faut qu'il s'y mêle autant d'admiration que de douleur. Si Sophocle me présente *OEdipe tout sanglant*, mon cœur est prêt à se briser; mais mon oreille est frappée d'une douce mélodie, mes yeux sont enchantés par un spectacle souverainement beau; j'éprouve à la fois du plaisir et de la peine, j'ai devant moi une affreuse vérité, et cependant je sens que ce n'est qu'une ingénieuse imitation d'une action qui n'est plus, qui peut-être n'a jamais été : alors mes larmes coulent avec délices; je pleure, mais c'est au son de la lyre d'Orphée; je pleure, mais c'est aux accents des Muses : ces filles célestes pleurent aussi, mais elles ne défigurent point leurs traits divins par des grimaces. Les anciens donnaient aux Furies même un beau visage, apparemment parce qu'il y a une beauté morale dans les remords.

Et puisque nous sommes sur ce sujet important, on me permettra de dire un mot de la querelle qui divise aujourd'hui le monde littéraire. Une partie de nos gens de lettres n'admire plus que les ouvrages étrangers, tandis que l'autre tient fortement à notre ancienne école. Selon les premiers, les écrivains du siècle de Louis le Grand n'ont eu ni assez de mouvement dans le style, ni surtout assez de pensées; selon les seconds, tout ce prétendu mouvement, tous les efforts du jour vers des pensées nouvelles, ne sont que décadence et corruption : ceux-là rejettent toutes règles; ceux-ci les rappellent toutes.

On pourrait dire aux premiers qu'on se perd sans retour aussitôt que l'on abandonne les grands modèles, qui peuvent seuls nous retenir dans les bornes délicates du goût; qu'on se trompe lorsqu'on prend pour de véritables mouvements une manière qui procède sans fin par exclamations et par interrogations. Le second siècle de la littérature latine eut les mêmes prétentions que notre siècle. Il est certain que Tacite, Sénèque et Lucain ont plus d'agitation dans le style et plus de variété dans les couleurs que Tite-Live, Cicéron et Virgile. Ils affectent cette concision d'idées, et ces effets brillants d'expression, que nous recherchons à présent; ils chargent leurs descriptions, se plaisent à faire des tableaux, à prononcer des sentences : car c'est toujours dans les temps de corruption qu'on parle le plus de morale. Cependant les siècles sont venus; et, sans s'embarrasser des *penseurs* de l'âge de Trajan, ils ont donné la palme à l'âge de l'imagination et des arts, à l'âge d'Auguste.

Si les exemples instruisaient, je pourrais ajouter qu'une autre cause de la chute des lettres latines fut la confusion des dialectes dans l'empire romain. Lorsqu'on vit des Gaulois dans le sénat, lorsque Rome, devenue la capitale du monde, entendit ses murs retentir de tous les jargons, depuis le Goth jusqu'au Parthe, on put juger que c'en était fait du goût d'Horace et de la langue de Cicéron. La ressemblance est frappante : pour peu que l'on continue en France à étudier les idiomes étrangers, et à nous inonder de traductions, notre langue perdra bientôt cette fleur native et ces gallicismes qui faisaient son génie et sa grâce.

Une des sources de l'erreur où sont tombés les gens de lettres qui cherchent des routes inconnues vient de l'incertitude qu'ils ont cru remarquer dans les principes du goût. On est un grand homme dans un journal, et un misérable écrivain dans un autre; ici un génie brillant, là un pur déclamateur. Les nations entières varient : tous les étrangers refusent du génie à Racine, et de l'harmonie à nos vers; nous, nous jugeons des auteurs anglais tout différemment que les Anglais eux-mêmes; on serait étonné de savoir quels sont les grands hommes de France en Allemagne, et quels sont les auteurs français qu'on méprise dans ce pays.

Mais tout cela ne saurait jeter l'esprit dans l'incertitude, et faire abandonner les principes, sous prétexte qu'on ne sait pas ce que c'est que le goût. Il y a une base sûre où l'on peut se reposer : c'est la littérature ancienne; elle est là pour modèle invariable.

C'est donc autour de ceux qui nous rappellent à ces grands exemples, qu'il faut nous hâter de nous rallier, si nous voulons échapper à la barbarie. Quand les partisans de l'ancienne école iraient un peu trop loin dans leur haine des littératures étrangères, on devrait encore leur en savoir gré : c'est ainsi que Boileau s'éleva contre le Tasse, par la raison, comme il le dit lui-même, que son siècle avait trop de penchant à tomber dans les défauts de cet auteur.

Cependant, en accordant quelque chose à un adversaire, ne le ramènerait-on pas plus aisément aux bons modèles? Est-ce qu'on ne pourrait pas convenir que les arts d'imagination ont peut-être un peu trop dominé dans le siècle de Louis XIV? que ce qu'on appelle aujourd'hui *peindre la nature* était alors une chose presque inconnue? Pourquoi n'admettrait-on pas que le style du jour connaît réellement plus de formes; que la liberté que l'on a de traiter tous les sujets a mis en circulation un plus grand nombre de vérités; que les sciences ont donné plus de fermeté aux esprits et de précision aux idées? Je sais qu'il y a des dangers à convenir de tout cela, et que si l'on cède sur un point, on ne saura bientôt plus où s'arrêter; mais enfin ne serait-il pas possible qu'un homme, marchant avec précaution entre les deux lignes, et se tenant toutefois beaucoup plus près de l'antique que du moderne, parvînt à marier les deux écoles, et à en faire sortir le génie d'un nouveau siècle? Quoi qu'il en soit, tout effort pour obtenir cette grande révolution sera inutile, si nous demeurons irréligieux. L'imagination et le sentiment tiennent essentiellement à la religion : or, une littérature d'où les enchantements et la tendresse sont bannis ne peut jamais être que sèche, froide et médiocre.

BEATTIE.

Juin 1801.

Le génie écossais a soutenu avec honneur, dans ce dernier siècle, une littérature que les Pope, les Addison, les Steele, les Rowe, avaient élevée à un haut degré de gloire. L'Angleterre ne compte point d'historiens supérieurs à Hume et à Robertson, ni de poëtes plus riches et plus aimables que Thomson et Beattie. Celui-ci, qui n'est jamais descendu de son désert, simple ministre, et professeur de philosophie dans une petite ville du nord de l'Écosse, a fait entendre des chansons d'un caractère tout nouveau, et touché une lyre qui rappelle un peu la harpe du barde. Son principal et pour ainsi dire son seul ouvrage est un petit poëme intitulé le *Minstrel*, ou les *Progrès du Génie.* Beattie a voulu peindre les effets de la Muse sur un jeune berger de la montagne, et retracer des inspirations qu'il avait sans doute éprouvées lui-même. L'idée primitive du *Minstrel* est charmante, et la plupart des détails en sont très-agréables. Le poëme est écrit en stances rimées comme les vieilles ballades écossaises, ce qui ajoute encore à sa singularité. On y trouve à la vérité, comme dans tous les auteurs étrangers, des longueurs et des traits de mauvais goût. Le docteur Beattie aime à s'étendre sur des lieux communs de morale, qu'il n'a pas toujours l'art de rajeunir. En général, les hommes d'une imagination brillante et tendre ont peu de profondeur dans la pensée, ou de force dans le raisonnement. Il faut des passions brûlantes ou un grand génie pour enfanter de grandes idées. Il y a un certain calme du cœur et une certaine douceur d'esprit qui semblent exclure le sublime.

Un ouvrage tel que le *Minstrel* n'est pas susceptible d'analyse. Pour le faire connaître, il faut le traduire. Je donnerai donc ici le premier chant de cette aimable production, en en retranchant toutefois ce que la délicatesse française ne pourrait supporter. Je préfère m'attacher à montrer les beautés plutôt qu'à compter curieusement les défauts d'un livre. J'aime mieux agrandir l'homme devant l'homme, que de le rapetisser à ses yeux. D'ailleurs, on s'instruit mieux par l'admiration que par le dégoût; l'une vous révèle la présence du génie, l'autre se borne à vous découvrir des taches que tous les regards peuvent apercevoir; c'est dans la belle ordonnance des cieux que l'on sent la Divinité, et non pas dans quelques irrégularités de la nature.

LE MINSTREL, OU LES PROGRÈS DU GÉNIE.

Ah! qui peut dire combien il est difficile de gravir le sommet où brille au loin le temple de la gloire? qui peut dire combien de génies sublimes ont senti l'influence d'un astre funeste? Repoussés par les outrages de l'orgueil et par les dédains de l'envie, arrêtés par l'insurmontable barrière de l'indigence, ils ont langui quelque temps dans les obscurs sentiers de la vie, puis ils ont disparu dans la tombe, inconnus, et sans être pleurés.

Et cependant les langueurs d'une vie sans gloire ne sont pas également accablantes pour tous! Celui qui ne prêta jamais l'oreille à la voix de la louange ne se plaindra point du silence de l'oubli. Il en est qui, sourds aux cris de l'ambition, frémiraient d'entendre la trompette de la Renommée. Heureux de n'avoir en partage que la santé, l'aisance et la paix, il ne portait pas plus haut ses désirs celui dont la simple histoire est retracée dans des vers sans art.

Si je voulais invoquer une Muse savante, mes doctes accords diraient ici quelle fut la destinée du *barde* dans les jours du vieux temps ; je le peindrais portant un cœur content sous de simples habits : on verrait ses cheveux flottants et sa barbe blanchie ; sa harpe modeste, seule compagne de son chemin, répondant aux soupirs des brises, serait suspendue à ses épaules voûtées ; le vieillard, en marchant, chanterait à demi-voix quelque refrain joyeux.

Mais un pauvre *minstrel* inspire aujourd'hui mes vers. Ne vous étonnez point, mortels superbes, si je lui consacre mes accents. Les Muses méprisent le sourire insultant de la fortune, et ne fléchissent point le genou devant l'idole des grandeurs. . . . .

. . . .

Si les montagnes du Potose brillent de l'éclat du diamant et de l'or, si les montagnes de l'Écosse s'élèvent froides et stériles, dans le sein des premières germent la cupidité et la corruption ; paisibles sont les vallées des secondes, et purs les cieux qui les éclairent.

Dans les siècles gothiques (comme les vieilles ballades le racontent) vivait autrefois un berger. Ses ancêtres avaient peut-être habité une terre aimée des Muses, les grottes de la Sicile ou les vallées de l'Arcadie ; mais lui, il était né dans les contrées du Nord, chez une nation fameuse par ses chansons et par la beauté de ses vierges ; nation fière quoique modeste, innocente quoique libre, patiente dans le travail, ferme dans les périls, inébranlable dans sa foi, invincible sous les armes.

Ce berger paissait son petit troupeau sur les montagnes d'Écosse ; jamais il ne mania la faux ou ne guida la charrue. Un cœur honnête était tout son trésor. Il buvait l'eau du rocher ; ses brebis fournissaient le lait à ses repas, et lui prêtaient leurs molles toisons pour le défendre des injures de l'hiver ; il suivait leurs pas errants partout où elles voulaient s'égarer.

Du travail naît la santé ; de la santé, la paix, source de toute joie. Il n'enviait point les rois, il ne pensait point à eux : il n'était point troublé par ces désirs que trompe la fortune, qu'éteint la jouissance. Un père vertueux, une mère pudique, suffisaient au besoin de son cœur : il n'aimait qu'eux, et il les aimait depuis son enfance.

Il était toute la postérité de ce couple innocent. Aucun oracle ne l'avait annoncé au monde ; aucun prodige n'éclata sur son berceau. Vous devinez toutes les circonstances de la naissance d'Edwin, les transports du père et les soins maternels, les prières offertes par la matrone pour le bonheur, l'esprit et la vertu de l'enfant, et tout un long jour d'été passé dans le repos et la joie.

Edwin n'était pas un enfant vulgaire. Son œil semblait souvent chargé d'une grave pensée ; il dédaignait les hochets de son âge, hors un petit chalumeau grossièrement façonné ; il était sensible, quoique sauvage, et gardait le silence quand il était content : il se montrait tour à tour plein de joie ou de tristesse, sans qu'on en devinât la cause. Les voisins tressaillaient et soupiraient à sa vue, et cependant le bénissaient. Aux uns il semblait d'une intelligence merveilleuse ; aux autres il paraissait insensé.

Mais pourquoi dirais-je les jeux de son enfance ? Il ne se mêlait point à la foule bruyante de ses jeunes compagnons ; il aimait à s'enfoncer dans la forêt, ou à s'égarer sur le sommet solitaire de la montagne. Souvent les détours d'un ruisseau sauvage conduisaient ses pas à des bocages ignorés. Tantôt il descend au fond des précipices, du sommet desquels se penchent de vieux pins ; tantôt il gravit des cimes escarpées, où le torrent brille de rochers en rochers ; où les eaux, les forêts, les vents forment un concert immense, que l'écho grossit et porte jusqu'aux cieux.

Quand l'aube commence à blanchir les airs, Edwin, assis au sommet de la colline, contemple au loin les nuages de pourpre, l'océan d'azur, les montagnes grisâtres, le lac qui brille faiblement parmi les bruyères vaporeuses, et la longue vallée étendue vers l'occident, où le jour lutte encore avec les ombres.

Quelquefois, pendant les brouillards de l'automne, vous le verriez escalader le sommet des monts. O plaisir effrayant ! debout sur la pointe d'un roc, comme un matelot sauvé du naufrage sur une côte déserte, il aime à voir les vapeurs se rouler en vagues énormes, s'allonger sur les horizons, là se creuser un golfe, ici s'arrondir autour des montagnes. Du fond du gouffre, au-dessous de lui, la voix de la bergère et le bêlement des troupeaux remontent jusqu'à son oreille, à travers la brume épaissie.

Cet étrange enfant aimait d'un amour égal les scènes agréables et les scènes terribles. Il trouvait autant de délices dans les ombres et les tempêtes que dans le rayon du midi, lorsqu'il brille sur l'Océan calmé. Ce penchant à la tristesse l'intéressait aux malheurs des hommes. Si quelquefois un soupir s'échappait de son cœur, si une larme de pitié coulait le long de ses joues, il ne cherchait point à retenir un soupir tendre, une larme si douce.

« Bois sauvages, qu'est devenue votre verdure ? » (C'est ainsi que la Muse interprète ses
« jeunes pensées.) « Vallons, où sont allés vos fleurs et vos parfums, naguère si délicieux
« aux heures brûlantes du jour ? Pourquoi les oiseaux, qui apportaient l'harmonie à vos bo-
« cages, ont-ils abandonné leurs demeures ? Le vent siffle tristement dans les herbes jaunes,
« et chasse devant lui les feuilles séchées. . . . .
« . . . .

« Tout passe ainsi sur la terre ! Ainsi fleurit et se fane l'homme majestueux. . . . . .
« . . . .
« Portés sur l'aile rapide et silencieuse du temps, la vieillesse et l'hiver ont bientôt flétri
« les fleurs et nos jeunes années. »

« Eh bien ! déplorez vos destinées, vous dont les grossières espérances rampent dans cet
« obscur séjour ! Mais l'âme sublime qui porte ses regards au delà du tombeau sourit aux
« misères humaines, et s'étonne de vos larmes. Le printemps ne viendra-t-il plus ranimer
« ces scènes décolorées ? Le soleil a-t-il trouvé une couche éternelle dans le vague de l'oc-
« cident ? Non ; bientôt l'orient s'enflammera de nouveaux feux ; bientôt le printemps rendra
« la verdure et l'harmonie aux bocages.

« Et je resterais abandonné dans la poussière, quand une Providence bienfaisante fera
« revivre les fleurs ! Quoi ! la voix de la nature, à l'homme seul injuste, le condamnerait à
« périr, lorsqu'elle lui commande d'espérer ! Loin de moi ces pensées. Il viendra l'immortel
« printemps des cieux ! la mâle beauté de l'homme fleurira de nouveau. »

C'était de son père religieux qu'Edwin avait appris ces vérités sublimes..... Mais voilà le romanesque enfant qui sort de l'asile où il s'était mis à couvert des tièdes ondées du midi. Elle est passée, la pluie de l'orage ; maintenant l'air est frais et parfumé. Dans l'orient obscur, déployant un arc immense, l'iris brille au soleil couchant. Jeune insensé, qui crois pouvoir saisir le glorieux météore ! combien vaine est la course que ton ardeur a commencée ! La brillante apparition s'éloigne à mesure que tu la poursuis. Ah ! puisses-tu savoir qu'il en est ainsi dans la jeunesse, lorsque nous poursuivons les chimères de la vie ! que cet emblème d'une espérance trompée serve un jour à modérer tes passions, et à te consoler quand les vœux seront déçus ! Mais pourquoi une triste prévoyance alarmerait-elle ton cœur ? Périsse cette vaine sagesse qui étouffe les jeunes désirs ! Poursuis, aimable enfant, poursuis ton radieux fantôme ; livre-toi aux illusions et à l'espérance ; trop tôt, hélas ! l'espérance et les illusions s'évanouiront elles-mêmes.

Quand la cloche du soir, balancée dans les airs, chargeait de ses gémissements la brise solitaire, le jeune Edwin, marchant avec lenteur, et prêtant une oreille attentive, se plongeait dans le fond des vallées ; tout autour de lui il croyait voir errer des convois funèbres, de pâles ombres, des fantômes traînant des chaînes ou de longs voiles : mais bientôt ces bruits de la mort se perdaient dans le cri lugubre du hibou, ou dans les murmures du vent des nuits, qui ébranlait par intervalles les vieux dômes d'une église.

Si la lune rougeâtre se penchait à son couchant sur la mer mélancolique et sombre, Edwin allait chercher les bords de ces sources inconnues où s'assemblaient sur des bruyères les magiciennes des temps passés. Là souvent le sommeil venait le surprendre, et lui apportait ses visions. D'abord une brise sauvage commençait à siffler à son oreille, puis des lampes allumées tout à coup par une flamme magique illuminaient la voûte de la nuit.

Soudain, dans son rêve, s'élève devant lui un château dont le portique est chargé de blasons. La trompette sonne, le pont-levis s'abaisse; bientôt sortent du manoir gothique des guerriers aux casques verts, tenant à la main des boucliers d'or et des lances de diamant. Leur regard est affable, leur démarche hardie; au milieu d'eux, de vénérables troubadours, vêtus de longues robes, animent d'un souffle harmonieux le chalumeau guerrier.

Au bruit des chansons et des timbales, une troupe de belles dames s'avance du fond d'un bocage de myrte. Les guerriers déposent la lance et le bouclier, et les danses commencent au son d'une musique vive et joyeuse. On se mêle; on se quitte; on fuit, on revient! on confond les détours du dédale mobile; les forêts resplendissent au loin de l'éclat des flambeaux, de l'or et des pierreries.

Le songe a fui..... Edwin, réveillé avec l'aurore, ouvre ses yeux enchantés sur les scènes du matin; chaque zéphyr lui apporte mille sons délicieux; on entend le bêlement du troupeau, le tintement de la cloche de la brebis, le bourdonnement de l'abeille; la cornemuse fait retentir les rochers, et se mêle au bruit sourd de l'Océan lointain qui bat ses rivages. Le chien de la cabane aboie en voyant passer le pèlerin matinal; la laitière couronnée de son vase, chante en descendant la colline; le laboureur traverse les guérets en sifflant; le lourd chariot crie en gravissant le sentier de la montagne; le lièvre étonné sort des épis vacillants; la perdrix s'élève sur son aile bruyante; le ramier gémit dans son arbre solitaire, et l'alouette gazouille au haut des airs.

O nature! que tes beautés sont ravissantes! tu donnes à tes amants des plaisirs toujours nouveaux. Que n'ai-je la voix et l'ardeur du séraphin pour chanter ta gloire avec un amour religieux! . . . .
. . . .

Salut, savants maîtres de la lyre, poëtes, enfants de la nature, amis de l'homme et de la vérité! salut, vous dont les vers, pleins d'une douceur sublime, charmèrent mon enfance et instruisirent ma jeunesse! . . . .
. . . .

Hélas! caché dans des retraites ignorées, le pauvre Edwin n'a jamais connu votre art. Quand les pluies de l'hiver et les neiges entassées ont fermé la porte de la cabane, seulement alors il entend quelques troubadours voyageurs chanter les faits de la chevalerie. . . . . ou redire cette ballade touchante des deux enfants abandonnés dans le bois. En versant des pleurs sur l'attendrissante histoire, Edwin admire les prodiges de la Muse.

Quand la tempête a cessé de rugir, il parcourt l'uniforme désert des neiges; il comtemple les nuages qui se balancent comme de gros vaisseaux sur les vagues de l'Océan, et cinglent vers l'horizon bleuâtre. Parmi ces décorations changeantes et toujours nouvelles, Edwin découvre des fleuves, des gouffres, des géants, des rochers entassés sur des rochers, et des tours penchées sur des tours. Alors, descendant au rivage, l'enthousiaste solitaire marche le long des grèves, en écoutant avec un plaisir mêlé de terreur le mugissement des vagues roulantes. C'est encore ainsi que, pendant l'été, lorsque les nuages de l'orage allongent leur colonne ténébreuse sur le sommet des collines, Edwin se hâte de quitter la demeure de l'homme; c'est encore ainsi qu'il s'enfonce dans la noire solitude, pour jouir des premiers feux de l'éclair et des premiers bruits du tonnerre, sous la voûte retentissante des cieux.

Quand la jeunesse du village danse au son du chalumeau, Edwin, assis à l'écart, se plaît à rêver au bruit de la musique. Oh! comme alors tous les jeux bruyants semblent vains et tumultueux à son âme! Céleste mélancolie, que sont près de toi les profanes plaisirs du vulgaire?

Est-il un cœur que la musique ne peut toucher? Ah! que ce cœur doit être insensible et farouche! Est-il un cœur qui ne sentit jamais ces transports mystérieux, enfants de la solitude et de la rêverie? qu'il ne s'adresse point aux Muses; les Muses repoussent ses vœux. . . . . Tel ne fut point Edwin. Le chant fut son premier amour; souvent la harpe de la montagne soupira sous sa main aventureuse, et la flûte plaintive gémit suspendue à son souffle. Sa Muse, encore enfant, ignorait l'art du poëte, fruit du travail et du temps. Edwin atteignit pourtant cette perfection si rare, ainsi que mes vers le diront quelque jour.

On voit par ce dernier vers que Beattie se proposait de continuer son poëme. En effet, on trouve un second chant, écrit quelque temps après; mais il est bien inférieur au premier. Edwin, en errant dans le désert, entend un jour une voix grave qui s'élève du fond d'une vallée: c'est celle d'un vieux solitaire qui, après avoir connu les illusions du monde, s'est enseveli dans cette retraite, pour y recueillir son âme et chanter les merveilles du Créateur. Cet ermite instruit le jeune *minstrel*, et lui révèle le secret de son propre génie. On voit combien cette idée était heureuse; mais l'exécution n'a pas répondu au premier dessein de l'auteur: le solitaire parle trop longtemps, et dit des choses trop communes sur les grandeurs et les misères de la vie. Toutefois on trouve encore dans ce second chant quelques passages qui rappellent le charme et le talent du premier. Les dernières strophes en sont consacrées au souvenir d'un ami que le poëte venait de perdre. Il paraît que Beattie était destiné à verser souvent des pleurs. La mort de son fils unique l'a profondément affecté, et l'a enlevé totalement aux Muses. Il vit encore sur les rochers de Morven; mais ces rochers n'inspirent plus ses chants: comme Ossian qui a perdu son Oscar, il a suspendu sa harpe aux branches d'un chêne. On dit que son fils annonçait un grand talent pour la poésie; peut-être était-il ce jeune *minstrel* qu'un père sensible avait peint, et dont il ne voit plus les pas sur le sommet de la montagne (1).

ALEX. MACKENZIE.

Juillet 1801.

Il faut peut-être chercher dans l'inconstance et les dégoûts du cœur humain le motif de l'intérêt général qu'inspire la lecture des *Voyages*. Fatigués de la société où nous vivons, et des chagrins qui nous environnent, nous aimons à nous égarer en pensée dans des pays lointains et chez des peuples inconnus. Si les hommes que l'on nous peint sont plus heureux que nous, leur bonheur nous délasse; s'ils sont plus infortunés, leurs maux nous consolent.

Mais l'intérêt attaché au récit des voyages diminue chaque jour, à mesure que le nombre des voyageurs augmente; l'esprit philosophique a fait cesser les merveilles du désert:

Les bois désenchantés ont perdu leurs miracles (2).

Quand les premiers Français qui descendirent sur les rivages du Canada

(1) Le poëte Beattie n'a pas survécu longtemps à la perte de son fils. Il traîna quelque temps sa douleur dans les montagnes d'Écosse, et mourut le 18 août 1803, à l'âge de soixante-huit ans. Beattie a publié, outre son poëme du *Minstrel*, d'autres poésies très-remarquables par le sentiment mélancolique dont elles sont empreintes. (*Note de l'Éditeur.*)

(2) FONTANES.

parlent de lacs semblables à des mers, de cataractes qui tombent du ciel, de forêts dont on ne peut sonder la profondeur, l'esprit est bien plus fortement ému que lorsqu'un marchand anglais ou un savant moderne vous apprend qu'il a pénétré jusqu'à l'océan Pacifique, et que la chute du Niagara n'a que cent quarante-quatre pieds de hauteur.

Ce que nous gagnons en connaissance, nous le perdons en sentiment. Les vérités géométriques ont tué certaines vérités de l'imagination bien plus importantes à la morale qu'on ne pense. Quels étaient les premiers voyageurs dans la belle antiquité? C'étaient les législateurs, les poëtes et les héros; c'étaient Jacob, Lycurgue, Pythagore, Homère, Hercule, Alexandre : *dies peregrinationis* (1). Alors tout était prodige sans cesser d'être réalité, et les espérances de ces grandes âmes aimaient à dire : « Là-bas la terre inconnue! la « terre immense! » *Terra ignota! terra immensa!* Nous avons naturellement la haine des bornes; je dirais presque que le globe est trop petit pour l'homme, depuis qu'il en a fait le tour. Si la nuit est plus favorable que le jour à l'inspiration et aux vastes pensées, c'est qu'en cachant toutes les limites, elle prend l'air de l'immensité.

Les voyageurs français et les voyageurs anglais semblent, comme les guerriers de ces deux nations, s'être partagé l'empire de la terre et de l'onde. Les derniers n'ont rien à opposer aux Tavernier, aux Chardin, aux Parennin, aux Charlevoix; ils n'ont point de monument tel que les *Lettres édifiantes*; mais les premiers, à leur tour, n'ont point d'Anson, de Byron, de Cook, de Vancouver. Les voyageurs français ont plus fait pour la connaissance des mœurs et des coutumes des peuples : νόον ἔγνω, *mores cognovit;* les voyageurs anglais ont été plus utiles aux progrès de la géographie universelle : ἐν πόντῳ πάθεν, *in mari passus est* (2). Ils partagent, avec les Espagnols et les Portugais, la gloire d'avoir ajouté de nouvelles mers et de nouveaux continents au globe, et d'avoir fixé les limites de la terre.

Les prodiges de la navigation sont peut-être ce qui donne une plus haute idée du génie de l'homme. On frissonne et on admire lorsqu'on voit Colomb s'enfonçant dans les solitudes d'un océan inconnu, Vasco de Gama doublant le cap des Tempêtes, Magellan sortant d'une vaste mer pour entrer dans une mer plus vaste encore, Cook volant d'un pôle à l'autre, et, resserré de toutes parts par les rivages du globe, ne trouvant plus de mers pour ses vaisseaux!

Quel beau spectacle n'offre point cet illustre navigateur cherchant de nouvelles terres, non pour en opprimer les habitants, mais pour les secourir et les éclairer; portant à de pauvres Sauvages les nécessités de la vie, jurant concorde et amitié, sur leurs rives charmantes, à ces simples enfants de la nature; semant, parmi les glaces australes, les fruits d'un plus doux climat, en imitant ainsi la Providence, qui prévoit les naufrages et les besoins des hommes!

La mort n'ayant pas permis au capitaine Cook d'achever ses importantes découvertes, le capitaine Vancouver fut chargé, par le gouvernement anglais, de visiter toute la côte américaine depuis la Californie jusqu'à la rivière de

(1) *Genèse.* (2) *Odyss.*

Cook, et de lever les doutes qui pouvaient rester encore sur un passage au nord-ouest du Nouveau-Monde. Tandis que cet habile marin remplissait sa mission avec autant d'intelligence que de courage, un autre voyageur anglais, parti du Haut-Canada, s'avançait à travers les déserts et les forêts jusqu'à la mer Boréale et l'océan Pacifique.

M. Mackenzie, dont je vais faire connaître les travaux, ne prétend ni à la gloire du savant ni à celle de l'écrivain. Simple traficant de pelleteries parmi les Indiens, il ne donne modestement son Voyage que pour le journal de sa route.

Le 15, le vent soufflait de l'ouest: nous fîmes quatre milles au sud, deux milles au sud-ouest, etc. Le fleuve était rapide: nous eûmes un portage, nous vîmes des huttes abandonnées; le pays était fertile ou aride; nous traversâmes des plaines ou des montagnes; il tomba de la neige; mes gens étaient fatigués; ils voulurent me quitter; je fis une observation astronomique, etc., etc.

Tel est à peu près le style de M. Mackenzie. Quelquefois cependant il interrompt son journal pour décrire une scène de la nature, ou les mœurs des Sauvages; mais il n'a pas toujours l'art de faire valoir ces petites circonstances si intéressantes dans les récits de nos missionnaires. On connaît à peine les compagnons de ses fatigues; point de transports en découvrant la mer, but si désiré de l'entreprise; point de scènes attendrissantes lors du retour. En un mot, le lecteur n'est point embarqué dans le canot d'écorce avec le voyageur, et ne partage point avec lui ses craintes, ses espérances et ses périls.

Un plus grand défaut encore se fait sentir dans l'ouvrage; il est malheureux qu'un simple journal de voyage manque de méthode et de clarté. M. Mackenzie expose confusément son sujet. Il n'apprend point au lecteur quel est ce fort *Chipiouyan* d'où il part; où en étaient les découvertes lorsqu'il a commencé les siennes; si l'endroit où il s'arrête à l'entrée de la mer Glaciale était une baie, ou simplement une expansion du fleuve, comme on est tenté de le soupçonner; comment le voyageur est certain que cette grande rivière de l'ouest, qu'il appelle *Tacoutché-Tessé*, est la rivière de *Colombia,* puisqu'il ne l'a pas descendue jusqu'à son embouchure; comment il se fait que la partie du cours de ce fleuve qu'il n'a pas visitée soit cependant marquée sur sa carte, etc., etc.

Malgré ces nombreux défauts, le mérite du journal de M. Mackenzie est fort grand; mais il a besoin de commentaires, soit pour donner une idée des déserts que le voyageur traverse, et colorer un peu la maigreur et la sécheresse de son récit, soit pour éclaircir quelques points de géographie. Je vais essayer de remplir cette tâche auprès du lecteur.

L'Espagne, l'Angleterre et la France doivent leurs possessions américaines à trois Italiens : *Colomb, Gabot* et *Verazani.* Le génie de l'Italie, enseveli sous des ruines, comme les géants sous les monts qu'ils avaient entassés, semble se réveiller quelquefois pour étonner le monde. Ce fut vers l'an 1523 que François Ier donna ordre à *Jean Verazani* d'aller découvrir de nouvelles terres. Ce navigateur reconnut plus de six cents lieues de côtes le long de l'Amérique septentrionale, mais il ne fonda point de colonie.

Jacques Cartier, son successeur, visita tout le pays appelé ***Kannata*** par les

Sauvages, c'est-à-dire *amas de cabanes* (1). Il remonta le grand fleuve qui reçut de lui le nom de *Saint-Laurent*, et s'avança jusqu'à l'île de *Montréal*, qu'on nommait alors *Hochelaga*.

M. de Roberval obtint, en 1540, la vice-royauté du Canada. Il y transporta plusieurs familles avec son frère, que François Ier avait surnommé *le gendarme d'Annibal*, à cause de sa bravoure; mais ayant fait naufrage en 1540, « avec « eux tombèrent, dit Charlevoix, toutes les espérances qu'on avait conçues de « faire un établissement en Amérique, personne n'osant se flatter d'être plus « habile ou plus heureux que ces deux braves hommes. »

Les troubles qui peu de temps après éclatèrent en France, et qui durèrent cinquante années, empêchèrent le gouvernement de porter ses regards au dehors. Le génie de Henri IV ayant étouffé les discordes civiles, on reprit avec ardeur le projet d'un établissement au Canada. Le marquis de La Roche s'embarqua en 1598, pour tenter de nouveau la fortune; mais son expédition eut une fin désastreuse. M. Chauvin succéda à ses projets et à ses malheurs. Enfin, le commandeur de Chatte s'étant chargé, vers l'an 1603, de la même entreprise, en donna la direction à Samuel de Champelain, dont le nom rappelle le fondateur de Québec, et le père des colonies françaises dans l'Amérique septentrionale.

Depuis ce moment les jésuites furent chargés du soin de continuer les découvertes dans l'intérieur des forêts canadiennes. Alors commencèrent ces fameuses missions qui étendirent l'empire français des bords de l'Atlantique et des glaces de la baie d'Hudson aux rivages du golfe Mexicain. Le père *Biart* et le père *Enemond-Masse* parcoururent toute l'Acadie; le père *Joseph* s'avança jusqu'au lac Nipissing, dans le nord du Canada; les pères *de Brébeuf* et *Daniel* visitèrent les magnifiques déserts des Hurons, entre le lac de ce nom, le lac Michigan et le lac Érié; le père *de Lamberville* fit connaître le lac Ontario et les cinq cantons iroquois. Attirés par l'espoir du martyre et par le récit des souffrances qu'enduraient leurs compagnons, d'autres ouvriers évangéliques arrivèrent de toutes parts, et se répandirent dans toutes les solitudes. « On les envoyait, dit l'historien de la Nouvelle-France, et ils allaient avec « joie... ; ils accomplissaient la promesse du Sauveur du monde, de faire an- « noncer son Évangile par toute la terre. »

La découverte de l'*Ohio* et du *Meschacébé* à l'occident, du *lac Supérieur* et du *lac des Bois* au nord-ouest, du fleuve *Bourbon* et de la côte intérieure de la baie de *James* au nord, fut le résultat de ces courses apostoliques. Les missionnaires eurent même connaissance de ces *montagnes Rocheuses* (2), que M. Mackenzie a franchies pour se rendre à l'océan Pacifique, et du grand fleuve qui devait couler à l'ouest : c'est le fleuve Colombia. Il suffit de jeter les yeux sur les anciennes cartes des jésuites, pour se convaincre que je n'avance ici que la vérité.

Toutes les grandes découvertes étaient donc faites ou indiquées dans l'inté-

(1) Les Espagnols avaient certainement découvert le Canada avant Jacques Cartier et Verazani, et quelques auteurs prétendent que le nom CANADA vient des deux mots espagnols ACA, NADA.

(2) Ils les appellent les montagnes des Pierres brillantes.

rieur de l'Amérique septentrionale lorsque les Anglais sont devenus les maîtres du Canada. En imposant de nouveaux noms aux lacs, aux montagnes, aux fleuves et aux rivières, ou en corrompant les anciens noms français, ils n'ont fait que jeter du désordre dans la géographie. Il n'est pas même bien prouvé que les latitudes et les longitudes qu'ils ont données à certains lieux soient plus exactes que les latitudes et les longitudes fixées par nos savants missionnaires (1). Pour se faire une idée nette du point de départ et des voyages de M. Mackenzie, voici donc peut-être ce qu'il est essentiel d'observer.

Les missionnaires français et les coureurs canadiens avaient poussé les découvertes jusqu'au lac *Ouinipic* ou *Ouinipigon* (2), à l'ouest, et jusqu'au lac des *Assiniboïsl* ou *Cristinaux*, au nord. Le premier semble être le lac de *l'Esclave* de M. Mackenzie.

La société anglo-canadienne, qui fait le commerce des pelleteries, a établi une factorerie au Chipiouyan (3), sur un lac appelé le *lac des Montagnes*, et qui communique au lac de l'Esclave par une rivière.

Du lac de l'Esclave sort un fleuve qui coule au nord, et que M. Mackenzie a nommé de son nom. Le fleuve Mackenzie se jette dans la mer du pôle par le 69° 14' de latitude septentrionale, et les 135° de longitude ouest, méridien de Greenwich.

La découverte de ce fleuve et sa navigation jusqu'à l'océan Boréal sont l'objet du premier voyage de M. Mackenzie. Parti du fort Chipiouyan le 3 de juin 1789, il est de retour à ce fort le 12 de septembre de la même année.

Le 10 d'octobre 1792, il part une seconde fois du fort Chipiouyan, pour faire un nouveau voyage. Dirigeant sa course à l'ouest, il traverse le lac des Montagnes, et remonte une rivière appelée *Oungigah*, ou la rivière de la Paix. Cette rivière prend sa source dans les montagnes Rocheuses. Un grand fleuve, descendant du revers de ces montagnes, coule à l'ouest, et va se perdre dans l'océan Pacifique. Ce fleuve s'appelle *Tacoutché-Tessé*, ou la rivière de Colombia.

La connaissance du passage de la rivière de la Paix, dans celle de Colombia, la facilité de la navigation de cette dernière, du moins jusqu'à l'endroit où M. Mackenzie abandonna son canot pour se rendre par terre à l'océan Pacifique : telles sont les découvertes qui résultent de la seconde expédition du voyageur. Après une absence de onze mois, il revint au lieu de son départ.

Il faut observer que la rivière de la Paix, sortant des montagnes Rocheuses pour se jeter dans un bras du lac des Montagnes, que le lac des Montagnes communiquant au lac de l'Esclave par une rivière qui porte ce dernier nom ; que le lac de l'Esclave, à son tour, versant ses eaux dans l'Océan Boréal par le fleuve Mackenzie, il en résulte que la rivière de la Paix, la rivière de l'Esclave, et le fleuve Mackenzie, ne sont réellement qu'un seul fleuve qui sort

(1) M. Arrowsmith est à présent le géographe le plus célèbre en Angleterre : si l'on prend sa grande carte des États-Unis, et qu'on la compare aux dernières cartes d'Imley, on y trouvera une prodigieuse différence, surtout dans la partie qui s'étend entre les lacs du Canada et l'Ohio ; les cartes des missionnaires, au contraire, se rapprochent beaucoup des cartes d'Imley.

(2) Les cartes françaises le placent au 50e degré de latitude nord, et les cartes anglaises au 53e.

(3) 58° 40' latitude nord, et 10° 30' longitude ouest, méridien de Greenwich.

des montagnes Rocheuses à l'ouest, et se précipite au nord dans la mer du pôle. Partons maintenant avec le voyageur, et descendons avec lui le fleuve Mackenzie jusqu'à cette mer hyperborée.

« Le mercredi 3 juin 1789, à neuf heures du matin, je partis du fort Chipiouyan, situé « sur la côte méridionale du lac des Montagnes. J'étais embarqué dans un canot d'écorce « de bouleau, et j'avais pour conducteur un Allemand et quatre Canadiens, dont deux étaient « accompagnés de leurs femmes.

« Un Indien, qui portait le titre de chef anglais, me suivait dans un petit canot, avec ses « deux femmes; et deux autres jeunes Indiens, ses compagnons, étaient dans un autre « petit canot. Les Sauvages s'étaient engagés à me servir d'interprètes et de chasseurs. Le « premier avait autrefois accompagné le chef qui conduisit M. Hearne à la rivière des « Mines de cuivre. »

M. Mackenzie traverse le lac des Montagnes, entre dans la rivière de l'Esclave, qui le conduit au lac du même nom, côtoie le rivage septentrional de ce lac, et découvre enfin le fleuve Mackenzie.

« Le cours du fleuve prend une direction à l'ouest et dans un espace de vingt-quatre « milles; son lit se rétrécit graduellement, et finit par n'avoir qu'un demi-mille de large.

« Depuis le lac jusque-là, les terres du côté du nord sont basses et couvertes d'arbres; « le côté du sud est plus élevé, mais il y a aussi beaucoup de bois. . . . . Nous y vîmes « beaucoup d'arbres renversés et noircis par le feu, au milieu desquels s'élevaient de jeunes « peupliers qui avaient poussé depuis l'incendie. Une chose très-digne de remarque, c'est « que lorsque le feu dévore une forêt de sapins et de bouleaux, il y croît des peupliers, « quoique auparavant il n'y eût dans le même endroit aucun arbre de cette espèce. »

Les naturalistes pourront contester l'exactitude de cette observation à M. Mackenzie, car en Europe tout ce qui dérange nos systèmes est traité d'ignorance ou de rêve de l'imagination; mais ce que les savants ne peuvent nier, et ce que tout l'art ne saurait peindre, c'est la beauté du cours des eaux dans les solitudes du Nouveau-Monde. Qu'on se représente un fleuve immense, coulant au travers des plus épaisses forêts; qu'on se figure tous les accidents des arbres qui accompagnent ses rives : des chênes-saules, tombés de vieillesse, baignent dans les flots leur tête chenue; des planes d'occident se mirent dans l'onde avec les écureuils noirs, et les hermines blanches, qui grimpent sur leurs troncs, ou se jouent dans leurs lianes; des sycomores du Canada se réunissent en groupes; des peupliers de la Virginie croissent solitaires, ou s'allongent en mobile avenue. Tantôt une rivière, accourant du fond du désert, vient former avec le fleuve, au carrefour d'une pompeuse futaie, un confluent magnifique; tantôt une cataracte bruyante tapisse le flanc des monts de ses voiles d'azur. Les rivages fuient, serpentent, s'élargissent, se resserrent : ici ce sont des rochers qui surplombent; là de jeunes ombrages dont la cime est nivelée, comme la plaine qui les nourrit. De toutes parts règnent des murmures indéfinissables : il y a des grenouilles qui mugissent comme des taureaux (1); il y en a d'autres qui vivent dans le tronc des vieux saules (2), et

(1) Bull-Frog. (2) Tree-Frog.

dont le cri répété ressemble tour à tour au tintement de la sonnette d'une brebis et à l'aboiement d'un chien (1); le voyageur, agréablement trompé dans ces lieux sauvages, croit approcher de la chaumière d'un laboureur, et entendre les murmures et la marche d'un troupeau. Enfin de vastes harmonies élevées tout à coup par les vents, remplissent la profondeur des bois, comme le chœur universel des Hamadryades; mais bientôt ces concerts s'affaiblissent et meurent graduellement dans la cime de tous les cèdres et de tous les roseaux, de sorte que vous ne sauriez dire le moment même où les bruits se perdent dans le silence, s'ils durent encore, ou s'ils ne sont plus que dans votre imagination.

M. Mackenzie, continuant à descendre le fleuve, rencontre bientôt des Sauvages de la tribu des Indiens-Esclaves. Ceux-ci lui apprennent qu'il trouvera plus bas, sur le cours des eaux, d'autres Indiens appelés Indiens-Lièvres; et enfin plus bas encore, en approchant de la mer, la nation des Esquimaux.

« Pendant le peu de temps que nous restâmes avec cette petite peuplade, les naturels cher-
« chèrent à nous amuser en dansant au son de leurs voix.... Ils sautaient, et prenaient
« diverses postures.... Les femmes laissaient pendre leurs bras, comme si elles n'avaient
« pas eu la force de les remuer. »

Les chants et les danses des Sauvages ont toujours quelque chose de mélancolique ou de voluptueux. « Les uns jouent de la flûte, dit le père du Tertre, « les autres chantent, et forment une espèce de musique qui a bien de la dou- « ceur, à leur goût. » Selon Lucrèce, on cherchait à rendre avec la voix le gazouillement des oiseaux, longtemps avant que de doux vers, accompagnés de la lyre, charmassent l'oreille des hommes.

Atque liquidas avium voces imitatore
Ante fuit multo quam lævia carmina cantu
Concelebrare homines possent, auresque juvare.

Quelquefois vous voyez une pauvre Indienne dont le corps est tout courbé par l'excès du travail et de la fatigue, et un chasseur qui ne respire que la gaieté. S'ils viennent à danser ensemble, vous êtes frappé d'un contraste étonnant: la première se redresse et se balance avec une mollesse inattendue; le second fait entendre les chants les plus tristes. La jeune femme semble vouloir imiter les ondulations gracieuses des bouleaux de son désert, et le jeune homme, les murmures plaintifs qui s'échappent de leurs cimes.

Lorsque les danses sont exécutées au bord d'un fleuve, dans la profondeur des bois; que des échos inconnus répètent pour la première fois les soupirs d'une voix humaine; que l'ours des déserts regarde du haut de son rocher ces jeux de l'homme sauvage, on ne peut s'empêcher de trouver quelque chose de grand dans la rudesse même du tableau, de s'attendrir sur la destinée de cet

(1) « Elles font leurs petits dans les souches d'arbres à moitié pourris... elles ne coassent pas comme celles d'Eu-
« rope, mais pendant la nuit elles aboient comme des chiens. » (Le père DU TERTRE, *Hist. naturelle des Antilles*, tom. III.)

enfant de la nature, qui naît inconnu du monde, danse un moment dans des vallées où il ne repassera jamais, et bientôt cache sa tombe sous la mousse de ces déserts, qui n'a pas même gardé l'empreinte de ses pas; *Fuissem quasi non essem* (1)!

En passant sous des montagnes stériles, le voyageur aborde au rivage, et gravit des roches escarpées avec un de ses chasseurs indiens.

« Mais, dit-il, nous n'étions pas à moitié chemin du sommet, que nous fûmes assaillis « par une si grande quantité de maringouins, que nous ne pûmes pas aller plus loin. Je « remarquai que la chaîne des monts se terminait en cet endroit. »

Quatre chaînes de montagnes forment les quatre grandes divisions de l'Amérique septentrionale.

La première, partant du Mexique, et n'étant que le prolongement de la chaîne des Andes, qui traverse l'isthme de Panama, s'étend du midi au nord, le long de la grande mer du Sud, en s'abaissant toujours jusqu'à la rivière de Cook: M. Mackenzie l'a franchie, sous le nom de *montagnes Rocheuses*, entre la source de la rivière de la Paix et de la rivière Colombia, en se rendant à l'océan Pacifique.

La seconde chaîne commence aux Apalaches, sur le bord oriental du Meschacébé, se prolonge au nord-est, sous les noms divers d'*Alleganys*, de *montagnes Bleues*, de *montagnes des Lauriers*, derrière les Florides, la Virginie, la Nouvelle-Angleterre, et va par l'intérieur de l'Acadie aboutir au golfe Saint-Laurent. Elle divise les eaux qui tombent dans l'Atlantique de celles qui grossissent le Meschacébé, l'Ohio et les lacs du Canada inférieur.

Il est à croire que cette chaîne bordait autrefois l'Atlantique, et lui servait de barrière, comme la première chaîne borde encore l'océan Indien. Vraisemblablement l'ancien continent de l'Amérique ne commençait que derrière ces montagnes. Du moins les trois différents niveaux de terrain, marqués si régulièrement depuis les plaines de la Pensylvanie jusqu'aux savanes des Florides, semblent indiquer que ce sol fut à différentes époques couvert et puis abandonné par les eaux.

Vis-à-vis le rivage du golfe Saint-Laurent (où, comme je l'ai dit, cette seconde chaîne vient se terminer), s'élève, sur la côte du Labrador, une troisième chaîne presque aussi longue que les deux premières. Elle court d'abord au sud-ouest jusqu'à l'Outaonas, en formant la double source des fleuves qui se précipitent dans la baie d'Hudson, et de ceux qui portent le tribut de leurs ondes au golfe Saint-Laurent. De là, tournant au nord-ouest, et longeant la côte septentrionale du lac Supérieur, elle arrive au lac Saint-Anne, où elle forme une fourche sud-ouest et nord-ouest.

Son bras méridional passe au sud du grand lac Ouinipic, entre les marais qui fournissent la rivière d'Albaine, à la baie de James, et les fontaines d'où sort le Meschacébé, pour se rendre au golfe Mexicain.

(1) Job.

Son bras septentrional rasant le lac du Cygne, la factorerie d'Onasburgk, et traversant la rivière de Severn, atteint le fleuve du port Nelson en passant au nord du lac Ouinipic, et vient se nouer enfin à la quatrième chaînc des montagnes.

Celle-ci, moins étendue que toutes les autres, prend naissance vers les bords de la rivière Susfçatchiouayne, se déploie au nord-est entre la rivière de l'Élan et la rivière Churchill, s'allonge au nord jusque vers le 57e degré de latitude, se partage en deux branches, dont l'une, continuant à remonter au septentrion, atteint les côtes de la mer Glaciale, tandis que l'autre, courant à l'ouest, rencontre le fleuve Mackenzie. Les neiges éternelles dont ces montagnes sont couronnées, nourrissent d'un côté les rivières qui descendent dans le nord de la baie d'Hudson, et de l'autre celles qui s'engloutissent dans l'océan Boréal.

Ce fut une des cimes de cette dernière chaîne que M. Mackenzie voulut gravir avec son chasseur. Ceux qui n'ont vu que les Alpes et les Pyrénées ne peuvent se former une idée de l'aspect de ces solitudes hyperboréennes, de ces régions désolées, où l'on voit, comme après le déluge, « *de rares animaux errer sur* « *des montagnes inconnues :* »

Rara per ignotos errant animalia montes.

Des nuages, ou plutôt des brouillards humides, fument sans cesse autour des sommets de ces monts déserts. Quelques rochers battus par des pluies éternelles percent de leurs flancs noircis ces vapeurs blanchâtres, et ressemblent par leurs formes et leur immobilité à des fantômes qui se regardent dans un affreux silence.

Entre les gorges de ces montagnes on aperçoit de profondes vallées de granit, revêtues de mousses où coule quelque torrent. Des pins rachitiques, de l'espèce appelée *spruce* par les Anglais, et de petits étangs d'eau saumâtre, loin de varier la monotonie du tableau, en augmentent l'uniformité et la tristesse. Ces lieux ne retentissent que du cri extraordinaire de l'oiseau des terres boréales. De beaux cygnes qui nagent sur ces eaux sauvages, des bouquets de framboisiers qui croissent à l'abri d'un roc, sont là comme pour consoler le voyageur, et l'empêcher d'oublier cette Providence qui sait répandre des grâces et des parfums jusque sur ces affreuses contrées.

Mais la scène ne se montre dans toute son horreur qu'au bord même de l'Océan. D'un côté s'étendent de vastes champs de glaces contre lesquels se brise une mer décolorée, où jamais n'apparut une voile; de l'autre s'élève une terre bordée de mornes stériles. Le long des grèves on ne voit qu'une triste succession de baies dévastées et de promontoires orageux. Le soir, le voyageur se réfugie dans quelque trou de rocher, dont il chasse l'aigle marin, qui s'envole avec de grands cris. Toute la nuit il écoute avec effroi le bruit des vents que répètent les échos de sa caverne, et les gémissements des glaces qui se fendent sur la rive.

M. Mackenzie arriva au bord de l'océan Boréal le 12 juillet 1789, ou plutôt dans une baie glacée, ou il aperçut des baleines, et où le flux et le reflux se faisaient sentir. Il débarqua sur une île, dont il détermina la latitude au 69° 14' nord; ce fut le terme de son premier voyage. Les glaces, le manque de vivres, et le découragement de ses gens, ne lui permirent pas de descendre jusqu'à la mer, dont il était sans doute peu éloigné. Depuis longtemps le soleil ne se couchait plus pour le voyageur, et il voyait cet astre pâle et élargi tourner tristement autour d'un ciel glacé.

Miserable they
Who, he entangled in the gath'ring ice
Take their last look of the descending sun !
While, full of death, and fierce with tenfold frost,
The long, long night, incumbent o'er their head,
Falls horrible (1).

« Malheureux celui qui, embarrassé dans les glaces croissantes, suit de ses « derniers regards le soleil qui s'enfonce sous l'horizon, tandis que, pleine de « frimas et pleine de mort, la longue, longue nuit, qui pendait sur sa tête, « descend horrible! »

En quittant la baie pour remonter le fleuve et retourner au fort Chipiouyan, M. Mackenzie dépasse quatre établissements indiens, qui semblaient avoir été récemment habités.

« Nous abordâmes, dit le voyageur, une petite île ronde, très-rapprochée de la rive orientale, « et qui, sans doute, avait quelque chose de sacré pour les Indiens, puisque l'endroit le plus « élevé contenait un grand nombre de tombeaux. Nous y vîmes un petit canot, des gamelles, « des baquets, et d'autres ustensiles qui avaient appartenu à ceux qui ne pouvaient plus « s'en servir; car dans ces contrées, ce sont les offrandes accoutumées que reçoivent les « morts. »

M. Mackenzie parle souvent de la religion de ces peuples, et de leur vénération pour les tombeaux. Donc un malheureux Sauvage bénit Dieu sur les glaces du pôle, et tire de sa propre misère des espérances d'une autre vie, tandis que l'homme civilisé renie son âme et son Créateur sous un ciel clément, et au milieu de tous les dons de la Providence.

Ainsi, nous avons vu les habitants de ces contrées danser à la source du fleuve dont le voyageur nous a tracé le cours, et nous trouvons maintenant leurs tombeaux près de la mer, à l'embouchure de ce même fleuve, emblème frappant du cours de nos années, depuis ces fontaines de joie où se plonge notre enfance, jusqu'à cet océan de l'éternité qui nous engloutit. Ces cimetières indiens, répandus dans les forêts américaines, sont des espèces de clairières, ou de petits enclos dépouillés de leurs bois. Le sol en est tout hérissé de monticules de forme conique; et des carcasses de buffles et d'orignaux, ensevelies sous l'herbe, s'y mêlent çà et là à des squelettes humains. J'ai quelquefois vu dans ces lieux un pélican solitaire perché sur un ossement blanchi et à moitié rongé de mousse, semblable, par son silence et son attitude pensive, à un vieux

(1) THOMS. *Winter.*

Sauvage pleurant et méditant sur ces débris. Les coureurs de bois, qui font le commerce de pelleteries; profitent de ces terrains à demi défrichés par la mort, pour y semer en passant différentes sortes de graines. Le voyageur rencontre tout à coup ces colonies de végétaux européens, avec leur port, leur costume étranger, leurs mœurs domestiques, au milieu des plantes natives et sauvages de ce climat lointain. Elles émigrent souvent le long des collines, et se répandent à travers les bois, selon les habitudes et les amours qu'elles ont apportées de leur sol natal; c'est ainsi que des familles exilées choisissent de préférence dans le désert les sites qui leur rappellent la patrie.

Le 12 de septembre 1789, après une absence de cent deux jours, M. Mackenzie se trouve enfin au fort Chipiouyan. Je vais maintenant rendre compte de son voyage à l'océan Pacifique, montrer ce que les sciences et le commerce ont gagné aux découvertes de ce courageux voyageur, et ce qui reste à faire pour compléter la géographie de l'Amérique septentrionale.

J'ai déjà fait observer que la rivière de la Paix, la rivière de l'Esclave et le fleuve Mackenzie ne sont qu'un seul et même fleuve qui prend sa source dans les montagnes Rocheuses, à l'ouest, et se jette, au nord, dans les mers du pôle. C'est en descendant ce fleuve que M. Mackenzie a découvert l'océan Boréal, et c'est en le remontant qu'il est arrivé à l'océan Pacifique.

Le 10 d'octobre 1792, trois ans après son premier voyage, M. Mackenzie part une seconde fois du fort Chipiouyan, traverse le lac des Montagnes, et gagne la rivière de la Paix. Il en refoule les eaux pendant vingt journées, et arrive le 1er de novembre dans un endroit où il se propose de bâtir une maison, et de passer l'hiver. Il emploie toute la saison des glaces à faire le commerce avec les Indiens, et à prendre des renseignements sur son voyage.

« Parmi les Sauvages qui vinrent me visiter, étaient deux Indiens des montagnes Rocheuses.......... Ils prétendirent qu'ils étaient les vrais et seuls indigènes du pays « qu'ils habitaient, ajoutant que celui qui s'étendait de là jusqu'aux montagnes offrait partout, ainsi que le haut de la rivière de la Paix, le même aspect que les environs de ma « résidence; que le pays était rempli d'animaux, mais que la navigation de la rivière était « interrompue près des montagnes et dans les montagnes même, par des écueils multipliés « et de grandes cascades.

« Ces Indiens m'apprirent aussi qu'on trouvait du côté du midi une autre grande rivière « qui courait vers le sud, et sur les bords de laquelle on pouvait se rendre en peu de temps, « en traversant les montagnes.

« Le 20 avril (1793), la rivière était encore couverte de glaces. Sur l'autre rive, on « voyait des plaines charmantes; les arbres bourgeonnaient, et plusieurs plantes commen- « çaient à fleurir. »

Ce qu'on appelle le *grand dégel*, dans l'Amérique septentrionale, offre aux yeux d'un Européen un spectacle non moins pompeux qu'extraordinaire.... Dans les premiers quinze jours du mois d'avril, les nuages, qui jusque-là venaient rapidement du nord-ouest, s'arrêtent peu à peu dans les cieux, et flottent quelque temps incertains de leur course. Le colon sort de sa cabane et va sur ses défrichements examiner le désert. Bientôt on entend un cri : *Voilà la brise du sud-est!* A l'instant un vent tiède tombe sur vos mains et sur votre visage, et les nuages commencent à refluer lentement vers le septentrion. Alors tout change dans les bois et dans les vallées. Les angles moussus des rochers se montrent les premiers sur l'uniforme blancheur des frimas; les flèches rougeâtres des sapins apparaissent ensuite, et de précoces arbrisseaux remplacent, par des festons de fleurs, les cristaux glacés qui pendent à leur cime.

La nature aux approches du soleil, entr'ouvre par degrés son voile de neige. Les poëtes américains pourront un jour la comparer à une épouse nouvelle, qui dépouille timidement et comme à regret sa robe virginale, décelant en partie et essayant encore de cacher ses charmes à son époux.

C'est alors que les Sauvages dont M. Mackenzie allait visiter les déserts sortent avec joie de leurs cavernes. Comme les oiseaux de leurs climats, l'hiver les rassemble en troupe; et le printemps les disperse : chaque couple retourne à son bois solitaire, pour bâtir son nouveau nid et chanter ses nouvelles amours.

Cette saison, qui met tout en mouvement dans les forêts américaines, donne le signal du départ à notre voyageur. Le jeudi 9 mai 1793, M. Mackenzie s'embarque dans un canot d'écorce avec sept Canadiens et deux chasseurs sauvages. Si des bords de la rivière de la Paix il avait pu voir alors ce qui se passait en Europe chez une grande nation civilisée, la hutte de l'Esquimau lui eût semblé préférable au palais des rois, et la solitude au commerce des hommes.

Le traducteur du voyage de M. Mackenzie observe que les compagnons du marchand anglais, un seul excepté, étaient tous d'origine française. Les Français s'habituent facilement à la vie sauvage, et sont fort aimés des Indiens.

Lorsqu'en 1729 le Canada tomba entre les mains des Anglais, les naturels s'aperçurent bientôt du changement de leurs hôtes.

« Les Anglais, dit le père Charlevoix, dans le peu temps qu'ils furent maîtres du pays, « ne surent pas gagner l'affection des Sauvages : les Hurons ne parurent point à Québec, « les autres, plus voisins de cette capitale, et dont plusieurs, pour des mécontentements « particuliers, s'étaient ouvertement déclarés contre nous à l'approche de l'escadre an- « glaise, s'y montrèrent même assez rarement. Tous s'étaient trouvés un peu déconcertés, « lorsque ayant voulu prendre avec ces nouveaux venus les mêmes libertés que les Fran- « çais ne faisaient aucune difficulté de leur permettre, ils s'aperçurent que ces manières « ne leur plaisaient pas.

« Ce fut bien pis encore au bout de quelque temps, lorsqu'ils se virent chassés à coups de « bâton des maisons, où jusque-là ils étaient entrés aussi librement que dans leurs ca- « banes. Ils prirent donc le parti de s'éloigner; et rien ne les a, dans la suite, attachés « plus fortement à nos intérêts que cette différence de manières et de caractères des deux « peuples qu'ils ont vus s'établir dans leur voisinage. Les missionnaires, qui furent bientôt « instruits de l'impression qu'elle avait déjà faite sur eux, surent bien en profiter pour les « gagner à Jésus-Christ, et pour les affectionner à la nation française. »

Les Français ne cherchent point à civiliser les Sauvages, cela coûte trop de soins; ils aiment mieux se faire Sauvages eux-mêmes. Les forêts n'ont point de chasseurs plus adroits, de guerriers plus intrépides. On les a vus supporter les tourments du bûcher avec une constance qui étonnait jusqu'aux Iroquois, et malheureusement devenir quelquefois aussi barbares que leurs bourreaux. Serait-ce que les extrémités du cercle se rapprochent, et que le dernier degré de la civilisation, comme la perfection de l'art, touche de près la nature? ou plutôt est-ce une sorte de talent universel ou de mobilité de mœurs qui rend le Français propre à tous les climats et à tous les genres de vie? Quoi qu'il en soit, le Français et le Sauvage ont la même bravoure, la même indifférence pour la vie, la même imprévoyance du lendemain, la même haine du travail, la même facilité à se dégoûter des biens qu'ils possèdent, la même constance en amitié, la même légèreté en amour, le même goût pour la danse et pour la guerre, pour les fatigues de la chasse et les loisirs du festin. Ces rapports d'humeur entre le Français et le Sauvage leur donnent un grand penchant l'un pour l'autre, et font aisément de l'habitant de Paris *un coureur de bois* canadien.

M. Mackenzie remonte la rivière de la Paix avec ces Français-Sauvages, et décrit la beauté de la nature autour de lui :

« De l'endroit d'où nous étions partis le matin, jusque-là, la rive occidentale présente le « plus beau paysage que j'aie vu. Le terrain s'élève par gradins à une hauteur considé- « rable, et s'étend à une très-grande distance. A chaque gradin on voit de petits espaces « doucement inclinés, et ces espaces sont entrecoupés de rochers perpendiculaires qui s'é- « lèvent jusqu'au dernier sommet, ou du moins aussi loin que l'œil peut le distinguer. Ce « spectacle magnifique est décoré de toutes les espèces d'arbres, est peuplé de tous les « genres d'animaux que puisse produire le pays. Des bouquets de peupliers varient la « scène, et dans les intervalles paissent de nombreux troupeaux de buffles et d'élans. Ces « derniers cherchent toujours les hauteurs et les sites escarpés, tandis que les autres pré- « fèrent les plaines.

« Lorsque je traversai ce canton, les femelles des buffles étaient suivies par leurs petits, « qui bondissaient autour d'elles, et les femelles d'élans ne devaient pas tarder à avoir des « faons. Toute la campagne se parait de la plus riche verdure ; les arbres qui fleurissent « étaient prêts à s'épanouir, et le velouté de leurs branches, réfléchissant le soir et le « matin les rayons obliques de l'astre du jour, ajoutait à ce spectacle une magnificence que « nos expressions ne peuvent rendre. »

Ces paysages en amphithéâtre sont assez communs en Amérique. Aux environs d'Apalachucla, dans les Florides, le terrain, à partir du fleuve Chata-Uche, s'élève graduellement, et monte dans les airs en se retirant à l'horizon; mais ce n'est pas par une inclinaison ordinaire, comme celle d'une vallée ; c'est par des terrasses posées régulièrement les unes au-dessus des autres, comme les jardins artificiels de quelque puissant potentat. Ces terrasses sont plantées d'arbres divers, et arrosées d'une multitude de fontaines, dont les eaux, exposées au soleil levant, brillent parmi les gazons, ou ruissellent en filets d'or le long des roches moussues. Des blocs de granit surmontent cette vaste structure, et sont eux-mêmes dominés par de grands sapins. Lorsque du bord de la rivière vous découvrez cette superbe échelle et la cime des rochers qui la couronnent au-dessus des nuages, vous croiriez voir le sommet des colonnes du temple de la nature, et le magnifique perron qui y conduit.

Le voyageur arrive au pied des montagnes Rocheuses, et s'engage dans leurs détours. Les obstacles et les périls se multiplient; là on est obligé de porter les bagages par terre, pour éviter des cataractes et des *rapides*; ici on refoule l'impétuosité du courant, en halant péniblement le canot avec une cordelle.

Il faut entendre M. Mackenzie lui-même :

« Quand le canot fut rechargé, moi et ceux de mes gens qui n'avaient pas besoin d'y
« rester, nous suivîmes le bord de la rivière..... J'étais si élevé au-dessus de l'eau, que
« les hommes qui conduisaient le canot et doublaient une pointe ne purent pas m'entendre
« lorsque je leur criai de toute ma force de mettre à terre une partie de la cargaison, pour
« alléger le canot.

« Je ne pus alors m'empêcher d'éprouver beaucoup d'anxiété en voyant combien mon
« entreprise était hasardeuse. La rupture de la cordelle, ou un faux pas de ceux qui la ti-
« raient, aurait fait perdre le canot et tout ce qui était dedans. Il franchit l'écueil sans ac-
« cident; mais il fut bientôt exposé à de nouveaux périls. Des pierres, les unes grosses, les
« autres petites, roulaient sans cesse du haut des rochers, de sorte que ceux qui halaient
« le canot au-dessus couraient le plus grand risque d'être écrasés; en outre, la pente du
« terrain les exposait à tomber dans l'eau à chaque pas. En les voyant, je tremblais; et
« quand je les perdais de vue, mon inquiétude ne me quittait pas. »

Tout le passage de M. Mackenzie à travers les montagnes Rocheuses est d'un grand intérêt. Tantôt, pour se frayer un chemin, il est forcé d'abattre des forêts, et de tailler des marches dans les hautes falaises; tantôt il saute de rochers en rochers au péril de ses jours, et reçoit l'un après l'autre ses compagnons sur ses épaules. La cordelle se rompt, le canot heurte des écueils; les Canadiens se découragent, et refusent d'aller plus loin. En vain M. Mackenzie s'égare dans le désert pour découvrir le passage au fleuve de l'ouest; quelques coups de fusil, qu'il entend avec effroi retentir dans ces lieux solitaires, lui font supposer l'approche des Sauvages ennemis.

Il monte sur un grand arbre; mais il n'aperçoit que des monts couronnés de neige, au milieu de laquelle on distingue quelques bouleaux flétris, et au-dessous des bois qui se prolongent sans fin.

Rien n'est triste comme l'aspect de ces bois, vus du sommet des montagnes, dans le Nouveau-Monde. Les vallées que vous avez traversées, et que vous dominez de toutes parts, apparaissent au-dessous de vous régulièrement ondées, comme les houles de la mer après une tempête. Elles semblent diminuer de largeur à mesure qu'elles s'éloignent. Les plus voisines de votre œil sont d'un vert rougeâtre; celles qui suivent prennent une légère teinte d'azur; et les dernières forment des zones parallèles d'un bleu céleste.

M. Mackenzie descend de son arbre, et cherche à rejoindre ses compagnons. Il ne voit point le canot au bord de la rivière : il tire des coups de fusil, mais on ne répond point à son signal. Il va, revient, monte et descend le long du fleuve. Il retrouve enfin ses amis; mais ce n'est qu'après vingt-quatre heures d'angoisses et de mortelles inquiétudes. Il ne tarde pas à rencontrer quelques Sauvages. Interrogés par le voyageur, ils feignent d'abord d'ignorer l'existence du fleuve de l'ouest; mais un vieillard, bientôt gagné par les caresses et les présents de M. Mackenzie, lui dit, en montrant de la main le haut de la rivière de la Paix :

« Il ne faut traverser que trois petits lacs et autant de portages pour at-
« teindre à une petite rivière qui se jette dans la grande. »

Qu'on juge des transports du voyageur à cette heureuse nouvelle! Il se hâte de se rembarquer avec un Indien, qui consent à lui servir de guide jusqu'au fleuve inconnu. Bientôt il quitte la rivière de la Paix, entre dans une autre petite rivière qui sort d'un lac voisin, traverse ce lac, et de lacs en lacs, de rivières en rivières, après un naufrage et divers accidents, il se trouve enfin, le 18 de juin 1793, sur le Tacoutché-Tessé, ou le fleuve Colombia, qui porte ses eaux à l'océan Pacifique.

Entre deux chaînes de montagnes s'étend une superbe vallée qu'ombragent des forêts de peupliers, de cèdres et de bouleaux. Au-dessus de ces forêts montent des colonnes de fumée qui décèlent au voyageur les invisibles habitants de ces déserts. Des argiles rouges et blanches, placées dans l'escarpement des montagnes, imitent çà et là des ruines d'anciens châteaux. Le fleuve Colombia serpente au milieu de ces belles retraites; et, sur les îles nombreuses qui divisent son cours, on voit de grandes cabanes à moitié cachées dans des bocages de pins, où les naturels viennent passer les jours de l'été.

Quelques Sauvages s'étant montrés sur la rive, le voyageur s'en approcha, et parvint à tirer d'eux quelques renseignements utiles.

« La rivière, dont le cours est très-étendu, lui dirent les indigènes, va vers le soleil du « midi; et selon ce que nous avons appris, des hommes blancs bâtissent des maisons à son « embouchure. Les eaux coulent avec une force toujours égale; mais il y a trois endroits « où les cascades et des courants extrêmement rapides en interceptent la navigation. Dans « les trois endroits, les eaux se précipitent par-dessus des rochers perpendiculaires, « beaucoup plus hauts et plus escarpés que dans le haut de la rivière; mais, indépendam- « ment des difficultés et des dangers de la navigation, il faut combattre les divers habitants « de ces contrées, qui sont très-nombreux. »

Ces détails jetèrent M. Mackenzie dans une grande perplexité, et découragèrent de nouveau ses compagnons. Il cacha le mieux qu'il put son inquiétude, et suivit encore pendant quelque temps le cours des eaux. Il rencontra d'autres indigènes qui lui confirmèrent le récit des premiers, mais qui lui dirent que s'il voulait quitter le fleuve, et marcher droit au couchant à travers les bois, il arriverait en peu de jours à la mer par un chemin fort aisé, et fort connu des Sauvages.

M. Mackenzie se détermine à prendre aussitôt cette nouvelle route. Il remonte le fleuve jusqu'à l'embouchure d'une petite rivière qu'on lui avait indiquée, et, laissant là son canot, il s'enfonce dans les bois, sur la foi d'un Sauvage qui lui servait de guide, et qui, au moindre caprice, pouvait le livrer à des hordes ennemies, ou l'abandonner au milieu des déserts.

Chaque Canadien portait sur ses épaules une charge de quatre-vingt-dix livres, indépendamment de son fusil, d'un peu de poudre et de quelques balles. M. Mackenzie, outre ses armes et son télescope, portait lui-même un fardeau de vivres et de quincailleries, du poids de soixante-dix livres.

La nécessité, la fatigue, et je ne sais quelle confiance qu'on acquiert par l'accoutumance des périls, ôtèrent bientôt à nos voyageurs toute inquiétude. Après de longues journées de marche au travers des buissons et des halliers, tantôt exposés à un soleil brûlant, tantôt inondés par de grandes pluies, le soir ils s'endormaient paisiblement au chant des Indiens.

« Il consistait, dit M. Mackenzie, en sons doux, mélancoliques, d'une mé-« lodie assez agréable, et ayant quelque rapport avec le chant de l'Église. » Lorsqu'un voyageur se réveille sous un arbre, au milieu de la nuit, dans les déserts de l'Amérique; qu'il entend le concert lointain de quelques Sauvages, entrecoupé par de longs silences et par le murmure des vents dans la forêt, rien ne lui donne plus l'idée de cette musique aérienne dont parle Ossian, et que les bardes décédés font entendre, aux rayons de la lune, sur les sommets du *Slimora*.

Bientôt nos voyageurs arrivèrent chez des tribus indiennes, dont M. Mackenzie cite des traits de mœurs fort touchants. Il vit une femme presque aveugle, et accablée de vieillesse, que ses parents portaient tour à tour, parce que l'âge l'empêchait de marcher. Dans un autre endroit, une jeune femme avec son enfant lui présenta un vase plein d'eau, au passage d'une rivière, comme Rebecca pencha son vase pour le serviteur d'Abraham au puits de Nachor, et lui dit: *Bibe, quin et camelis tuis dabo potum.* « Buvez, je donnerai « ensuite à boire à vos chameaux. »

J'ai passé moi-même chez une peuplade indienne qui se prenait à pleurer à la vue d'un voyageur, parce qu'il lui rappelait des amis partis pour la *Contrée des Ames*, et depuis longtemps en *voyage*.

« Nos guides, dit M. Mackenzie, ayant aperçu des Indiens. . . . hâtèrent le pas pour « les rejoindre. A leur approche, l'un des étrangers s'avança avec une hache à la main. « C'était le seul homme de la troupe. Il avait avec lui deux femmes et deux enfants. Quand « nous les joignîmes, la plus âgée des femmes, qui probablement était la mère de l'homme, « s'occupait à arracher les mauvaises herbes dans un espace circulaire d'environ cinq « pieds de diamètre, et notre présence n'interrompit point ce travail, prescrit par le res-« pect dû aux morts. C'est dans ce lieu, objet des tendres soins de cette femme, qu'étaient « les restes d'un époux et d'un fils; et toutes les fois qu'elle y passait, elle s'arrêtait pour « leur payer ce pieux tribut. »

Tout est important pour le voyageur des déserts. La trace des pas d'un homme, nouvellement imprimée dans un lieu sauvage, est plus intéressante pour lui que les vestiges de l'antiquité dans les champs de la Grèce. Conduit par les indices d'une peuplade voisine, M. Mackenzie traverse le village d'une nation hospitalière, où chaque cabane est accompagnée d'un tombeau. De là, après avoir franchi des montagnes, il atteint les bords de la rivière du *Saumon*, qui se décharge dans l'océan Pacifique. Un peuple nombreux, plus propre, mieux vêtu et mieux logé que les autres Sauvages, le reçoit avec cordialité. Un vieillard perce la foule et vient le presser dans ses bras; on lui sert un grand festin, on lui fournit des vivres en abondance. Un jeune homme détache un beau manteau de ses épaules, pour le suspendre aux siennes. C'est presque une scène d'Homère.

M. Mackenzie passa plusieurs jours chez cette nation. Il examina le cimetière, qui n'était qu'un grand bois de cèdres où l'on brûlait les morts; et le temple où l'on célébrait deux fêtes chaque année, l'une au printemps, l'autre en automne. Tandis qu'il parcourait le village, on lui amena des malades pour les guérir : naïveté touchante d'un peuple chez qui l'homme est encore cher à l'homme, et qui ne voit qu'un avantage dans la supériorité des lumières, celui de soulager des malheureux.

Enfin le chef de la nation donne au voyageur son propre fils pour l'accompagner, et un canot de cèdre pour le conduire à la mer. Ce chef raconta à M. Mackenzie que, dix hivers auparavant, s'étant embarqué dans le même canot avec quarante Indiens, il avait rencontré sur la côte deux vaisseaux remplis d'hommes blancs; c'était le bon *Toolec*(1), dont le souvenir sera longtemps cher aux peuples qui habitent les bords de l'océan Pacifique.

Le samedi 20 de juillet 1793, à huit heures du matin, M. Mackenzie sortit de la rivière du Saumon, pour entrer dans le bras de mer où cette rivière se jette par plusieurs embouchures. Il serait inutile de le suivre dans la navigation de cette baie, où il trouva partout des traces du capitaine Vancouver. Il observa la latitude à 52° 21' 33", et il écrivit avec du vermillon sur un rocher : *Alexandre Mackenzie est venu du Canada ici par terre, le 22 juillet* 1793.

Les découvertes de ce voyageur offrent deux résultats très-importants, l'un pour le commerce, l'autre pour la géographie. Quant au premier, M. Mackenzie s'en explique lui-même :

« En ouvrant cette communication entre les deux océans, et en formant des établisse-
« ments réguliers dans l'intérieur du pays et aux deux extrémités de la route, ainsi que
« tout le long des côtes et des îles voisines, on serait entièrement maître de tout le com-
« merce des pelleteries de l'Amérique septentrionale, depuis le quarante-huitième degré
« de latitude jusqu'au pôle, excepté la partie de la côte qui appartient aux Russes, dans
« l'océan Pacifique. »

« On peut ajouter à cet avantage celui de la pêche dans les deux mers, et la facilité
« d'aller vendre les pelleteries dans les quatre parties du globe. Tel est le champ ouvert à
« une entreprise commerciale. Les produits de cette entreprise seraient incalculables, si
« elle était soutenue par une partie du crédit et des capitaux dont la Grande-Bretagne
« possède une si grande accumulation. »

Ainsi l'Angleterre voit, par les découvertes de ses voyageurs, s'ouvrir devant elle une nouvelle source de trésors, et une nouvelle route à ses comptoirs des Indes et de la Chine.

Quant aux progrès de la géographie qui, en dernier résultat, tournent également au profit du commerce, le voyage de M. Mackenzie à l'ouest est, sous ce point de vue, moins important que son voyage au nord. Le capitaine Vancouver avait suffisamment prouvé qu'il n'y a point de passage sur la côte occidentale de l'Amérique, depuis Nooatka-Sund jusqu'à la rivière de Cook. Grâce aux travaux de M. Mackenzie, ce qui reste maintenant à faire au nord est très-peu de chose.

Le fond de la baie du Refus se trouve à peu près par les 68° de latitude nord, et les 85° de longitude occidentale, méridien de Greenwich.

(1) Le capitaine Cook.

En 1771, Hearne, parti de la baie d'Hudson, vit la mer à l'embouchure de la rivière des Mines de Cuivre, à peu près par les 69° de latitude, et par les 110° et quelques minutes de longitude.

Il n'y a donc que cinq ou six degrés de longitude entre la mer vue par Hearne et la mer du fond de la baie d'Hudson.

A une latitude si élevée, les degrés de longitude sont fort petits. Supposez-les de douze lieues, vous n'aurez guère plus de soixante-douze lieues à découvrir entre les deux points indiqués.

A cinq degrés de longitude, à l'ouest de l'embouchure de la rivière des Mines de Cuivre, M. Mackenzie vient de découvrir la mer par les 69° 7' nord.

En suivant notre premier calcul, nous n'aurons que soixante lieues de côtes inconnues entre la mer de Hearne et celle de M. Mackenzie (1).

Continuant de toucher à l'occident, nous trouvons enfin le détroit de Behring. Le capitaine Cook s'est avancé au delà de ce détroit jusqu'au 69e ou 70e degré de latitude nord, et au 275e de longitude occidentale. Soixante-douze lieues, ou tout au plus six degrés de longitude, séparent l'océan Boréal de Cook de l'océan Boréal de M. Mackenzie.

Voilà donc une chaîne de points connus, où l'on a vu la mer autour du pôle, sur le côté septentrional de l'Amérique, depuis le fond du détroit de Behring jusqu'au fond de la baie d'Hudson. Il ne s'agit plus que de franchir par terre les trois intervalles qui divisent ces points (et qui ne peuvent pas composer entre eux plus de 250 lieues d'étendue), pour s'assurer que le continent de l'Amérique est borné de toutes parts par l'Océan, et qu'il règne à son extrémité septentrionale une mer peut-être accessible aux vaisseaux.

Me permettra-t-on une réflexion? M. Mackenzie a fait, au profit de l'Angleterre, des découvertes que j'avais entreprises et proposées jadis au gouvernement, pour l'avantage de la France. Du moins le projet de ce voyage, qui vient d'être achevé par un étranger, ne paraîtra plus chimérique. Comme d'autres sollicitent la fortune et le repos, j'avais sollicité l'honneur de porter, au péril de mes jours, des noms français à des mers inconnues, de donner à mon pays une colonie sur l'océan Pacifique, d'enlever les trésors d'un riche commerce à une puissance rivale, et de l'empêcher de s'ouvrir de nouveaux chemins aux Indes.

En rendant compte des travaux de M. Mackenzie, j'ai donc pu mêler mes observations aux siennes, puisque nous nous sommes rencontrés dans les mêmes desseins, et qu'au moment où il exécutait son premier voyage, je parcourais aussi les déserts de l'Amérique; mais il a été secondé dans son entreprise; il avait derrière lui des amis heureux et une patrie tranquille : je n'ai pas eu le même bonheur.

(1) Tous ces calculs ne sont pas exacts, et les découvertes du capitaine Franklin et du capitaine Parry ont répandu une grande clarté sur la géographie de ces régions polaires.

SUR

LA LEGISLATION PRIMITIVE

DE M. LE VICOMTE DE BONALD.

Novembre 1802.

« Peu d'hommes naissent avec une disposition particulière et déterminée à un seul objet, qu'on appelle talent; bienfait de la nature, si des circonstances favorables en secondent le développement, en permettent l'emploi; malheur réel, tourment de l'homme, si elles le contrarient. »

Ce passage est tiré du livre même que nous annonçons aujourd'hui au public. Rien n'est plus touchant et en même temps plus triste que les plaintes involontaires qui échappent quelquefois au *véritable* talent. L'auteur de la *Législation primitive*, comme tant d'écrivains célèbres, semble n'avoir reçu les dons de la nature que pour en sentir les dégoûts. Comme Épictète, il a pu réduire la philosophie à ces deux maximes : « souffrir et s'abstenir, » ἀνέχου καὶ ἀπέχου. C'est dans l'obscure chaumière d'un paysan d'Allemagne, au fond d'une terre étrangère, qu'il a composé sa *Théorie du pouvoir politique et religieux* (1); c'est au milieu de toutes les privations de la vie, et encore sous la menace d'une loi de proscription, qu'il a publié ses observations sur le *Divorce ;* traité admirable, dont les dernières pages surtout sont un modèle de cette éloquence de pensées, bien supérieure à l'éloquence de mots, et qui soumet tout, comme le dit Pascal, par *droit de puissance;* enfin c'est au moment où il va abandonner Paris, les lettres, et pour ainsi dire son génie, qu'il nous donne sa *Législation primitive :* Platon couronna ses ouvrages par ses *Lois*, et Lycurgue s'exila de Lacédémone après avoir établi les siennes. Malheureusement nous n'avons pas, comme les Spartiates, juré d'observer les *saintes* lois de notre nouveau législateur. Mais que M. de Bonald se rassure : quand on joint comme lui l'autorité des bonnes mœurs à l'autorité du génie; quand on n'a aucune de ces faiblesses qui prêtent des armes à la calomnie et consolent la médiocrité, les obstacles tôt ou tard s'évanouissent, et l'on arrive à cette position où le talent n'est plus un *malheur*, mais un *bienfait.*

Les jugements que l'on porte sur notre littérature moderne nous semblent un peu exagérés. Les uns prennent notre jargon scientifique et nos phrases ampoulées pour les progrès des lumières et du génie; selon eux, la langue et la raison ont fait un pas depuis Bossuet et Racine : quel pas! Les autres, au contraire, ne trouvent plus rien de passable; et, si on veut les en croire, nous n'avons pas un seul bon écrivain. Cependant n'est-il pas à peu près certain qu'il y a eu des époques en France où les lettres ont été au-dessous de ce qu'elles sont aujourd'hui? Sommes-nous juges compétents dans cette cause, et pou-

(1) Cet ouvrage, qui parut en 1796, fut supprimé par le Directoire, et n'a pas été réimprimé.

vons-nous bien apprécier les écrivains qui vivent avec nous? Tel auteur contemporain dont nous sentons à peine la valeur sera peut-être un jour la gloire de notre siècle. Combien y a-t-il d'années que les grands hommes du siècle de Louis XIV sont mis à leur véritable place? Racine et La Bruyère furent presque méconnus de leur vivant. Nous voyons Rollin, cet homme plein de goût et de savoir, balancer le mérite de Fléchier et de Bossuet, et faire assez comprendre qu'on donnait généralement la préférence au premier. La manie de tous les âges a été de se plaindre de la rareté des bons écrivains et des bons livres. Que n'a-t-on point écrit contre le *Télémaque*, contre les *Caractères* de La Bruyère, contre les chefs-d'œuvre de Racine! Qui ne connaît l'épigramme sur *Athalie?* D'un autre côté, qu'on lise les journaux du dernier siècle; il y a plus, qu'on lise ce que La Bruyère et Voltaire ont dit eux-mêmes de la littérature de leur temps : pourrait-on croire qu'ils parlent de ces temps où vécurent Fénelon, Bossuet, Pascal, Boileau, Racine, Molière, La Fontaine, J.-J. Rousseau, Buffon et Montesquieu?

La littérature française va changer de face; avec la révolution vont naître d'autres pensées, d'autres vues des choses et des hommes. Il est aisé de prévoir que les écrivains se diviseront. Les uns s'efforceront de sortir des anciennes route; les autres tâcheront de suivre les antiques modèles, mais toutefois en les présentant sous un jour nouveau. Il est assez probable que les derniers finiront par l'emporter sur leurs adversaires, parce qu'en s'appuyant sur les grandes traditions et sur les grands hommes, ils auront des guides bien plus sûrs et des documents bien plus féconds.

M. de Bonald ne contribuera pas peu à cette victoire ; déjà ses idées commencent à se répandre; on les retrouve par lambeaux dans la plupart des journaux et des livres du jour. Il y a de certains sentiments et de certains styles qui sont pour ainsi dire contagieux, et qui (si l'on nous pardonne l'expression) teignent de leurs couleurs tous les esprits. C'est à la fois un bien et un mal : un mal, en ce que cela dégoûte l'écrivain dont on fane la fraîcheur, et dont on rend l'originalité vulgaire; un bien, quand cela sert à répandre des vérités utiles.

Le nouvel ouvrage de M. de Bonald est divisé en quatre parties.

La première (comprise dans le discours préliminaire) traite du rapport des êtres et des principes fondamentaux de la législation;

La seconde considère l'état ancien du *ministère public* en France;

La troisième regarde *l'éducation publique;*

Et la quatrième examine l'état de l'Europe chrétienne et mahométane.

Si dans l'extrait que l'on va donner de la *Législation primitive* on se permet quelquefois de n'être pas de l'opinion de l'auteur, il voudra bien le pardonner. Combattre un homme tel que lui, c'est lui préparer de nouveaux triomphes.

Pour remonter aux principes de la législation, M. de Bonald commence par remonter aux principes des êtres, afin de trouver la loi primitive, exemplaire éternel des lois humaines, qui ne sont bonnes ou mauvaises qu'autant qu'elles se rapprochent ou s'éloignent de cette loi, qui n'est qu'un écoulement de la sagesse divine... *Lex... rerum omnium principem expressa naturam, ad quam leges hominum diriguntur, quæ supplicio improbos afficiunt, et defendunt et tuentur bonos* (1). M. de Bonald trace rapidement l'histoire de la *philosophie*, qui, selon lui, voulait dire chez les anciens *amour de la sagesse*, et parmi nous *recherche de la vérité*. Ainsi les Grecs faisaient consister la sagesse dans la *pratique* des mœurs, et nous dans la *théorie*. « Notre philosophie, dit l'auteur, est « vaine dans ses pensées, superbe dans ses discours. Elle a pris des stoïciens « l'orgueil, et des épicuriens la licence. Elle a ses sceptiques, ses pyrrhoniens, « ses éclectiques ; et la seule doctrine qu'elle n'ait pas embrassée est celle des « privations. »

Sur la cause de nos erreurs, M. de Bonald fait cette observation profonde :

« On peut préjuger en physique des erreurs particulières ; on doit préjuger « en morale des vérités générales ; et c'est pour avoir fait le contraire, pour « avoir préjugé la vérité en physique, que le genre humain a cru si longtemps « aux absurdités de la physique ancienne ; comme c'est pour avoir préjugé « l'erreur dans la morale générale des nations que plusieurs ont, de nos jours, « fait naufrage. »

L'auteur est bientôt conduit à l'examen du problème des idées *innées*. Sans embrasser l'opinion qui les rejette, ni se ranger au parti qui les adopte, il croit que Dieu a donné aux hommes en *général*, et non à l'homme en *particulier*, une certaine quantité de principes ou de sentiments innés (tels que révélation de l'Être-Suprême, de l'immortalité de l'âme, des premières notions de la morale, etc.), absolument nécessaires à l'établissement de l'ordre social. D'où il arrive qu'on peut trouver à la rigueur un homme isolé qui n'ait aucune connaissance de ces principes, mais qu'on n'a jamais rencontré une société d'hommes qui les ait totalement ignorés. Si ce n'est pas là la vérité, convenons du moins qu'un esprit qui sait produire de pareilles raisons n'est pas un esprit ordinaire.

De là M. de Bonald passe à l'examen d'un autre principe sur lequel il a élevé toute sa législation, savoir : *Que la parole a été enseignée à l'homme, et qu'il n'a pu l'inventer lui-même.*

Il reconnaît trois sortes de paroles, le geste, la parole et l'écriture.

Il fonde son opinion sur des raisons qui paraissent d'un très-grand poids :

1° Parce qu'il est nécessaire de penser sa parole, avant de parler sa pensée ;

2° Parce que le sourd de naissance qui *n'entend* pas la parole est muet, preuve que la parole est une chose apprise et non inventée ;

3° Parce que si la parole est d'invention humaine, il n'y a plus de vérités nécessaires, etc.

M. de Bonald revient souvent à cette idée, d'où dépend, selon lui, toute la controverse des théistes et des athées, des chrétiens et des philosophes. On peut dire en effet que, s'il était prouvé que la parole est révélée et non inventée, on aurait une preuve physique de l'existence de Dieu, et Dieu n'aurait pu donner le verbe à l'homme sans lui donner aussi des règles et des lois. Tout deviendrait positif dans la société ; et c'était déjà, ce nous semble, l'opinion de Platon et du philosophe romain : *Legem neque hominum ingeniis excogitatam, neque scitum aliquod esse populorum, sed æternum quiddam, etc.*

(1) Cic., *de Leg.*, lib. II.

Il devenait nécessaire à M. de Bonald de développer son idée, et c'est ce qu'il a fait dans une excellente dissertation qui se trouve au second volume de son ouvrage. On y remarque cette comparaison, que l'on croirait traduite du *Phédon* ou de la *République* :

« Cette correspondance naturelle et nécessaire des pensées et des mots qui les expriment, et cette nécessité de la parole pour rendre présentes à l'esprit ses propres pensées et les pensées des autres, peuvent être rendues sensibles par une comparaison. . . . . dont l'extrême exactitude prouverait toute seule une analogie parfaite entre les lois de notre être intelligent et celles de notre être physique.

« Si je suis dans un lieu obscur, je n'ai pas la vision oculaire, ou la connaissance par la vue de l'existence des corps qui sont près de moi, pas même de mon propre corps; et sous ce rapport ces êtres sont à mon égard comme s'ils n'étaient pas. Mais si la lumière vient tout à coup à paraître, tous les objets en reçoivent une couleur relative, pour chacun, à la contexture particulière de sa surface; chaque corps se produit à mes yeux, je les vois tous; et je juge les rapports de forme, d'étendue, de distance que ces corps ont entre eux et avec le mien.

« Notre entendement est ce lieu obscur où nous n'apercevons aucune idée, pas même celle de notre propre intelligence, jusqu'à ce que la parole, pénétrant par le sens de l'ouïe ou de la vue, porte la lumière dans les ténèbres, et appelle, pour ainsi dire, chaque idée, qui répond comme les étoiles dans Job : *Me voilà!* Alors seulement nos idées sont *exprimées;* nous avons la conscience ou la connaissance de nos pensées, et nous pouvons la donner aux autres; alors seulement nous nous *idéons* nous-mêmes, nous *idéons* les autres êtres et les rapports qu'ils ont entre eux et avec nous; et de même que l'œil distingue chaque corps à sa couleur, l'esprit distingue chaque idée à son expression. »

Trouve-t-on souvent une aussi puissante métaphysique unie à une si vive expression? Chaque idée *qui répond à la parole comme les étoiles dans Job ;* ME VOILA, n'est-ce pas là un ordre de pensées bien élevé, un caractère de style bien rare? J'en appelle à des hommes plus habiles que moi : *Quantum eloquentia valeat, pluribus credere potest.*

Cependant nous oserons proposer quelques doutes à l'auteur, et soumettre nos observations à ses lumières. Nous reconnaissons, comme lui, le principe de la transmission ou de l'enseignement de la parole. Mais ne pose-t-il pas trop rigoureusement le principe? En en faisant la seule preuve positive de l'existence de Dieu et des lois fondamentales de la société, ne met-il pas en péril les plus grandes vérités, si l'on vient à lui contester sa preuve unique? La raison qu'il tire des sourds-muets, en faveur de l'enseignement de la parole, n'est peut-être pas assez convaincante; car on peut lui dire : Vous prenez un exemple dans une exception, et vous allez chercher une preuve dans une imperfection de la nature. Supposons un homme sauvage, ayant tous ses sens, mais point encore la parole. Cet homme, pressé par la faim, rencontre dans les forêts un objet propre à la satisfaire; il pousse un cri de joie en le voyant, ou en le portant à sa bouche. N'est-il pas possible qu'ayant *entendu* le cri, le son tel quel, il le retienne et le répète ensuite toutes les fois qu'il apercevra le même objet, ou sera pressé du même besoin? Le cri deviendra le premier mot de son vocabulaire, et ainsi de suite, et jusqu'à l'expression des idées purement intellectuelles.

Il est certain que l'idée ne peut sortir de l'entendement sans la parole, mais on pourrait peut-être admettre que l'homme, avec la permission de Dieu, allume lui-même *ce flambeau du verbe*, qui doit éclairer son âme; que le sentiment ou l'idée fait naître d'abord l'expression, et que l'expression à son tour rentre dans l'intelligence, pour y porter la lumière. Si l'auteur disait que, pour former une langue de cette sorte, il faudrait des millions d'années, et que J.-J. Rousseau lui-même *a cru que la parole est bien nécessaire pour inventer la parole*, nous convenons aussi de la difficulté; mais M. de Bonald ne doit pas oublier qu'il a affaire à des hommes qui nient toutes les traditions, et qui disposent à leur gré de *l'éternité* du monde.

Il y a d'ailleurs une objection plus sérieuse. Si la parole est nécessaire à la manifestation de l'idée, et que la parole entre par les sens, l'âme dans une autre vie, dépouillée des organes du corps, n'a donc pas la conscience de ses pensées? Il n'y aurait plus qu'une ressource, qui serait de dire que Dieu l'éclaire alors de son propre verbe, et qu'elle voit ses idées dans la Divinité: c'est retomber dans le système de Malebranche.

Les esprits profonds aimeront à voir comment M. de Bonald déroule le vaste tableau de l'ordre social; comment il suit et définit l'administration civile: politique et religieuse. Il prouve évidemment que la religion chrétienne a achevé l'homme, comme le suprême législateur le dit lui-même en expirant:

Tout est consommé.

M. de Bonald donne une singulière élévation et une profondeur immense au christianisme; il suit les rapports mystiques du *Verbe* et du *Fils*, et montre que le véritable Dieu ne pouvait être connu que par la révélation ou l'*Incarnation* de son *Verbe*, comme la pensée de l'homme n'a été manifestée que par la parole ou l'*Incarnation de la pensée*. Hobbes, dans sa *Cité chrétienne*, avait expliqué le Verbe comme l'auteur de la législation: *In Testamento Novo græce scripto*, Verbum Dei *sæpe ponitur, non pro eo quod loquutus est Deus, sed pro eo quod de Deo et de regno ejus.... In hoc autem sensu idem significant* λογὸς Θεοῦ.

M. de Bonald distingue essentiellement la constitution de la société domestique, ou l'ordre de famille, de la constitution politique, rapports qu'on a trop confondus dans ces derniers temps. Dans l'examen de l'ancien *ministère public* en France, il montre une connaissance approfondie de notre histoire. Il examine le principe de la souveraineté du peuple, que Bossuet avait attaqué dans son *cinquième avertissement*, en réponse à M. Jurieu. « Où tout est indé« pendant, » dit l'évêque de Meaux, « il n'y a rien de souverain. » Axiome foudroyant, manière d'argumenter précisément telle que l'exigeaient les ministres protestants, qui se piquaient surtout de raison et de logique. Ils s'étaient plaints d'être écrasés par l'éloquence de Bossuet; l'orateur s'était aussitôt dépouillé de son éloquence, comme ces guerriers chrétiens qui, s'apercevant au milieu d'un combat que leurs adversaires étaient désarmés, jetaient à l'écart leurs armes, pour ne pas remporter une victoire trop aisée. Bossuet, passant ensuite aux preuves historiques, et montrant que le prétendu *pacte social* n'a jamais existé, fait voir, ainsi qu'il le dit lui-même, qu'il y a là *autant d'ignorance que de mots ;* que si le peuple est souverain, il a le droit incontestable de changer tous les jours sa constitution, etc. Ce grand homme (que M. de Bonald, digne d'être son admirateur, cite avec tant de complaisance) établit aussi l'excellence de la succession au pouvoir suprême. « C'est un bien pour le « peuple, dit-il dans le même *avertissement*, que le gouvernement devienne aisé, « qu'il se perpétue par les mêmes lois qui perpétuent le genre humain, et qu'il « aille pour ainsi dire avec la nature. »

M. de Bonald nous reproduit cette force de bon sens, et quelquefois cette simple grandeur de style. C'est un sujet d'étonnement dont on a peine à revenir, que l'ignorance ou la mauvaise foi dans laquelle est tombé notre siècle relativement au siècle de Louis XIV. On croit que ces écrivains ont méconnu les principes de l'ordre social, et cependant il n'y a pas de question politique dont Bossuet n'ait parlé, soit dans son *Histoire universelle*, soit dans sa *Politique tirée de l'Écriture*, soit surtout dans ses controverses avec les protestants.

Au reste, si l'on peut faire quelques objections à M. de Bonald sur les deux premiers volumes de son ouvrage, il n'en est pas ainsi du troisième. L'auteur y parle de l'*éducation* avec une supériorité de lumière, une force de raisonnement, une netteté de vue, dignes des plus grands éloges. C'est véritablement dans les questions particulières de morale ou de politique que M. de Bonald excelle. Il y répand partout une *modération féconde*, pour employer la belle expression de Daguesseau. Je ne doute point que son *Traité d'éducation* n'attire les yeux des hommes d'État, comme sa question du divorce fixa l'attention des meilleurs esprits de la France. On reviendra incessamment sur ce troisième volume, qui mérite seul un extrait.

Le style de M. de Bonald pourrait être quelquefois plus harmonieux et moins négligé. Sa pensée est toujours éclatante et d'un heureux choix; mais je ne sais si son expression n'est pas quelquefois un peu terne et commune; légers défauts que le travail fera disparaître. On pourrait aussi désirer plus d'ordre dans les matières, et plus de clarté dans les idées : les génies forts et élevés ne compatissent pas assez à la faiblesse de leurs lecteurs; c'est un abus naturel de la puissance. Quelquefois encore les distinctions de l'auteur paraissent trop ingénieuses, trop subtiles. Comme Montesquieu, il aime à appuyer une grande vérité sur une petite raison. La définition d'un mot, l'explication d'une étymologie, sont des choses trop curieuses et trop arbitraires pour qu'on puisse les avancer au soutien d'un principe important.

Au reste, on a voulu seulement, par ce peu de mots, sacrifier à la triste coutume qui veut qu'on joigne toujours la critique à l'éloge. A Dieu ne plaise que nous observions misérablement quelque tache dans les écrits d'un homme aussi supérieur que M. de Bonald! Comme nous ne sommes point une autorité, nous avons permission d'admirer avec le vulgaire, et nous en profitons amplement pour l'auteur de la *Législation primitive*.

Heureux les États qui possèdent encore des citoyens comme M. de Bonald; hommes que les injustices de la fortune ne peuvent décourager, qui combattent pour le seul amour du bien, lors même qu'ils n'ont pas l'espérance de vaincre.

L'auteur de cet article ne peut se refuser une image qui lui est fournie par la position dans laquelle il se trouve. Au moment même où il écrit ces derniers mots, il descend un des plus grands fleuves de la France; sur deux montagnes opposées s'élèvent deux tours en ruines; au haut de ces tours sont attachées de petites cloches que les montagnards sonnent à notre passage. Ce fleuve, ces montagnes, ces sons, ces monuments gothiques, amusent un moment les yeux des spectateurs; mais personne ne s'arrête pour aller où la cloche l'invite : ainsi les hommes qui prêchent aujourd'hui morale et religion donnent en vain le signal du haut de leurs ruines à ceux que le torrent du siècle entraîne; le voyageur s'étonne de la grandeur des débris, de la douceur des bruits qui en sortent, de la majesté des souvenirs qui s'en élèvent; mais il n'interrompt point sa course, et au premier détour du fleuve tout est oublié.

SUR

LA LÉGISLATION PRIMITIVE.

Décembre 1802.

On peut remarquer dans l'histoire que la plupart des révolutions des peuples civilisés ont été précédées des mêmes opinions, et annoncées par les mêmes écrits : *Quid est quod fuit? ipsum quod futurum est.* Quintilien et Élien nous parlent de cet Archiloque qui osa le premier publier l'histoire honteuse de sa conscience à la face de l'univers, et qui florissait en Grèce avant la réforme de Solon. Au rapport d'Eschine, Dracon avait fait un traité de l'éducation, où, prenant l'homme à son berceau, il le conduisait pas à pas jusqu'à sa tombe. Cela rappelle l'éloquent sophiste dont M. de La Harpe a fait un portrait admirable.

La *Cyropédie* de Xénophon, une partie de la *République* de Platon, et les premiers livres de ses *Lois*, peuvent être aussi regardés comme de beaux traités plus ou moins propres à former le cœur de la jeunesse. Sénèque, et surtout le judicieux Quintilien, placés sur un autre théâtre et plus rapprochés de nos temps, ont laissé d'excellentes leçons aux maîtres et aux disciples. Malheureusement, de tant de bons écrits sur l'éducation, nous n'avons emprunté que la partie systématique, et précisément celle qui, tenant aux mœurs des anciens, ne peut s'appliquer à nos mœurs. Cette fatale imitation, que nous avons poussée en tout à l'excès, a causé bien des malheurs : en naturalisant chez nous les dévastations et les assassinats de Sparte et d'Athènes, sans atteindre à la grandeur de ces fameuses cités, nous avons imité ces tyrans qui, pour embellir leur patrie, y faisaient transporter les ruines et les tombeaux de la Grèce.

Si la fureur de tout détruire n'avait pas été le caractère dominant de ce siècle, qu'avions-nous besoin cependant d'aller chercher des systèmes d'éducation dans les débris de l'antiquité? N'avions-nous pas les institutions du christianisme ? Cette religion si calomniée (et à qui nous devons toutefois jusqu'à l'art qui nous nourrit), cette religion arracha nos pères aux ténèbres de la barbarie. D'une main, les bénédictins guidaient les premières charrues dans les Gaules, de l'autre ils transcrivaient les poëmes d'Homère; et tandis que les *clercs de la vie commune* s'occupaient de la collation des anciens manuscrits, les *pauvres frères des écoles pieuses* enseignaient *gratis* aux enfants du peuple les premiers rudiments des lettres; ils obéissaient à ce commandement du livre où tout se trouve : *Non des illi potestatem in juventute, et ne despicias cogitatus illius.*

Bientôt parut cette société fameuse qui donna le Tasse à l'Italie et Voltaire à la France, et dont, pour ainsi dire, chaque membre fut un homme de lettres distingué. Le jésuite, mathématicien à la Chine, législateur au Paraguay, antiquaire en Égypte, martyr au Canada, était en Europe un maître savant et poli, dont l'urbanité ôtait à la science ce pédantisme qui dégoûte la jeunesse. Voltaire consultait sur ses tragédies les pères Porée et Brumoy : « On a lu « *Jules César* devant dix jésuites, écrivit-il à M. de Cideville; ils en pensent « comme vous. » La rivalité qui s'établit un moment entre *Port-Royal* et la *Société* força cette dernière à veiller plus scrupuleusement sur sa morale, et les *Lettres provinciales* achevèrent de la corriger. Les jésuites étaient des hommes tolérants et doux qui cherchaient à rendre la religion aimable, par indulgence pour notre faiblesse, et qui s'égarèrent d'abord dans ce charitable dessein : Port-Royal était inflexible et sévère, et comme le roi-prophète, il semblait vouloir égaler la rigueur de sa pénitence à la hauteur de son génie. Si le poëte le plus tendre fut élevé à l'école des *Solitaires*, le prédicateur le plus austère sortit du sein de la *Société*. Bossuet et Boileau penchaient pour les premiers; Fénelon et La Fontaine pour la seconde.

« Anacréon se tait devant les jansénistes. »

Port-Royal, sublime à sa naissance, changea et s'altéra tout à coup, comme ces emblèmes antiques qui n'ont que la tête d'aigle; les jésuites au contraire se soutinrent et se perfectionnèrent jusqu'à leur dernier moment. La destruction de cet ordre a fait un mal irréparable à l'éducation et aux lettres; on en convient aujourd'hui. Mais selon la réflexion touchante d'un historien : *Quis beneficorum servat memoriam? aut quis ullam calamitosis deberi putat gratiam? aut quando fortuna non mutat fidem?*

Ce fut donc sous le siècle de Louis XIV (siècle qui enfanta toutes les grandeurs de la France) que le système d'éducation, pour les deux sexes, parvint à son plus haut point de perfection. On se rappelle avec admiration ces temps où l'on vit sortir des écoles chrétiennes Racine, Molière, Montfaucon, Sévigné, La Fayette, Dacier; ces temps où le chantre d'Antiope donnait des leçons aux épouses des hommes, où les pères Hardouin et Jouvency expliquaient la belle antiquité, tandis que les génies de Port-Royal écrivaient pour des écoliers de sixième, et que le grand Bossuet se chargeait du catéchisme des petits enfants.

Rollin parut bientôt à la tête de l'Université; ce savant homme, que l'on prend aujourd'hui pour un pédant de collége plein de ridicules et de préjugés, est pourtant un des premiers écrivains français qui ait parlé d'un philosophe anglais avec éloge : « Je ferai grand usage de deux auteurs modernes (dit-il « dans son *Traité des Études*); ces auteurs sont M. de Fénelon, archevêque « de Cambrai, et M. Locke, Anglais, dont les écrits sur cette matière sont fort « estimés, et avec raison. Le dernier a quelques sentiments particuliers que je « ne voudrais pas toujours adopter. Je ne sais d'ailleurs s'il était bien versé « dans la connaissance de la langue grecque et dans l'étude des belles-lettres; « il ne paraît pas au moins en faire assez de cas. »

C'est en effet à l'ouvrage de Locke sur l'éducation qu'on peut faire remonter la date de ces opinions systématiques qui tendent à faire de tous les enfants des héros de roman ou de philosophie. L'*Émile*, où ces opinions sont malheureusement consacrées par un grand talent, et quelquefois par une haute éloquence; l'*Émile* est jugé maintenant comme livre pratique; sous ce rapport, il n'y a pas de livre élémentaire pour l'enfance qui ne lui soit bien préférable : on s'en est enfin aperçu, et une femme célèbre a publié de nos jours, sur l'éducation, des préceptes beaucoup plus sains et plus utiles. Un homme dont le génie a été mûri par les orages de la révolution achève maintenant de renverser les principes d'une fausse philosophie, et de rasseoir l'éducation sur ses bases morales et religieuses. Le troisième volume de la *Législation primitive* est consacré à cet important sujet: nous avons promis de le faire connaître à nos lecteurs.

M. de Bonald commence par poser en principe que l'homme naît ignorant et faible, mais capable d'apprendre : « Bien différent de la brute, l'homme « naît, dit-il, *perfectible*, et l'animal naît *parfait*. »

Que faut-il enseigner à l'homme? Tout ce qui est bon, c'est-à-dire tout ce qui est nécessaire à la *conservation* des êtres.

Et quel est le moyen général de cette conservation? La *société*.

Comment la société exprime-t-elle ses rapports? Elle les exprime par des *volontés* qui s'appellent *lois*.

Les lois sont donc des volontés, d'où résultent pour les membres de la société des *actions* appelées *devoirs*.

Donc l'*éducation* proprement dite est *l'enseignement des lois et des devoirs de la société*.

L'homme, sous le rapport religieux et politique, appartient à une *société domestique* et à une *société publique*. Il y a donc deux systèmes d'éducation, savoir :

L'éducation domestique, qui suit l'enfant dans la maison paternelle; elle a pour but de former l'homme pour la famille, et de l'instruire des éléments de la religion;

L'éducation publique, qui est celle que les enfants reçoivent de l'État dans des établissements publics; son but est de former l'homme pour la société publique, et les devoirs religieux et politiques qu'elle commande.

L'éducation, dans son principe, doit être essentiellement religieuse. Ici M. de Bonald combat fortement l'auteur d'*Émile*. Dire qu'on ne doit donner à l'enfance aucun principe religieux, c'est une des erreurs les plus funestes que jamais ait avancées la philosophie. L'auteur de la *Législation primitive* cite l'exemple effrayant de soixante-quinze enfants au-dessous de seize ans jugés à la police correctionnelle, dans l'espace de cinq mois, pour *larcins*, *vols et atteintes aux mœurs*. M. Scipion Bexon, vice-président du tribunal de première instance du département de la Seine, à qui l'on doit la connaissance de ce fait, ajoute, dans son rapport, *que plus de la moitié des vols qui ont lieu dans Paris sont commis par des enfants.*

« Que des établissements publics, dit M. Necker dans son *Cours de morale religieuse*, assurent à tous les enfants des instructions élémentaires de morale et de religion. Votre indifférence vous rendrait un jour responsables des égarements que vous seriez forcés de punir ; votre conscience au moins serait effrayée du reproche que pourrait vous adresser un jeune homme traduit devant un tribunal criminel, un jeune homme prêt à subir une condamnation rigoureuse. Que pourriez-vous répondre en effet s'il disait : « Je n'ai jamais « été formé à la vertu par aucune leçon ; j'ai été dévoué à des travaux mercenaires ; j'ai « été lancé dans le monde avant qu'on eût gravé dans mon cœur ou dans mon souvenir « un seul principe de conduite : on m'a parlé de liberté, d'égalité ; jamais de mes devoirs « envers les autres, jamais de l'autorité religieuse qui m'aurait soumis à ces devoirs : « on m'a laissé l'enfant de la nature, et l'on veut me juger par des lois que le *génie social* « a composées : ce n'était pas avec une sentence de mort qu'il fallait m'enseigner les obli- « gations de la vie ! » Tel est le langage terrible que pourrait tenir un jeune homme en entendant sa condamnation. »

En parlant d'abord de l'éducation domestique, M. de Bonald veut qu'on rejette toutes ces pratiques anglaises, américaines, philosophiques, inventées par l'esprit de système et soutenues par la mode.

« Des vêtements légers, dit-il, la tête découverte, un lit dur, sobriété et exercices, des privations plutôt que des jouissances, en un mot presque toujours ce qui coûte le moins, est en tout ce qui convient le mieux, et la nature n'emploie ni tant de frais, ni tant de soins, pour élever ce frêle édifice qui ne doit durer qu'un instant, et qu'un souffle peut renverser. »

Il conseille ensuite le rétablissement des *corporations*.

« Que le gouvernement doit, dit-il, regarder comme l'éducation domestique des enfants du peuple. Ces corporations, où la religion fortifiait par ses pratiques les règlements de l'autorité civile, avaient, entre autres avantages, celui de contenir par le devoir un peu dur des maîtres une jeunesse grossière, que le besoin de vivre soustrait de bonne heure au pouvoir paternel, et que son obscurité dérobe au pouvoir politique. »

C'est voir les choses de bien haut, et considérer en véritable législateur ce que tant d'écrivains n'ont aperçu qu'en économistes.

L'auteur, passant à l'éducation publique, prouve d'abord, comme Quintilien, l'insuffisance d'une éducation privée, et la nécessité d'une éducation commune. Après avoir parlé des lieux où l'on doit établir les colléges, et fixé le nombre des élèves que chaque collége doit à peu près contenir, il examine la grande question sur les *maîtres* ; laissons-le parler lui-même.

« Il faut une éducation perpétuelle, universelle, uniforme, et par conséquent un institu- « teur perpétuel, universel, uniforme : il faut donc un corps, car hors d'un corps il ne peut « y avoir ni perpétuité, ni généralité, ni uniformité.

« Ce corps (car il n'en faut qu'un), chargé de l'éducation publique, ne peut pas être un « corps purement séculier; car où serait le lien qui en assurerait la perpétuité, et par « conséquent l'uniformité? Serait-ce l'intérêt personnel? Mais des séculiers auront ou « pourront avoir une famille. Ils appartiendront donc plus à leur famille qu'à l'État, à leurs « enfants plus qu'aux enfants des autres, à leur intérêt personnel plus qu'à l'intérêt public; « car l'amour de soi, dont on veut faire le lien universel, est et sera toujours le mortel « ennemi de l'amour des autres. . . . .

« . . . .

« . . . .

« Si les instituteurs publics sont célibataires, quoique séculiers, ils ne pourront faire « corps entre eux, leur agrégation fortuite ne sera qu'une succession continuelle d'indi- « vidus entrés pour vivre, et sortis pour s'établir; et quel père de famille osera confier « ses enfants à des célibataires dont une discipline religieuse ne garantira pas les mœurs? « S'ils sont mariés, comment l'État pourrait-il assurer à des hommes chargés de famille, « animés d'une juste ambition de fortune, et plus capables que d'autres de s'y livrer avec « succès, comment pourrait-il leur assurer un établissement qui puisse les détourner d'une « spéculation plus lucrative? si, par des vues d'économie, on les réunit sous le même toit « avec leurs femmes et leurs enfants, la concorde est impossible; si on leur permet de « vivre séparément, les frais sont incalculables. Des hommes instruits ne voudront pas « soumettre leur esprit à des règlements devenus routiniers, à des méthodes d'enseignement « qui leur paraîtront défectueuses; des hommes avides et accablés de besoins voudront « s'enrichir; des pères de famille oublieront les soins publics pour les affections domes- « tiques. L'État peut être assuré de ne conserver dans les établissements d'éducation que « les hommes qui ne seront propres à aucune autre profession, des mauvais sujets; et « l'on peut s'en convaincre aisément en se rappelant que les instruments les plus actifs de « nos désordres ont été, à Paris, cette classe d'instituteurs laïques attachés aux colléges, « qui, dans leurs idées classiques, ont vu le *forum* de Rome à l'assemblée de leurs sec- « tions, se sont crus des orateurs chargés des destinées de la république, lorsqu'ils n'é- « taient que des brouillons bouffis d'orgueil, et impatients de sortir de leur état. Il faut « donc un corps qui ne puisse se dissoudre; un corps où des hommes fassent à une règle « commune le sacrifice de leurs opinions personnelles; à une richesse commune, le sacri- « fice de leur cupidité personnelle; à la famille commune de l'État, le sacrifice de leurs « familles personnelles. Mais quelle autre force que celle de la religion, quels autres enga- « gements que ceux qu'elle consacre, peuvent lier des hommes à des devoirs aussi austères, « et leur commander des sacrifices aussi pénibles? »

La vigoureuse dialectique de ce morceau sera remarquée de tous les lecteurs. M. de Bonald presse l'argument de manière à ne laisser aucun refuge à ses adversaires. On pourrait seulement lui objecter les universités protestantes; mais il pourrait répondre que les professeurs de ces universités, bien qu'ils soient mariés, sont cependant des *ministres* ou des *prêtres*; que ces universités sont d'ailleurs des fondations *chrétiennes*, dont les revenus et les fonds sont indépendants du gouvernement; qu'après tout les désordres sont tels dans ces universités, que des parents sages craignent souvent d'y envoyer leurs enfants. Tout cela change absolument l'état de la question, et sert même, en dernière analyse, à confirmer le raisonnement de l'auteur.

M. de Bonald, ne s'occupant qu'à poser les principes, néglige de donner des avis particuliers aux maîtres. On les trouve d'ailleurs, ces avis, dans les écrits du bon Rollin. Le seul titre de ces chapitres fait aimer cet excellent homme: *Prendre de l'autorité sur les enfants; se faire aimer et craindre; in-*

convénients et dangers des châtiments ; parler raison aux enfants, les piquer d'honneur, faire usage des louanges, des récompenses, des caresses ; rendre l'étude aimable ; accorder du repos et de la récréation aux enfants ; piété, religion, zèle pour le salut des enfants : c'est sous ce dernier titre qu'on lit ces mots, qui font presque verser des larmes d'attendrissement :

« Qu'est-ce qu'un maître chrétien, chargé de l'éducation de jeunes gens? C'est un homme « entre les mains de qui Jésus-Christ a remis un certain nombre d'enfants, qu'il a rachetés « de son sang, et pour lesquels il a donné sa vie ; en qui il habite comme dans sa maison « et dans son temple ; qu'il regarde comme ses membres, comme ses frères et des cohéri- « tiers dont il veut faire autant de rois et de prêtres qui régneront et serviront Dieu avec « lui et par lui pendant toute l'éternité ; et il les leur a confiés pour conserver en eux le « précieux et l'inestimable dépôt de l'innocence. Or, quelle grandeur, quelle noblesse une « commission si honorable n'ajoute-t-elle point à toutes les fonctions des maîtres ! . . . . « . . . . Un bon maître doit s'appliquer ces « paroles que Dieu faisait continuellement retentir aux oreilles de Moïse, le conducteur « de son peuple : Portez-les dans votre sein comme une nourrice a accoutumé de porter « son petit enfant : *Porta eos in sinu tuo, sicut portare solet infantulum.* »

Des maîtres, M. de Bonald passe aux élèves. Il veut qu'on les occupe principalement de l'étude des langues anciennes, qui ouvrent aux enfants les trésors du passé, et promènent leur esprit et leur cœur sur de beaux souvenirs et de grands exemples. Il s'élève contre cette éducation philosophique « qui en- « combre, dit-il, la mémoire des enfants de vaines nomenclatures de miné- « raux, de plantes, qui rétrécissent leur intelligence, etc. »

On doit aimer à se rencontrer dans les mêmes sentiments et les mêmes opinions avec un homme tel que M. de Bonald. Nous avons eu le bonheur d'attaquer un des premiers cette dangereuse manie de notre siècle (1). Personne, peut-être, ne sent plus que nous le charme de l'*histoire naturelle* : mais quel abus n'en fait-on pas aujourd'hui, et dans la manière dont on l'étudie, et dans les conséquences qu'on veut en tirer ! L'histoire naturelle, proprement dite, ne peut être, ne doit être qu'une suite de tableaux, comme dans la nature.

Buffon avait un souverain mépris pour les *classifications*, qu'il appelait *des échafaudages pour arriver à la science, et non pas la science elle-même* (2). Indépendamment des autres dangers qu'entraîne l'étude exclusive des sciences, comme elles ont un rapport avec le vice originel de l'homme, elles nourrissent beaucoup plus l'orgueil que les lettres. « Descartes croyait, dit le savant auteur « de sa vie, qu'il était *dangereux* de s'appliquer trop sérieusement à ces dé- « monstrations superficielles, que l'industrie et l'expérience fournissent moins « souvent que le hasard. Sa maxime était (3) que cette application nous désac- « coutume insensiblement de l'usage de notre raison, et nous expose à perdre « la route que la lumière nous trace (4). » Et l'on peut ajouter ces paroles de Locke : « *Entêtés de cette folle pensée que rien n'est au-dessus de notre com-* « *préhension* (5). »

(1) Dans le *Génie du Christianisme.* — (2) *Hist. nat.*, tom. I. Prem. disc. — (3) Lettre de 1639, pag. 412 ; DESCARTES, lib. *de Direct. ingen. regula*, n° 5. — (4) *OEuvres de Desc.*, tom. I. p. 112. — (5) *Entend. hum.*, liv. I, chap. III, art. 4, trad. de M. Coste.

Voulez-vous apprendre l'histoire naturelle aux enfants sans dessécher leur cœur et sans flétrir leur innocence, mettez entre leurs mains le commentaire de la *Genèse* par M. *de Luc*, ou l'ouvrage cité par Rollin dans le livre de ses *Études* intitulé *de la Philosophie*. Quelle philosophie, et combien peu elle ressemble à la nôtre! Citons un morceau au hasard :

« Quel architecte a enseigné aux oiseaux à choisir un lieu ferme, et à bâtir sur un fon-
« dement solide? Quelle mère tendre leur a conseillé d'en couvrir le fond de matières
« molles et délicates, telles que le duvet et le coton? et, lorsque ces matières manquent,
« qui leur a suggéré cette ingénieuse charité qui les porte à s'arracher avec le bec autant
« de plumes de l'estomac qu'il en faut pour préparer un berceau commode à leurs petits?
« Est-ce pour les oiseaux, Seigneur, que vous avez uni ensemble tant de miracles qu'ils
« ne connaissent point? Est-ce pour les hommes qui n'y pensent pas? Est-ce pour des
« curieux qui se contentent de les admirer sans remonter jusqu'à vous? Et n'est-il pas
« visible que votre dessein a été de nous rappeler à vous par un tel spectacle, de nous
« rendre sensibles votre providence et votre sagesse infinie, et de nous remplir de con-
« fiance en votre bonté, si attentive et si tendre pour des oiseaux, dont une couple ne
« vaut qu'une obole (1)? »

Il n'y a que les *Études de la Nature* de M. Bernardin de Saint-Pierre qui offrent des peintures aussi religieuses et aussi touchantes. La plus belle page de Buffon n'égale peut-être pas la tendre éloquence de ce mouvement chrétien : *Est-ce pour les oiseaux, Seigneur, etc.*

Un étranger se trouvait, il y a quelque temps, dans une société où l'on parlait du fils de la maison, enfant de sept ou huit ans, comme d'un prodige. Bientôt on entend un grand bruit, les portes s'ouvrent, et l'on voit paraître le petit docteur, les bras nus, la poitrine découverte, et habillé comme un singe qu'on va montrer à la foire. Il arrivait se roulant d'une jambe sur l'autre, d'un air assuré, regardant avec effronterie, importunant tout le monde de ses questions, et tutoyant également les femmes et les hommes âgés. On le place sur une table, au milieu de l'assemblée en extase; on l'interroge: « Qu'est-ce que l'homme? lui demande gravement un instituteur. — C'est un animal *mammifère*, qui a quatre extrémités, dont deux se terminent en mains. — Y a-t-il d'autres animaux de sa classe? — Oui : les chauves-souris et les singes. » L'assemblée poussa des cris d'admiration. L'étranger, se tournant vers nous, nous dit brusquement: « Si j'avais un enfant qui sût de pareilles choses, en dépit
« des larmes de sa mère, je lui donnerais le fouet jusqu'à ce qu'il les eût ou-
« bliées. Je me souviens des paroles de votre Henri IV : *M'amie*, disait-il à sa
« femme, *vous pleurez quand je donne le fouet à notre fils, mais c'est pour*
« *son bien, et la peine que je vous fais à présent vous épargnera un jour bien*
« *des peines.* »

Ces petits *naturalistes*, qui ne savent pas un mot de leur religion et de leurs devoirs, sont à quinze ans des personnages insupportables. Déjà hommes sans être hommes, vous les voyez traîner leur figure pâle et leur corps énervé dans les cercles de Paris, décidant de tout en maîtres, ayant une *opinion* en morale

(1) MATTH., 10, 20

et en politique, prononçant sur ce qui est bon ou mauvais, jugeant de la beauté des femmes, de la bonté des livres, du jeu des acteurs, de la danse des danseurs; se regardant danser eux-mêmes avec admiration, se piquant d'être déjà *blasés* sur leurs *succès*, et, pour comble de ridicule et d'horreur, ayant quelquefois recours au suicide.

Ah! ce ne sont pas là ces enfants d'*autrefois*, que leurs parents envoyaient chercher tous les jeudis au collége. Ils arrivaient avec des habits simples, et modestement fermés. Ils s'avançaient timidement au milieu du cercle de la famille, rougissant quand on leur parlait, baissant les yeux, saluant d'un air gauche et embarrassé, mais empruntant des grâces de leur simplicité même et de leur innocence; et cependant le cœur de ces pauvres enfants bondissait de joie. Quelles délices pour eux qu'une journée passée ainsi sous le toit paternel, au milieu des complaisances des domestiques, des embrassements des sœurs et des dons secrets de la mère! Si on les interrogeait sur leurs études, ils ne répondaient pas que l'homme est un animal *mammifère* placé entre les chauves-souris et les singes, car ils ignoraient ces importantes vérités; mais ils répétaient ce qu'ils avaient appris dans Bossuet ou dans Fénelon, que Dieu a créé l'homme pour l'aimer et le servir; qu'il a une âme immortelle; qu'il sera puni ou récompensé dans une autre vie, selon ses mauvaises ou bonnes actions; que les enfants doivent être respectueux envers leurs père et mère; enfin toutes ces vérités de catéchisme qui font pitié à la philosophie. Ils appuyaient cette *histoire naturelle* de l'homme de quelques passages fameux, en vers grecs ou latins, empruntés d'Homère ou de Virgile; et ces belles citations du génie de l'antiquité se mariaient assez bien aux génies non moins antiques de l'auteur de *Télémaque* et de celui de l'*Histoire universelle*.

Mais il est temps de passer au résumé général de *la Législation primitive*, tels sont les principes que M. de Bonald a posés:

« Il y a un Être-Suprême, ou une cause générale.

« Cet Être-Suprême est Dieu. Son existence est surtout prouvée par la parole, que l'homme n'a pas pu trouver, et qui lui a été enseignée.

« La cause générale, ou Dieu, a produit un effet également général dans le monde: c'est l'homme.

« Ces deux termes, cause et effet, Dieu et l'homme, ont un terme moyen nécessaire, sans quoi il n'y aurait point de rapport entre eux.

« Ce terme moyen nécessaire doit se proportionner à la perfection de la cause et à l'imperfection de l'effet.

« Quel est ce terme moyen? où était-il? « C'était là, dit l'auteur, la grande énigme de l'univers. »

« Il était annoncé à un peuple, il devait être connu d'un autre.

« Il est venu au terme marqué. Avant lui les véritables rapports de l'homme avec Dieu n'étaient point connus, parce que les êtres ne sont point connus par eux-mêmes, qu'ils ne le sont que par leurs rapports; et que tout terme moyen ou tout rapport manquait entre l'homme et Dieu.

« Ainsi il y aura véritable connaissance de Dieu et de l'homme partout où le médiateur sera connu, et ignorance de Dieu et de l'homme partout où le médiateur sera inconnu.

« Là où il y a connaissance de Dieu et de l'homme, et de leur rapport naturel, il y a nécessairement de bonnes lois, puisque les lois sont l'expression des rapports naturels;

donc la civilisation suivra la connaissance du médiateur, et la barbarie, l'ignorance du médiateur.

« Donc il y a eu civilisation commencée chez les Juifs, et civilisation consommée chez les chrétiens. Les peuples païens ont été des *barbares*. »

Il faut entendre le mot *barbare* dans le sens de l'auteur. Les arts pour lui ne constituent pas un peuple *civilisé*, mais un peuple *policé*. Il n'attache le mot de civilisation qu'aux lois morales et politiques; on sent que tout ceci, bien que supérieurement enchaîné, est sujet à de grandes objections. On aura toujours un peu de peine à admettre qu'un Turc d'aujourd'hui est plus *civilisé* qu'un Athénien d'autrefois, parce qu'il a une *connaissance confuse du médiateur*. Les systèmes exclusifs, qui mènent à de grandes choses et à de grandes découvertes, ont inévitablement des dangers et des parties faibles.

Les trois termes primitifs étant établis, M. de Bonald les applique au mode social ou moral, parce que ces trois termes renferment en effet l'ordre de l'univers. La *cause*, le *moyen* et l'*effet* deviennent alors pour la société le *pouvoir*, le *ministre* et le *sujet*.

« La société est religieuse ou politique, domestique ou publique.

« L'état purement domestique de la société religieuse s'appelle religion naturelle.

« L'état purement domestique de la société politique s'appelle famille.

« L'accomplissement de la société religieuse a été de faire passer le genre humain au *déisme* ou à la religion *nationale* des Juifs, et de là à la religion *générale* des chrétiens.

« Le perfectionnement de la société politique en Europe a été de faire passer les hommes de l'état domestique à l'état public et fixe des peuples civilisés qui composent la chrétienté.

Le lecteur doit s'apercevoir ici qu'il a quitté la partie systématique de l'ouvrage de M. de Bonald, et qu'il entre dans une série de principes les plus féconds et les plus nouveaux.

« Dans tous les modes particuliers de la société, le pouvoir *veut* la société, c'est-à-dire sa conservation; le ministre *agit* en exécution de la volonté du pouvoir. Le sujet est *l'objet de la volonté* du pouvoir, et *le terme de l'action* des ministres.

« Le pouvoir *veut;* il doit être un : les ministres agissent; ils doivent être plusieurs. »

Ainsi M. de Bonald arrive à la base fondamentale de son système politique; base qu'il a été chercher, comme on le voit, jusque dans le sein de Dieu. La monarchie, selon lui, ou l'unité du pouvoir, est le seul gouvernement qui dérive de l'essence des choses et de la souveraineté du Tout-Puissant sur la nature. Toute forme politique qui s'en éloigne ramène plus ou moins l'homme à l'enfance des peuples, ou la barbarie de la société.

Dans le livre second de son ouvrage, M. de Bonald montre l'application aux états particuliers de la société. Il établit pour la famille, ou la société domestique, les divers rapports entre les maîtres et les domestiques, entre les pères et les enfants. Dans la société publique, il déclare que le pouvoir public doit être, comme le pouvoir domestique, commis à Dieu seul et indépendant des hommes, c'est-à-dire qu'il doit être un, masculin, propriétaire, perpétuel; car, sans unité, sans masculinité, sans propriété, sans perpétuité, il n'y a pas de véritable indépendance. Les attributions du pouvoir, l'état de paix et de guerre, le code des lois, sont examinés par l'auteur. D'accord avec son titre, il se renferme pour tout cela dans les éléments de la législation. Il a senti la nécessité de rappeler les notions les plus simples, lorsque tous les principes ont été bouleversés dans la société.

Dans le traité du *ministère public*, qui suit les deux livres de principes, l'auteur cherche à prouver par l'histoire des temps modernes, et surtout par celle de France, la vérité des principes qu'il a avancés.

« La religion chrétienne, en paraissant au monde, dit-il, appela à son berceau des bergers et des rois; et leurs hommages, les premiers qu'elle ait reçus, annoncèrent à l'univers qu'elle venait régler les familles et les États, l'homme privé et l'homme public.

« Le combat s'engage entre l'idolâtrie et le christianisme; il fut sanglant. La religion perd ses plus généreux athlètes, mais elle triomphe. Jusqu'alors renfermée dans la famille ou la société domestique, elle passe dans l'État; elle devient propriétaire. Aux petites Églises d'Éphèse et de Thessalonique succèdent les grandes Églises des Gaules et de la Germanie. L'État politique se forme avec l'État religieux, ou plutôt est constitué naturellement par lui. Les grandes monarchies de l'Europe se forment avec les grandes Églises : l'Église a son chef, ses ministres, ses fidèles; l'État, son chef, ses ministres, ses féaux ou sujets. Division de juridiction, hiérarchie dans les fonctions, nature des propriétés, tout, jusqu'aux dénominations, devient peu à peu semblable dans le ministère religieux et le ministère politique. L'Eglise est divisée en métropoles, diocèses, etc.; l'État, en gouvernements ou duchés, districts ou comtés, etc. L'Église a ses ordres religieux, chargés de l'éducation et du dépôt des sciences; l'État a ses ordres militaires, voués à la défense de la religion : partout l'État s'élève avec l'Église, le donjon à côté du clocher, le seigneur ou le magistrat à côté du prêtre; le noble ou le défenseur de l'Etat vit à la campagne, le religieux habite les déserts. Bientôt le premier ordre s'altère, et s'altère à la fois dans l'ordre politique et religieux. Le noble vient habiter les villes qui s'agrandissent, le prêtre quitte en même temps la solitude. Les propriétés se dénaturent; les invasions des Normands, les changements des races régnantes, les croisades, les guerres des rois contre les vassaux, font passer dans les mains du clergé un grand nombre de fiefs, propriété naturelle et exclusive de l'ordre politique; et dans les mains des nobles, des dîmes ecclésiastiques, propriété naturelle et exclusive de l'ordre clérical : les devoirs suivirent naturellement les propriétés auxquelles ils étaient attachés. Le noble nomma des bénéfices, et quelquefois les rendit héréditaires dans sa famille. Le prêtre institua des juges et leva des soldats, ou même jugea et combattit lui-même; et l'esprit de chaque ordre fut altéré, en même temps que les propriétés furent confondues.

« Enfin l'époque de la grande révolution religieuse arrive; elle est d'abord préparée dans l'Église par l'imprudente institution des ordres mendiants, que la cour de Rome crut devoir opposer au clergé riche et corrompu; mais ces corps deviennent bientôt en France, chez une nation élégante et spirituelle, l'objet des sarcasmes des savants (1). En même temps que Rome avait établi ses milices, l'État avait fondé les siennes. Les croisades, les usurpations de la couronne, ayant appauvri l'ordre des nobles, il fallut avoir recours pour la dé-

(1) Lorsque les ordres mendiants furent établis dans l'Église, peut-on dire que les Français fussent alors une nation ÉLÉGANTE? D'ailleurs l'auteur n'oublie-t-il pas les services innombrables que ces ordres ont rendus à l'humanité? Les premiers savants qui parurent à la renaissance des lettres étaient bien loin de tourner les ordres mendiants en ridicule, puisqu'un grand nombre de ces savants étaient eux-mêmes des religieux. Il nous semble donc que l'auteur confond ici les époques; mais on peut lui accorder qu'il eût été bon de diminuer insensiblement les ordres mendiants, à mesure que l'élégance des mœurs françaises s'est développée.

fense de l'État aux troupes soldées. La force militaire, sous Charles VII, passe au *peuple armé* ou aux troupes soldées; la force judiciaire, sous François Ier, passe au *peuple lettré*, par la vénalité des offices judiciaires. La réformation dans l'Église vient concourir avec les innovations dans l'État. Les simples citoyens avaient pris la place des magistrats, constitués dans les fonctions politiques; les simples fidèles usurpèrent sur les prêtres les fonctions religieuses. Luther attenta au sacerdoce public; Calvin le remplaça dans la famille. Le popularisme entra dans l'État, et le presbytérianisme, dans l'Église. Le ministère public passa au peuple en attendant qu'il s'arrogeât le souverain pouvoir, et alors furent proclamés les deux dogmes parallèles et correspondants de la démocratie religieuse et de la démocratie politique : l'un, que l'autorité religieuse est dans le corps des fidèles; l'autre, que la souveraineté politique est dans l'assemblée des citoyens.

« Avec le changement dans les principes vient le changement dans les mœurs. Les nobles abandonnent les belles fonctions de juges, pour embrasser uniquement le métier des armes. La licence militaire vient relâcher les nœuds de la morale; les femmes influent sur le ministère public; le luxe s'introduit à la cour et dans les villes; un peuple de citadins remplace une nation agricole; au défaut de considération on veut obtenir des titres; la noblesse est vendue, en même temps que les biens de l'Eglise sont mis à l'encan; les grands noms s'éteignent, les premières familles de l'Etat tombent dans la pauvreté; le clergé perd son autorité et sa considération; enfin, le philosophisme, sortant du fond de ce chaos religieux et politique, achève de renverser la morale ébranlée. »

Ce morceau très-remarquable est tiré de la *Théorie du pouvoir politique et religieux*, ouvrage supprimé par le Directoire, et dont il n'est échappé qu'un très-petit nombre d'exemplaires. Il serait à désirer qu'on donnât un résumé de ce livre important, supérieur même à la *Législation primitive*, et dont celui-ci n'est, pour ainsi dire, qu'un extrait. On saurait alors d'où sortent toutes ces idées si neuves en politique, et que des écrivains mettent aujourd'hui en avant, sans indiquer la source où ils les ont puisées.

Au reste, nous avons trouvé partout (et nous nous en faisons gloire), dans l'ouvrage de M. de Bonald, la confirmation des principes littéraires et religieux que nous avons énoncés dans le *Génie du Christianisme*. Il va même plus loin que nous à quelques égards; car nous ne nous sentons pas assez d'autorité pour oser dire, comme lui, *qu'il faut prendre aujourd'hui les plus grandes précautions pour n'être pas ridicule en parlant de la mythologie.* Nous croyons qu'un heureux génie peut encore tirer bien des trésors de cette mine féconde; mais nous pensons aussi, et nous avons peut-être été le premier à l'avancer, qu'il y a plus de ressource pour la poésie dramatique dans la religion chrétienne que dans la religion des anciens; que les merveilles sans nombre qui résultent nécessairement pour le poëte de la lutte des passions et d'une religion chaste et inflexible, peuvent compenser amplement la perte des beautés mythologiques. Quand nous n'aurions fait naître qu'un doute sur cette importante question littéraire, sur cette question décidée, en faveur de la Fable, par les plus grandes autorités, ne serait-ce pas avoir obtenu une espèce de victoire (1)?

(1) Madame de Staël elle-même, dans la préface d'un roman, veut bien nous accorder quelque chose, et convenir que les idées religieuses sont favorables au développement du génie; cependant elle semble avoir écrit son livre pour combattre ces mêmes idées, et pour prouver qu'il n'y a rien de plus sec que le christianisme, et de plus tendre que la philosophie. A-t-elle atteint ou manqué son but? c'est au public à prononcer. Mais du moins elle a donné de nouvelles preuves d'un esprit distingué et d'une imagination brillante; et quoiqu'elle essaie de faire valoir des opinions qui glacent et dessèchent

M. de Bonald s'élève aussi contre ces esprits timides qui, par *respect* pour la religion, laisseraient volontiers la religion périr. Il s'exprime presque dans les mêmes termes que nous :

« Lorsqu'on méconnaît d'un bout de l'Europe à l'autre ces vérités nécessaires à l'ordre social..... serait-il besoin de se justifier devant des esprits timides et des âmes timorées, d'oser soulever un coin du voile qui dérobe ces vérités aux regards inattentifs ? et y aurait-il des chrétiens d'une foi assez faible pour penser qu'elles seront moins respectées à mesure qu'elles seront plus connues ? »

Au milieu des violentes critiques qui nous ont assailli dès nos premiers pas dans la littérature, nous avouerons qu'il est extrêmement flatteur et consolant pour nous de voir aujourd'hui notre faible travail sanctionné par une opinion aussi grave que celle de M. de Bonald. Cependant nous prendrons la liberté de lui dire que, dans l'ingénieuse comparaison qu'il fait de son ouvrage au nôtre, il prouve qu'il sait se servir mieux que nous des armes de l'imagination, et que s'il ne les emploie pas plus souvent, c'est qu'il les dédaigne. Il est, quoi qu'il en puisse dire, le savant architecte du temple dont nous ne sommes que l'habile décorateur.

On doit beaucoup regretter que M. de Bonald n'ait pas eu le temps ni la fortune nécessaire pour ne faire qu'un seul ouvrage de sa *Théorie du Pouvoir*, de son *Divorce* (1), de sa *Législation primitive*, et de ses divers *Traités de politique*. Mais la Providence, qui dispose de nous, a marqué d'autres devoirs à M. de Bonald; elle a demandé à son cœur le sacrifice de son génie. Cet homme rare et modeste consacre aujourd'hui ses moments à une famille malheureuse, et les soucis paternels lui font oublier les soins de sa gloire. On fera de lui l'éloge que l'Écriture fait des patriarches : *Homines divites in virtute, pulchritudinis studium habentes, pacificantes in domibus suis.*

Le génie de M. de Bonald nous semble encore plus profond qu'il n'est haut; il creuse plus qu'il ne s'élève. Son esprit nous paraît à la fois solide et fin : son imagination n'est pas toujours, comme les imaginations éminemment poétiques, portée par un sentiment vif ou une grande image, mais aussi elle est spirituelle, ingénieuse ; ce qui fait qu'elle a plus de calme que de mouvement, plus de lumière que de chaleur. Quant aux sentiments de M. de Bonald, ils respirent partout cet honneur français, cette probité, qui font le caractère dominant des écrivains du siècle de Louis XIV. On sent que ces écrivains ont découvert la vérité, moins encore par la force de leur esprit que par la droiture de leur cœur.

On a si rarement de pareils hommes et de pareils ouvrages à annoncer au public, qu'on nous pardonnera la longueur de cet extrait. Quand les clartés qui brillent encore sur notre horizon littéraire se cachent ou s'éteignent par degrés,

le cœur, on sent percer dans tout son ouvrage cette bonté que les systèmes philosophiques n'ont pu altérer, et cette générosité que les malheureux n'ont jamais réclamée en vain.

(1) M. de Fontanes, dans un extrait de cet excellent ouvrage, a placé le premier M. de Bonald au rang qu'il doit occuper dans les lettres.

on arrête complaisamment ses regards sur une nouvelle lumière qui se lève. Tous ces hommes vieillis glorieusement dans les lettres, ces écrivains depuis longtemps connus, auxquels nous succéderons, mais que nous ne remplacerons pas, ont vu des jours plus heureux. Ils ont vécu avec Buffon, Montesquieu et Voltaire; Voltaire avait connu Boileau; Boileau avait vu mourir le vieux Corneille; et Corneille enfant avait peut-être entendu les derniers accents de Malherbe. Cette belle chaîne du génie français s'est brisée. La révolution a creusé un abîme qui a séparé à jamais l'avenir et le passé. Une génération moyenne ne s'est point formée entre les écrivains qui finissent et les écrivains qui commencent. Un seul homme pourtant tient encore le fil de l'antique tradition, et s'élève dans cet intervalle désert. On reconnaîtra sans peine celui que l'amitié n'ose nommer, mais que l'auteur célèbre, oracle du goût et de la critique, a déjà désigné pour son successeur. Toutefois si les écrivains de l'âge nouveau, dispersés par la tempête, n'ont pu s'instruire auprès des anciennes autorités, s'ils ont été obligés de tirer tout d'eux-mêmes, la solitude et l'adversité ne sont-elles pas aussi de grandes écoles? Compagnons des mêmes infortunes, amis avant d'être auteurs, puissent-ils ne voir jamais renaître parmi eux ces honteuses jalousies qui ont trop souvent déshonoré un art noble et consolateur! Ils ont encore besoin d'union et de courage; les lettres seront longtemps orageuses. Elles ont produit la révolution, et elles seront le dernier asile des haines révolutionnaires. Un demi-siècle suffira à peine pour calmer tant de vanités compromises, tant d'amours-propres blessés. Qui peut donc espérer de voir des jours plus sereins pour les Muses? La vie est trop courte; elle ressemble à ces carrières où l'on célébrait les jeux funèbres chez les anciens, et au bout desquelles apparaissait un tombeau.

Έστηκεξύγον αὖον ὅσον, etc.

« De ce côté, dit Nestor à Antiloque, s'élève de terre le tronc dépouillé d'un « chêne; deux pierres le soutiennent dans un chemin étroit; c'est une tombe « antique, et la borne marquée à votre course. »

SUR

LE PRINTEMPS D'UN PROSCRIT,

POEME,

PAR M. J. MICHAUD.

Janvier 1803.

Voltaire a dit : « Ou chantez vos plaisirs, ou laissez vos chansons. » Ne pourrait-on pas dire avec autant de vérité : « Ou chantez vos malheurs, ou « laissez vos chansons? »

Condamné à mort pendant les jours de la Terreur, obligé de fuir une seconde fois après le 18 fructidor, l'auteur du *Printemps d'un proscrit* est reçu, par des cœurs hospitaliers, dans les montagnes du Jura, et trouve dans le tableau de la nature à la fois de quoi consoler et nourrir ses regrets.

Lorsque la main de la Providence nous éloigne du commerce des hommes, nos yeux moins distraits se fixent sur le spectacle de la création, et nous y découvrons des merveilles que nous n'aurions jamais soupçonnées. Du fond de la solitude on contemple les tempêtes du monde comme un homme jeté sur une île déserte se plaît, par une secrète mélancolie, à voir les flots se briser sur les côtes où il fit naufrage. Après la perte de nos amis, si nous ne succombons pas à la douleur, notre cœur se replie sur lui-même; il forme le projet de se détacher de tout autre sentiment, et de vivre uniquement avec ses souvenirs. Nous sommes alors moins propres à la société, mais notre sensibilité se développe aussi davantage. Que celui qui est abattu par le chagrin s'enfonce dans l'épaisseur des forêts; qu'il erre sous leur voûte mobile; qu'il gravisse la montagne d'où l'on découvre des pays immenses, ou le soleil se levant sur les mers; sa douleur ne tiendra point contre un tel spectacle : non qu'il oublie ceux qu'il aima (car alors qui ne craindrait d'être consolé?); mais le souvenir de ses amis se confondra avec le calme des bois et des cieux; il gardera sa douceur, et ne perdra que son amertume. Heureux ceux qui aiment la nature ! ils la trouveront, et ne trouveront qu'elle, au jour de l'adversité (1).

Ces réflexions nous ont été fournies par l'ouvrage aimable que nous annonçons. Ce n'est point un poëte qui cherche seulement la pompe et la perfection de l'art; c'est un infortuné qui s'entretient avec lui-même, et qui touche la lyre pour rendre l'expression de sa douleur plus harmonieuse; c'est un proscrit qui dit à son livre, comme Ovide au sien :

« Mon livre, vous irez à Rome, et vous irez à Rome sans moi!........ Hélas!
« que n'est-il permis à votre maître d'y aller lui-même! Partez, mais sans appa-
« reil, comme il convient au livre d'un poëte exilé. »

L'ouvrage, divisé en trois chants, s'ouvre par une description des premiers beaux jours de l'année. L'auteur compare la tranquillité des campagnes à la terreur qui régnait alors dans les villes; il peint le laboureur donnant asile à des proscrits :

. . . .
Dans cet âge de fer, ami des malheureux,
Il pleure sur leurs maux, console leur misère,
Et comme à ses enfants leur ouvre sa chaumière.
Les bois qu'il a plantés, sous leurs rameaux discrets
Dérobent aux méchants les heureux qu'il a faits.
Le pâle fugitif y cache ses alarmes;
Et, loin des factions, loin du fracas des armes,
Pleure en paix sur les maux de l'État ébranlé.

La religion, persécutée dans les villes, trouve à son tour un asile dans les forêts, bien qu'elle y ait aussi perdu ses autels et ses temples.

(1) Ce paragraphe est emprunté de l'*Essai historique*.

Quelquefois le hameau, que rassemble un saint zèle,
Au Dieu dont il chérit la bonté paternelle
Vient, au milieu des nuits, offrir, au lieu d'encens,
Les vœux de l'innocence et les fleurs du printemps.
L'écho redit aux bois leur timide prière.

Hélas! qu'est devenu l'antique presbytère,
Cette croix, ce clocher élancé dans les cieux,
Et du temple sacré l'airain religieux,
Et le saint du hameau, dont le vitreau gothique
Montrait l'éclat pieux et l'image rustique?
Ces murs, où de Dieu même on proclamait les lois,
D'un pasteur révéré n'entendent plus la voix.

Ces vers sont naturels et faciles; quant aux sentiments du poëte, ils sont doux et pieux, et se mêlent bien aux objets dont il compose le fond de son tableau. Nos églises donnent à nos hameaux et à nos villes un caractère singulièrement moral. Les yeux du voyageur viennent d'abord s'attacher sur la flèche religieuse de nos clochers, dont l'aspect réveille dans son sein une foule de sentiments et de souvenirs. C'est la pyramide funèbre autour de laquelle dorment les aïeux; mais c'est aussi le monument de joie où la cloche annonce la vie du fidèle. C'est là que les époux s'unissent; c'est là que les chrétiens se prosternent au pied des autels : le faible pour prier le Dieu de force, le coupable pour implorer le Dieu de miséricorde, l'innocent pour chanter le Dieu de bonté. Un paysage paraît-il nu, triste et désert, placez-y un clocher champêtre, à l'instant tout va s'animer : les douces idées de *pasteur* et de *troupeau*, d'asile pour le voyageur, d'aumône pour le pèlerin, d'hospitalité et de fraternité chrétienne, vont naître de toutes parts.

Un curé de campagne frappé d'une loi de mort, ne voulant pas abandonner son troupeau, et allant la nuit consoler le laboureur, était un tableau qui devait naturellement s'offrir à un poëte proscrit :

Il erre au sein des bois : ô nuit silencieuse!
Prête ton ombre amie à sa course pieuse.
S'il doit souffrir encore, ô Dieu! sois son appui;
C'est la voix du hameau qui t'implore pour lui.
Et vous, qu'anime encore une rage cruelle,
Pardonnez aux vertus dont il est le modèle.
Aux cachots échappé, vingt fois chargé de fers,
Il prêche le pardon des maux qu'il a soufferts;
Et chez l'infortuné qui se plaît à l'entendre,
Il va sécher les pleurs que vous faites répandre.
En fuyant à travers ces fertiles vallons,
Pauvre et sans espérance il bénit les sillons;
Seul au courroux céleste il s'offre pour victime;
Et dans ce siècle impie où règne en paix le crime,
Lorsqu'un destin cruel nous condamne à souffrir,
Il nous apprend à vivre, et nous aide à mourir.

Il nous semble que ces vers sont pleins de simplicité et d'onction. Nous sommes-nous donc beaucoup trompé lorsque nous avons soutenu que la religion est favorable à la poésie, et qu'en la repoussant on se prive d'un des plus grands moyens de remuer les cœurs?

L'auteur, caché dans son désert, se rappelle les amis qu'il ne verra plus :

> Oh ! que ne puis-je voir dans mon humble retraite
> Du poëte romain l'immortel interprète !
> C'est lui qui m'inspira le goût si pur des champs ;
> Aux spectacles que j'aime il consacra ses chants ;
> Mariant son génie à celui de Virgile,
> Il s'éleva, semblable à la vigne fertile,
> Qui s'unit à l'ormeau devenu son appui,
> Suit les mêmes penchants, et s'élève avec lui.
> Il n'est plus avec nous, et sa Muse exilée
> Erre sur d'autres bords, plaintive et désolée (1).
> . . . .
> O chantre du malheur, je ne t'entendrai plus !
> Et vous dont j'admirais les talents, les vertus,
> Près de vous aux leçons de l'austère sagesse
> Je perds l'espoir heureux de former ma jeunesse :
> Fontanes, dont la voix consola les tombeaux ;
> Saint-Lambert, qui chantas les vertus des hameaux ;
> Morellet, dont la plume éloquente et hardie
> Plaida pour le malheur devant la tyrannie ;
> Suard, qui réunis, émule d'Addison,
> Le savoir à l'esprit, la grâce à la raison ;
> La Harpe, qui du goût proclamas les oracles ;
> Sicard, dont les travaux sont presque des miracles :
> Jussieu, Laplace, et toi, vertueux Daubenton,
> Qui m'appris des secrets inconnus à Buffon ;
> Je ne vous verrai plus !

Ces regrets sont touchants, et les éloges que l'auteur donne ici à ses amis ont le mérite bien rare d'être d'accord avec l'opinion publique : d'ailleurs, tout cela nous semble dans le goût de l'antiquité. N'est-ce pas ainsi que le poëte latin que nous avons déjà cité s'adresse aux amis qu'il a laissés à Rome? « Il y a, « dit Ovide, dans le pays natal, je ne sais quoi de doux qui nous appelle, qui « nous charme, et ne nous permet pas de l'oublier... Vous espérez, cher « Rufin, que les chagrins qui me tuent céderont aux consolations que vous « m'envoyez dans mon exil; commencez donc, ô mes amis! à être moins aimables, afin qu'on puisse vivre sans vous avec moins de peine. »

Hélas! en lisant le nom de M. de La Harpe dans les vers de M. Michaud, qui ne se sentirait attendri? A peine avons-nous retrouvé les personnes qui nous sont chères, qu'il faut encore, et pour toujours, nous séparer d'elles! Nul ne comprend mieux que nous toute l'étendue du malheur qui menace, en

(1) M. Delille était alors en Angleterre.

ce moment, les lettres et la religion. Nous avons vu M. de La Harpe abattu, comme Ézéchias, sous la main de Dieu; il n'y a qu'une foi vive et une sainte espérance qui puissent donner une résignation aussi parfaite, un courage aussi grand, des pensées aussi hautes et aussi touchantes, au milieu des douleurs d'une lente agonie et des épreuves de la mort.

Les poëtes aiment à peindre les malheurs de l'exil, si féconds en sentiments tendres et tristes. Ils ont chanté Patrocle réfugié aux foyers d'Achille, Cadmus abandonnant les murs de Sidon, Tydée retiré chez Adraste, et Teucer trouvant un abri dans l'île de Vénus. Le chœur, dans *Iphigénie en Tauride*, voudrait pouvoir traverser les airs : « J'arrêterais mon vol sur la maison paternelle; je « reverrais ces lieux si chers à mon souvenir, où, sous les yeux d'une mère, « je célébrais un innocent hymen. » Eh! qui ne connaît le *Dulces moriens reminiscitur Argos?* Qui ne se rappelle Ulysse errant loin de sa patrie, et désirant, pour tout bonheur, d'apercevoir seulement la fumée de son palais? Mercure le trouve assis tristement sur le rivage de l'île de Calypso : *il regardait, en versant des pleurs, cette mer éternellement agitée* (irrequietum),

Πόντον ἐπ' ἀτρύγετον δερκέσκετο, δάκρυα λείβων.

Vers admirable, que Virgile a traduit en l'appliquant aux Troyennes exilées:

. . . . . . Cunctæque profundum
Pontum aspectabant flentes.

Ce *flentes* rejeté à la fin de la phrase est bien beau! Ossian a peint avec des couleurs différentes, mais qui ont aussi beaucoup de charmes, une jeune femme morte loin de son pays, dans une terre étrangère :

« There lovely Moina is often seen when thee sunbeam darts on the rock, and all around « is dark. There she is seen, Malvina, but not like the daughters of the hill. Her robes are « from the stranger's land, and she is still alone. »

« Quand un rayon du soleil frappe le rocher, et que tout est obscur à l'en- « tour, c'est là (au tombeau de Carthon et de Clessamor) qu'on voit souvent « l'ombre de la charmante Moïna : on l'y voit souvent, ô Malvina! mais non « telle que les filles de la colline. Ses vêtements sont du pays de l'étranger, et « elle est encore solitaire. »

On devine, par la douceur des plaintes de l'auteur du poëme du *Printemps*, qu'il avait ce *mal du pays*, ce mal qui attaque surtout les Français loin de leur patrie. Monime, au milieu des Barbares, ne pouvait oublier le *doux sein de la Grèce*. Les médecins ont appelé cette tristesse de l'âme *nostalgie*, de deux mots grecs, νόστος, retour, et ἄλγος, douleur, parce qu'on ne peut la guérir qu'en retournant aux foyers paternels. Eh! comment M. Michaud, qui sait faire soupirer sa lyre, n'eût-il pas mis de la sensibilité dans un sujet que Gresset lui-même n'a pu chanter sans attendrir? Dans son ode sur l'*Amour de la Patrie*, on trouve cette strophe touchante:

Ah! dans sa course déplorée,
S'il succombe au dernier sommeil
Sans revoir la douce contrée
Où brilla son premier soleil;
Là son dernier soupir s'adresse,
Là son expirante tendresse
Veut que ses os soient ramenés :
D'une région étrangère
La terre serait moins légère
A ses mânes abandonnés!

Au milieu des douces consolations que la retraite fournit à notre poëte exilé, il s'écrie :

O beaux jours du printemps! ô vallons enchantés!
Quel chef-d'œuvre des arts égale vos beautés?
Tout Voltaire vaut-il un rayon de l'aurore,
Ou la moindre des fleurs que Zéphyr fait éclore?

Mais Voltaire (dont nous détestons d'ailleurs les impiétés autant que M. Michaud) n'exprime-t-il pas quelquefois des sentiments aimables (1)? N'a-t-il pas connu jusqu'à ces doux regrets de la patrie? « Je vous écris à côté d'un poêle, « dit-il à madame Denis, la tête pesante et le cœur triste, en jetant les yeux « sur la rivière de la Sprée, parce que la Sprée tombe dans l'Elbe, l'Elbe « dans la mer, et que la mer reçoit la Seine, et que notre maison de Paris est « assez près de cette rivière. »

On dit qu'un Français, obligé de fuir pendant la Terreur, avait acheté de quelques deniers une barque sur le Rhin. Il s'y était logé avec sa femme et ses deux enfants. N'ayant point d'argent, il n'y avait point pour lui d'hospitalité. Quand on le chassait d'un rivage, il passait sans se plaindre à l'autre bord; souvent poursuivi sur les deux rives, il était obligé de jeter l'ancre au milieu du fleuve. Il pêchait pour nourrir sa famille, mais les hommes lui disputaient encore les secours de la Providence, et lui enviaient quelques petits poissons qu'avaient mangés ses enfants. La nuit, il cueillait des herbes sèches, pour faire un peu de feu; et sa femme demeurait dans de mortelles angoisses jusqu'à son retour. Cette famille, à qui l'on ne pouvait reprocher que ses malheurs, n'avait pas sur le vaste globe un seul coin de terre où elle osât reposer sa tête. Obligée de se faire sauvage entre quatre grandes nations civilisées, toute sa consolation était qu'en errant dans le voisinage de la France, elle pouvait quelquefois respirer un air qui avait passé sur son pays (2).

M. Michaud errait ainsi sur les montagnes, d'où il pouvait du moins découvrir la cime des arbres de la patrie. Mais comment passer le temps sur un sol étranger? comment occuper ses journées? N'est-il pas tout naturel alors d'aller visiter ces tombeaux champêtres où, pleines de joie, des âmes chrétiennes ont terminé leur exil? C'est ce que fait l'auteur du poëme du *Printemps*; et, grâce à la saison qu'il a choisie, l'asile de la mort est un beau champ couvert de fleurs.

(1) M. Michaud a depuis corrigé ce passage. — (2) Ce morceau est emprunté du *Génie du Christianisme*.

Sous ces débris couverts d'une mousse légère,
Sous cet antique ormeau dont l'abri solitaire
Répand sur l'horizon un deuil religieux,
Reposent du hameau les rustiques aïeux.
Bravant les vains mépris de la foule insensée,
Jamais l'ambition ne troubla leur pensée.
Peut-être en ce cercueil, d'humbles fleurs entouré,
Dort un fils d'Apollon, d'Apollon ignoré,
Un héros dont le bras eût fixé la victoire,
Qui n'a point su combattre, et qui mourut sans gloire;
Un Cromwell, un Sylla, du hameau dédaigné;
Qui respecta les lois et qui n'a point régné.
Ainsi la fleur qui naît sur les monts solitaires
Ne montre qu'au désert ses couleurs passagères;
Et l'or, roi des métaux, cache en des souterrains
Son éclat trop funeste au repos des humains.

Peut-être l'auteur eût-il mieux fait de se rapprocher davantage du poëte anglais qu'il imite. Il a substitué l'image de l'or enfoui dans les entrailles de la terre, à celle de la *perle cachée dans le sein des mers*; la fleur qui ne *montre qu'au désert ses couleurs passagères* n'est peut-être pas exactement *la fleur qui est née pour rougir sans être vue* (is born to blush unseen (1).

Full many a gem of purest ray serene,
The dark unfathom'd caves of ocean bear;
Full many a flower is born to blush unseen,
And waste its sweetness in the desert air.

Nous avions essayé autrefois de rendre ainsi ces quatre vers, qu'on doit juger avec indulgence, car nous ne sommes pas poëte :

Ainsi brille la perle au fond des vastes mers;
Ainsi passent aux champs des roses solitaires
Qu'on ne voit point rougir, et qui, loin des bergères,
D'inutiles parfums embaument les déserts.

La vue de ces paisibles tombeaux rappelle au poëte ces sépulcres troublés où dormaient nos *princes anéantis* (2). Leurs monuments ne devaient s'ouvrir qu'à la consommation des siècles; mais un jugement particulier de la Providence a voulu les briser avant la fin des temps.

Une effroyable résurrection a dépeuplé les caveaux funèbres de Saint-Denis; les fantômes des rois sont sortis de l'ombre éternelle; mais, comme s'ils avaient été épouvantés de reparaître seuls à la lumière, de ne pas *se retrouver dans le*

(1) M. Michaud a depuis rectifié ces deux vers de la manière suivante :

« Ainsi, vain ornement d'une rive inconnue,
« La rose du désert rougit sans être vue, etc. »

(2) Bossuet.

monde avec tous les morts, comme parle le prophète, ils se sont replongés dans le sépulcre :

> Et ces rois, exhumés par la main des bourreaux,
> Sont descendus deux fois dans la nuit des tombeaux.

On voit par ces beaux vers que M. Michaud sait prendre tous les tons.

C'est sans doute une chose bien remarquable que quelques-uns de ces spectres, noircis par le cercueil (1), eussent conservé une telle ressemblance avec la vie, qu'on les a facilement reconnus. On a pu distinguer sur leur front jusqu'aux caractères des passions, jusqu'aux nuances des idées qui les avaient jadis occupés. Qu'est-ce donc que cette *pensée* de l'homme, qui laisse des traces si profondes jusque dans la poudre du néant? Puisque nous parlons de poésie, qu'il nous soit permis d'emprunter une comparaison d'un poëte : Milton nous dit qu'après avoir achevé le monde, le Fils divin se rejoignit à son Principe éternel, et que sa route à travers la matière créée fut marquée longtemps après par un sillon de lumière : ainsi notre âme, en rentrant dans le sein de Dieu, laisse dans le corps mortel la trace glorieuse de son passage.

On doit louer M. Michaud d'avoir fait usage de ces contrastes qui réveillent l'imagination des lecteurs. Les anciens les employaient souvent, même dans la tragédie. Un chœur de soldats veille à la garde du camp des Troyens; la nuit fatale à Rhésus vient à peine de finir sa course. Dans ce moment critique croyez-vous que les gardes parlent de combats, de surprises; qu'ils se retracent des images terribles? Voici ce que dit le demi-chœur :

« Écoutez! ces accents sont ceux de Philomèle qui, sur mille tons variés, « déplore ses malheurs et sa propre vengeance. Les rives sanglantes du Simoïs « répètent ses accents plaintifs. J'entends le son de la cornemuse; c'est l'heure « où les bergers de l'Ida sortent pour paître leurs troupeaux dans les riants « vallons. Un nuage se répand sur mes paupières appesanties; une douce « langueur s'empare de mes sens : le sommeil versé par l'aurore est le plus « délicieux. »

Avouons que nous n'avons pas assez de ces choses-là dans nos tragédies modernes, toutes parfaites qu'elles puissent être; et soyons assez justes pour convenir que Shakespeare a quelquefois trouvé ce naturel de sentiment et cette naïveté d'images. Ce chœur d'Euripide rappellera facilement au lecteur le dialogue de Roméo et de Juliette : *Est-ce l'alouette qui chante, etc.?*

Mais si nous avons banni de la scène tragique ces peintures pastorales qui, en adoucissant la *terreur*, augmentaient la *pitié*, parce qu'elles faisaient *sourire sur un fond d'agonie*, comme s'exprime Fénelon, nous les avons transportées ces peintures (et avec beaucoup de succès), dans des ouvrages d'un autre genre. Les modernes ont étendu et enrichi le domaine de la poésie descriptive. M. Michaud lui-même en fournit de beaux exemples :

> De la cime des monts, tout prêt à disparaître
> Le jour sourit encore aux fleurs qu'il a fait naître.

(1) Le visage de Louis XIV était d'un noir d'ébène.

Sur ces toits élevés, d'un ciel tranquille et pur
L'ardoise fait au loin étinceler l'azur;
Et le vitreau qui brille à la rive lointaine,
D'un vaste embrasement allumé dans la plaine
Montre aux regards trompés les feux éblouissants,
Et ranime du jour les rayons pâlissants.

Le chantre du printemps, à ces vallons fidèle,
Charme l'écho du soir de sa plainte nouvelle;
Et, caché dans les bois, dans les bosquets touffus,
Il chante des malheurs aux Muses inconnus,
Tandis que la forêt, à sa voix attentive,
Redit ses doux accents et sa chanson plaintive,
Au buisson épineux, au tronc des vieux ormeaux
La muette Arachné suspend ses longs réseaux.
Un reste de clarté perce encor le feuillage,
Glisse sur l'eau du fleuve et meurt sur le rivage.
L'insecte qu'un soleil voit naître et voit périr
Aux derniers feux du jour vient briller et mourir.
La caille, comme moi sur ces bords étrangère,
Fait retentir les champs de sa voix printanière.
Sorti de son terrier, le lapin imprudent
Vient tomber sous les coups du chasseur qui l'attend;
Et, par l'ombre du soir la perdrix rassurée,
Redemande aux échos sa compagne égarée.

C'est ici le lieu de parler d'un reproche que M. Michaud nous a fait dans sa dissertation préliminaire; il combat avec autant de goût que de politesse notre opinion touchant la poésie descriptive. « L'auteur du *Génie du christianisme*, « dit-il, attribue *l'origine* de la poésie descriptive à la religion chrétienne... « qui, en détruisant le charme attaché aux fables mythologiques, a réduit les « poëtes à chercher la source de l'intérêt dans la vérité et l'exactitude de leurs « tableaux, etc. »

L'auteur du poëme du *Printemps* pense que nous nous sommes trompé.

D'abord nous n'avons point attribué *l'origine* de la poésie descriptive au christianisme, nous lui avons seulement attribué son *développement*, ce qui nous semble une chose fort différente. De plus, nous n'avons eu garde de dire que le christianisme détruit le *charme* des fables mythologiques; nous avons cherché à prouver au contraire que tout ce qu'il y a de beau dans la mythologie, tel, par exemple, que les *allégories morales*, peut être encore employé par un poëte chrétien, et que la véritable religion n'a privé les muses que des fictions médiocres ou dégoûtantes du paganisme. La perte des *allégories physiques* est-elle donc si regrettable? qu'importe que Jupiter soit l'éther, que Junon soit l'air, etc.? Mais puisqu'un critique (1) dont les jugement sont des lois a cru devoir aussi combattre notre opinion sur l'emploi de la mythologie, qu'on nous permette de rappeler le chapitre qui fait l'objet de la discussion.

Après avoir montré que les anciens n'ont presque pas connu la *poésie des-*

(1) M. de Fontanes.

criptive dans le *sens* que nous attachons à ce mot; après avoir fait voir que ni leurs poëtes, ni leurs philosophes, ni leurs naturalistes, ni leurs historiens n'ont fait de descriptions de la nature, nous ajoutons:

« On ne peut guère soupçonner que des hommes aussi sensibles que l'étaient les anciens aient manqué d'yeux pour voir la nature, et de talent pour la peindre. Il faut donc qu'une cause puissante les ait aveuglés. Or, cette cause était la mythologie, qui, peuplant l'univers d'élégants fantômes, ôtait à la création sa gravité, sa grandeur, sa solitude et sa mélancolie. Il a fallu que le christianisme vînt chasser tout ce peuple de faunes, de satyres et de nymphes, pour rendre aux grottes leur silence, et aux bois leur rêverie. Les déserts ont pris, sous notre culte, un caractère plus triste, plus vague, plus sublime; le dôme des forêts s'est exhaussé, les fleuves ont brisé leurs petites urnes, pour ne plus verser que les eaux de l'abîme, du sommet des montagnes. Le vrai Dieu, en rentrant dans ses œuvres, a donné son immensité à la nature.....

« Des sylvains et des naïadés peuvent flatter agréablement l'imagination, pourvu toutefois qu'ils ne soient pas sans cesse reproduits. Nous ne voulons point

. . . Chasser les Tritons de l'empire des eaux,
Oter à Pan sa flûte, aux Parques leurs ciseaux.

« Mais enfin, qu'est-ce que tout cela laisse au fond de l'âme? qu'en résulte-t-il pour le cœur? quel fruit peut en tirer la pensée? Oh! que le poëte chrétien est plus favorisé dans la solitude où Dieu se promène avec lui! Libres de ce troupeau de dieux ridicules qui les bornaient de toutes parts, les bois se sont remplis d'une Divinité immense. Le don de prophétie et de sagesse, le mystère et la religion, semblent résider éternellement dans leurs profondeurs sacrées. Pénétrez dans ces forêts américaines aussi vieilles que le monde, etc., etc. »

Le principe étant ainsi posé, il nous semble qu'il est du moins inattaquable par le fond; mais on peut disputer sur quelques détails. On demandera peut-être si nous ne trouvons rien de beau dans les allégories antiques. Nous avons répondu à cette question dans le chapitre où nous distinguons deux sortes d'allégories, l'allégorie *morale* et l'allégorie *physique*. M. de Fontanes nous a objecté que les anciens connaissaient aussi cette divinité solitaire et formidable qui habite les bois. Mais n'en étions-nous pas convenu nous-même? n'avions-nous pas dit: « Quant à ces dieux inconnus que les anciens plaçaient dans les « bois déserts et sur les sites sauvages, ils étaient d'un bel effet sans doute, « mais ils ne tenaient plus au système *mythologique*: l'esprit humain retom- « bait ici dans la *religion naturelle*. Ce que le voyageur tremblant adorait en « passant dans les solitudes était quelque chose d'*ignoré*, quelque chose dont il « ne savait point le nom, et qu'il appelait *la divinité du lieu*. Quelquefois il lui « donnait le nom de *Pan*, et l'on sait que Pan était le *dieu universel*. Les « grandes émotions qu'inspire la nature sauvage n'ont point cessé d'exister, « et les bois conservent encore pour nous leur formidable divinité (1). »

L'excellent critique que nous avons déjà cité soutient encore qu'il y a des peuples païens qui ont connu la poésie descriptive. Sans doute, et nous avions fait valoir cette circonstance même en faveur de notre opinion, puisque les

(1) *Génie du Christianisme*, liv. IV.

nations qui n'ont point connu les dieux de la Grèce ont entrevu cette belle et simple nature que masquait le système mythologique.

On dit que les modernes ont abusé de la poésie descriptive. Avons-nous avancé le contraire? Telles sont encore nos propres paroles : « On nous ob-« jectera peut-être que les anciens avaient raison de regarder la poésie des-« criptive comme la partie nécessaire, et non comme l'objet principal du « tableau; nous le pensons aussi, et l'on fait de nos jours un grand abus du « genre descriptif. Mais l'abus n'est pas la chose; mais il n'en est pas moins « vrai que la poésie descriptive, telle que nous l'avons aujourd'hui, est un « moyen de plus entre nos mains, et qu'elle a étendu la sphère des images « poétiques sans nous priver de la peinture des mœurs et des passions, telle « que cette peinture existait pour les anciens (1). »

Enfin M. Michaud pense que le genre de *poésie descriptive*, *tel qu'il est aujourd'hui fixé, n'a commencé à être un genre à part que dans le siècle dernier*. Mais est-ce bien là le fond de la question? cela prouverait-il que la poésie descriptive n'est pas due à la religion chrétienne? est-il bien certain d'ailleurs que cette poésie ne remonte qu'au siècle dernier? Dans notre chapitre intitulé, *Partie historique de la poésie descriptive chez les modernes*, nous avons suivi les progrès de cette poésie; nous l'avons vue commencer dans les écrits des Pères du désert; de là se répandre jusque dans l'histoire, passer chez les romanciers et les poëtes du Bas-Empire; bientôt se mêler au génie des Maures, et atteindre sous le pinceau de l'Arioste et du Tasse, un genre de perfection trop éloigné de la vérité. Nos grands écrivains du siècle de Louis XIV rejetèrent cette poésie descriptive italienne, qui ne parlait que de *roses*, de *claire fontaine* et de *bois touffus*. Les Anglais, en l'adoptant, lui firent perdre son afféterie, mais ils la jetèrent dans un autre excès, en la surchargeant de détails. Enfin, elle revint en France dans le siècle dernier, se perfectionna sous la muse de MM. Delille, Saint-Lambert et Fontanes, et acquit dans la prose de Buffon et de Bernardin de Saint-Pierre une beauté qu'elle n'avait point encore connue.

Nous n'en jugerons pas par notre propre sentiment, car il est trop peu de chose, et nous n'avons pas même, comme Chaulieu, *pour le lendemain*,

Un peu de savoir-faire et beaucoup d'espérance :

mais nous en appellerons à M. Michaud lui-même. Eût-il rempli ses vers de tant d'agréables descriptions de la nature, si le christianisme n'avait pris soin de débarrasser les bois des vieilles Dryades et des éternels Zéphyrs? L'auteur du poëme du *Printemps* n'aurait-il point été séduit par ses propres succès? Il a fait un usage charmant de la Fable dans ses lettres *sur le sentiment de la pitié*, et l'on sait que Pygmalion adora sa statue. « Psyché, dit M. Michaud, voulut « voir l'Amour; elle approcha la lampe fatale, et l'Amour disparut pour tou-« jours. Psyché signifie *âme* dans la langue grecque. L'antiquité a voulu « prouver, par cette allégorie, que l'âme voyait s'évanouir ses plus doux sen-« timents à mesure qu'elle cherchait à en pénétrer l'objet. » Cette explication

(1) *Génie du Christianisme*, liv. IV, note 16.

est ingénieuse; mais l'antiquité a-t-elle vu cela dans la fable de Psyché? Nous avons essayé de prouver que le charme du mystère, dans les sentiments de la vie, est un des bienfaits que nous devons à la délicatesse de notre religion. Si l'antiquité païenne a conçu la fable de Psyché, il nous semble que c'est un chrétien qui l'interprète aujourd'hui.

Il y a plus : le christianisme, en bannissant les fables de la nature, a non-seulement rendu la grandeur aux déserts, mais il a même introduit pour le poëte une autre espèce de mythologie pleine de charmes, nous voulons dire la *personnification* des plantes. Lorsque l'héliotrope était toujours Clytie, le mûrier toujours Thisbé, etc., l'imagination du poëte était nécessairement bornée; il n'aurait pu animer la nature par des fictions autres que les fictions consacrées, sans commettre une impiété. Mais la muse moderne transforme à son gré toutes les plantes en nymphes, sans préjudice des anges et des esprits célestes qu'elle peut répandre sur les montagnes, le long des fleuves et dans les forêts. Sans doute il est possible d'abuser encore de la *personnification*, et M. Michaud se moque avec raison du poëte Darwin, qui, dans ses *Amours des plantes*, représente le Genista, le genêt, se *promenant tranquillement à l'ombre des bosquets de myrte*. Mais si l'auteur anglais est un de ces poëtes dont parle Horace, *qui sont condamnés à faire des vers pour avoir déshonoré* (MINXERIT) *les cendres de leurs pères*, cela ne prouve rien quant au fond de la chose. Qu'un autre poëte, avec plus de goût et de jugement, décrive *les Amours des plantes*, elles lui offriront d'agréables tableaux. Lorsque dans les chapitres que M. Michaud attaque nous avons dit :

« Voyez dans un profond calme, au lever de l'aurore, toutes les fleurs de « cette vallée : immobiles sur leurs tiges, elles se penchent en mille attitudes « diverses, et semblent regarder tous les points de l'horizon. Dans ce moment « même, où vous croyez que tout est tranquille, un grand mystère s'accom- « plit; la nature conçoit, et ces plantes sont autant de jeunes mères tournées « vers la région mystérieuse d'où leur doit venir la fécondité. Les sylphes ont « des sympathies moins aériennes, des communications moins invisibles. Le « narcisse livre aux ruisseaux sa race virginale; la violette confie aux zéphyrs « sa modeste postérité; une abeille cueille du miel de fleurs en fleurs, et, sans « le savoir, féconde toute une prairie; un papillon porte un peuple entier sur « son aile; un monde descend dans une goutte de rosée. Cependant toutes les « amours des plantes ne sont pas également tranquilles : il y en a d'orageuses, « comme celles des hommes. Il faut des tempêtes pour marier, sur des hauteurs « inaccessibles, le cèdre du Liban au cèdre du Sinaï, tandis qu'au bas de la « montagne le plus doux vent suffit pour établir entre les fleurs un commerce « de volupté. N'est-ce pas ainsi que le souffle des passions agite les rois de la « terre sur leurs trônes, tandis que les bergers vivent heureux à leurs pieds? »

Cela est bien imparfait sans doute, mais du moins on entrevoit, par cette faible ébauche, ce qu'un poëte habile pourrait tirer d'un pareil sujet.

Ce sont vraisemblablement ces rapports des choses inanimées aux choses animées qui ont été une des premières sources de la mythologie. Lorsque l'homme sauvage, errant au milieu des bois, eut satisfait aux premiers besoins de la vie, il sentit un autre besoin dans son cœur, celui d'une puissance surnaturelle pour appuyer sa faiblesse. La chute d'une onde, le murmure du vent solitaire, tous les bruits qui s'élèvent de la nature, tous les mouvements qui animent les déserts, lui parurent tenir à cette cause cachée. Le hasard lia ces effets locaux à quelques circonstances heureuses ou malheureuses de ses chasses. Une couleur particulière, un objet singulier ou nouveau le frappa peut-être en même temps : de là le *manitou* du Canadien et le *fétiche* du nègre, la première de toutes les mythologies.

Cet élément des fausses croyances une fois développé, on vit s'ouvrir la vaste carrière des superstitions humaines. Les affections du cœur se changèrent bientôt en divinités d'autant plus dangereuses qu'elles étaient plus aimables. Le Sauvage qui avait élevé le *mont* du tombeau à son ami, la mère qui avait rendu à la terre son petit enfant, vinrent chaque année, à la chute des feuilles, le premier répandre des larmes, la seconde épancher son lait sur le gazon sacré, tous les deux crurent que ces *absents* si regrettés, toujours vivants dans leurs pensées, ne pouvaient avoir cessé d'être. Ce fut sans doute l'Amitié en pleurs sur un monument qui retrouva le dogme de l'immortalité de l'âme, et proclama la religion des tombeaux.

Cependant l'homme sorti des forêts s'était associé à ses semblables. Bientôt la reconnaissance ou la frayeur des peuples plaça des législateurs, des héros et des rois au rang des divinités. En même temps quelques génies aimés du ciel, un Orphée, un Homère, augmentèrent les habitants de l'Olympe ; sous leurs pinceaux créateurs, les accidents de la nature se transformèrent en esprits célestes. Ces nouveaux dieux régnèrent longtemps sur l'imagination enchantée des hommes : Anaxagore, Démocrite, Épicure, essayèrent toutefois de lever l'étendard contre la religion de leur pays. Mais (triste enchaînement des erreurs humaines !) Jupiter était sans doute un dieu abominable, et pourtant des atomes mouvants, une matière éternelle valaient-ils mieux que Jupiter armé de la foudre, et vengeur du crime ?

C'était à la religion chrétienne qu'il était réservé de renverser les autels des faux dieux sans plonger les peuples dans l'athéisme, et sans détruire les charmes de la nature. Car fût-il certain, comme il est douteux, que le christianisme ne puisse fournir aux poëtes un *merveilleux* aussi riche que celui de la Fable, encore est-il vrai (et M. Michaud en conviendra) qu'il a une certaine poésie de l'âme, nous dirions presque une imagination du cœur, dont on ne trouve aucune trace dans la mythologie, Les beautés touchantes qui émanent de cette source feraient seules une ample compensation pour les ingénieux mensonges de l'antiquité. Tout est machine et ressort, tout est extérieur, tout est fait pour les yeux, dans les tableaux du paganisme; tout est sentiment et pensée, tout est intérieur, tout est créé pour l'âme, dans les peintures de la religion chrétienne. Quel charme de méditation! quelle profondeur de rêverie! Il y a plus d'enchantements dans une de ces larmes divines que le christianisme fait répandre, que dans toutes les riantes erreurs de la mythologie. Avec une *Notre-Dame des Douleurs*, une *Mère de Pitié*, quelque saint obscur, patron de l'aveugle, de l'orphelin, du misérable, un auteur peut écrire une page plus attendrissante qu'avec tous les dieux du Panthéon. C'est bien là aussi de la poésie, c'est bien là du *merveilleux!* Mais voulez-vous du merveilleux plus sublime? contemplez la vie et les douleurs du Christ, et souvenez-vous que votre Dieu s'est appelé *le Fils de l'Homme.* Nous oserons le prédire, un temps viendra que l'on sera tout étonné d'avoir pu méconnaître les beautés admirables qui existent dans les seuls noms, dans les seules expressions du christianisme, et l'on aura de la peine à comprendre comment on a pu se moquer de cette religion céleste de la raison et du malheur.

SUR L'HISTOIRE

DE LA VIE DE JÉSUS-CHRIST,

DU PÈRE DE LIGNY,

De la Compagnie de Jésus.

Juin 1802.

L'histoire de la vie de Jésus-Christ est un des derniers ouvrages que nous devons à cette société célèbre, dont presque tous les membres étaient des hommes de lettres distingués. Le père de Ligny, né à Amiens en 1710, survécut à la destruction de son ordre, et prolongea jusqu'en 1788 une carrière commencée au temps des malheurs de Louis XIV, et finie à l'époque des désastres de Louis XVI. Si vous rencontriez dans le monde un ecclésiastique âgé, plein de savoir, d'esprit, d'aménité, ayant le ton de la bonne compagnie et les manières d'un homme bien élevé, vous étiez disposé à croire que cet ancien prêtre était un jésuite. L'abbé Lenfant avait aussi appartenu à cet ordre, qui a tant donné de martyrs à l'Église. Il avait été l'ami du père de Ligny, et c'est lui qui le détermina à publier son *Histoire de la vie de Jésus-Christ.*

Cette histoire n'est qu'un commentaire de l'Évangile, et c'est ce qui fait son mérite à nos yeux. Le père de Ligny cite le texte du Nouveau Testament, et paraphrase chaque verset de deux manières : l'une, en expliquant moralement et historiquement ce qu'on vient de lire; l'autre, en répondant aux objections que l'on a pu faire contre le passage cité. Le premier commentaire court dans la page avec le texte, comme dans la *Bible* du père de Carrières; le second est rejeté en note au bas de la page. Ainsi l'auteur offrant, de suite et par ordre, les divers chapitres des évangiles, faisant observer leurs rapports ou conciliant leurs apparentes contradictions, développe la vie entière du Rédempteur du monde.

L'ouvrage du père de Ligny était devenu rare, et la Société Typographique a rendu un véritable service à la religion en réimprimant ce livre utile. On connaît dans les lettres françaises plusieurs *Vies* de Jésus-Christ; mais aucune ne réunit, comme celle du père de Ligny, les deux avantages d'être à la fois une explication de l'Écriture et une réfutation des sophismes du jour. La *Vie de Jésus-Christ*, par Saint-Réal, manque d'onction et de simplicité : il est plus aisé d'imiter Salluste et le cardinal de Retz (1), que d'atteindre au ton de l'Évangile. Le père de Montreuil, dans sa *Vie de Jésus-Christ*, retouchée par le père Brignon, a conservé au contraire bien du charme du Nouveau Testament. Son style, un peu vieilli, contribue peut-être à ce charme : l'ancienne langue française, et surtout celle qu'on parlait sous Louis XIII, était très-propre à rendre l'énergie et la naïveté de l'Écriture. Il serait bien à désirer qu'on en eût fait une bonne traduction à cette époque : Sacy est venu trop tard. Les deux plus belles versions modernes de la Bible sont les versions espagnole et anglaise. La dernière, qui a souvent la force de l'hébreu, est du règne de Jacques Ier; la langue dans laquelle elle est écrite est devenue pour les trois royaumes une espèce de langue sacrée, comme le texte samaritain pour les Juifs : la vénération que les Anglais ont pour l'Écriture en paraît augmentée, et l'ancienneté de l'idiome semble encore ajouter à l'antiquité du livre.

Au reste, il ne faut pas se dissimuler que toutes les histoires de Jésus-Christ qui ne sont pas, comme celle du père de Ligny, un simple commentaire du Nouveau Testament, sont, en général, de mauvais et même de dangereux ouvrages. Cette manière de défigurer l'Évangile nous est venue des protestants, et nous n'avons pas observé qu'elle en a conduit un grand nombre au socinianisme. Jésus-Christ n'est point un homme ; on ne doit point écrire sa vie comme celle d'un simple législateur. Vous aurez beau raconter ses œuvres de la manière la plus touchante, vous ne peindrez jamais que son *humanité*, sa divinité vous échappera. Les vertus de l'homme ont quelque chose de *corporel*, si nous osons parler ainsi, que l'écrivain peut saisir; mais il y a dans les vertus du Christ un *intellectuel*, une *spiritualité* qui se dérobe à la *matérialité* de nos expressions. C'est cette *vérité* dont parle Pascal, si fine et si déliée, que nos instruments grossiers ne peuvent la toucher sans *en écacher la pointe* (2). La divinité du Christ n'est donc et ne peut être que dans l'Évangile, où elle brille parmi les sacrements ineffables institués par le Sauveur, et au milieu des miracles qu'il a faits. Les apôtres seuls ont pu la rendre, parce qu'ils écrivaient sous l'inspiration de l'Esprit Saint. Ils avaient été témoins de merveilles opérées par le Fils de l'Homme; ils avaient vécu avec lui : quelque chose de sa divinité est demeuré empreint dans leur parole sacrée, comme les traits de ce céleste Messie restèrent, dit-on, imprimés dans le voile mystérieux qui servit à essuyer ses sueurs.

Sous le simple rapport du goût et des lettres, il y a d'ailleurs quelque danger à transformer ainsi l'Évangile en une *Histoire de Jésus-Christ*. En donnant aux faits je ne sais quoi d'humain et de rigoureusement historique; en appelant sans cesse à une prétendue raison, qui n'est souvent qu'une déplorable

(1) La *Conjuration du comte de Fiesque*, par le cardinal DE RETZ, semble avoir servi de modèle à la *Conjuration de Venise*, par SAINT-RÉAL : il y a entre ces deux ouvrages la différence qui existe toujours entre l'original et la copie ; entre celui qui écrit de verve et de génie, et celui qui, à force de travail, parvient à imiter cette verve et ce génie avec plus ou moins de ressemblance et de bonheur

(2) *Pensées* de PASCAL.

folie; en ne voulant prêcher que la morale entièrement dépouillée du dogme, les protestants ont vu périr chez eux la haute éloquence. Ce ne sont, en effet, ni les Tillotson, ni les Wilkins, ni les Goldsmith, ni les Blair, malgré leur mérite, que l'on peut regarder comme de grands orateurs, et surtout si on les compare aux Basile, aux Chrysostôme, aux Ambroise, aux Bourdaloue et aux Massillon. Toute religion qui se fait un devoir d'éloigner le dogme, et de bannir la pompe du culte, se condamne à la sécheresse. Il ne faut pas croire que le cœur de l'homme, privé du secours de l'imagination, soit assez abondant de lui-même pour nourrir les flots de l'éloquence. Le sentiment meurt en naissant, s'il ne trouve autour de lui rien qui puisse le soutenir, ni images qui prolongent sa durée, ni spectacles qui le fortifient, ni dogmes qui, l'emportant dans la région des mystères, préviennent ainsi son désenchantement. Le protestantisme se vante d'avoir banni la tristesse de la religion chrétienne : mais, dans le culte catholique, Job et ses saintes mélancolies, l'ombre des cloîtres, les pleurs du pénitent sur le rocher, la voix d'un Bossuet autour d'un cercueil, feront plus d'hommes de génie que toutes les maximes d'une morale sans éloquence, et aussi nue que le temple où elle est prêchée.

Le père de Ligny avait donc sagement considéré son sujet, lorsqu'il s'est borné dans sa *Vie de Jésus-Christ* à une simple concordance des évangiles. Et qui pourrait se flatter d'ailleurs d'égaler la beauté du Nouveau Testament? Un auteur qui aurait une pareille prétention ne serait-il pas déjà jugé? Chaque évangéliste a un caractère particulier, excepté saint Marc, dont l'évangile ne semble être que l'abrégé de celui de saint Matthieu. Saint Marc toutefois était disciple de saint Pierre, et plusieurs ont pensé qu'il a écrit sous la dictée de ce prince des apôtres. Il est digne de remarque qu'il a raconté aussi la faute de son maître. Cela nous semble un mystère sublime et touchant, que Jésus-Christ ait choisi, pour chef de son Église, précisément le seul de ses disciples qui l'eût renié. Tout l'esprit du christianisme est là : saint Pierre est l'Adam de la nouvelle loi; il est le père coupable et repentant des nouveaux Israélites; sa chute nous enseigne, en outre, que la religion chrétienne est une religion de miséricorde, et que Jésus-Christ a établi sa loi parmi les hommes sujets à l'erreur, moins encore pour l'innocence que pour le repentir.

L'évangile de saint Matthieu est surtout précieux pour la morale. C'est cet apôtre qui nous a transmis le plus grand nombre de ces préceptes en sentiments qui sortaient avec tant d'abondance des entrailles de Jésus-Christ.

Saint Jean a quelque chose de plus doux et de plus tendre. On reconnaît en lui *le disciple que Jésus aimait*, le disciple qu'il voulut avoir auprès de lui au jardin des Oliviers, pendant son agonie. Sublime distinction sans doute ! car il n'y a que l'ami de notre âme qui soit digne d'entrer dans le mystère de nos douleurs. Jean fut encore le seul des apôtres qui accompagna le Fils de l'Homme jusqu'à la croix. Ce fut là que le Sauveur lui légua sa mère : *Mater, ecce filius tuus; discipulus, ecce mater tua.* Mot céleste, parole ineffable! le disciple bien-aimé, qui avait dormi sur le sein de son maître, avait gardé de lui une image ineffaçable : aussi le reconnut-il le premier après sa résurrection. Le cœur de Jean ne put se méprendre aux traits de son divin ami, et la foi lui vint de la charité.

Au reste, l'esprit de tout l'évangile de saint Jean est renfermé dans cette maxime qu'il allait répétant dans sa vieillesse : cet apôtre, rempli de jours et de bonnes œuvres, ne pouvant plus faire de longs discours au nouveau peuple qu'il avait enfanté à Jésus-Christ, se contentait de lui dire : *Mes petits enfants, aimez-vous les uns les autres.*

Saint Jérôme prétend que saint Luc était médecin, profession si noble et si belle dans l'antiquité, et que son évangile est la médecine de l'âme. Le langage de cet apôtre est pur et élevé : on voit que c'était un homme versé dans les lettres, et qui connaissait les affaires et les hommes de son temps. Il entre dans son récit à la manière des anciens historiens ; vous croyez entendre Hérodote :

« 1. Comme plusieurs ont entrepris d'écrire l'histoire des choses qui se sont « accomplies parmi nous ;

« 2. Suivant le rapport que nous en ont fait ceux qui, dès le commencement, « les ont vues de leurs propres yeux, et qui ont été les ministres de la parole,

« 3. J'ai cru que je devais aussi, très-excellent Théophile, après avoir été « exactement informé de toutes ces choses depuis leur commencement, vous « en écrire par ordre toute l'histoire. »

Notre ignorance est telle aujourd'hui, qu'il y a peut-être des *gens de lettres* qui seront étonnés d'apprendre que saint Luc est un très-grand écrivain, dont l'évangile respire le génie de l'antiquité grecque et hébraïque. Qu'y a-t-il de plus beau que tout le morceau qui précède la naissance de Jésus-Christ ?

« Au temps d'Hérode, roi de Judée, il y avait un prêtre nommé Zacharie, du « sang d'Abia : sa femme était aussi de la race d'Aaron, et s'appelait Élisabeth.

« Ils étaient tous deux justes devant Dieu... Ils n'avaient point d'enfants, « parce qu'Élisabeth était stérile, et qu'ils étaient tous deux avancés en âge. »

Zacharie offre un sacrifice ; un ange lui *apparaît debout, à côté de l'autel des parfums.* Il lui prédit qu'il aura un fils, que ce fils s'appellera Jean, qu'il sera le précurseur du Messie, *et qu'il réunira le cœur des pères et des enfants.* Le même ange va trouver ensuite *une vierge qui demeurait en Israël,* et lui dit : « Je vous salue, ô pleine de grâce ! le Seigneur est avec vous. » Marie *s'en va dans les montagnes de la Judée ;* elle rencontre Élisabeth, et l'enfant que celle-ci portait dans son sein tressaille à la voix de la Vierge qui devait mettre au jour le Sauveur du monde. Élisabeth, remplie tout à coup de l'Esprit Saint, élève la voix et s'écrie : « Vous êtes bénie entre toutes les femmes, et le fruit « de votre sein est béni.

« D'où me vient le bonheur que la mère de mon Sauveur vienne vers moi ?

« Car lorsque vous m'avez saluée, votre voix n'a pas plutôt frappé mon « oreille, que mon enfant a tressailli de joie dans mon sein. »

Marie entonne alors le magnifique cantique : « O mon âme, glorifie le Sei-« gneur ! »

L'histoire de la crèche et des bergers vient ensuite *Une troupe nombreuse de l'armée céleste* chante pendant la nuit : *Gloire à Dieu dans le ciel, et paix aux hommes sur la terre !* mot digne des anges, et qui est comme l'abrégé de la religion chrétienne.

Nous croyons connaître un peu l'antiquité, et nous osons assurer qu'on chercherait longtemps chez les plus beaux génies de Rome et de la Grèce avant d'y trouver rien qui soit à la fois aussi simple et aussi merveilleux.

Quiconque lira l'Évangile avec un peu d'attention y découvrira à tous moments des choses admirables, qui échappent d'abord, à cause de leur extrême simplicité. Saint Luc, par exemple, en donnant la généalogie du Christ, remonte jusqu'à la naissance du monde. Arrivé aux premières générations, et continuant à nommer les races, il dit : *Cainan, qui fuit Henos, qui fuit Seth, qui fuit Adam, qui fuit* Dei ; le simple mot *qui fuit Dei*, jeté là sans commentaire et sans réflexion pour raconter la création, l'origine, la nature, les fins et le mystère de l'homme, nous semble de la plus grande sublimité.

Il faut louer le père de Ligny, qui a senti qu'on ne devait rien changer à ces choses, et qu'il n'y avait qu'un goût égaré et un christianisme mal entendu qui pouvaient ne pas se contenter de pareils traits. Son *Histoire de Jésus-Christ* offre une nouvelle preuve de cette vérité que nous avons avancée ailleurs ; savoir, que les beaux-arts chez les modernes doivent au culte catholique la majeure partie de leurs succès. Soixante gravures, d'après les maîtres des écoles italienne, française et flamande, enrichissent le bel ouvrage que nous annonçons : chose bien remarquable, qu'en voulant ajouter quelques tableaux à une Vie de Jésus-Christ, on s'est trouvé avoir renfermé dans ce cadre tous les chefs-d'œuvre de la peinture moderne (1).

On ne saurait trop donner d'éloges à la Société Typographique, qui, dans si peu de temps, nous a donné, avec un goût et un discernement parfait, des ouvrages si généralement utiles : les *Sermons choisis de Bossuet* et de *Fénelon*, les *Lettres de saint François de Sales*, et plusieurs autres excellents livres, sont tous sortis des mêmes presses, et ne laissent rien à désirer pour l'exécution.

L'ouvrage du père de Ligny, embelli par la peinture, doit recevoir encore un autre ornement non moins précieux ; M. de Bonald s'est chargé d'en écrire la préface : ce nom seul promet le talent et les lumières, et commande le respect et l'estime. Eh ! qui pourrait mieux parler des lois et des préceptes de Jésus-Christ que l'auteur du *Divorce*, de *la Législation primitive*, et de *la Théorie du pouvoir politique et religieux?*

N'en doutons point, ce culte *insensé*, cette *folie* de la Croix, dont une superbe sagesse nous annonçait la chute prochaine, va renaître avec une nouvelle force ; la palme de la religion croît toujours à l'égal des pleurs que répandent les chrétiens, comme l'herbe des champs reverdit dans une terre nouvellement arrosée. C'était une insigne erreur de croire que l'Évangile était détruit, parce qu'il n'était plus défendu par les heureux du monde. La puissance du christianisme est dans la cabane du pauvre, et sa base est aussi durable que la misère de l'homme, sur laquelle elle est appuyée. « L'Église, » dit Bossuet dans un passage qu'on croirait échappé à la tendresse de Fénelon, s'il n'avait un tour plus original et plus élevé ; « l'Église est fille du Tout-« Puissant : mais son père, qui la soutient au dedans, l'abandonne souvent

(1) Raphaël, Michel-Ange, le Dominiquin, le Carrache, Paul Véronèse, le Titien, Léonard de Vinci, le Guerchin, Lanfranc, le Poussin, le Sueur, Lebrun, Rubens, etc.

« aux persécutions; et, à l'exemple de Jésus-Christ, elle est obligée de crier, « dans son agonie : *Mon Dieu! mon Dieu! pourquoi m'avez-vous délaissée*(1)? « Son Époux est le plus puissant comme le plus beau et le plus parfait de « tous les enfants des hommes (2); mais elle n'a entendu sa voix agréable, « elle n'a joui de sa douce et désirable présence, qu'un moment(3). Tout d'un « coup il a pris la fuite avec une course rapide; *et, plus vite qu'un faon de « biche, il s'est élevé au-dessus des plus hautes montagnes* (4). Semblable à une « épouse désolée, l'Église ne fait que gémir; et le chant de la tourterelle dé- « laissée (5) est dans sa bouche. Enfin elle est étrangère et comme errante sur « la terre, où elle vient recueillir les enfants de Dieu sous ses ailes; et le « monde, qui s'efforce de les lui ravir, ne cesse de traverser son pèlerinage (6). »

Il peut le traverser, ce pèlerinage, mais non pas l'empêcher de s'accomplir. Si l'auteur de cet article n'en eût pas été persuadé d'avance, il en serait maintenant convaincu par la scène qui se passe sous ses yeux (7). Quelle est cette puissance extraordinaire qui promène ces cent mille chrétiens sur ces ruines? Par quel prodige la croix reparaît-elle en triomphe dans cette même cité où naguère une dérision horrible la traînait dans la fange ou le sang? D'où renaît cette solennité proscrite? Quel chant de miséricorde a remplacé si soudainement le bruit du canon et les cris des chrétiens foudroyés? Sont-ce les pères, les mères, les frères, les sœurs, les enfants de ces victimes qui prient pour les ennemis de la foi, et que vous voyez à genoux de toutes parts, aux fenêtres de ces maisons délabrées, et sur les monceaux de pierres où le sang des martyrs fume encore? Les collines chargées de monastères, non moins religieux parce qu'ils sont déserts; ces deux fleuves où la cendre des confesseurs de Jésus-Christ a si souvent été jetée; tous les lieux consacrés par les premiers pas du christianisme dans les Gaules; cette grotte de saint Pothin, les catacombes d'Irénée, n'ont point vu de plus grands miracles que celui qui s'opère aujourd'hui. Si en 1793, au moment des *mitraillades* de Lyon, lorsque l'on démolissait les temples et que l'on massacrait les prêtres, lorsqu'on promenait dans les rues un âne chargé des ornements sacrés, et que le bourreau, armé de sa hache, accompagnait cette digne pompe de la Raison, si un homme eût dit alors : « Avant que dix ans se soient écoulés, un prince de l'Église, un archevêque « de Lyon, portera publiquement le Saint-Sacrement dans les mêmes lieux; « il sera accompagné d'un nombreux clergé; de jeunes filles vêtues de blanc, « des hommes de tout âge et de toutes professions, suivront, précéderont la « pompe, avec des fleurs et des flambeaux; ces soldats trompés, que l'on a « armés contre la religion, paraîtront dans cette fête pour la protéger : » si un homme, disons-nous, eût tenu un pareil langage, il eût passé pour un visionnaire; et pourtant cet homme n'eût pas dit encore toute la vérité. La veille

(1) Deus meus! Deus meus! ut quid dereliquisti me?
(2) Speciosus forma præ filiis hominum. (*Psal.*, XLIV, 3.)
(3) Amicus autem sponsi, qui stat, et audit eum, gaudio gaudet propter vocem sponsi. (JOAN., III, 29.)
(4) Fuge, dilecte mi, et assimilare capreæ hinnuloque cervorum super montes aromatum. (*Cant.* VIII, 14.)
(5) Vox turturis audita est in terra nostra. (*Cant.* II, 12.)
(6) *Oraison funèbre de M. Le Tellier.*
(7) L'auteur écrivait ceci à Lyon, le jour de la Fête-Dieu.

même de cette pompe, plus de dix mille chrétiens ont voulu recevoir le sceau de la foi : le digne prélat de cette grande commune a paru, comme saint Paul, au milieu d'une foule immense, qui lui demandait un sacrement si précieux dans les temps d'épreuve, puisqu'il donne la force de confesser l'Évangile. Et ce n'est pas tout encore; des diacres ont été ordonnés, des prêtres ont été sacrés. Dira-t-on que les nouveaux pasteurs cherchent la gloire et la fortune? Où sont les bénéfices qui les attendent, les honneurs qui peuvent les dédommager des travaux qu'exige leur ministère? Une chétive pension alimentaire, quelque presbytère à moitié ruiné, ou un réduit obscur, fruit de la charité des fidèles, voilà tout ce qui leur est promis. Il faut encore qu'ils comptent sur les calomnies, sur les dénonciations, sur les dégoûts de toute espèce : disons plus, si un homme tout-puissant retirait sa main aujourd'hui, demain le philosophisme ferait tomber les prêtres sous le glaive de la *tolérance*, ou rouvrirait pour eux les philanthropiques déserts de la Guiane. Ah! lorsque ces enfants d'Aaron sont tombés la face contre terre, lorsque l'archevêque, debout devant l'autel, étendant les mains sur les lévites prosternés, a prononcé ces paroles : *Accipe jugum Domini*, la force de ces mots a pénétré tous les cœurs et rempli tous les yeux de larmes; ils l'ont accepté, *le joug du Seigneur*; ils le trouveront d'autant plus léger (*onus ejus leve*) que les hommes cherchent à l'appesantir. Ainsi, malgré les prédictions des oracles du siècle, malgré *les progrès* de l'esprit humain, l'Église croît et se perpétue, selon l'oracle bien plus certain de celui qui l'a fondée : et, quels que soient les orages qui peuvent encore l'assiéger, elle triomphera des *lumières* des sophistes, comme elle a triomphé des ténèbres des Barbares.

SUR UNE NOUVELLE ÉDITION des ŒUVRES COMPLÈTES DE ROLLIN.

Février 1803.

Les amis des lettres observent depuis quelque temps avec un plaisir extrême que l'on commence à revenir de toutes parts à ces principes du goût et de la raison dont on n'aurait jamais dû s'écarter. On abandonne peu à peu les systèmes qui nous ont fait tant de mal; on ose examiner et combattre les jugements incroyables prononcés par la littérature du dix-huitième siècle. La philosophie, jadis trop féconde, semble à présent menacée de stérilité, tandis que la religion fait éclore chaque jour de nouveaux talents, et voit se multiplier ses disciples.

Un symptôme non moins équivoque du retour des esprits aux idées saines, c'est la réimpression des livres classiques que l'ignorance et le dédain ridicule des philosophes avaient rejetés. Rollin, par exemple, tout chargé qu'il est des trésors de l'antiquité, ne paraissait plus digne de servir de guide aux écoliers d'un *siècle de lumière*, qui aurait eu grand besoin lui-même d'être renvoyé à l'école (1).... Des hommes qui avaient passé quarante ans de leur vie à faire en conscience quelques excellents volumes pour l'instruction de la jeunesse; des hommes qui, dans le silence de leur cabinet, vivaient familièrement avec Homère, Démosthènes, Cicéron, Virgile; des hommes qui étaient si simplement et si naturellement vertueux, qu'on ne songeait pas même à louer leurs vertus; des hommes de cette sorte se voyaient préférer une méchante espèce de charlatans sans science, sans gravité, sans mœurs. Les poétiques d'Aristote, d'Horace, de Boileau étaient remplacées par des poétiques pleines d'ignorance, de mauvais goût, de principes erronés et de faux jugements. On répétait d'après le maître :

> Boileau, correct auteur de quelques bons écrits,
> Zoïle de Quinault. . . . .

On répétait d'après l'écolier :

> Sans feu, sans verve et sans fécondité,
> Boileau copie. . . . .

Quand le respect pour les modèles est perdu à un tel degré, il ne faut plus s'étonner de voir une nation retourner à la barbarie.

Heureusement l'opinion du siècle qui commence cherche à prendre un autre cours. Dans un moment où l'on s'empresse de revenir aux anciennes méthodes d'enseignement, on apprendra sans doute avec plaisir que l'on prépare une édition des œuvres complètes de Rollin.... Cette belle entreprise est dirigée par un homme qui conserve le dépôt sacré des traditions et de l'autorité des siècles, et qui méritera dans la postérité le titre de restaurateur de l'école de Boileau et de Racine.

La Vie de Rollin qui doit précéder l'édition de ses œuvres est déjà imprimée, et nous l'avons sous les yeux : elle est également remarquable par la simplicité et la douce chaleur du style, et par la mesure des opinions et la justesse des idées. Nous n'aurons qu'un regret en faisant connaître aux lecteurs quelques fragments de cette vie, c'est de ne pouvoir nommer l'auteur, jeune et modeste, à qui nous en sommes redevables.

Après avoir parlé de la naissance de Rollin, et de son entrée comme boursier au collége des Dix-Huit, l'écrivain de sa vie ajoute :

« Le jeune Rollin ne connut point ces mouvements de fierté qui accom-
« pagnent des connaissances nouvellement acquises, et qui cèdent par la suite
« à une instruction plus étendue. Son bon naturel se développait avec son in-
« telligence, et on le trouvait plus aimable à mesure qu'il devenait plus savant.
« Il faut dire que ses progrès rapides, dont on ne parlait dans le monde qu'a-
« avec une sorte d'étonnement, redoublaient encore la tendresse de son heu-
« reuse mère. Et sans doute elle n'était pas moins flattée de voir chez elle les
« personnes les plus considérables par leur rang et leur naissance, qui ve-
« naient la féliciter, en lui demandant comme une faveur que le jeune étudiant

(1) On sent qu'il s'agit ici du siècle en général, et non de quelques hommes dont les talents feront toujours la gloire de la France.

« passât les jours de congé avec leurs enfants qui étaient au même collége, et « fût associé à leurs plaisirs comme à leurs exercices....

« Les deux fils de M. Le Pelletier, alors ministre, qui étaient de la même « classe que Rollin, avaient trouvé un redoutable concurrent dans ce nouveau « venu. M. Le Pelletier, qui connaissait tous les avantages de l'émulation, « cherchait tous les moyens de l'entretenir. Quand le jeune boursier était *em-« pereur*, ce qui lui arrivait souvent, il lui envoyait la gratification qu'il avait « coutume de donner à ses fils : ceux-ci aimaient trendrement leur rival. Les « jours de congé, ils l'amenaient chez eux dans leur carrosse, le conduisaient « chez sa mère s'il le désirait, et l'attendaient avec complaisance tout le temps « qu'il voulait y rester.

« Un jour elle remarqua que son fils, en montant en voiture, prenait sans « façon la première place. Elle commençait à lui en faire une réprimande sévère, « comme d'un manque de bienséance et de politesse; mais le précepteur, qui « était là, l'interrompit avec douceur, et lui représenta que M. Le Pelletier avait « réglé *qu'on se rangerait toujours dans le carrosse suivant l'ordre de la « classe*. Rollin conserva toute sa vie, pour le protecteur de sa jeunesse, un « respect tendre, et une reconnaissance qu'il ne croyait jamais pouvoir ac-« quitter. Il fut l'ami constant de ses fils, surveilla l'éducation des fils de ses « compagnons d'étude, et s'attacha de plus en plus à cette respectable famille, « par ce sentiment aimable qui se nourrit des souvenirs de l'enfance, et s'é-« tend à tout le reste de la vie. Tel était le fruit de cette éducation vraiment « sociale. Les jeunes gens, au sortir des études, se dispersaient dans le monde, « suivant leurs différentes conditions : mais on y rencontrait un ami de collége « avec la joie que l'on éprouve au retour d'un voyageur chéri et longtemps « attendu. On se rappelait la foi jurée, les plaisirs de l'enfance; et souvent ces « douces amitiés de collége sont devenues un patronage honorable auquel la « France a dû la plupart de ses grands hommes. »

Il nous semble que ce passage est bien touchant : on y entend l'accent d'un cœur français; on y trouve quelque chose de grave et de tendre, comme les vieux magistrats et les jeunes amis de collége dont l'auteur rappelle le souvenir. Il est remarquable que ce n'était qu'en France, dans ce pays célèbre par la frivolité de ses habitants, que l'on voyait ces augustes familles distinguées par la sévérité de leurs mœurs. Les Harlay, les de Thou, les Lamoignon, les Daguesseau, formaient un contraste singulier avec le caractère général de la nation. Leurs habitudes sérieuses, leurs vertus intègres, leurs opinions incorruptibles, étaient comme une expiation qu'ils offraient sans cesse pour l'inconstance et la légèreté du peuple. Ils rendaient à l'État des services de plus d'une sorte : ce Matthieu Molé, qui fit entreprendre à Duchesne la Collection des historiens de France, exposa plusieurs fois sa vie dans les troubles de la Fronde, comme son père Édouard Molé avait bravé les fureurs de la Ligue pour assurer la couronne à Henri IV. C'était ce même Matthieu, *plus brave que Gustave et M. le Prince* (1), qui répondait, lorsqu'on voulait l'empêcher de s'exposer à la rage

(1) *Mémoires du cardinal* DE RETZ.

du peuple : *Six pieds de terre feront toujours raison au plus grand homme du monde.* C'est agir comme le vieux Caton, et parler comme le vieux Corneille.

Rollin était un homme rare qui avait presque du génie à force de science, de candeur et de bonté. Ce n'est que parmi les titres obscurs des services rendus à l'enfance que l'on peut trouver les documents de sa gloire. C'est là que l'auteur de sa vie a cherché les traits dont il a composé un tableau plein de naïveté et de douceur : il se plaît à nous montrer Rollin chargé de l'éducation de la jeunesse. Le tendre respect que le nouveau recteur conservait pour ses anciens maîtres, son amour et ses sollicitudes pour les enfants qui lui étaient confiés, tout cela est peint avec beaucoup de charme, et toujours avec le ton convenable au sujet. Quand l'auteur parle ensuite des ouvrages de Rollin, et qu'il entre dans les discussions importantes, il montre un esprit nourri de bonnes doctrines, et une tête capable de concevoir des idées fortes et sérieuses. Nous en citerons un exemple.

Dans un passage où il s'agit des principes de l'éducation, et des reproches que l'on a faits à l'ancienne manière d'enseigner, l'auteur dit :

« On a trouvé des inconvénients plus graves dans l'enseignement de l'Uni- « versité, qui, ramenant sans cesse, a-t-on dit, sous les regards du jeune « homme les héros et les vertus des républiques anciennes, l'entretient dans « des maximes et des pensées contraires à l'ordre social. Quelques-uns même « ont vu sortir des colléges les doctrines d'anarchie et de révolution. Assuré- « ment tout est mortel à ceux qui sont déjà malades, et cette remarque accuse « le temps où elle a été faite. Cependant, quoiqu'on puisse la justifier par des « exemples particuliers, elle ne peut être une objection contre l'enseignement « de l'Université que lorsqu'on séparera les objets qu'elle y réunissait toujours : « je veux dire les exemples d'héroïsme, et les maximes propres à exciter l'en- « thousiasme de la religion, qui les épure et les conforme à l'ordre. Aussi « Rollin ne les sépare-t-il point. Si quelquefois il abandonne son disciple à une « admiration toute naturelle pour des actions éclatantes, il est prompt à le re- « tenir dans les bornes légitimes. Il revient sur ses pas; il examine ce héros « *païen* à la clarté d'une lumière plus sûre et plus pénétrante, et il montre tout « ce qui lui a manqué, et par l'excès et par l'imperfection de ses vertus.

« C'est donc toujours avec ce divin tempérament que l'on doit proposer au « jeune homme des vertus sans convenance, et des maximes enivrantes et « trop fortes pour sa raison; mais aussi l'on ne craint plus d'échauffer son « cœur lorsqu'on est sûr de la règle qui doit le diriger. Alors l'admiration des « héros de l'antiquité est aussi favorable à la vertu que les chefs-d'œuvre où « ils sont célébrés sont féconds pour le talent, et toute l'éducation s'accomplit. « Cette instruction classique contribue à l'ornement de toute la vie, par une « multitude de maximes et de comparaisons qui se mêlent aux diverses situa- « tions de l'homme public, et répandent sur les actions les plus communes une « sorte de dignité qui prépare l'élégance des mœurs. J'aime à croire qu'au « milieu de l'étude et des travaux champêtres qui remplissaient leurs loisirs, « nos illustres magistrats de la France trouvaient un charme secret dans le « souvenir des Fabricius et des Caton, qui avaient été l'objet de l'enthousiasme

« de leur jeunesse. En un mot, ces instincts vertueux qui défendirent les ré-
« publiques anciennes contre le vice des institutions et des lois sont comme une
« excellente nature que la religion achève. Non-seulement elle en réprime
« l'énergie dangereuse et les ennoblit par des motifs plus purs, mais elle les
« élève, par la règle même qu'elle leur impose, à une hauteur encore plus
« héroïque qui assure la prééminence des caractères que nous admirons dans
« nos histoires modernes. »

On peut appliquer ici pour jugement à l'auteur la comparaison qui suit immédiatement ce morceau, aussi bien pensé que bien écrit :

« C'est ainsi que, dans les ouvrages immortels auxquels nous sommes tou-
« jours ramenés par un attrait inépuisable, on reconnaît l'expression d'une
« belle imagination, soumise à une raison forte et sévère, mais enrichie de ses
« privations mêmes, et qui, venant à se déclarer par intervalles, atteste toute
« la grandeur de la conquête. »

Le reste de la vie de Rollin est rempli par ces petits détails qui plaisaient tant à Plutarque, et qui lui faisaient dire :

« Comme les peintres qui font des portraits cherchent surtout la ressem-
« blance dans les traits du visage, et particulièrement dans les yeux, où éclatent
« les signes les plus sensibles des mœurs et du naturel, il faut qu'on me per-
« mette de rechercher dans l'âme les principaux traits, afin qu'en les rassem-
« blant je fasse de la vie des grands hommes un portrait vivant et animé (1).

On nous saura gré de citer en entier le mouvement oratoire par lequel l'auteur termine son ouvrage :

« Louis XVI, frappé d'une renommée si touchante, a acquitté ce que nous
« devions à la mémoire de Rollin : il a élevé son nom jusqu'aux noms les plus
« fameux, en ordonnant qu'on lui dressât une statue au milieu des Bossuet et
« des Turenne. Le vénérable pasteur de la jeunesse s'avance vers la postérité
« au milieu des grands hommes qui ont illustré le beau siècle de la France.
« S'il ne les a point égalés, il nous apprend à les admirer. Comme eux, il eut dans
« ses écrits le naturel des anciens; dans sa conduite, les vertus qui conservent les
« forces de l'esprit et deviennent même de véritables talents; comme eux, il
« grandira toujours, et la reconnaissance publique ajoutera sans cesse à sa gloire.

« En racontant les travaux et les simples événements qui remplirent la vie de
« Rollin, nous nous sommes quelquefois reporté à une époque qui s'éloigne
« de nous tous les jours, et une réflexion douloureuse s'est mêlée à nos récits.
« Nous avons parlé des études françaises, et il n'y a pas longtemps qu'elles
« étaient interrompues. Nous avons retracé le gouvernement et la discipline des
« colléges où s'élevait une jeunesse heureuse loin des séductions de la société,
« et la plupart sont encore déserts!.. Nous avons rappelé les services de cette
« Université célèbre et vénérable par ses souvenirs, ses antiques honneurs, et
« cet esprit de corps qui perpétuait la tradition des bonnes études et les maî-
« tres qui devaient la répandre... et elle n'est plus, et elle a péri comme tout
« ce qui était grand et utile. Les quartiers mêmes où fleurissait l'Université de

(1) *In Vita Alex.*

« Paris témoignent le deuil de cette destruction : leur célébrité n'y attire plus « sans cesse de nouveaux habitants, et la population s'est écoulée vers d'autres « lieux, pour y donner le spectacle d'autres mœurs. Où sont les éducations « sévères qui préparaient des âmes fortes et tendres? Où sont les jeunes gens « modestes et savants qui unissaient l'ingénuité de l'enfance aux qualités so- « lides qui annoncent l'homme? Où est la jeunesse de la France?... une géné- « ration nouvelle lui a succédé...

« Qui pourrait redire les plaintes et les reproches qui s'élèvent tous les « jours contre ces nouveaux venus? Hélas! ils croissent presque à l'insu des « pères, au milieu des discordes civiles, et ils sont absous par les malheurs « publics, car tout leur a manqué, l'instruction, les remontrances, les bons « exemples, et ces douceurs de la maison paternelle qui disposent les enfants « aux sentiments vertueux, et leur mettent sur les lèvres un sourire qui ne « s'efface plus... Cependant ils n'en témoignent aucun regret ; ils ne rejettent « point en arrière un regard de tristesse. On les voit errer dans les places pu- « bliques, et remplir les théâtres comme s'ils n'avaient qu'à se reposer des « travaux d'une longue vie. Les ruines les environnent, et ils passent devant « elles sans éprouver seulement la curiosité ordinaire à un voyageur : ils ont « déjà oublié ces temps d'une éternelle mémoire!...

« Génération vraiment nouvelle, et qui sera toujours distincte et marquée « d'un caractère singulier qui la sépare des temps anciens et des temps à venir! « Elle ne transmettra point ces traditions qui sont l'honneur des familles, ni « ces bienséances qui défendent les mœurs publiques, ni ces usages qui sont « les liens de la société. Elle marche vers un terme inconnu, entraînant avec « elle nos souvenirs, nos bienséances, nos mœurs, nos usages : les vieillards « ont gémi de se trouver plus étrangers à mesure que leurs enfants se multi- « pliaient sur la terre...

« Maintenant le jeune homme, jeté comme par un naufrage à l'entrée de « sa carrière, en contemple vainement l'étendue. Il n'enfante que des désirs « mourants et des projets sans consistance. Il est privé de souvenirs, et il n'a « plus le courage de former des espérances. Il se croit désabusé, et il n'a point « d'expérience. Son cœur est flétri, et il n'a point eu de passions. Comme il « n'a pas rempli les différentes époques de sa vie, il ressent toujours au de- « dans de lui-même quelque chose d'imparfait qui ne s'achèvera pas. Ses goûts « et ses pensées, par un contraste affligeant, appartiennent à la fois à tous les « âges, mais sans rappeler le charme de la jeunesse ni la gravité de l'âge mûr. « Sa vie entière se présente comme une de ces années orageuses et frappées « de stérilité, où l'on dirait que le cours des saisons et l'ordre de la nature « sont intervertis. Dans cette confusion, les facultés les plus heureuses se sont « tournées contre elles-mêmes. La jeunesse a été en proie à des tristesses « extraordinaires, aux fausses douceurs d'une imagination bizarre et empor- « tée, au mépris superbe de la vie, à l'indifférence qui naît du désespoir; une « grande maladie s'est manifestée sous mille formes diverses. Ceux même qui « ont été assez heureux pour échapper à cette contagion des esprits ont attesté « toute la violence qu'ils ont soufferte. Ils ont franchi brusquement toutes les

« époques du premier âge, et se sont assis parmi les anciens, qu'ils ont étonnés par une maturité précoce, mais sans y trouver ce qui avait manqué à leur jeunesse.

« Peut-être en est-il de ces derniers qui visitent quelquefois ces asiles de la science dont ils ont été exilés. Alors, revoyant ces vastes enceintes qui retentissent de nouveau du bruit des jeux et des triomphes classiques, ces hautes murailles, où on lit toujours les noms à demi effacés de quelques grands hommes de la France, ils sentent revivre en eux des regrets amers, et des désirs plus douloureux que les regrets. Ils demandent encore cette éducation qui porte des fruits pour toute la vie, et qui ne se remplace point. Ils demandent tant de plaisirs innocents qu'ils n'ont pas connus; ils demandent jusqu'à ces peines et à ces chagrins de l'enfance qui laissent des souvenirs si tendres et si sensibles. Mais c'est inutilement : voilà qu'après avoir consumé bientôt quinze années, cette grande portion de la vie humaine, dans le silence et pourtant au milieu des révolutions des empires, ils n'ont survécu aux compagnons de leur âge, et pour ainsi dire à eux-mêmes, que pour toucher à ce terme où l'on ne fait plus que des pertes sans retour. Ainsi donc ils seront toujours livrés à un gémissement secret et inconsolable, et désormais ils resteront exposés aux regards d'une autre génération qui les presse, comme des sentinelles qui lui crieront de se détourner des routes funestes où ils se sont égarés.

« Leur voix sera entendue, etc., etc.... »

Ce morceau suffirait seul pour justifier les éloges que nous avons donnés à cette *Vie de Rollin*. On peut y remarquer des beautés du premier ordre, exprimées avec éloquence, et quelques-unes de ces pensées que l'on ne trouve que chez les grands écrivains. Nous ne saurions trop encourager l'auteur à s'abandonner à son génie. Jusqu'à présent une timidité naturelle au vrai talent lui a fait rechercher les sujets les moins élevés; mais il devrait peut-être essayer de sortir du genre tempéré qui retient son imagination dans des bornes trop étroites. On s'aperçoit aisément dans la *Vie de Rollin* qu'il a sacrifié partout des richesses. En parlant du bon recteur de l'Université, il s'est prescrit la modération et la réserve; il a craint de blesser des vertus modestes, en répandant sur elles une trop vive lumière : on dirait qu'il s'est souvenu de cette loi des anciens qui ne permettait de chanter les dieux que sur le mode le plus grave et le plus doux de la lyre.

SUR
LES ESSAIS DE MORALE ET DE POLITIQUE.

Décembre 1805.

On peut trouver plusieurs causes du succès prodigieux des romans pendant ces dernières années : il y en a une principale, indépendante du goût et des mœurs. Fatigué des déclamations de la philosophie, on s'est jeté par besoin de repos dans les lectures frivoles; on s'est délassé des erreurs de l'esprit par celles du cœur : les dernières n'ont du moins ni la sécheresse ni l'orgueil des premières; et à tout considérer, s'il fallait faire un choix dans le mal, la corruption des sentiments serait peut-être préférable à la corruption des idées : un cœur vicieux peut revenir à la vertu; un esprit pervers ne se corrige jamais.

Mais l'esprit humain tourne sans cesse dans le même cercle, et les romans nous ramèneront aux ouvrages sérieux, comme les ouvrages sérieux nous ont conduits aux romans. En effet, ceux-ci commencent à passer de mode; les auteurs cherchent des sujets plus propres à satisfaire la raison; les livres sérieux reparaissent. Nous avons déjà eu le plaisir d'annoncer la *Législation primitive* de M. de Bonald : entre les jeunes gens distingués par le tour grave de leur esprit, nous avons fait remarquer l'auteur de la *Vie de Rollin* : aujourd'hui les *Essais de Morale et de Politique* sont une nouvelle preuve de notre retour aux études solides.

Cet ouvrage a pour but de montrer qu'une seule forme de gouvernement convient à la nature de l'homme. De là deux parties ou deux divisions dans l'ouvrage : dans la première on pose les faits; dans la seconde on conclut : c'est-à-dire que dans l'une on traite de la nature de l'homme, et que dans l'autre on fait voir quel est le gouvernement le plus conforme à cette nature.

Les facultés dont se compose notre esprit, les causes des égarements de notre esprit, la force de notre volonté, l'ascendant de nos passions, l'amour du beau et du bon, ou notre penchant pour la vertu, sont donc l'objet de la première partie.

Que l'homme doit vivre en société; qu'il y a une sorte de nécessité venant de Dieu; qu'il y a des gouvernements *factices* et un gouvernement *naturel;* que les mœurs sont des habitudes que nous ont données ou nous ont laissé prendre les lois : telles sont à peu près les questions qu'on examine dans la seconde partie.

C'est toucher, comme on le voit, à ce qui fit dans tous les temps l'objet des recherches des plus grands génies. L'auteur a su prouver qu'il n'y a point de matière épuisée pour un homme de talent, et que des principes aussi féconds seront éternellement la source de vérités nouvelles.

Une gravité naturelle et soutenue, un ton ferme sans jactance, noble sans enflure, des vues fines et quelquefois profondes, enfin cette mesure dans les opinions, cette décence de la bonne compagnie, d'autant plus précieuses qu'elles deviennent tous les jours plus rares : telles sont les qualités qui nous paraissent recommander cet ouvrage au public.

Nous choisirons quelques morceaux propres à donner aux lecteurs une idée du style des *Essais*, et de la manière dont l'auteur a traité des sujets si graves. Dans le chapitre intitulé *Rapports des deux natures de l'Homme*, voici comme il parle de l'union de l'âme avec le corps : « Son âme et son corps sont telle-« ment unis, qu'ils sont obligés, pour ainsi dire, d'assister réciproquement à « leurs jouissances et d'en modifier la nature, pour qu'ils puissent y participer « également. Dans les plaisirs du corps on retrouve ceux de l'âme, et dans

« les plaisirs de l'âme on retrouve ceux du corps. Le corps exige, dans les « objets de ses penchants, quelques traces de ce beau ou de ce bon, sujets de « l'éternel amour de l'âme. Il veut qu'elle lui vante le bonheur dont il jouit, « et qu'elle y applaudisse en le partageant. L'âme (et c'est sa misère) ne peut « saisir ce qu'elle aime que sous des formes et par des moyens qui lui sont « fournis par le corps.... Les deux natures de l'homme confondent ainsi leurs « désirs, unissent leurs forces, et se concertent ensemble pour arriver à leurs « desseins.... L'âme découvre pour le corps une foule de plaisirs qu'il ignore- « rait toujours : elle lui conserve la mémoire de ceux qu'il a goûtés, et dans « les temps de disette elle le nourrit de l'image des objets qu'elle a chéris... »

Tout cela nous semble ingénieux, agréable, bien dit, délicatement observé. On lira avec le même plaisir le chapitre sur les *Causes et les suites des égarements de l'esprit*. Si l'on trouvait ce portrait de *l'erreur* dans les *Caractères* de La Bruyère, on le remarquerait peut-être :

« Vraiment on calomnie les passions : elles ne sont que la cause des maux « dont l'erreur est le principe. Les passions s'usent; il faut bien qu'elles se « reposent; l'erreur est éternelle et ne se fatigue jamais. Les passions entraî- « nent ceux qu'elles tourmentent, les aveuglent, et souvent les abîment. « L'erreur conduit avec méthode, conseille avec prudence; elle n'ôte pas la « connaissance, elle laisse éviter le danger; elle est austère et même inexo- « rable, et le mal qu'elle fait commettre, on l'exécute avec la rigueur du de- « voir; elle éclaire le crime, elle s'entend avec l'orgueil; et tous les crimes « qu'elle fait commettre, l'orgueil les récompense. »

Qui ne reconnaît ici la philosophie du dernier siècle? Pour faire un portrait aussi fidèle, il ne suffisait pas d'avoir le modèle sous les yeux; il fallait encore posséder, dans un degré éminent, le talent du peintre.

Jusqu'ici nous n'avons cité que la première partie des *Essais*. Dans la seconde, consacrée à l'examen des gouvernements, on remarquera surtout deux chapitres sur l'Angleterre. L'auteur, cherchant à prouver que la monarchie absolue est le seul gouvernement *naturel* ou conforme à la *nature de l'homme*, fait la peinture de la monarchie anglaise, dont le gouvernement, selon lui, n'est pas *naturel*. Par une idée ingénieuse il attribue aux anciennes mœurs des Anglais, c'est-à-dire aux mœurs qui ont précédé leur constitution de 1688, ce qu'il y a de bon parmi eux, tandis qu'il soutient que les vices du peuple et du gouvernement de la Grande-Bretagne naissent pour la plupart de la constitution actuelle de ce pays.

Ce système a l'avantage d'expliquer les contradictions que l'on remarque dans le caractère de la nation britannique. Il est vrai que l'auteur est alors obligé de prouver que les Anglais, du temps de Henri VIII, étaient plus heureux et valaient mieux que les Anglais d'aujourd'hui, ce qui pourrait souffrir quelques difficultés; il est encore vrai que l'auteur a contre lui l'*Esprit des Lois*. Montesquieu parle aussi de l'inquiétude des Anglais, de leur orgueil, de leurs changements de partis, des orages de leur liberté; mais il voit tout cela comme des conséquences *nécessaires* et non *funestes* d'une monarchie mixte ou tempérée. On lit dans Tacite ce passage singulier : *Nam cunctas nationes et urbes populus, aut primores, aut singu'i regunt : dilecta ex his et constituta reip. forma, laudari facilius, quam evenire; vel si evenit, haud diuturna esse potest.* D'où il résulte que Tacite avait conçu l'idée d'un gouvernement à peu près semblable à celui de l'Angleterre, et qu'en le regardant comme le meilleur en théorie, il le jugeait presque impossible en pratique. Aristote et Cicéron semblent avoir partagé l'opinion de Tacite, ou plutôt Tacite avait puisé cette opinion dans les écrits du philosophe et de l'orateur. Ces autorités sont de quelque poids sans doute, mais l'auteur des *Essais* répondrait avec raison que nous avons aujourd'hui de nouvelles lumières qui nous empêchent de penser comme Aristote, Cicéron, Tacite et Montesquieu. Quoiqu'il en soit, les juges sont maintenant nombreux dans cette cause : plusieurs milliers de Français ayant vécu, pendant leur exil, en Angleterre, peuvent avoir appris à connaître le fort et le faible des lois de ce pays.

Le dernier chapitre des *Essais* renferme des considérations sur le génie des peuples, et sur le but de la société, qui est le bonheur. L'auteur pense que l'ordre et le repos sont les deux plus sûrs moyens d'arriver à ce but. Son tableau de l'Égypte nous a rappelé quelque chose des belles pages de Platon sur les Perses, et le ton calme, élevé, moral, du philosophe de l'Académie.

Au reste, il y a dans cet ouvrage un assez grand nombre d'opinions que nous ne partageons pas avec l'auteur. Il soutient, par exemple, *qu'il existe un degré de civilisation qui exclut le despotisme et le rend impossible; qu'il y aurait trop de lumières à éteindre; qu'il n'y a point de despotisme où l'on crie au despote, etc.*

C'est contredire, il nous semble, le témoignage de l'histoire. Nous serait-il permis de faire observer à l'auteur que la corruption des mœurs marche de front avec la civilisation des peuples, et que si la dernière présente des moyens de liberté, la première est une source inépuisable d'esclavage?

Il n'y a point de despotisme où l'on crie au despote. Sans doute quand le cri est public, général, violent, quand c'est toute une nation qui parle sans contrainte. Mais dans quel cas cela peut-il avoir lieu? Quand le despote est faible, ou quand, à force de maux, il a poussé à bout ses esclaves. Mais si le despote est fort, que lui importeront les gémissements secrets de la foule ou l'indignation impuissante de quelque honnête homme? Il ne faut pas croire d'ailleurs que le plus rude despotisme produise un silence absolu, excepté chez les nations barbares. A Rome, sous les Néron même et sous les Tibère, on faisait des satires, et l'on allait à la mort : *Morituri te salutant!*

Dans un autre endroit, l'auteur suppose que la société primitive étant devenue trop nombreuse, *on s'assembla et l'on convint.* C'est donc admettre un *contrat social*, et retomber dans toutes les chimères philosophiques que les *Essais* combattent avec tant de succès.

Quelques points de métaphysique demanderaient aussi plus de développement. On lit, page 84 : *Toutes les âmes sont égales; leurs développements ne peuvent dépendre que de la conformation des organes.* Page 21 : *L'esprit est une faculté, une puissance.... Il n'y a point d'idées fausses, mais des appellations fausses, etc.*

Il y a là-dessus vingt bonnes querelles à faire à l'auteur; et si l'on pressait un peu ses raisonnements, on les mènerait à des conséquences dont il serait lui-même effrayé. Mais nous ne voulons point élever de question intempestive, et quelques propositions douteuses ne gâtent rien à un ouvrage d'ailleurs rempli de principes excellents.

Nous ne nous permettrons plus de combattre qu'une seule définition. *L'imagination se montre dans tous les instants,* dit l'auteur. *Quel que soit l'objet qu'il examine, l'esprit doué de cette qualité est toujours frappé des rapports les moins abstraits.*

L'auteur semble n'avoir été frappé lui-même que d'une des facultés de l'imagination, celle de peindre les objets matériels : il a pris la partie pour le tout. Nous lui soumettons les observations suivantes :

Considérée en elle-même, l'imagination s'applique à tout, et revêt toutes les formes : elle a quelquefois l'air du génie, de l'esprit, de la sensibilité, du talent; elle affecte tout, parle tous les langages; elle sait emprunter quand elle le veut, jusqu'au maintien austère de la sagesse; mais elle ne peut être longtemps sérieuse; elle sourit sous le masque : *Patuit dea.*

Prise séparément, l'imagination est donc peu de chose. Mais c'est un don inestimable lorsqu'elle se joint aux autres facultés de l'esprit; c'est elle alors qui donne la chaleur et la vie; elle se combine de mille manières avec le génie, l'esprit, la tendresse du cœur; le talent. Elle achève, pour ainsi dire, les heureuses dispositions qu'on a reçues de la nature, et qui, sans l'imagination, resteraient incomplètes et stériles. Elle marche, ou plutôt elle vole, devant les facultés auxquelles elle s'allie; elle les encourage à la suivre, les appelle sur sa trace, leur découvre des routes nouvelles. Mariée au génie, elle a créé Homère et Milton, Bossuet et Pascal, Cicéron et Démosthènes, Tacite et Montesquieu; unie au talent et à la tendresse de l'âme, elle a formé Virgile et Racine; La Fontaine et Fénelon; de son mélange avec le talent et l'esprit on a vu naître Horace et Voltaire (1).

L'auteur veut que l'imagination ne soit frappée que des *rapports les moins abstraits.* Jusqu'ici on lui avait fait le reproche contraire; on l'avait accusée d'un trop grand penchant à la contemplation et à la mysticité. C'est sur ses ailes que les âmes ardentes s'élèvent à Dieu : c'est elle qui a conduit au désert et dans les cloîtres tant d'hommes qui ne voulaient plus s'occuper des *images* de la terre. Bien plus, c'est par la seule imagination que l'on peut concevoir la *spiritualité* de l'âme et l'*immatérialité* des esprits : tant elle est loin de ne saisir que le côté matériel des choses!

Et les plus grands métaphysiciens ne sont-ils pas distingués surtout par l'imagination? N'est-ce pas cette imagination qui a valu à Platon le nom de *rêveur,* et à Descartes celui de *songe creux?* Platon avec ses harmonies, Descartes avec ses tourbillons, Gassendi avec ses atomes, Leibnitz avec ses monades, n'étaient que des espèces de poëtes qui *imaginaient* beaucoup de choses. Cependant c'étaient aussi de grands géomètres; car les grands géomètres sont encore des

(1) Il ne s'agit pas ici de jugements rigoureux. Racine avait du génie, Bossuet de l'esprit, etc. On n'indique à présent que les traits caractéristiques.

hommes à grande imagination. Enfin, Malebranche, qui voyait tout en Dieu, et qui passa sa vie à faire la guerre à l'imagination, en était lui-même un prodige; Sénèque, au milieu de ses trésors, écrivait sur le mépris des richesses.

Mais nous voulons que l'auteur des *Essais* nous serve de preuve contre lui-même. Il s'occupe des sujets les plus sérieux, et cependant son style est plein d'imagination. On lit, page 95, ce morceau contre l'égoïsme, qui semble être échappé à l'âme de Fénelon :

« Il faut que l'homme unisse sa vie à quelque autre vie. Sa pensée elle-« même a besoin d'une douce union pour devenir féconde. L'égoïsme est court « dans ses vues; il reste sans lumière, solitaire et sans gloire. Nos facultés ne « se développent jamais d'une manière aussi heureuse que lorsque le cœur est « rempli des sentiments les plus doux. Belle nature d'un être qui ne s'aime « jamais tant que lorsqu'il s'oublie, et qui peut trouver son bonheur dans un « entier dévouement! »

Nous conseillons à l'auteur de maltraiter un peu moins cette imagination qui lui prête un si heureux langage. Il serait trop long de citer tous les morceaux de ce genre que l'on trouve dans les *Essais*. Nous ne pouvons cependant nous refuser à transcrire cet autre passage, parce qu'il fait connaître l'auteur : « Le genre humain, dit-il, paraît blasé. Les générations qui naissent, « désenchantées par l'expérience des générations qui les ont précédées, consi-« dèrent froidement leur carrière, et spéculent sans jouir. Et moi, qu'on doit « accuser ici de présomption ou de confiance, j'appartiens à l'une de ces géné-« rations tardives, et je n'ai point échappé au malheur commun; du moins je « déplore mes misères, et je n'ose en parler qu'en tremblant. Porté naturel-« lement à l'étude des choses qui font le sujet de cet ouvrage, je fus entraîné « à l'écrire par les goûts de mon esprit et la continuité de mes loisirs : ce sont « de simples réflexions que je publie. On y reconnaîtra, j'espère, un amour « pur du vrai. J'aimerais mieux les anéantir jusqu'à la moindre trace, que « d'apprendre qu'elles renferment une opinion qui puisse égarer. »

Rien n'est plus noble, plus touchant, plus aimable que ce mouvement; rien ne fait tant de plaisir que de rencontrer de pareils traits au milieu d'un sujet naturellement sévère. On peut appliquer ici à l'auteur le mot du poëte grec : « Il sied bien à un homme armé de jouer de la lyre. »

On prétend aujourd'hui qu'il faut toujours, dans l'examen des ouvrages, faire une part à la critique; nous l'avons donc faite. Cependant nous l'avouerons, si nous étions condamné à jouer souvent le triste rôle de censeur (ce qu'à Dieu ne plaise!), nous aimerions mieux suivre l'exemple d'Aristote, qui, au lieu de blâmer les fautes d'Homère, trouve douze raisons (αριθμω δωδεκα) pour les excuser. Nous pourrions encore reprocher à l'auteur des *Essais* quelques amphibologies dans l'emploi des pronoms, et quelque obscurité dans la construction des phrases; toutefois son livre, où l'on trouve différents genres de mérite, est purgé de ces fautes de goût que tant d'auteurs laissent échapper dans leurs premiers ouvrages. Racine même ne fut pas exempt d'affectation et de recherche dans sa jeunesse, et le grand, le sublime, le grave Bossuet, fut un bel esprit de l'hôtel de Rambouillet. Ses premiers sermons sont pleins d'antithèses, de battologies et d'enflure de style. Dans un endroit il s'écrie tout à coup : « Vive l'Éternel! » Il appelle les enfants la *recrue* continuelle du genre humain; il dit que Dieu nous donne par la mort un *appartement* dans son palais. Mais ce rare génie, épuré par la raison qu'amènent naturellement les années, ne tarda pas à paraître dans toute sa beauté : semblable à un fleuve qui en s'éloignant de sa source dépose peu à peu le limon qui troublait son eau, et devient aussi limpide vers le milieu de son cours que profond et majestueux.

Par une modestie peu commune, l'auteur des *Essais* (1) ne s'est point nommé à la tête de son ouvrage; mais on assure que c'est le dernier descendant d'une de ces nobles familles de magistrats qui ont si longtemps illustré la France. Dans ce cas nous serions moins étonné de l'amour du beau, de l'ordre et de la vertu qui règne dans les *Essais;* nous ne ferions plus un mérite à l'auteur de posséder un avantage héréditaire; nous ne louerions que son talent.

SUR

LES MÉMOIRES DE LOUIS XIV.

Mars 1806.

Depuis quelque temps les journaux nous annonçaient des *OEuvres* de Louis XIV. Ce titre avait choqué les personnes qui attachent encore quelque prix à la justesse des termes et à la décence du langage. Elles observaient qu'un auteur peut seul appeler *OEuvres* ses propres travaux, lorsqu'il les livre lui-même au public; qu'il faut en outre que cet auteur soit pris dans les rangs ordinaires de la société, et qu'il ait écrit non de simples Mémoires historiques, mais des ouvrages de science ou de littérature; que dans tous les cas un roi n'est point un auteur de profession, et que par conséquent il ne publie jamais des *OEuvres.*

Il est vrai que dans l'antiquité les premiers empereurs romains cultivaient les lettres; mais ces empereurs avaient été de simples citoyens avant de s'asseoir sur la pourpre. César n'était qu'un chef de légion lorsqu'il écrivit l'histoire de la conquête des Gaules, et les *Commentaires* du capitaine ont fait depuis la gloire de l'empereur. Si les *Maximes* de Marc-Aurèle honorent encore aujourd'hui sa mémoire, Claude et Néron s'attirèrent le mépris même du peuple romain pour avoir recherché les triomphes du poëte et du littérateur.

Dans les monarchies chrétiennes, où la dignité royale a été mieux connue, on a vu rarement le souverain descendre dans une lice où la victoire même n'est presque jamais sans honte, parce que l'adversaire est presque toujours sans noblesse. Quelques princes d'Allemagne, qui ont mal gouverné, ou qui

(1) L'auteur des *Essais de morale et de politique* est M. le comte Molé, aujourd'hui ministre d'État, pair de France.

ont même perdu leur pays pour s'être livrés à l'étude des sciences, excitent plutôt notre pitié que notre admiration. Denys, maître d'école à Corinthe, était aussi un roi homme de lettres. On voit encore à Vienne une Bible chargée de notes de la main de Charlemagne ; mais ce monarque ne les avait écrites que pour lui-même, et pour satisfaire sa piété. Charles V, François Ier, Henri IV, Charles IX, aimèrent les lettres sans avoir la prétention de devenir auteurs. Quelques reines de France ont laissé des vers, des Nouvelles, des Mémoires : on a pardonné à leur dignité, en faveur de leur sexe. L'Angleterre, d'où nous sont venus de dangereux exemples, compte seule plusieurs *écrivains* parmi ses monarques : Alfred, Henri VIII, Jacques Ier, ont fait de véritables livres ; mais le roi auteur par excellence dans les siècles modernes, c'est Frédéric. Ce prince a-t-il perdu, a-t-il gagné en renommée à la publication de ses *OEuvres?* Question que nous n'aurions pas de peine à résoudre, si nous ne consultions que notre sentiment.

Nous avons été d'abord un peu rassuré en ouvrant le Recueil que nous annonçons. Premièrement ce ne sont point des *OEuvres*, ce sont de simples Mémoires faits par un père pour l'instruction de son fils. Eh! qui doit veiller à l'éducation de ses enfants, si ce n'est un roi? Peut-on jamais trop inspirer l'amour des devoirs et de la vertu aux princes d'où dépend le bonheur de tant d'hommes? Plein d'un juste respect pour la mémoire de Louis XIV, nous avons ensuite parcouru avec inquiétude les écrits de ce grand monarque. Il eût été cruel de perdre encore une admiration. C'est avec un plaisir extrême que nous avons retrouvé le Louis XIV tel qu'il est parvenu à la postérité, tel que l'a peint madame de Motteville : « Son grand sens et ses bonnes intentions, « dit-elle, firent connaître les semences d'une science universelle, qui avaient « été cachées à ceux qui ne le voyaient pas dans le particulier ; car il parut tout « d'un coup politique dans les affaires de l'État, théologien dans celles de « l'Église, exact en celles de finance : parlant juste, prenant toujours le bon « parti dans les conseils, sensible aux intérêts des particuliers, mais ennemi « de l'intrigue et de la flatterie, et sévère envers les grands de son royaume « qu'il soupçonnait avoir envie de le gouverner. Il était aimable de sa per- « sonne, honnête, et de facile accès à tout le monde ; mais avec un air grand « et sérieux qui imprimait le respect et la crainte dans le public. »

Et telles sont précisément les qualités que l'on trouve et le caractère que l'on sent dans le Recueil des pensées de ce prince. Ce recueil se compose :

1° De Mémoires adressés au grand Dauphin : ils commencent en 1661, et finissent en 1665;

2° De Mémoires militaires sur les années 1673 et 1678;

3° De Réflexions sur le *Métier de Roi*;

4° D'Instructions à Philippe V;

5° De dix-huit Lettres au même prince, et d'une lettre de madame de Maintenon.

On connaissait déjà de Louis XIV un Recueil de Lettres, et une traduction des *Commentaires de César* (1). On croit que Pélisson ou Racine (2) ont revu

(1) Voltaire nie que cette traduction soit de Louis XIV.

(2) S'il fallait en juger par le style, je croirais que Pélisson a eu la plus grande part à ce travail. Du moins il me semble

les Mémoires que l'on vient de publier; mais il est certain, d'ailleurs, que le fond des choses est de Louis XIV. On reconnaît partout ses principes religieux, moraux, politiques; et les notes ajoutées de sa propre main aux marges des Mémoires ne sont inférieures au texte ni pour le style ni pour les pensées.

Et puis c'est un fait attesté par tous les écrivains, que Louis XIV s'exprimait avec une noblesse particulière. « Il parlait peu et bien, dit madame de Mot« teville; ses paroles avaient une grande force pour inspirer dans les cœurs « et l'amour et la crainte, selon qu'elles étaient douces ou sévères. »

« Il s'exprimait toujours noblement et avec précision, » dit Voltaire. Il aurait même excellé dans les grâces du langage, s'il avait voulu en faire une étude. Monschenay raconte qu'il lisait un jour l'épître de Boileau sur le passage du Rhin devant mesdames de Thiange et de Montespan : « Il la lut avec « des *tons si enchanteurs*, que madame de Montespan lui arracha l'épître des « mains, en s'écriant qu'il y avait là quelque chose de surnaturel, et qu'elle « n'avait jamais rien entendu de si bien prononcé. »

Cette netteté de pensée, cette noblesse d'élocution, cette finesse d'une oreille sensible à la belle poésie, forment déjà un préjugé en faveur du style des Mémoires, et prouveraient (si l'on avait besoin de preuves) que Louis XIV peut fort bien les avoir écrits. En citant quelques morceaux de ces Mémoires, nous les ferons mieux connaître aux lecteurs.

Le roi, parlant de différentes mesures qu'il prit au commencement de son règne, ajoute :

« Il faut que je vous avoue qu'encore que j'eusse auparavant sujet d'être content de ma « propre conduite, les éloges que cette nouveauté m'attirait me donnaient une continuelle « inquiétude, par la crainte que j'avais toujours de ne les pas assez bien mériter.

« Car enfin je suis bien aise de vous avertir, mon fils, que c'est une chose fort délicate « que la louange; qu'il est bien malaisé de ne pas s'en laisser éblouir, et qu'il faut beau« coup de lumières pour savoir discerner au vrai ceux qui nous flattent avec ceux qui nous « admirent.

« Mais, quelque obscures que puissent être en cela les intentions de nos courtisans, il y « a pourtant un moyen assuré pour profiter de tout ce qu'ils disent à notre avantage, et ce « moyen n'est autre chose que de nous examiner sévèrement nous-mêmes sur chacune des « louanges que les autres nous donnent. Car, lorsque nous en entendrons quelqu'une que « nous ne méritons pas en effet, nous la considérerons aussitôt (suivant l'humeur de ceux « qui nous l'auront donnée), ou comme un reproche malin de quelque défaut dont nous « tâcherons de nous corriger, ou comme une secrète exhortation à la vertu que nous ne « sentons pas en nous. »

On n'a jamais rien dit sur le danger des flatteurs de plus délicat et de mieux observé. Un homme qui connaissait si bien la valeur des louanges méritait sans doute d'être beaucoup loué. Ce passage est surtout remarquable par une certaine ressemblance avec quelques préceptes du *Télémaque*. Dans ce grand

qu'on peut quelquefois reconnaître sa phrase symétrique et arrangée avec art. Quoi qu'il en soit, les pensées de Louis XIV, mises en ordre par Racine ou Pélisson, sont un assez beau monument. Rose, marquis de Coye, homme de beaucoup d'esprit, et secrétaire de Louis XIV, pourrait bien aussi avoir revu les *Mémoires*.

siècle, la vertu et la raison donnaient au prince et au sujet un même langage.

Le morceau suivant, écrit tout entier de la main de Louis XIV, n'est pas un des moins beaux des Mémoires :

« Ce n'est pas seulement dans les importantes négociations que les princes doivent « prendre garde à ce qu'ils disent, c'est même dans les discours les plus familiers et les « plus ordinaires. C'est une contrainte sans doute fâcheuse, mais absolument nécessaire à « ceux de notre condition, de ne parler de rien à la légère. Il se faut bien garder de penser « qu'un souverain, parce qu'il a l'autorité de tout faire, ait aussi la liberté de tout dire ; au « contraire, puis il est grand et respecté, plus il doit être circonspect. Les choses qui ne « seraient rien dans la bouche d'un particulier deviennent souvent importantes dans celle « d'un prince. La moindre marque de mépris qu'il donne d'un particulier fait au cœur de « cet homme une plaie incurable. Ce qui peut consoler quelqu'un d'une raillerie piquante ou « d'une parole de mépris que quelque autre a dite de lui, c'est, ou qu'il se promet de trouver « bientôt occasion de rendre la pareille, ou qu'il se persuade que ce qu'on a dit ne fera pas « d'impression sur l'esprit de ceux qui l'ont entendu. Mais celui de qui le souverain a parlé « sent son mal d'autant plus impatiemment, qu'il n'y voit aucune de ces consolations. Car « enfin il peut bien dire du mal du prince qui en a dit de lui, mais il ne saurait le dire qu'en « secret et ne peut pas lui faire savoir ce qu'il en dit, qui est la seule douceur de la vengeance. « Il ne peut pas non plus se persuader que ce qui a été dit n'aura pas été approuvé ni écouté, « parce qu'il sait avec quels applaudissements sont reçus tous les sentiments de ceux qui « ont en main l'autorité. »

La générosité de ces sentiments est aussi touchante qu'admirable. Un monarque qui donnait de pareilles leçons à son fils avait sans doute un véritable cœur de roi, et il était digne de commander à un peuple dont le premier bien est l'honneur.

La pièce intitulée le *Métier de Roi*, dans le nouveau Recueil, avait été citée dans le *Siècle de Louis XIV*. « *Elle dépose à la postérité,* dit Voltaire, *en faveur de la droiture et de la magnanimité de son âme.* »

Nous sommes fâché que l'éditeur des Mémoires, qui paraît d'ailleurs plein de candeur et de modestie, ait donné à ce morceau le titre de *Métier de Roi.* Louis XIV s'est servi de ce mot dans le cours de ses réflexions; mais il n'est pas vraisemblable qu'il l'ait employé comme *titre.* Il y a plus : il est probable que ce prince eût corrigé cette expression, s'il eût prévu que ses écrits seraient un jour publiés. La royauté n'est point un métier, c'est un caractère; l'oint du Seigneur n'est point un acteur qui joue un rôle, c'est un magistrat qui remplit une fonction : on ne fait point le métier de roi comme on fait celui de charlatan. Louis XIV, dans un moment de dégoût, ne songeant qu'aux fatigues de la royauté, a pu l'appeler un *métier*, et un métier très-pénible; mais donnons-nous de garde de prendre ce mot dans un sens absolu. Ce serait apprendre aux hommes que tout est *métier* ici-bas, que nous sommes tous dans ce monde des espèces d'empiriques montés sur des tréteaux pour vendre notre marchandise aux passants. Une pareille vue de la société mènerait à des conséquences funestes.

Voltaire avait encore cité les Instructions à Philippe V, mais il en avait retranché les premiers articles. Il est malheureux de rencontrer sans cesse cet homme célèbre dans l'histoire littéraire du dernier siècle, et de l'y voir jouer si souvent un rôle peu digne d'un honnête homme et d'un beau génie. On devinera aisément pourquoi l'historien de Louis XIV avait omis les premiers articles des Instructions; les voici :

1. Ne manquez à aucun de vos devoirs, surtout envers Dieu.

2. Conservez-vous dans la pureté de votre éducation.

3. Faites honorer Dieu partout où vous aurez du pouvoir; procurez sa gloire; donnez-en l'exemple : c'est un des plus grands biens que les rois puissent faire.

4. Déclarez-vous, en toute occasion, pour la vertu contre le vice.

Saint Louis mourant, étendu sur un lit de cendre devant les ruines de Carthage, donna à peu près les mêmes instructions à son fils :

« Beau fils, la première chose que je t'enseigne et commande à garder, si « est que de tout ton cœur tu aimes Dieu, et te gardes bien de faire chose qui « lui desplaise. Si Dieu t'envoye adversité, reçois-la benignement, et lui en « rends grace; s'il te donne prosperité, si l'en remercie très-humblement : car « on ne doit pas guerroyer Dieu des dons qu'il nous fait. Aie le cœur doux et « piteux aux pauvres, ne boute pas sus trop grans taille ni subsides à ton « peuple. Fuis la compagnie des mauvais. »

On aime à voir deux de nos plus grands princes, à deux époques si éloignées l'une de l'autre, donner à leurs fils des principes semblables de religion et de justice. Si la langue de Joinville et celle de Racine ne nous avertissaient que quatre cents ans d'intervalle séparent saint Louis de Louis XIV, on pourrait croire que ces instructions sont du même siècle. Tandis que tout change dans le monde, il est beau que des âmes royales gardent incorruptible le dépôt sacré de la vérité et de la vertu.

Louis XIV (et c'est une des choses les plus attachantes de ses Mémoires) confesse souvent ses fautes et les offre pour leçons à son fils :

« On attaque le cœur d'un prince comme une place. Le premier soin est de s'emparer de « tous les postes par où on y peut approcher. Une femme adroite s'attache d'abord à éloi-« gner tout ce qui n'est pas dans ses intérêts; elle donne du soupçon des uns et du dégoût « des autres, afin qu'elle seule et ses amis soient favorablement écoutés; et si nous ne « sommes en garde contre cet usage, il faut, pour la contenter elle seule, mécontenter tout « le reste du monde.

« Dès lors que vous donnez à une femme la liberté de vous parler de choses importantes, « il est impossible qu'elle ne vous fasse faillir.

« La tendresse que nous avons pour elle nous faisant goûter ses plus mauvaises raisons, « nous fait tomber insensiblement du côté où elle penche, et la faiblesse qu'elle a natu-« rellement lui faisant souvent préférer des intérêts de bagatelles aux plus solides considé-« rations, lui font presque toujours prendre le mauvais parti.

« Elles sont éloquentes dans leurs expressions, pressantes dans leurs prières, opiniâtres « dans leurs sentiments; et tout cela n'est souvent fondé que sur une aversion qu'elles au-« ront pour quelqu'un, sur le dessein d'en avancer un autre, ou sur une promesse qu'elles « auront faite légèrement. »

Cette page est écrite avec une singulière élégance, et si la main de Racine paraît quelque part, on pourrait peut-être la retrouver ici. Mais l'oserions-nous dire? Une telle connaissance des femmes prouve que le monarque, en se confessant, n'était peut-être pas bien guéri de sa faiblesse. Les anciens disaient de certains prêtres des dieux : « Beaucoup portent le thyrse, et peu sont ins- « pirés. » Il en est ainsi de la passion qui subjuguait Louis XIV : beaucoup l'affectent, et peu la ressentent; mais aussi, quand elle est réelle, on ne peut guère se méprendre à *l'inspiration* de son langage.

Au reste, Louis XIV avait appris à connaître la juste valeur de ces attachements que le plaisir forme et détruit. Il vit couler les larmes de madame de La Vallière, et il lui fallut supporter les cris et les reproches de madame de Montespan. La sœur du fameux comte de Lautrec, abandonnée de François Ier, ne s'emporta point ainsi en plaintes inutiles. Le roi lui ayant fait redemander les joyaux chargés de devises qu'il lui avait donnés dans les premiers moments de sa tendresse, elle les renvoya fondus, et convertis en lingots. « Portez cela au « roy, dit-elle. Puisqu'il lui a plu de me revoquer ce qu'il m'avait donné si « liberalement, je les lui rends et lui renvoie en lingots d'or. Quant aux de- « vises, je les ai si bien empreintes en ma pensée, et les y tiens si cheres, que « je n'ai pu permettre que personne en disposast et jouist, et en eust de plaisir « que moi-mesme (1). »

Si nous en croyons Voltaire, la mauvaise éducation de Louis XIV aurait privé ce prince des leçons de l'histoire. Ce défaut de connaissance n'est point du tout sensible dans les Mémoires. Le roi paraît au contraire avoir eu des idées assez étendues sur l'histoire moderne, et même sur celle des Grecs et des Romains. Il raisonne en politique avec une sagacité surprenante; il fait parfaitement sentir à propos de Charles II, roi d'Angleterre, le vice de ces États qui sont gouvernés par des corps délibérants; il parle des désordres de l'anarchie comme un prince qui en avait été témoin dans sa jeunesse; il savait fort bien ce qui manquait à la France, ce qu'elle pouvait obtenir; quel rang elle devait occuper parmi les nations : « Étant persuadé, dit-il, que l'infanterie « française n'avait pas été jusqu'à présent fort bonne, je voulus chercher les « moyens de la rendre meilleure. » Il ajoute ailleurs : « Pourvu qu'un prince « ait des sujets, il doit avoir des soldats; et quiconque, ayant un État bien « peuplé, manque d'avoir de bonnes troupes, ne se doit plaindre que de sa « paresse et de son peu d'application. » On sait en effet que c'est Louis XIV qui a créé notre armée, et environné la France de cette ceinture de places fortes qui la rend inexpugnable. On voit enfin qu'il regrettait les temps où ses sujets étaient maîtres du monde.

« Lorsque le titre d'empereur fut mis dans notre maison, dit-il, elle possé- « dait à la fois la France, les Pays-Bas, l'Allemagne, l'Italie, et la meilleure « partie de l'Espagne, qu'elle avait distribuée entre divers particuliers, avec « réserve de la souveraineté. Les sanglantes défaites de plusieurs peuples « venus du Nord et du Midi avaient porté si loin la terreur de nos armes, que « toute la terre tremblait au seul bruit du nom français et de la grandeur im- « périale. »

(1) Brantôme.

Ces passages prouvent que Louis XIV connaissait la France, et qu'il en avait médité l'histoire. En portant ses regards encore plus haut, ce prince eût vu que les Gaulois, nos premiers ancêtres, avaient pareillement subjugué la terre, et que toutes les fois que nous sortons de nos limites, nous ne faisons que rentrer dans notre héritage. L'épée de fer d'un Gaulois a seule servi de contrepoids à l'empire du monde. « La nouvelle arriva d'Occident en Orient, dit un « historien, qu'une nation hyperboréenne avait pris en Italie une ville *grecque* « appelée Rome. » Le nom de Gaulois voulait dire *voyageur*. A la première apparition de cette race puissante, les Romains déclarèrent qu'elle était née pour la ruine des villes et la destruction du genre humain.

Partout où il s'est remué quelque chose de grand, on retrouve nos ancêtres. Les Gaulois seuls ne se turent point à la vue d'Alexandre, devant qui la terre se taisait. « Ne craignez-vous point ma puissance? » dit à leurs députés le vainqueur de l'Asie. — « Nous ne craignons qu'une chose, répondirent-ils, c'est « que le ciel tombe sur notre tête. » César ne put les vaincre qu'en les divisant, et il mit plus de temps à les dompter qu'à soumettre Pompée et le reste du monde.

Tous les lieux célèbres dans l'univers ont été assujettis à nos pères. Non-seulement ils ont pris Rome, mais ils ont ravagé la Grèce, occupé Byzance, campé sur les ruines de Troie, possédé le royaume de Mithridate, et vaincu au delà du Taurus ces Scythes qui n'avaient été vaincus par personne. La valeur des Gaulois décidait de toute part du sort des empires. L'Asie leur payait tribut; les princes les plus renommés de cette partie de la terre, les Antiochus, les Antigonus, courtisaient ces guerriers redoutables; et les rois tombés du trône se retiraient à l'abri de leur épée. Ils firent la principale force de l'armée d'Annibal; dix mille d'entre eux défendirent seuls contre Paul-Émile la couronne d'Alexandre, dans le combat où Persée vit passer l'empire des Grecs sous le joug des Latins. A la bataille d'Actium, les Gaulois disposèrent encore du sceptre du monde, puisqu'ils décidèrent la victoire en se rangeant sous les drapeaux d'Auguste.

C'est ainsi que le destin des royaumes paraît attaché dans chaque siècle au sol de la Gaule comme à une terre fatale, et marquée d'un sceau mystérieux. Tous les peuples semblent avoir ouï successivement cette voix qui annonça l'arrivée de Brennus à Rome, et qui disait à Céditius au milieu de la nuit : « Céditius, « va dire aux tribuns que les Gaulois seront demain ici. »

Les Mémoires de Louis XIV augmenteront sa renommée : ils ne dévoilent aucune bassesse, ils ne révèlent aucun de ces honteux secrets que le cœur humain cache trop souvent dans ses abîmes. Vu de plus près et dans l'intimité de la vie, Louis XIV ne cesse point d'être Louis le Grand; on est charmé qu'un si *beau buste n'ait point une tête vide*, et que l'âme réponde à la noblesse des dehors. « C'est un prince, disait Boileau, qui ne parle jamais sans avoir pensé. « Il construit admirablement tout ce qu'il dit; ses moindres reparties sentent « le souverain; et quand il est dans son domestique, il semble recevoir la « loi plutôt que de la donner. » Éloge que les Mémoires confirment de tous points. On connaît cette foule de mots où brille la magnanimité de Louis XIV. Le prince de Condé lui disait un jour qu'on avait trouvé une image de Henri IV attachée à un poteau et traversée d'un poignard, avec une inscription odieuse pour le prince régnant. « *Je m'en console,* dit le monarque, *on n'en a pas fait autant contre les rois fainéants.* » On prétend que dans les derniers temps de sa vie il trouva sous son couvert, en se mettant à table, un billet à peu près conçu ainsi : « Le roi est debout à la place des Victoires, à cheval à la place « Vendôme; quand sera-t-il couché à Saint-Denis? » Louis prit le billet, et le jetant par-dessus sa tête, répondit à haute voix : « *Quand il plaira à Dieu.* » Prêt à rendre le dernier soupir, il fit appeler les seigneurs de sa cour : « Mes« sieurs, dit-il, je vous demande pardon des mauvais exemples que je vous ai « donnés; je vous fais mes remercîments de l'amitié que vous m'avez toujours « marquée. Je vous demande pour mon petit-fils la même fidélité... Je sens « que je m'attendris, et que je vous attendris aussi. Adieu, Messieurs, souve« nez-vous quelquefois de moi. » Il dit à son médecin qui pleurait : « M'avez« vous cru immortel? » Madame de La Fayette a écrit de ce prince qu'on le trouvera sans doute « un des plus grands rois, et des plus *honnêtes hommes de « son royaume.* » Cela n'empêche pas qu'à ses funérailles le peuple ne chantât des *Te Deum* et n'insultât au cercueil : *Numquid cognoscentur mirabilia tua, et justitia tua in terra oblivionis?*

Que nous reste-t-il à ajouter à la louange d'un prince qui a civilisé l'Europe, et jeté tant d'éclat sur la France? Rien que ce passage tiré de ses Mémoires :

« Vous devez savoir, avant toutes choses, mon fils, que nous ne saurions montrer trop « de respect pour celui qui nous fait respecter de tant de milliers d'hommes. La première « partie de la politique est celle qui nous enseigne à le bien servir. La soumission que nous « avons pour lui est la plus belle leçon que nous puissions donner de celle qui nous est due, « et nous péchons contre la prudence, aussi bien que contre la justice, quand nous man« quons de vénération pour celui dont nous ne sommes que les lieutenants.

« Quand nous aurons armé tous nos sujets pour la défense de sa gloire, quand nous aurons « relevé ses autels abattus, quand nous aurons fait connaître son nom aux climats les plus « reculés de la terre, nous n'aurons fait que l'une des parties de notre devoir, et sans doute « nous n'aurons pas fait celle qu'il désire le plus de nous, si nous ne nous sommes soumis « nous-mêmes au joug de ses commandements. Les actions de bruit et d'éclat ne sont pas « toujours celles qui le touchent davantage, et ce qui se passe dans le secret de notre cœur « est souvent ce qu'il observe avec plus d'attention.

« Il est infiniment jaloux de sa gloire, mais il sait mieux que nous discerner en quoi elle « consiste. Il ne nous a peut-être faits si grands qu'afin que nos respects l'honorassent « davantage; et si nous manquons de remplir en cela ses desseins, peut-être qu'il nous « laissera tomber dans la poussière de laquelle il nous a tirés.

« Plusieurs de mes ancêtres, qui ont voulu donner à leurs successeurs de pareils ensei« gnements, ont attendu pour cela l'extrémité de leur vie; mais je ne suivrai pas en ce point « leur exemple. Je vous en parle dès cette heure, mon fils, et vous en parlerai toutes les « fois que j'en trouverai l'occasion. Car, outre que j'estime qu'on ne peut de trop bonne « heure imprimer dans les jeunes esprits des pensées de cette conséquence, je crois qu'il « se peut faire que ce qu'ont dit des princes dans un état si pressant ait quelquefois été at« tribué à la vue du péril où ils se trouvaient; au lieu que, vous en parlant maintenant, je « suis assuré que la vigueur de mon âge, la liberté de mon esprit, et l'état florissant de mes « affaires, ne vous pourront jamais laisser pour ce discours aucun soupçon de faiblesse ou « de déguisement. »

C'était en 1661 que Louis XIV donnait cette sublime leçon à son fils:

DES

LETTRES ET DES GENS DE LETTRES;

RÉPONSE A UN ARTICLE INSÉRÉ DANS LA GAZETTE DE FRANCE

Du 27 avril (1).

Mai 1806.

La *Défense du Génie du Christianisme* (2) est jusqu'à présent la seule réponse que j'aie faite à toutes les critiques dont on a bien voulu m'honorer. J'ai le bonheur ou le malheur de rencontrer mon nom assez souvent dans des ouvrages polémiques, des pamphlets, des satires; quand la critique est juste, je me corrige; quand le mot est plaisant, je ris; quand il est grossier, je l'oublie. Un nouvel *ennemi* vient de descendre dans la lice; c'est un *chevalier béarnais*. Chose assez singulière, ce chevalier m'accuse de préjugés gothiques, et de mépris pour les lettres! J'avoue que je n'entends pas parler de sang-froid de chevalerie; et quand il est question de tournois, de défis, de castilles, de pas d'armes, je me mettrais volontiers comme le seigneur don Quichotte à courir les champs pour réparer les torts. Je me rends donc à l'appel de mon adversaire. Cependant je pourrais refuser de faire avec lui le coup de lance, puisqu'il n'a pas déclaré son nom, ni haussé la visière de son casque après le premier assaut; mais comme il a observé religieusement les autres lois de la joute, en évitant avec soin de frapper à la *tête* et au *cœur*, je le tiens pour loyal chevalier, et je relève le gant.

Cependant quel est le sujet de notre querelle? Allons-nous nous battre, comme c'est assez l'usage entre les preux, sans trop savoir pourquoi? Je veux bien soutenir que la *dame* de mon cœur est incomparablement plus belle que celle de mon adversaire; mais si par hasard nous servions tous deux la même dame? C'est en effet notre aventure. Je suis au fond du même avis ou plutôt du même amour que le chevalier béarnais, et, comme lui, je déclare atteint de félonie quiconque manque de respect pour les Muses.

Changeons de langage et venons au fait. J'ose dire que le critique qui m'attaque avec tant de goût, de savoir et de politesse, mais peut-être avec un peu d'humeur, n'a pas bien compris ma pensée.

Quand je ne veux pas que les rois se mêlent des tracasseries du Parnasse, ai-je donc infiniment tort? Un roi sans doute doit aimer les lettres, les cultiver même jusqu'à un certain degré, et les protéger dans ses États; mais est-il bien nécessaire qu'il fasse des livres! Le juge souverain peut-il, sans inconvénients,

(1) Cet article est de M. de Baure, auteur d'une *Histoire du Béarn*, et beau-frère de M. le comte Daru.

(2) Voyez le tom. III de la présente édition.

s'exposer à être jugé? Est-il bon qu'un monarque donne, comme un homme ordinaire, la mesure de son esprit et réclame l'indulgence de ses sujets dans une préface? Il me semble que les dieux ne doivent pas se montrer si clairement aux hommes : Homère met une barrière de nuages aux portes de l'Olympe.

Quant à cette autre phrase, *un auteur doit être pris dans les rangs ordinaires de la société*, j'en demande pardon à mon censeur, mais cette phrase n'implique pas le sens qu'il y trouve. Dans l'endroit où elle est placée (1), elle se rapporte aux rois, uniquement aux rois. Je ne suis point assez absurde pour vouloir que les lettres soient abandonnées précisément à la partie non *lettrée* de la société. Elles sont du ressort de tout ce qui pense; elles n'appartiennent point à une classe d'hommes particulière, elles ne sont point une attribution des rangs, mais une distinction des esprits. Je n'ignore pas que Montaigne, Malherbe, Descartes, La Rochefoucauld, Fénelon, Bossuet, La Bruyère, Boileau même, Montesquieu et Buffon, ont tenu plus ou moins à l'ancien corps de la noblesse, ou par la robe, ou par l'épée; je sais bien qu'un beau génie ne peut déshonorer un nom illustre; mais puisque mon critique me force à le dire, je pense qu'il y a toutefois moins de péril à cultiver les muses dans un état obscur que dans une condition éclatante. L'homme sur qui rien n'attire les regards expose peu de chose au naufrage. S'il ne réussit pas dans les lettres, sa manie d'écrire ne l'aura privé d'aucun avantage réel, et son rang d'auteur oublié n'ajoutera rien à l'oubli naturel qui l'attendait dans une autre carrière.

Il n'en est pas ainsi de l'homme qui tient une place distinguée dans le monde, ou par sa fortune, ou par ses dignités, ou pour les souvenirs qui s'attachent à ses aïeux. Il faut qu'un tel homme balance longtemps avant de descendre dans une lice où les chutes sont cruelles. Un moment de vanité peut lui enlever le bonheur de toute sa vie. Quand on a beaucoup à perdre, on ne doit écrire que forcé pour ainsi dire par son génie, et dompté par la présence du dieu : *fera corda domans*. Un grand talent est une grande raison, et l'on répond à tout avec de la gloire. Mais si l'on ne sent pas en soi ce *mens divinior*, qu'on se garde bien alors de *ces démangeaisons qui nous prennent d'écrire :*

> Et n'allez point quitter, de quoi que l'on vous somme,
> Le nom que, dans la cour, vous avez d'honnête homme,
> Pour prendre de la main d'un avide imprimeur
> Celui de ridicule et misérable auteur.

Si je voyais quelque du Guesclin rimailler sans l'aveu d'Apollon un méchant poëme, je lui crierais : « Sire Bertrand, changez votre plume pour l'épée de « fer du bon connétable. Quand vous serez sur la brèche, souvenez-vous d'in- « voquer, comme votre ancêtre, *Notre-Dame du Guesclin*. Cette Muse n'est « pas celle qui chante les villes prises, mais c'est celle qui les fait prendre. »

Mais, au contraire, si le descendant d'une de ces familles qui figurent dans notre histoire s'annonce au monde par un *Essai* plein de force, de chaleur et de gravité, ne craignez pas que je le décourage. Eût-il des opinions contraires

(1) Voyez l'article sur les *Mémoires de Louis XVI*.

aux miennes, son livre blessât-il non-seulement mon esprit, mais mon cœur, je ne verrai que le talent; je ne serai sensible qu'au mérite de l'ouvrage; j'introduirai le jeune écrivain dans la carrière. Ma vieille expérience lui en marquera les écueils, et, en bon frère d'armes, je me réjouirai de ses succès.

J'espère que le *chevalier* qui m'attaque approuvera ces sentiments; mais cela ne suffit pas : je ne veux lui laisser aucun doute sur ma manière de penser à l'égard des lettres et de ceux qui les cultivent. Ceci va m'entraîner dans une discussion de quelque étendue ; que l'intérêt du sujet m'en fasse pardonner la longueur.

Eh! comment pourrais-je calomnier les lettres? Je serais bien ingrat, puisqu'elles ont fait le charme de mes jours. J'ai eu mes malheurs comme tant d'autres; car on peut dire du chagrin parmi les hommes ce que Lucrèce dit du flambeau de la vie :

. . . . . Quasi cursores, vitæ lampada tradunt.

J'ai toujours trouvé dans l'étude quelque noble raison de supporter patiemment mes peines. Souvent, assis sur la borne d'un chemin en Allemagne, sans savoir ce que j'allais devenir, j'ai oublié mes maux, et les auteurs de mes maux, en rêvant à quelque agréable chimère que me présentaient les Muses compatissantes. Je portais pour tout bien avec moi mon manuscrit sur les déserts du Nouveau-Monde; et plus d'une fois les tableaux de la nature, tracés sous les huttes des Indiens, m'ont consolé à la porte d'une chaumière de la Westphalie, dont on m'avait refusé l'entrée.

Rien n'est plus propre que l'étude à dissiper les troubles du cœur, à rétablir dans un concert parfait les harmonies de l'âme. Quand, fatigué des orages du monde, vous vous réfugiez au sanctuaire des Muses, vous sentez que vous entrez dans un air tranquille, dont la bénigne influence a bientôt calmé vos esprits. Cicéron avait été témoin des malheurs de sa patrie : il avait vu dans Rome le bourreau s'asseoir auprès de la victime (par hasard échappée au glaive), et jouir de la même considération que cette victime; il avait vu presser avec la même cordialité et la main qui s'était baignée dans le sang des citoyens, et la main qui ne s'était levée que pour les défendre; il avait vu la vertu devenir un objet de scandale dans un temps de crime, comme le crime est un objet d'horreur dans un temps de vertu; il avait vu les Romains dégénérés pervertir la langue de Scipion pour excuser leur bassesse, appeler la constance entêtement, la générosité folie, le courage imprudence, et chercher un motif intéressé à des actions honorables, pour n'avoir pas la douleur d'estimer quelque chose; il avait vu ses amis se refroidir peu à peu pour lui, leurs cœurs se fermer aux épanchements de son cœur, leurs peines cesser d'être communes avec ses peines, leurs opinions changer par degré : ces hommes, emportés et brisés tour à tour par la roue de la fortune, l'avaient laissé dans une profonde solitude. A ces peines, déjà si grandes, se joignirent des chagrins domestiques : « Ma fille me restait, écrit-il à Sulpicius : c'était un soutien toujours présent « auquel je pouvais avoir recours. Le charme de son entretien me faisait ou« blier mes peines; mais l'affreuse blessure que je reçus en la perdant rouvre

« dans mon cœur toutes celles que j'y croyais fermées. . . . Je suis chassé de « ma maison et du forum. »

Que fit Cicéron dans une position si triste? Il eut recours à l'étude. « Je me « suis réconcilié avec mes livres, dit-il à Varron; ils me rapellent à leur an« cien commerce : ils me déclarent que vous avez été plus sage que moi de ne « pas l'abandonner. »

Les Muses, qui nous permettent de choisir notre société, sont d'un puissant secours dans les chagrins politiques. Quand vous êtes fatigués de vivre au milieu des Tigellin et des Narcisse, elles vous transportent dans la société des Caton et des Fabricius. Pour ce qui est des peines du cœur, l'étude, il est vrai, ne nous rend pas les amis que nous pleurons, mais elle adoucit les chagrins que nous cause leur perte; car elle mêle leur souvenir à tout ce qu'il y a de pur dans les sentiments de la vie, et de beau dans les images de la nature.

Examinons maintenant les reproches que l'on fait aux gens de lettres. La plupart me paraissent sans fondement : la médiocrité se console souvent par la calomnie.

On dit : « Les gens de lettres ne sont pas propres au maniement des affaires. » Chose étrange, que le génie nécessaire pour enfanter l'*Esprit des Lois* ne fût pas suffisant pour conduire le bureau d'un ministre! Quoi! ceux qui sondent si habilement les profondeurs du cœur humain ne pourraient démêler autour d'eux les intrigues des passions? Mieux vous connaîtrez les hommes, moins vous serez capable de les gouverner.

C'est un sophisme démenti par l'expérience. Les deux plus grands hommes d'État de l'antiquité, Démosthènes, et surtout Cicéron, étaient deux véritables hommes de lettres, dans toute la rigueur du mot. Il n'y a peut-être jamais eu de plus beau génie littéraire que celui de César, et il paraît que ce petit-fils d'Anchise et de Vénus entendait assez bien les affaires. On peut citer en Angleterre Thomas Morus, Clarendon, Bacon, Bolingbroke; en France, Lhôpital, Lamoignon, Daguesseau, M. de Malesherbes, et la plupart de nos premiers ministres tirés de l'Église. Rien ne me pourrait persuader que Bossuet n'eût pas une tête capable de conduire un royaume, et que le judicieux et sévère Boileau n'eût pas fait un excellent administrateur.

Le jugement et le bon sens sont surtout les deux qualités nécessaires à l'homme d'État; et remarquez qu'elles doivent aussi dominer dans une tête littéraire sainement organisée. L'imagination et l'esprit ne sont point, comme on le suppose, les bases du véritable talent; c'est le bon sens, je le répète, le bon sens, avec l'expression heureuse. Tout ouvrage, même un ouvrage d'imagination, ne peut vivre, si les idées y manquent d'une certaine logique qui les enchaîne, et qui donne au lecteur le plaisir de la raison, même au milieu de la folie. Voyez les chefs-d'œuvre de notre littérature : après un mûr examen, vous découvrirez que leur supériorité tient à un bon sens caché, à une raison admirable, qui est comme la charpente de l'édifice. Ce qui est faux finit par déplaire : l'homme a en lui-même un principe de droiture que l'on ne choque pas impunément. De là vient que les ouvrages des sophistes n'obtiennent qu'un succès passager : ils brillent tour à tour d'un faux éclat, et tombent dans l'oubli.

On ne s'est formé cette idée de l'inaptitude des gens de lettres que parce que l'on a confondu les auteurs vulgaires avec les écrivains de mérite. Les premiers ne sont point incapables parce qu'ils sont *hommes de lettres*, mais seulement parce qu'ils sont *hommes médiocres*, et c'est l'excellente remarque de mon critique. Or, ce qui manque aux ouvrages de ces hommes, c'est précisément le jugement et le bon sens. Vous y trouverez peut-être des éclairs d'imagination, de l'esprit, une connaissance plus ou moins grande du *métier*, une habitude plus ou moins formée d'arranger les mots et de tourner la phrase; mais jamais vous n'y rencontrerez le bon sens.

Ces écrivains n'ont pas la force de produire la pensée qu'ils ont un moment conçue. Lorsque vous croyez qu'ils vont prendre une bonne voie, tout à coup un méchant démon les égare : ils changent de direction, et passent auprès des plus grandes beautés sans les apercevoir; ils mêlent au hasard, sans économie et sans jugement, le grave, le doux, le plaisant, le sévère; on ne sait ce qu'ils veulent prouver, quel est le but où ils marchent, quelles vérités ils prétendent enseigner. Je conviendrai que de pareils esprits sont peu propres aux affaires humaines; mais j'en accuserai la *nature* et non pas les *lettres*, et je me donnerai garde surtout de confondre ces auteurs infortunés avec des hommes de génie.

Mais si les premiers talents littéraires peuvent remplir glorieusement les premières places de leur patrie, à Dieu ne plaise que je leur conseille jamais d'envier ces places! La majorité des hommes bien nés peut faire ce qu'ils feraient eux-mêmes dans un ministère public; personne ne pourra remplacer les beaux ouvrages dont ils priveraient la postérité, en se livrant à d'autres soins. Ne vaut-il pas mieux aujourd'hui, et pour nous et pour lui-même, que Racine ait fait naître *sous sa main de pompeuses merveilles*, que d'avoir occupé, même avec distinction, la place de Louvois ou de Colbert? Je voudrais que les hommes de talent connussent mieux leur haute destinée, qu'ils sussent mieux apprécier les dons qu'ils ont reçus du ciel. On ne leur fait point une grâce en les investissant des charges de l'État; ce sont eux, au contraire, qui, en acceptant ces charges, font à leur pays une véritable faveur et un très-grand sacrifice.

Que d'autres s'exposent aux tempêtes, je conseille aux amants de l'étude de les contempler du rivage : « La côte de la mer deviendra un lieu de repos pour « les pasteurs, » dit l'Écriture : *Erit funiculus maris requies pastorum.* Écoutons encore l'orateur romain : « J'estime les jours que vous passez à Tus« culum, mon cher Varron, autant que l'espace entier de la vie, et je renon« cerais de bon cœur à toutes les richesses du monde pour obtenir la liberté de « mener une vie si délicieuse... Je l'imite du moins autant qu'il m'est pos« sible, et je cherche avec beaucoup de satisfaction mon repos dans mes « chères études... Si de grands hommes ont jugé qu'en faveur de ces études on « pouvait se dispenser des affaires publiques, pourquoi ne choisirais-je pas « une occupation si douce? »

Dans une carrière étrangère à leurs mœurs, les gens de lettres n'auraient que les maux de l'ambition sans en avoir les plaisirs. Plus délicats que les autres hommes, combien ne seraient-ils pas blessés à chaque heure de la journée! Que d'horribles choses pour eux à dévorer! Avec quels personnages ne seraient-ils pas obligés de vivre et même de sourire! En butte à la jalousie que font toujours naître les vrais talents, ils seraient incessamment exposés aux calomnies et aux dénonciations de toutes les espèces; ils trouveraient des écueils jusque dans la franchise, la simplicité ou l'élévation de leur caractère: leurs vertus leur feraient plus de mal que des vices, et leur génie même les précipiterait dans les piéges qu'éviterait la médiocrité. Heureux s'ils trouvaient quelque occasion favorable de rentrer dans la solitude avant que la mort ou l'exil vînt les punir d'avoir sacrifié leurs talents à l'ingratitude des cours!

> . . . Poi ch' insieme con l' età fiorità
> Mancò la speme, e la baldanza audace;
> Piansi i riposi di quest' umil vita,
> E sospirai la mia perduta pace.

Je ne sais si je dois relever à présent quelques plaisanteries que l'on est dans l'usage de faire sur les gens de lettres, depuis le temps d'Horace. Le chantre de Lalagé et de Lydie nous raconte qu'il jeta son bouclier aux champs de Philippes; mais l'adroit courtisan se *vante*, et l'on a pris ses vers trop à la lettre. Ce qu'il y a de certain, c'est qu'il parle de la mort avec tant de charme et une si douce philosophie, qu'on a bien de la peine à croire qu'il la craignît:

> Eheu, fugaces, Posthume, Posthume,
> Labuntur anni.

Quoi qu'il en soit du voluptueux solitaire de Tibur, Xénophon et César, génies éminemment littéraires, étaient de grands et intrépides capitaines; Eschyle fit des prodiges de valeur à Salamine; Socrate ne céda le prix du courage qu'à Alcibiade; Tibulle était distingué dans les légions de Messala; Pétrone et Sénèque sont célèbres par la fermeté de leur mort. Dans des temps modernes, le Dante vécut au milieu des combats, et le Tasse fut le plus brave des chevaliers. Notre vieux Malherbe voulait, à soixante-treize ans, se battre contre le meurtrier de son fils: *tout vaincu du temps qu'il étoit*, il alla exprès au siége de La Rochelle pour obtenir de Louis XIII la permission d'appeler le chevalier de Piles en champ clos. La Rochefoucauld avait *fait la guerre aux rois*. De temps immémorial, nos officiers du génie et d'artillerie, si braves à la bouche du canon, ont cultivé les lettres, la plupart avec fruit, quelques-uns avec gloire. On sait que le Breton Saint-Foix entendait fort mal la raillerie; et cet autre Breton, surnommé de nos jours le premier grenadier de nos armées, s'occupa de recherches savantes toute sa vie. Enfin les hommes de lettres que notre révolution a moissonnés ont tous déployé à la mort du sang-froid et du courage. S'il faut en juger par soi-même, je le dirai avec la franchise naturelle aux descendants des vieux Celtes: Soldat, voyageur, proscrit, naufragé, je ne me suis point aperçu que l'amour des lettres m'attachât trop à la vie: pour obéir aux arrêts de la religion ou de l'honneur, il suffit d'être chrétien et Français.

Les gens de lettres, dit-on encore, ont toujours flatté la puissance; et, selon les vicissitudes de la fortune, on les voit chanter et la vertu et le crime, et l'oppresseur et l'opprimé. Lucien disait à Néron, en parlant des proscriptions et de la guerre civile :

Heureuse cruauté, fureur officieuse,
Dont le prix est illustre et la fin glorieuse!
Crimes trop bien payés, trop aimables hasards,
Puisque nous vous devons le plus grand des Césars!
Que les dieux conjurés redoublent nos misères!
Que Leucas sous les flots abîme nos galères!
Que Pharsale revoie encor nos bataillons
Du plus beau sang de Rome inonder nos sillons!
. . . .
Qu'on voie encore un coup Pérouse désolée!
Destins, Néron gouverne, et Rome est consolée (1)!

A cela je n'ai point de réponse pour les gens de lettres : je baisse la tête d'horreur et de confusion, en disant, comme le *médecin* dans Macbeth : *This disease is beyond my practice :* « Ce mal est au-dessus de mon art. »

Cependant ne pourrait-on pas trouver à cette dégradation une excuse bien triste sans doute, mais tirée de la nature même du cœur humain? Montrez-moi dans les révolutions des empires, dans ces temps malheureux où un peuple entier, comme un cadavre, ne donne plus aucun signe de vie; montrez-moi, dis-je, une classe d'hommes toujours fidèle à son honneur, et qui n'ait cédé ni à la force des événements ni à la lassitude des souffrances : je passerai condamnation sur les gens de lettres. Mais si vous ne pouvez trouver cet ordre de citoyens généreux, n'accusez plus en particulier les favoris des Muses, gémissez sur l'humanité tout entière. La seule différence qui existe alors entre l'écrivain et l'homme vulgaire, c'est que la turpitude du premier est connue, et que la lâcheté du second est ignorée. Heureux en effet, dans ces jours d'esclavage, l'homme médiocre qui peut être vil en sûreté de l'avenir, qui peut impunément se réjouir dans la fange, certain que ses talents ne le livreront point à la postérité, et que le cri de sa bassesse ne passera pas la borne de sa vie!

Il me reste à parler de la célébrité littéraire. Elle marche de pair avec celle des grands rois et des héros. Homère et Alexandre, Virgile et César, occupent également les voies de la renommée. Disons de plus que la gloire des muses est la seule où il n'entre rien d'étranger. On peut toujours rejeter une partie du succès des armes sur les soldats ou sur la fortune : Achille a vaincu les Troyens à l'aide des Grecs, mais Homère a fait seul l'*Iliade*, et sans Homère nous ne connaîtrions pas Achille. Au reste, je suis si loin d'avoir pour les lettres le mépris qu'on me suppose, que je ne céderais pas facilement la faible portion de renommée qu'elles semblent quelquefois promettre à mes efforts. Je crois n'avoir jamais importuné personne de mes prétentions; mais, puisqu'il faut le dire une fois, je ne suis point insensible aux applaudissements de mes compatriotes, et je sentirais mal le juste orgueil que doit m'inspirer mon pays, si je comptais

(1) *Pharsale*, traduction de Brébeuf.

pour rien l'honneur d'avoir fait connaître avec quelque estime un nom français de plus aux peuples étrangers.

Enfin, si nous en croyons quelques esprits chagrins, notre littérature est actuellement frappée de stérilité; il ne paraît rien qui mérite d'être lu : le faux, le trivial, le gigantesque, le mauvais goût; l'ignorance, règnent de toutes parts, et nous sommes menacés de retomber dans la barbarie. Ce qui doit un peu nous rassurer, c'est que dans tous les temps on a fait les mêmes plaintes. Les journaux du siècle de Louis XIV sont remplis de déclamations sur la disette des talents. Les Subligni et les Visé regrettaient le beau temps de Ronsard. L'esprit de dénigrement est une maladie particulière à la France, parce que tout le monde a des prétentions dans ce pays, et que notre amour-propre est sans cesse tourmenté des succès de notre voisin.

Pour moi qui n'ai pas le droit d'être difficile, et qui me contente d'admirer avec la foule, je ne suis point du tout frappé de cette prétendue stérilité de notre littérature. J'ai le bonheur de croire qu'il existe encore en France des écrivains de génie, remarquables par la force de leurs pensées ou le charme de leur style, des poëtes du premier ordre, des savants distingués, des critiques pleins de goût, dépositaires des saines doctrines, des bonnes traditions. Je nommerais facilement plusieurs ouvrages qui, j'ose le dire, passeront à la postérité. Nous pouvons affecter une humeur superbe à dédaigner les talents qui nous restent; mais je ne doute point que l'avenir ne soit plus juste envers nous, et qu'il n'admire ce que nous aurons peut-être méprisé. Notre siècle ne démentira point l'expérience commune : les arts et les lettres brillent toujours dans les temps de révolution, hélas! comme ces fleurs qui croissent parmi les ruines : *Feret et rubus asper amomum.*

Je termine ici cette apologie des gens de lettres. J'espère que le *chevalier béarnais* sera satisfait de mes sentiments : plût à Dieu qu'il le fût de mon style! car, entre nous, je le soupçonne de se connaître en littérature un peu mieux qu'il ne convient à un chevalier du vieux temps. S'il faut dire tout ce que je pense, il pourrait bien, en m'attaquant, n'avoir défendu que sa cause. Son exemple prouverait, en cas de besoin, qu'un homme qui a joui d'une grande considération dans l'ordre politique et dans la première classe de la société peut être un savant distingué, un critique délicat, un écrivain plein d'aménité, et même un poëte de talent. Ces chevaliers de Béarn ont toujours courtisé les Muses; et l'on se souvient encore d'un certain Henri qui se battait d'ailleurs assez bien, et qui se plaignait en vers de sa *départie* lorsqu'il quittait Gabrielle. Toutefois, puisque mon adversaire n'a pas voulu se découvrir, j'éviterai de le nommer : je veux qu'il sache seulement que je l'ai reconnu à ses couleurs.

Les gens de lettres, que j'ai essayé de venger du mépris de l'ignorance, me permettront-ils, en finissant, de leur adresser quelques conseils dont je prendrai moi-même bonne part? Veulent-ils forcer la calomnie à se taire, et s'attirer l'estime même de leurs ennemis, il faut qu'ils se dépouillent d'abord de cette morgue et de ces prétentions exagérées qui les ont rendus insupportables dans le dernier siècle. Soyons modérés dans nos opinions, indulgents dans nos critiques, sincères admirateurs de tout ce qui mérite d'être admiré. Pleins de respect pour la noblesse de notre art, n'abaissons jamais notre caractère; ne nous plaignons jamais de notre destinée : qui se fait plaindre se fait mépriser; que les Muses seules, et non le public, sachent si nous sommes riches ou pauvres : le secret de notre indigence doit être le plus délicat et le mieux gardé de nos secrets; que les malheureux soient sûrs de trouver en nous un appui : nous sommes les défenseurs naturels des suppliants; notre plus beau droit est de sécher les larmes de l'infortune, et d'en faire couler des yeux de la prospérité : *Dolor ipse disertum fecerat*. Ne prostituons jamais notre talent à la puissance, mais aussi n'ayons jamais d'humeur contre elle : celui qui blâme avec aigreur admirera sans discernement; de l'esprit frondeur à l'adulation il n'y a qu'un pas. Enfin, pour l'intérêt même de notre gloire et la perfection de nos ouvrages, nous ne saurions trop nous attacher à la vertu : c'est la beauté des sentiments qui fait la beauté du style. Quand l'âme est élevée, les paroles tombent d'en haut, et l'expression noble suit toujours la noble pensée. Horace et le Stagyrite n'apprennent pas tout l'art : il y a des délicatesses et des mystères de langage qui ne peuvent être révélés à l'écrivain que par la probité de son cœur, et que n'enseignent point les préceptes de la rhétorique.

SUR LE VOYAGE PITTORESQUE ET HISTORIQUE DE L'ESPAGNE,

PAR M. ALEXANDRE DE LABORDE (1).

Juillet 1807.

Il y a des genres de littérature qui semblent appartenir à certaines époques de la société : ainsi la poésie convient plus particulièrement à l'enfance des peuples, et l'histoire, à leur vieillesse. La simplicité des mœurs pastorales ou la grandeur des mœurs héroïques veulent être chantées sur la lyre d'Homère; la raison et la corruption des nations civilisées demandent le pinceau de Thucydide. Cependant la muse a souvent retracé les crimes des hommes; mais il y a quelque chose de si beau dans le langage du poëte, que les crimes mêmes en paraissent embellis; l'histoire seule peut les peindre sans en affaiblir l'horreur. Lorsque, dans le silence de l'abjection, l'on n'entend plus retentir que la chaîne de l'esclave et la voix du délateur; lorsque tout tremble devant le tyran, et qu'il est aussi dangereux d'encourir sa faveur que de mériter sa disgrâce, l'historien paraît chargé de la vengeance des peuples. C'est en vain que Néron

(1) Voilà l'article qui fit supprimer le *Mercure*, et qui attira une persécution violente à l'auteur. Comme ce morceau est devenu historique, on n'a pas voulu y toucher, et l'on y a laissé les fragments de l'*Itinéraire* qui s'y trouvent. A cette époque l'*Itinéraire* n'était pas publié.

prospère, Tacite est déjà né dans l'empire; il croît inconnu auprès des cendres de Germanicus; et déjà l'intègre Providence a livré à un enfant obscur la gloire du maître du monde. Bientôt toutes les fausses vertus seront démasquées par l'auteur des *Annales*, bientôt il ne fera voir, dans le tyran déifié, que l'histrion, l'incendiaire et le parricide : semblable à ces premiers chrétiens d'Égypte qui, au péril de leurs jours, pénétraient dans les temples de l'idolâtrie, saisissaient au fond d'un sanctuaire ténébreux la divinité que le crime offrait à l'encens de la peur, et traînaient à la lumière du soleil, au lieu d'un dieu, quelque monstre horrible.

Mais si le rôle de l'historien est beau, il est souvent dangereux. Il ne suffit pas toujours, pour peindre les actions des hommes, de se sentir une âme élevée, une imagination forte, un esprit fin et juste, un cœur compatissant et sincère : il faut encore trouver en soi un caractère intrépide, il faut être préparé à tous les malheurs, et avoir fait d'avance le sacrifice de son repos et de sa vie.

Toutefois il est des parties dans l'histoire qui ne demandent pas le même courage dans l'historien. Les *Voyages*, par exemple, qui tiennent à la fois de la poésie et de l'histoire, comme celui que nous annonçons, peuvent être écrits sans péril. Et néanmoins les ruines et les tombeaux révèlent souvent des vérités qu'on n'apprendrait point ailleurs; car la face des lieux ne change pas comme le visage des hommes : *Non ut hominum vultus ita locorum facies mutantur.*

L'antiquité ne nous a laissé qu'un modèle de ce genre d'histoire : c'est le Voyage de Pausanias; car le Journal de Néarque et le Périple d'Hannon sont des ouvrages d'un ordre différent. Si la gravure eût été connue du temps de Pausanias, nous posséderions aujourd'hui un trésor inestimable; nous verrions en entier, et comme debout, ces temples dont nous allons encore admirer les débris. Les voyageurs modernes n'ont songé qu'assez tard à fixer, par l'art du dessin, l'état des lieux et des monuments qu'ils avaient visités. Chardin, Pococke et Tournefort, sont peut-être les premiers qui aient eu cette heureuse idée. Avant eux, on trouve, il est vrai, plusieurs relations ornées de planches; mais le travail de ces planches est aussi grossier qu'il est incomplet. Le plus ancien ouvrage de cette espèce que nous nous rappelions est celui de Monconys; et cependant depuis Benjamin de Tudèle jusqu'à nos jours, on peut compter à peu près cent trente-trois voyages exécutés dans la seule Palestine.

C'est à M. l'abbé de Saint-Non et à M. de Choiseul-Gouffier qu'il faut donc rapporter l'origine des *Voyages pittoresques* proprement dits. Il est bien à désirer pour les arts que M. de Choiseul achève son bel ouvrage, et qu'il reprenne des travaux trop longtemps suspendus par des malheurs : les amis de Cicéron cherchaient à le consoler des peines de la vie en lui remettant sous les yeux le tableau des ruines de la Grèce.

L'Italie, la Sicile, l'Égypte, la Syrie, l'Asie-Mineure, la Dalmatie, ont eu des historiens de leurs chefs-d'œuvre : on compte une foule de *tours* ou de voyages pittoresques d'Angleterre; les monuments de la France sont gravés : il ne restait plus que l'Espagne à peindre, comme le remarque M. de Laborde.

Dans une introduction écrite avec autant d'élégance que de clarté, l'auteur trace ainsi le plan de son voyage :

« L'Espagne est une des contrées les moins connues de l'Europe, et celle qui « renferme cependant le plus de variété dans ses monuments et le plus d'in« térêt dans son histoire.

« Riche de toutes les productions de la nature, elle est encore embellie par « l'industrie de plusieurs âges et le génie de plusieurs peuples. La majesté « des temples romains y forme un contraste singulier avec la délicatesse des « monuments arabes, et l'architecture gothique avec la beauté simple des « édifices modernes.

« Cette réunion de tant de souvenirs, cet héritage de tant de siècles, nous « force à entrer dans quelques détails sur l'histoire de l'Espagne, pour indiquer « la marche que l'on a adoptée dans la description du pays. »

L'auteur, après avoir décrit les différentes époques, ajoute :

« Telle est l'esquisse des principaux événements qui firent passer l'Espagne « sous différentes dominations. Les révolutions, les guerres et le temps n'ont « pu détruire entièrement les monuments qui ornent cette belle contrée, et les « arts de quatre peuples différents qui l'ont tour à tour embellie.

« C'est aussi ce qui nous a engagé à diviser la description de l'Espagne « en quatre parties, contenant chacune les provinces dont les monuments ont « le plus d'analogie entre eux, et se rapportent aux quatre époques principales « de son histoire.

« Ainsi, le premier volume comprendra la Catalogne, le royaume de Va« lence, l'Estramadoure, où se trouvent Tarragone, Sagonte, Mérida, et la « plupart des autres colonies romaines et carthaginoises; il sera précédé d'une « notice historique sur les temps anciens de l'Espagne.

« Le second volume renfermera les antiquités de Grenade et de Cordoue, et « la description du reste de l'Andalousie, séjour principal des Maures; il sera « précédé d'un abrégé de l'histoire de ces peuples, tiré en partie des manus« crits arabes de l'Escurial.

« Le troisième, consacré principalement aux édifices gothiques, tels que les « cathédrales de Burgos, de Valladolid, de Léon, de Saint-Jacques de Com« postelle, offrira aussi les contrées sauvages des Asturies, l'Aragon, la Na« varre, la Biscaye, et sera précédé de recherches sur les arts en Espagne, « avant le siècle de Ferdinand et d'Isabelle.

« Le quatrième volume, en retraçant les beautés de Madrid et des environs, « renfermera, de plus, tout ce qui peut servir à faire connaître la nation « espagnole telle qu'elle est aujourd'hui : les fêtes, les danses, les usages na« tionaux. Ce volume comprendra également l'histoire des arts, depuis leur « renaissance sous Ferdinand et Isabelle, Charles Ier et Philippe II, jusqu'à « nos jours; il donnera une connaissance suffisante de la peinture espagnole « et des chefs-d'œuvre qu'elle a produits ; on y ajoutera quelques détails sur « les progrès des sciences et de la littérature en Espagne. »

On voit, par cet exposé, que l'auteur a conçu son plan de la manière la plus heureuse, et qu'il pourra présenter sans confusion une immense galerie de tableaux. M. de Laborde a été favorisé dans ses études; il a examiné les monuments des arts chez un peuple noble et civilisé; il les a vus dans cette belle

Espagne, où du moins la foi et l'honneur sont restés lorsque la prospérité et la gloire ont disparu. Il n'a point été obligé de s'enfoncer dans ces pays jadis célèbres, où le cœur du voyageur est flétri à chaque pas, où les ruines vivantes détournent votre attention des ruines de marbre et de pierre. C'est un enfant tout nu, le corps exténué par la faim, le visage défiguré par la misère, qui nous a montré, dans un désert, les portes tombées de Mycènes et le tombeau d'Agamemnon (1). En vain, dans le Péloponèse, on veut se livrer aux illusions des muses : la triste vérité vous poursuit. Des loges de boue désséchée, plus propres à servir de retraite à des animaux qu'à des hommes; des femmes et des enfants en haillons, fuyant à l'approche de l'étranger et du janissaire; les chèvres même effrayées, se dispersant dans la montagne, et les chiens restant seuls pour vous recevoir avec des hurlements : voilà le spectacle qui vous arrache au charme des souvenirs. La Morée est déserte : depuis la guerre des Russes, le joug des Turcs s'est appesanti sur les Moraïtes; les Albanais ont massacré une partie de la population; on ne voit de toutes parts que des villages détruits par le fer et par le feu; dans les villes, comme à Misitra (2), des faubourgs entiers sont abandonnés; nous avons souvent fait quinze lieues dans les campagnes sans rencontrer une seule habitation. De criantes avanies, des outrages de toutes espèces, achèvent de détruire dans la patrie de Léonidas l'agriculture et la vie. Chasser un paysan grec de sa cabane, s'emparer de sa femme et de ses enfants, le tuer sur le plus léger prétexte, est un jeu pour le moindre aga du plus petit village. Le Moraïte, parvenu au dernier degré du malheur, s'arrache de son pays, et va chercher en Asie un sort moins rigoureux; mais il ne peut fuir sa destinée; il retrouve des cadis et des pachas jusque dans les sables du Jourdain et les déserts de Palmyre.

Nous ne sommes point un de ces intrépides admirateurs de l'antiquité, qu'un vers d'Homère console de tout. Nous n'avons jamais pu comprendre le sentiment exprimé par Lucrèce :

> Suave mari magno, turbantibus æquora ventis,
> E terra magnum alterius spectare laborem.

Loin d'aimer à contempler du rivage le naufrage des autres, nous souffrons quand nous voyons souffrir des hommes. Les Muses n'ont alors sur nous aucun pouvoir, hors celle qui attire la pitié sur le malheur. A Dieu ne plaise que nous tombions aujourd'hui dans ces déclamations sur la liberté et l'esclavage, qui ont fait tant de mal à la patrie ! Mais si nous avions jamais pensé, avec des hommes dont nous respectons d'ailleurs le caractère et les talents, que le gouvernement absolu est le meilleur des gouvernements possibles, quelques mois de séjour en Turquie nous auraient bien guéri de cette opinion.

Les monuments n'ont pas moins à souffrir que les hommes de la barbarie

(1) Nous avons découvert un autre tombeau à Mycènes, peut-être celui de Thyeste ou de Clytemnestre. (Voyez Pausanias.) Nous l'avons indiqué à M. Fauvel.

(2) Misitra n'est point Sparte. Cette dernière ville se retrouve au village de Magoula, à une lieue et demie de Misitra. Nous avons compté à Sparte dix-sept ruines hors de terre, la plupart au midi de la citadelle, sur le chemin d'Amyclée.

ottomane. Un épais Tartare habite aujourd'hui la citadelle remplie des chefs-d'œuvre d'Ictinus et de Phidias, sans daigner demander quel peuple a laissé ces débris, sans daigner sortir de la masure qu'il s'est bâtie sous les ruines des monuments de Périclès. Quelquefois seulement le tyran automate se traîne à la porte de sa tanière : assis les jambes croisées sur un sale tapis, tandis que la fumée de sa pipe monte à travers les colonnes du temple de Minerve, il promène stupidement ses regards sur les rives de Salamine et la mer d'Épidaura. Nous ne pourrions peindre les divers sentiments dont nous fûmes agité, lorsqu'au milieu de la première nuit que nous passâmes à Athènes, nous fûmes réveillé en sursaut par le tambourin et la musette turque, dont les sons discordants partaient des combles des Propylées : en même temps un prêtre *musulman* chantait en *arabe* l'heure passée à des Grecs *chrétiens* de la ville de *Minerve*. Ce derviche n'avait pas besoin de nous marquer ainsi la fuite des ans : sa voix seule dans ces lieux annonçait assez que les siècles s'étaient écoulés.

Cette mobilité des choses humaines est d'autant plus frappante pour le voyageur, qu'elle est en contraste avec l'immobilité du reste de la nature : comme pour insulter à l'instabilité des peuples, les animaux mêmes n'éprouvent ni révolution dans leurs empires ni changements dans leurs mœurs. Le lendemain de notre arrivée à Athènes, on nous fit remarquer des cigognes qui montaient dans les airs, se formaient en bataillon, et prenaient leur vol vers l'Afrique. Depuis le règne de Cécrops jusqu'à nos jours, ces oiseaux ont fait chaque année le même pèlerinage, et sont revenus au même lieu. Mais combien de fois ont-ils retrouvé dans les larmes l'hôte qu'ils avaient laissé dans la joie! combien de fois ont-ils cherché vainement cet hôte, et le toit même où ils avaient accoutumé de bâtir leurs nids!

Depuis Athènes jusqu'à Jérusalem, le tableau le plus affligeant s'offre aux regards du voyageur, tableau dont l'horreur toujours croissante est à son comble en Égypte. C'est là que nous avons vu cinq partis armés se disputer des déserts et des ruines (1); c'est là que nous avons vu l'Albanais coucher en joue de malheureux enfants qui couraient se cacher derrière les débris de leurs cabanes, comme accoutumés à ce terrible jeu. Sur cent cinquante villages que l'on compte au bord du Nil, en remontant de Rosette au Caire, il n'y en a pas un seul qui soit entier. Une partie du Delta est en friche, chose qui ne s'était peut-être jamais rencontrée depuis le siècle où Pharaon donna cette terre fertile à la postérité de Jacob! La plupart des fellahs ont été égorgés; le reste a passé dans la Haute-Égypte. Les paysans qui n'ont pu se résoudre à quitter leurs champs ont renoncé à élever une famille. L'homme qui naît dans la décadence des empires, et qui n'aperçoit dans les temps futurs que des révolutions probables, pourrait-il, en effet, trouver quelque joie à voir croître les

(1) Ibrahim-Bey, dans la Haute-Égypte, deux petits beys indépendants, le pacha de la Porte au Caire, un parti d'Albanais insurgés, et El-fy-Bey dans la Basse-Égypte. Il y a un esprit de révolte dans l'Orient qui rend les voyages difficiles et dangereux. Les Arabes tuent aujourd'hui les voyageurs, qu'ils se contentaient de dépouiller autrefois. Entre la mer Morte et Jérusalem, dans un espace de quatorze lieues, nous avons été attaqués deux fois, et nous essuyâmes sur le Nil la fusillade de la ligne d'El-fy-Bey. Nous étions, dans cette dernière affaire, avec M. Caffe, négociant de Rosette, qui, déjà sur l'âge, et père de famille, n'en risqua pas moins sa vie pour nous avec la générosité d'un Français. Nous le nommons avec d'autant plus de plaisir, qu'il a rendu beaucoup de services à tous nos compatriotes qui ont eu besoin de ses secours.

héritiers d'un si triste avenir ? Il y a des époques où il faut dire avec le prophète : « Bienheureux sont les morts ! »

M. de Laborde ne sera point obligé, dans le cours de son bel ouvrage, de tracer des tableaux aussi affligeants. Dès les premiers pas il s'arrête à d'aimables, à de nobles souvenirs : ce sont les pommes d'or des Hespérides ; c'est cette Bétique chantée par Homère, et embellie par Fénelon. « Le fleuve Bétis « coule dans un pays fertile et sous un ciel doux, qui est toujours serein... Ce « pays semble avoir conservé les délices de l'âge d'or (1), etc... » Paraît ensuite cet Annibal, dont la puissante haine franchit les Pyrénées et les Alpes, et ne fut point assouvie dans le sang des milliers de Romains massacrés à Cannes et à Trasimène. Scipion commença en Espagne cette noble carrière dont le terme et la récompense devaient être l'exil et la mort dans l'exil. Sertorius lutta, dans les champs ibériens, contre l'oppresseur du monde et de sa patrie. Il voulait marcher à Sylla, et

> . . . . Au bord du Tibre, une pique à la main,
> Lui demander raison pour le peuple romain.

Il succomba dans son entreprise : mais il est probable qu'il n'avait point compté sur le succès. Il ne consulta que son devoir, et la sainteté de la cause qu'il restait seul à défendre. Il y a des autels, comme celui de l'honneur, qui, bien qu'abandonnés, réclament encore des sacrifices, le dieu n'est point anéanti parce que le temple est désert. Partout où il reste une chance à la fortune, il n'y a point d'héroïsme à la tenter. Les actions magnanimes sont celles dont le résultat prévu est le malheur et la mort. Après tout, qu'importent les revers, si notre nom, prononcé dans la postérité, va faire battre un cœur généreux deux mille ans après notre vie ? Nous ne doutons point que, du temps de Sertorius, les âmes pusillanimes, qui prennent leur bassesse pour de la raison, ne trouvassent ridicule qu'un citoyen obscur osât lutter seul contre toute la puissance de Sylla. Heureusement la postérité juge autrement les actions des hommes : ce n'est pas la lâcheté et le vice qui prononcent en dernier ressort sur le courage et la vertu.

Cette terre d'Espagne produit si naturellement les grands cœurs, que l'on vit le Cantabre belliqueux (*bellicosus Cantaber*) défendre à son tour sa montagne contre les légions d'Auguste ; et le pays qui devait enfanter un jour le Cid et les chevaliers *sans peur* donna à l'univers romain Trajan, Adrien et Théodose.

Après la description des monuments de cette époque, M. de Laborde passera aux dessins des monuments moresques : c'est la partie la plus riche et la plus neuve de son sujet. Les palais de Grenade nous ont intéressé et surpris, même après avoir vu les mosquées du Caire et les temples d'Athènes. L'Alhambra semble être l'habitation des génies : c'est un de ces édifices des *Mille et une Nuits*, que l'on croit voir moins en réalité qu'en songe. On ne peut se faire une juste idée de ces plâtres moulés et découpés à jour, de cette architecture

(1) *Télémaque.*

de dentelles, de ces bains, de ces fontaines, de ces jardins intérieurs, où des orangers et des grenadiers sauvages se mêlent à des ruines légères. Rien n'égale la finesse et la variété des arabesques de l'Alhambra. Les murs, chargés de ces ornements, ressemblent à ces étoffes de l'Orient que brodent, dans l'ennui du harem, des femmes esclaves. Quelque chose de voluptueux, de religieux et de guerrier, fait le caractère de ce singulier édifice, espèce de cloître de l'amour, où sont encore retracées les aventures des Abencerages; retraites où le plaisir et la cruauté habitaient ensemble, et où le roi maure faisait souvent tomber dans le bassin de marbre la tête charmante qu'il venait de caresser. On doit bien désirer qu'un talent délicat et heureux nous peigne quelque jour ces lieux magiques.

La troisième époque du *Voyage pittoresque d'Espagne* renfermera les monuments gothiques. Ils n'ont pas la pureté de style et les proportions admirables de l'architecture grecque et toscane, mais leurs rapports avec nos mœurs leur donnent un intérêt plus touchant. Nous nous rappellerons toujours avec quel plaisir, en descendant dans l'île de Rhodes, nous trouvâmes une petite France au milieu de la Grèce :

> Procedo, et parvam Trojam, simulataque magnis
> Pergama, etc.

Nous parcourions avec un respect mêlé d'attendrissement une longue rue appelée encore la *rue des Chevaliers* : elle est bordée de palais gothiques, et les murs de ces palais sont parsemés des armoiries des grandes familles de France et de devises en gaulois. Plus loin est une petite chapelle desservie par deux pauvres religieux : elle est dédiée à saint Louis, dont on retrouve l'image dans tout l'Orient, et dont nous avons vu le lit de mort à Carthage. Les Turcs, qui ont mutilé partout les monuments de la Grèce, ont épargné ceux de la chevalerie : l'honneur chrétien a étonné la bravoure infidèle, et les Saladins ont respecté les Couci.

Eh! quand on a été assez heureux pour recevoir le jour dans le pays de Bayard et de Turenne, pourrait-on être indifférent à la moindre des circonstances qui en rappellent le souvenir? Nous nous trouvions à Bethléem, prêt à partir pour la mer Morte, lorsqu'on nous dit qu'il y avait un père français dans le couvent. Nous désirâmes le voir. On nous présenta un homme d'environ quarante-cinq ans, d'une figure tranquille et sérieuse. Ses premiers accents nous firent tressaillir, car nous n'avons jamais entendu, chez l'étranger, le son d'une voix française sans une vive émotion; nous sommes toujours prêt à nous récrier, comme Philoctète :

> Ὦ φίλτατον φώνημα φεῦ τὸ καὶ λαβῶν.
> Πρόσφθεγμα τοιοῦ δ' ἀνδρὸς ἐν χρόνῳ μακρῷ.

> Après un si long temps. . . . .
> Oh! que cette parole à mon oreille est chère!

Nous fîmes quelques questions à ce religieux. Il nous dit qu'il s'appelait le père Clément, qu'il était des environs de Mayenne; que se trouvant dans un monastère en Bretagne, il avait été déporté en Espagne avec une centaine de prêtres comme lui; qu'ayant reçu d'abord l'hospitalité dans un couvent de son ordre, ses supérieurs l'avaient ensuite envoyé missionnaire en Terre-Sainte. Nous lui demandâmes s'il n'avait point d'envie de revoir sa patrie, et s'il voulait écrire à sa famille; il nous répondit avec un sourire amer: « Qui est-ce « qui se souvient en France d'un capucin? Sais-je si j'ai encore des frères et « des sœurs? Monsieur, voici ma patrie. J'espère obtenir, par le mérite de la « crèche de mon Sauveur, la force de mourir ici sans importuner personne, « et sans songer à un pays où je suis depuis longtemps oublié. »

L'attendrissement du père Clément devint si visible à ces mots, qu'il fut obligé de se retirer. Il courut s'enfermer dans sa cellule, et ne voulut jamais reparaître : notre présence avait réveillé dans son cœur des sentiments qu'il cherchait à étouffer. En quel lieu du monde nos tempêtes n'ont-elles point jeté les enfants de saint Louis? quel désert ne les a point vus pleurant leur terre natale? Telles sont les destinées humaines : un Français gémit aujourd'hui sur la perte de son pays, aux mêmes bords dont les souvenirs inspirèrent autrefois le plus beau des cantiques sur l'amour de la patrie :

Super flumina Babylonis!

Hélas! ces fils d'Aaron, qui suspendirent leur cinnor aux saules de Babylone, ne rentrèrent pas tous dans la cité de David; ces filles de Judée, qui s'écriaient sur les bords de l'Euphrate :

O rives du Jourdain! ô champs aimés des cieux!
Sacré mont, fertiles vallées,
Du doux pays de nos aïeux
Serons-nous toujours exilées?

ces compagnes d'Esther ne revirent pas toutes Emmaüs et Béthel; plusieurs laissèrent leurs dépouilles aux champs de la captivité; et c'est ainsi que nous rencontrâmes loin de la France le tombeau de deux nouvelles Israélites :

Lyrnessi domus alta, solo Laurente sepulchrum!

Il nous était réservé de retrouver au fond de la mer Adriatique le tombeau de deux filles de rois dont nous avions entendu prononcer l'oraison funèbre dans un grenier à Londres (1). Ah! du moins la tombe qui renferme ces nobles dames aura vu une fois interrompre son silence; le bruit des pas d'un Français aura fait tressaillir deux Françaises dans leur cercueil. Les respects d'un pauvre gentilhomme, à Versailles, n'eussent été rien pour des princesses; la prière d'un chrétien, en terre étrangère, aura peut-être été agréable à des saintes.

M. de Laborde nous pardonnera ces digressions. Il est voyageur, nous le sommes comme lui; et que n'a-t-on pas à conter lorsqu'on vient du pays des Arabes!

(1) Mesdames Victoire et Adélaïde de France, tantes de Louis XVI.

A en juger par l'introduction du *Voyage pittoresque*, l'auteur nous paraît surtout éminemment fait pour peindre les siècles des Pélasges et des Alphonse, et pour mettre dans ses dessins l'expression des temps et des mœurs. Les sentiments nobles lui sont familiers; tout annonce en lui un écrivain qui a du sang dans le cœur. On peut compter sur sa constance dans ses travaux, puisqu'il ne paraît point détourné des sentiers de l'étude par les soucis de l'ambition. Il s'est souvenu des vers du poëte :

> Lieto nido, esca dolce, aura cortese,
> Bramano i cign', e non si va in Parnasso
> Con le cure mordaci.

Il nous retracera donc dignement ces hauts faits d'armes qui inspirèrent à nos troubadours la chanson de Roland; à nos sires de Joinville, leurs vieilles chroniques; à nos comtes de Champagne, leurs ballades gauloises; et au Tasse, ce poëme plein d'honneur et de chevalerie, qui semble écrit sur un bouclier : il nous dira ces jours où le courage, la foi et la loyauté étaient tout; où le déloyal et le lâche étaient obligés de s'ensevelir au fond d'un cloître, et ne comptaient plus parmi les vivants. « Il y a deux manières de sortir de la vie, dit « Shakespeare : la honte et la mort, *shame and death.* »

Enfin, dans la quatrième époque du Voyage, l'auteur donnera les vues des monuments modernes de l'Espagne : un des plus remarquables, sans doute, est l'Escurial, bâti par Philippe II, sur les montagnes désertes de la Vieille Castille. La cour vient chaque année s'établir dans ce monastère, comme pour donner à des solitaires morts au monde le spectacle de toutes les passions, et recevoir d'eux ces leçons dont les grands ne profitent jamais. C'est là que l'on voit encore la chapelle funèbre où les rois d'Espagne sont ensevelis dans des tombeaux pareils, disposés en échelons les uns au-dessus des autres; de sorte que toute cette poussière est étiquetée et rangée en ordre comme les richesses d'un muséum. Il y a des sépulcres vides pour les souverains qui ne sont point encore descendus dans ces lieux; et la reine actuelle a écrit son nom sur celui qu'elle doit occuper!

Non-seulement l'auteur nous donnera les dessins de tant d'édifices, mais comme il paraît avoir des connaissances très-variées, il ne négligera point la numismatique et les inscriptions. L'Espagne est très-riche dans ce genre, et quoique Ponce ait fait beaucoup de recherches sur ce sujet, il est loin de l'avoir épuisé. On sait d'ailleurs qu'on peut faire chaque jour, sur le monument le plus connu, des découvertes toutes nouvelles. Ainsi, par exemple, l'institut d'Égypte n'a pu lire sur la colonne de Pompée, à Alexandrie, l'inscription effacée que des sous-lieutenants anglais ont relevée depuis avec du plâtre.

Pococke en avait rapporté quelques lettres, sans prétendre les expliquer; plusieurs autres voyageurs l'avaient aperçue, et nous ne connaissons que M. Sonnini qui n'ait pu rien découvrir sur la base où elle est gravée. Pour nous, nous avons déchiffré distinctement à l'œil nu plusieurs traits, et entre autres le commencement de ce mot Διοκ, qui est décisif. Comme cette inscription d'une colonne fameuse est peu ou point connue en France, nous la rapporterons ici.

On lit :

ΤΟ.... ΩΤΑΤΟΝ, ΑΥΤΟΚΡΑΤΟΡΑ
ΤΟΝ ΠΟΛΙΟΥΧΟΝ, ΑΛΕΧΑΝΔΡΕΙΑΣ
ΔΙΟΚ. Η. ΙΑΝΟΝΤΟΝ... ΤΟΝ
ΠΟ... ΕΠΑΡΧΟΣ ΑΙΓΠΤΟΥ.

Il faut d'abord suppléer à la tête de l'inscription le mot ΠΡΟΣ; après le premier point, N. ΣΟΦ; après le second, Λ; après le troisième, Τ; au quatrième, ΑΥΓΟΥΣ; au cinquième, enfin, il faut ajouter ΛΙΩΝ. On voit qu'il n'y a ici d'arbitraire que le mot ΑΥΓΟΥΣΤΟΝ, qui est d'ailleurs peu important. Ainsi on peut lire :

ΤΟΝΣΟΦΩΤΑΤΟΝΑΥΤΟΚΡΑΤΟΡΑ
ΤΟΝΠΟΛΙΟΥΧΟΝΑΛΕΞΑΝΔΡΕΙΑΣ
ΔΙΟΚΛΗΤΙΑΝΟΝΤΟΝΑΥΓΟΥΣΤΟΝ
ΠΟΛΙΩΝΕΠΑΡΧΟΣΑΙΓΥΠΤΟΥ.

C'est-à-dire :

« Au très-sage empereur, protecteur d'Alexandrie, DIOCLÉTIEN AUGUSTE, Pol-
« lion, préfet d'Egypte. »

Ainsi, tous les doutes sur la colonne de Pompée sont éclaircis. Mais l'histoire garde-t-elle le silence sur ce sujet? Il nous semble que, dans la Vie d'un des Pères du désert, écrite en grec par un contemporain, on lit que pendant un tremblement de terre qui eut lieu à Alexandrie, toutes les colonnes tombèrent, excepté celle de Dioclétien.

Nous nous sommes fait un vrai plaisir, malgré le besoin que nous avons de repos, d'annoncer le magnifique ouvrage dont M. de Laborde publie aujourd'hui les deux premières livraisons. On peut y avoir toute confiance. Ce n'est point ici une spéculation de librairie; c'est l'entreprise d'un amateur éclairé, qui apporte à son travail les lumières suffisantes et les restes d'une grande fortune. Employer ainsi les débris de ses richesses, c'est faire un reproche bien noble à cette révolution qui en a tari les principales sources. Quand on se rappelle que les deux frères de M. de Laborde ont péri dans le voyage de M. de La Pérouse, victimes de l'ardeur de s'instruire, pourrait-on n'être pas touché de voir le dernier rejeton d'une famille amie des arts se consacrer à un genre de fatigues et d'études déjà fatal à ses frères?

Sic fratres Helenæ. . . . . .
Ventorumque regat pater
. . . .
Navis. . . . .
. . . . Finibus Atticis
Reddas incolumem, precor!

On se fait aujourd'hui une obligation de trouver des taches dans les ouvrages les plus parfaits. Pour remplir ce triste devoir de la critique, nous dirons que les planches de cette première livraison ont peut-être un peu de sécheresse; mais on doit observer que ce défaut tient à la nature même des objets représentés. Il eût été facile à l'auteur de commencer sa publication par les dessins de l'Alhambra ou de la cathédrale de Cordoue. Au-dessus de cette petite charlatanerie, il a suivi l'ordre des monuments, et cet ordre l'a forcé à donner d'abord des perspectives de villes : or, ces perspectives sont naturellement froides de style et vagues d'expression. Barcelone, privée du mouvement et du bruit, ne peut offrir qu'un amas immobile d'édifices.

D'ailleurs, on peut faire le même reproche de sécheresse aux dessins de toutes les villes. Nous avons dans ce moment même sous les yeux une vue de Jérusalem, tirée du *Voyage pittoresque de Syrie :* quel que soit le mérite des artistes, nous ne reconnaissons point là le site terrible et le caractère particulier de la Ville sainte.

Vue de la montagne des Oliviers, de l'autre côté de la vallée de Josaphat, Jérusalem présente un plan incliné sur un sol qui descend du couchant au levant. Une muraille crénelée, fortifiée par des tours et par un château gothique, enferme la ville dans son entier, laissant toutefois au dehors une partie de la montagne de Sion, qu'elle embrassait autrefois.

Dans la région du couchant, et au centre de la ville, vers le Calvaire, les maisons se serrent d'assez près; mais au levant, le long de la vallée de Cédron, on aperçoit des espaces vides, entre autres l'enceinte qui règne autour de la mosquée bâtie sur les débris du temple, et le terrain presque abandonné où s'élevait le château Antonia et le second palais d'Hérode.

Les maisons de Jérusalem sont de lourdes masses carrées fort basses, sans cheminées et sans fenêtres; elles se terminent en terrasses aplaties ou en dômes; et elles ressemblent à des prisons ou à des sépulcres. Tout serait à l'œil d'un niveau égal, si les clochers des églises, les minarets des mosquées, les cimes de quelques cyprès, et les buissons des aloès et des nopals, ne rompaient l'uniformité du plan. A la vue de ces maisons de pierres renfermées dans un paysage de pierres, on se demande si ce ne sont pas là les monuments confus d'un cimetière au milieu d'un désert.

Entrez dans la ville, rien ne vous consolera de la tristesse extérieure : vous vous égarez dans de petites rues non pavées qui montent et descendent sur un sol inégal, et vous marchez dans des flots de poussière ou parmi des cailloux roulants, des toiles jetées d'une maison à l'autre augmentent l'obscurité de ce labyrinthe; des bazars voûtés et infects achèvent d'ôter la lumière à la ville désolée; quelques chétives boutiques n'étalent aux yeux que la misère; et souvent ces boutiques mêmes sont fermées, dans la crainte du passage d'un cadi; personne dans les rues, personne aux portes de la ville; quelquefois seulement un paysan se glisse dans l'ombre, cachant sous ses habits les fruits de son labeur, dans la crainte d'être dépouillé par le soldat; dans un coin à l'écart, le boucher arabe égorge quelque bête suspendue par les pieds à un mur en ruines; à l'air hagard et féroce de cet homme, à ses bras ensanglantés, vous croiriez qu'il vient plutôt de tuer son semblable que d'immoler un agneau. Pour tout bruit dans la cité déicide, on entend par intervalle le galop de la cavale du désert; c'est le janissaire qui apporte la tête du bédouin, ou qui va piller le fellah.

Au milieu de cette désolation extraordinaire, il faut s'arrêter un moment pour contempler des choses plus extraordinaires encore. Parmi les ruines de Jérusalem, deux espèces de peuples indépendants trouvent dans leur foi de quoi surmonter tant d'horreurs et de misères. Là vivent des religieux chrétiens que rien ne peut forcer à abandonner le tombeau de Jésus-Christ, ni spoliations, ni mauvais traitements, ni menaces de la mort. Leurs cantiques retentissent nuit et jour autour du Saint-Sépulcre. Dépouillés le matin par un gouverneur turc, le soir les retrouve au pied du Calvaire, priant au lieu où Jésus-Christ souffrit pour le salut des hommes. Leur front est serein, leur bouche riante. Ils reçoivent l'étranger avec joie. Sans force et sans soldats, ils protégent des villages entiers contre l'iniquité. Pressés par le bâton et par le sabre, les femmes, les enfants, les troupeaux des campagnes se réfugient dans les cloîtres des solitaires. Qui empêche le méchant armé de poursuivre sa proie, et de renverser d'aussi faibles remparts? La charité des moines : ils se privent des dernières ressources de la vie pour racheter leurs suppliants. Turcs, Arabes, Grecs, chrétiens schismatiques, tous se jettent sous la protection de quelques pauvres religieux francs qui ne peuvent se défendre eux-mêmes : c'est ici qu'il faut reconnaître, avec Bossuet, « que des mains levées vers le ciel enfoncent plus « de bataillons que des mains armées de javelots. »

Tandis que la nouvelle Jérusalem sort ainsi *du désert, brillante de clarté*, jetez les yeux entre la montagne de Sion et le temple, voyez cet autre petit peuple qui vit séparé du reste des habitants de la cité. Objet particulier de tous les mépris, il baisse la tête sans se plaindre, il souffre toutes les avanies sans demander justice, il se laisse accabler de coups sans soupirer : on lui demande sa tête, il la présente au cimeterre. Si quelque membre de cette société proscrite vient à mourir, son compagnon va, pendant la nuit, l'enterrer furtivement dans la vallée de Josaphat, à l'ombre du temple de Salomon. Pénétrez dans la demeure de ce peuple, vous le trouverez dans une affreuse misère, faisant lire un livre mystérieux à des enfants qui le feront lire à leur tour à leurs enfants. Ce qu'il faisait il y a cinq mille ans, ce peuple le fait encore. Il a assisté six fois à la ruine de Jérusalem, et rien ne peut le décourager, rien ne peut l'empêcher de tourner ses regards vers Sion. Quand on voit les Juifs dispersés sur la terre, selon la parole de Dieu, on est surpris sans doute, mais, pour être frappé d'un étonnement surnaturel, il faut les retrouver à Jérusalem; il faut voir ces légitimes maîtres de la Judée esclaves et étrangers dans leur propre pays; il faut les voir attendant, sous toutes les oppressions, un roi qui doit les délivrer. Écrasés par la croix qui les condamne, et qui est plantée sur leurs têtes, près du temple, dont il ne reste pas pierre sur pierre, ils demeurent dans leur déplorable aveuglement. Les Perses, les Grecs, les Romains ont disparu de la terre; et un petit peuple, dont l'origine précéda celle de ces grands peuples, existe encore sans mélange dans les décombres de sa patrie. Si quelque chose, parmi les nations, porte le caractère du miracle, nous pensons qu'on doit le trouver ici. Et qu'y a-t-il de plus merveilleux, même aux yeux du philosophe, que cette rencontre de l'antique et de la nouvelle Jérusalem au pied du Calvaire : la première s'affligeant à l'aspect du sépulcre de Jésus-Christ ressuscité; la seconde se consolant auprès du seul tombeau qui n'aura rien à rendre à la fin des siècles?

SUR LES ANNALES LITTÉRAIRES,

ou

DE LA LITTÉRATURE AVANT ET APRÈS LA RESTAURATION,

OUVRAGE DE M. DUSSAULT.

Février 1819.

Lorsque la France, fatiguée de l'anarchie, chercha le repos dans le despotisme, il se forma une espèce de ligue des hommes de talent pour nous ramener par les saines doctrines littéraires aux doctrines conservatrices de la société. MM. de La Harpe, de Fontanes, de Bonald, M. l'abbé de Vauxcelles, M. Guéneau de Mussy, écrivaient dans le *Mercure;* MM. Dussault, Féletz, Fiévée, Saint-Victor, Boissonade, Geoffroy, M. l'abbé de Boulogne, combattaient dans le *Journal des Débats*. « On a vu, dit M. Dussault en parlant de cette époque « si remarquable pour les lettres, on a vu des talents du premier ordre entrer dans cette lice des écrits périodiques, pour y combattre tous les faux « systèmes. . . . . .

« Tout le système de l'opinion publique était, pour ainsi dire, à recréer. Le « mauvais sens et l'erreur avaient tout infecté en politique, en morale, en « littérature; les vrais principes en tous genres étaient méprisés, proscrits, « oubliés; tout ce qui sert de garantie et de lien à l'ordre social était brisé, et « les règles du goût, plus unies qu'on ne pense aux autres éléments conservateurs de la société, avaient subi la destinée commune. »

La littérature révolutionnaire fut foudroyée, et le goût reparut dans le style avec l'ordre dans l'État.

Buonaparte favorisait cette entreprise, quoiqu'il sût bien que presque tous ceux qui la soutenaient étaient ennemis de son gouvernement. Il disait un jour à M. de Fontanes : « Il y a deux littératures en France, la petite et la grande; « j'ai la petite, mais la grande n'est pas pour moi. » Et pourtant il laissait faire à cette grande littérature qui, de son aveu, n'était pas pour lui, mais qui recomposait les principes de la monarchie, en détruisant ceux de la révolution. Or, comme il voulait régner, peu lui importait de quelle main il recevait le pouvoir. Aujourd'hui le gouvernement a aussi pour lui la petite littérature; la grande se tait.

Il y a un monument précieux de l'état de la littérature sous Buonaparte; c'est le recueil que nous avons déjà cité plus haut. Si on écrivait aujourd'hui la plupart des articles qui composent les *Annales littéraires*, non-seulement on crierait au gothicisme, au fanatisme, à la réaction; mais il est probable que ces articles ne seraient pas admis à la censure. Quel censeur, par exemple, serait assez téméraire pour laisser passer le morceau suivant?

« Sans doute nos prudents penseurs, dit l'auteur des *Annales littéraires*, ne « doivent point prononcer sans un secret effroi le nom de Boileau. Ils doivent « craindre qu'il ne sortît de ses cendres pour les démasquer. Quelle matière en « effet le siècle dernier n'aurait-il pas offerte à sa verve satirique! Combien « n'aurait-il pas trouvé, sous les étendards de la philosophie, de mauvais écri- « vains à railler, de charlatans à dévoiler, de prétentions à confondre, d'in- « justes réputations à renverser! De quel œil aurait-il vu, de quel trait de « ridicule aurait-il marqué un rhéteur boursouflé comme Thomas, un décla- « mateur frénétique comme Diderot, un bel esprit pincé comme d'Alembert, « un rêveur de systèmes ridicules comme Helvétius, et ces auteurs de tragé- « dies à la Shakespeare, et ces faiseurs de drames aussi ennuyeux que lu- « gubres, et ces marchands de comédies à la glace, et cette foule d'intrigants « littéraires de toute espèce, qui connaissaient aussi peu l'art d'écrire qu'ils « connaissaient bien l'art de se faire des réputations; cette foule de Cottins et de « Pelletiers nouveaux, qui s'emparaient subtilement de l'admiration d'un siècle « dont ils ne méritaient que le mépris? Mais puisque la nature ne prodigue pas « les hommes tels que Boileau, et puisqu'elle ne produit pas ordinairement « deux talents de cette force dans un espace de temps si borné, qu'on se figure « seulement Voltaire, avec le rare talent qu'il avait pour se servir de l'arme « du ridicule dont il a tant abusé, tournant cette même arme, si redoutable « entre ses mains, contre ceux dont il s'était déclaré l'appui et le chef, et se « moquant d'eux en public, comme il s'en moquait quelquefois en secret. Croit- « on que tout cet édifice de réputations factices, bâties sur le sable et sur la « boue, aurait pu résister aux traits qu'il aurait su lancer? S'il avait seulement « dirigé contre la fausse et dangereuse philosophie de son siècle la moitié de « l'esprit qu'il a prodigué contre les institutions les plus utiles et les plus sa- « crées, c'en était fait de tant de beaux systèmes, de tant de brillantes renom- « mées, de toute cette sublime doctrine dont nous avons pu apprécier les effets, « après en avoir admiré si longtemps et si stupidement les théories. »

Nous le répétons, présentez aujourd'hui de pareils articles à la censure, et l'on y verra, avec une conspiration contre le roi, la destruction de la Charte, le rappel des moines, le retour à la féodalité.

Toutefois, à l'époque où l'on manifestait ces pensées, elles semblaient si naturelles à chacun, qu'elles trouvaient à peine des contradicteurs. M. de Barante, dans un ouvrage remarquable sur la *Littérature française pendant le dix-huitième siècle*, ne parle pas avec plus de respect des écrivains de cette époque. « Ce sont, dit-il, des écrivains vivant au milieu d'une société frivole, « animés de son esprit, organes de ses opinions, excitant et partageant un « enthousiasme qui s'appliquait à la fois aux choses les plus futiles et aux

« objets les plus sérieux ; jugeant de tout avec facilité, conformément à « des impressions rapides et momentanées ; s'enquérant peu des questions « qui avaient été autrefois débattues ; dédaigneux du passé et de l'érudition ; « enclins à un doute léger, qui n'était point l'indécision philosophique, mais « bien plutôt un parti pris d'avance de ne point croire ; enfin le nom de philo- « sophe ne fut jamais accordé à meilleur marché. »

Les philosophes qui avaient acquis leur nom à si bon marché méritaient bien d'être démasqués par ceux qui ont été les victimes de leurs principes. En voyant la ligue qui s'était formée contre ces premiers auteurs de nos maux, le critique à qui nous devons les *Annales* se croit sûr du triomphe. « On est désabusé, « dit-il, du charlatanisme littéraire, de la forfanterie philosophique.... Quel « singulier spectacle offrait la littérature française ! On vit jusqu'à de misérables « poëtes, qui n'avaient rien dans la tête que quelques hémistiches ; des faiseurs « de mauvaises tragédies, pleins d'orgueil et vides d'idées ; de petits auteurs « de vers galants, bouffus de suffisance, se croire des législateurs. . . . . . . « C'est un public, dit-on, qui manque à notre littérature. . . . . . Oui, sans « doute, messieurs, il manque un public à votre littérature, et ce public lui « manquera longtemps, parce qu'on est aujourd'hui pleinement désabusé de « toutes vos folles idées, de tous vos vains systèmes. »

Que l'auteur n'a-t-il dit la vérité ! Mais pouvait-il prévoir que ces doctrines, qui semblaient à jamais détruites, étaient si près de renaître ? pouvait-il deviner que ces filles illégitimes de nos malheurs reparaîtraient avec la légitimité ?

Veut-on faire un rapprochement curieux, qu'on lise les articles des *Annales littéraires*, et qu'on les compare à ceux où l'on prêche ouvertement la démocratie dans nos journaux censurés. La censure impériale, qui laissait passer les articles monarchiques, arrêtait les articles démocratiques : c'était au moins du bon sens dans le despotisme.

En parcourant les *Annales littéraires*, on peut faire encore une autre observation : on y voit partout annoncée la réimpression des auteurs du siècle de Louis XIV ; maintenant ce sont les auteurs du siècle de Louis XV qu'on réimprime : on voulait conserver, voudrait-on détruire ?

Aujourd'hui que les bonnes études s'en vont avec le reste, la publication des *Annales* est un véritable service rendu aux lettres. On trouve partout dans ce recueil, avec la tradition des saines doctrines, un jugement sûr, un goût formé à la meilleure école, un style clair, excellent surtout dans le sérieux, une verve critique, et un talent qui emprunte de la raison une naturelle éloquence. Il y a cependant dans les *Annales* un principe que nous ne pourrions complétement adopter. L'auteur pense que la critique n'étouffe que les *mauvais écrivains, qu'elle n'est redoutable qu'à la médiocrité.* Nous ne sommes pas tout à fait de cet avis.

Il était utile sans doute, au sortir du siècle de la fausse philosophie, de traiter rigoureusement des livres et des hommes qui nous ont fait tant de mal, de réduire à leur juste valeur tant de réputations usurpées, de faire descendre de leur piédestal tant d'idoles qui reçurent notre encens en attendant nos pleurs. Mais ne serait-il pas à craindre que cette sévérité continuelle de nos jugements ne nous fît contracter une habitude d'humeur dont il deviendrait malaisé de nous dépouiller ensuite? Le seul moyen d'empêcher que cette humeur prenne sur nous trop d'empire serait peut-être d'abandonner la petite et facile critique des *défauts*, pour la grande et difficile critique des *beautés*. Les anciens, nos maîtres, nous offrent en cela comme en tout, leur exemple à suivre. Aristote a consacré le XXIVe chapitre de sa *Poétique* à chercher comment on peut excuser certaines fautes d'Homère, et il trouve douze réponses, ni plus ni moins, à faire aux censeurs; naïveté charmante dans un aussi grand homme. Horace, dont le goût était si délicat, ne veut pas s'offenser de quelques taches : *Non ego paucis offendar maculis*. Quintilien trouve à louer jusque dans les écrivains qu'il condamne; et s'il blâme dans Lucain l'art du poëte, il lui reconnaît le mérite de l'orateur : *Magis oratoribus quam poetis enumerandus*.

Une censure, fût-elle excellente, manque son but si elle est trop rude. En voulant corriger l'auteur, elle le révolte, et par cela même elle le confirme dans ses défauts ou le décourage; véritable malheur, si l'auteur a du talent.

Il semble donc que l'on doit applaudir avec franchise à ce qu'il y a de bon dans un écrivain, et reprendre ce qu'il y a de mal avec ménagement et politesse. Racine, modèle de naturel et de simplicité dans son âge mûr, n'était pas exempt d'affectation et de recherche dans sa jeunesse. Boileau eût-il ramené Racine aux principes du goût, s'il n'avait fait que reprocher durement au jeune poëte les vices de son style? Mais, en même temps qu'il gourmandait l'auteur de *la Thébaïde*, il adressait ces vers à l'auteur de *Phèdre* :

> Que peut contre tes vers une ignorance vaine?
> Le Parnasse français, ennobli par ta veine,
> Contre tous ces complots saura te maintenir,
> Et soulever pour toi l'équitable avenir.
> Eh! qui, voyant un jour la douleur vertueuse
> De Phèdre, malgré soi perfide, incestueuse,
> D'un si noble travail justement étonné,
> Ne bénira d'abord le siècle fortuné
> Qui, rendu plus fameux par tes illustres veilles,
> Vit naître sous ta main ces pompeuses merveilles?

Bossuet fut, dans sa jeunesse, ainsi que nous l'avons déjà dit, un des beaux esprits de l'hôtel de Rambouillet. Si la critique, trop choquée de quelques phrases bizarres, eût harcelé un homme aussi ardent que l'évêque de Meaux, croit-on qu'elle l'eût corrigé? Non, sans doute. Mais ce génie impétueux, ne trouvant d'abord que bienveillance et admiration, se soumit comme de lui-même à cette raison qu'amènent les années. Il s'épura par degrés, et ne tarda pas à paraître dans toute sa magnificence : semblable à un fleuve qui, en s'éloignant de sa source, dépose peu à peu le limon qui troublait son eau, et devient aussi limpide vers le milieu de son cours qu'il est profond et majestueux.

Ceci n'est point une simple figure de rhétorique, c'est un fait, puisque les endroits les plus vicieux des *Sermons* de Bossuet sont devenus les morceaux les plus parfaits des *Oraisons funèbres*. Si Bossuet ne nous était connu aujourd'hui que par les *Sermons*, serions-nous assez justes pour y remarquer les traits que nous admirons dans les *Oraisons funèbres?* Le mal ne nous empêcherait-il pas de voir le bien, et ne confondrions-nous pas dans nos dégoûts les défauts et les beautés!

Une critique trop rigoureuse peut encore nuire d'une autre manière à un écrivain original. Il y a des défauts qui sont inhérents à des beautés, et qui forment, pour ainsi dire, la nature et la constitution de certains esprits. Vous obstinez-vous à faire disparaître les uns, vous détruirez les autres. Otez à La Fontaine ses incorrections, il perdra une partie de sa naïveté; rendez le style de Corneille moins familier, il deviendra moins sublime. Cela ne veut pas dire qu'il faille être incorrect et sans élégance; cela veut dire que, dans les talents du premier ordre, l'incorrection, la familiarité ou tout autre défaut, peuvent tenir, par des combinaisons inexplicables, à des qualités éminentes. «Quand je « vois, dit Montaigne, ces braves formes de s'expliquer, si vives, si profondes, « je ne dis pas que c'est bien dire, je dis que c'est bien penser.» Rubens, pressé par la critique, voulut, dans quelques-uns de ses tableaux, dessiner plus savamment: que lui arriva-t-il? Une chose remarquable: il n'atteignit pas la pureté du dessin, et il perdit l'éclat de la couleur.

Ainsi donc, indulgence ou critique circonspecte pour les *vrais* talents aussitôt qu'ils sont reconnus. Cette indulgence est d'ailleurs un faible dédommagement des chagrins semés dans la carrière des lettres. Un auteur ne jouit pas plutôt de cette renommée, objet de tous ses désirs, qu'elle lui paraît aussi vide qu'elle l'est en effet pour le bonheur de la vie. Pourrait-elle le consoler du repos qu'elle lui enlève? Parviendra-t-il même jamais à savoir si cette renommée tient à l'esprit de parti, à des circonstances particulières, ou si c'est une véritable gloire fondée sur des titres réels? Tant de méchants livres ont eu une vogue si prodigieuse! quel prix peut-on attacher à une célébrité que l'on partage souvent avec une foule d'hommes médiocres ou déshonorés? Joignez à cela les peines secrètes dont les Muses se plaisent à affliger ceux qui se vouent à leur culte, la perte des loisirs, le dérangement de la santé. Qui voudrait se charger de tant de maux pour les avantages incertains d'une réputation qu'on n'est pas sûr d'obtenir, qu'on vous contestera du moins pendant votre vie, et que la postérité ne confirmera peut-être pas après votre mort? car, quel que soit l'éclat d'un succès, il ne peut jamais vous donner la certitude de votre talent; il n'y a que la durée de ce succès qui vous révèle ce que vous êtes. Mais, autre misère: le temps, qui fait vivre l'ouvrage, tue l'auteur, et l'on meurt avant de savoir qu'on est immortel.

Si l'on croyait que nous voulons rabaisser, par ces réflexions, la gloire des lettres, on se tromperait: c'est la première de toutes les gloires. Disposer de l'opinion publique, maîtriser les esprits, remuer les âmes, étendre ce pouvoir à tous les lieux, à tous les temps, il n'y a point d'empire comparable à celui-là. On peut braver, quand on le possède, toutes les infortunes de la vie. « Épictète, dit l'épitaphe grecque, boiteux, esclave, pauvre comme Irus, était « pourtant le favori des dieux!» Mais combien compte-t-on de ces génies qui naissent rois et à qui la puissance appartient par droit de nature? Sur un nombre immense d'écrivains, si quelques-uns seulement sont favorisés du ciel, faut-il que les autres poursuivent une carrière où, inutiles à la société, ils ne rencontrent que misères, oubli, ridicules; une carrière où l'amour-propre blessé peut les rendre les plus malheureux et quelquefois les plus méchants des hommes? La chance d'un bon billet sur mille mauvais est trop désavantageuse pour la tenter:

Soyons plutôt maçon.

Il nous est arrivé d'annoncer l'avenir politique de la France avec assez de justesse; il nous est plus facile encore de prédire son avenir littéraire. L'espèce d'impuissance dont nous sommes frappés aujourd'hui par le système stérile de notre administration est un accident qui passera avec ce système; mais il restera toujours dans nos lettres l'infirmité de la vieillesse et le dépérissement de la caducité.

Ce n'est donc pas inutilement pour sa renommée, mais inutilement pour nous, que M. Dussault est venu dans ces derniers temps, avec MM. de Fontanes et de La Harpe, éclairer notre littérature; il n'a pu jeter de lumière que sur des ruines. Après le siècle d'Auguste, Quintilien donna des leçons de goût à ceux qui ne pouvaient plus en profiter; on vit aussi, sous Adrien, les arts reproduire un moment les plus beaux temps de la Grèce:

Quelquefois un peu de verdure
Rit sur la glace de nos champs.
Elle console la nature,
Mais elle sèche en peu de temps.

Nous irons nous enfonçant de plus en plus dans la barbarie. Tous les genres sont épuisés: les vers, on ne les aime plus; les chefs-d'œuvre de la scène nous ennuieront bientôt; et, comme tous les peuples dégénérés, nous finirons par préférer des pantomimes et des combats de bêtes aux spectacles immortalisés par le génie de Corneille, de Racine et de Voltaire. Nous avons vu à Athènes la hutte d'un santon sur le haut d'une corniche du temple de Jupiter Olympien; à Jérusalem, le toit d'un chevrier parmi les ruines du temple de Salomon; à Alexandrie, la tente d'un bédouin au pied de la colonne de Pompée; à Carthage, un cimetière des Maures dans les débris du palais de Didon: ainsi finissent les empires.

Nous l'avouerons: nous nous sommes arrêté, avec un plaisir qui n'était pas sans un mélange de quelque peine, aux *Annales littéraires;* nous nous sommes souvenu des temps où nous combattions nous-même en faveur de la monarchie avec les seules armes qui nous étaient alors permises, où nous cherchions à réveiller la religion dans le cœur des Français, pour leur faire jeter un regard sur le passé, pour les disposer à s'attendrir sur les cendres de leurs pères, pour leur rappeler qu'il existait encore des rejetons de ces rois sous lesquels la France avait joui de tant de bonheur et de tant de gloire. L'auteur des *Annales* annonça ces ouvrages, fruit du malheur plutôt que du talent. En relisant ce qu'il voulait bien dire de nous, en nous reportant à ces jours de jeunesse, d'amitié et d'étude, nous nous surprenons à les regretter; nous en étions alors à l'espérance.

SUR UN OUVRAGE

de

M. LE COMTE DE BOISSY-D'ANGLAS,

INTITULÉ :

ESSAI SUR LA VIE, LES ÉCRITS ET LES OPINIONS DE M. DE MALESHERBES.

Mars 1819.

L'esprit philosophique qui a dénaturé notre littérature a surtout corrompu notre histoire : prenant les mœurs pour des préjugés, il a substitué des maximes à des peintures, une raison absolue à cette raison relative qui sort de la nature des choses, et qui forme le génie des siècles.

Ce même esprit, en examinant les hommes, ne les mesure que d'après ses règles : il les juge moins d'après leurs actions que d'après leurs opinions. Il y a tels personnages auxquels il ne pardonne leurs vertus qu'en considération de leurs erreurs.

Ces réflexions ne sont point applicables à l'auteur de l'*Essai sur la vie de M. de Malesherbes*. M. le comte de Boissy-d'Anglas se connaît en courage et en sentiments généreux. Il serait pourtant à désirer qu'il eût commencé son ouvrage par un morceau moins propre à réveiller l'esprit de parti. Pourquoi tous ces détails sur les souffrances des protestants? Si c'est une instruction paternelle que l'*auteur adresse à ses enfants*, elle est trop longue; si c'est un traité historique, il est trop court. L'histoire veut surtout qu'on ne dissimule rien, et qu'une partie du tableau ne soit pas plongée dans l'ombre, tandis que l'autre reçoit exclusivement la lumière. M. le comte de Boissy-d'Anglas gémit sur les proscriptions des calvinistes et les lois cruelles dont ils furent frappés. Il n'y a pas un honnête homme qui ne partage son indignation; mais pourquoi ne dit-il pas que les protestants de Nîmes avaient égorgé deux fois les catholiques, une première fois en 1567, et une seconde fois en 1569, avant que les catholiques eussent, en 1572, massacré les protestants (1)? Il s'élève contre l'*Apologie de Louis XIV sur la révocation de l'édit de Nantes :* mais cette *Apologie* est pourtant un excellent morceau de critique historique. Si l'abbé de Caveyrac soutient que la journée de la Saint-Barthélemy fut moins sanglante qu'on ne l'a cru, c'est qu'heureusement ce fait est prouvé. Lorsque la bibliothèque du Vatican était à Paris (trésor inappréciable auquel presque personne ne songeait), j'ai fait faire des recherches; j'ai trouvé sur la journée de la Saint-Barthélemy les documents les plus précieux. Si la vérité doit se rencontrer quelque part, c'est sans doute dans des lettres écrites en chiffres aux souverains pontifes, et qui étaient condamnées à un secret éternel. Il résulte

(1) Les protestants de Nîmes avaient égorgé deux fois les catholiques, et, à la Saint-Barthélemy, les catholiques de la même ville refusèrent de massacrer les protestants. Je pourrais en dire davantage si je voulais parler du commencement de la révolution.

positivement de ces lettres que la Saint-Barthélemy ne fut point préméditée, qu'elle ne fut que la conséquence soudaine de la blessure de l'amiral, et qu'elle n'enveloppa qu'un nombre de victimes, toujours beaucoup trop grand sans doute, mais au-dessous des supputations de quelques historiens passionnés. M. le comte de Boissy-d'Anglas montre partout une sincère horreur pour les excès révolutionnaires : cependant, si son opinion était que l'on a exagéré le nombre des personnes sacrifiées, ne serait-il pas souverainement injuste de dire qu'il fait l'apologie du meurtre et du crime?

Quant aux lois qui pesaient sur les protestants en France, étaient-elles plus rigoureuses que ces fameuses *lois des découvertes* (laws of discovery) qui frappent encore aujourd'hui les catholiques en Irlande? Par ces lois, les catholiques sont entièrement désarmés. Ils sont incapables d'acquérir des terres. Si un enfant abjure la religion catholique, il hérite de tout le bien, quoiqu'il soit le plus jeune. Si le fils abjure sa religion, le père n'a aucun pouvoir sur son propre bien, mais il perçoit une pension sur ce bien, qui passe à son fils. Aucun catholique ne peut faire un bail pour plus de trente-un ans. Les prêtres qui célébreront la messe seront déportés, et s'ils reviennent, pendus. Si un catholique possède un cheval valant plus de cinq livres sterling, il sera confisqué au profit du dénonciateur.

Que conclure de ces déplorables exemples? Que partout on abuse de la force; que partout catholiques et protestants, lorsque les passions les animent, peuvent se servir des motifs les plus sacrés pour les actes les plus impies; qu'enfin la religion et la philosophie ne sont pas toujours pratiquées par des saints et par des sages.

Au reste, ne jugeons point les hommes sur ce qu'ils ont dit, mais d'après ce qu'ils ont fait : voyons M. de Malesherbes sortir de sa retraite à l'âge de soixante-douze ans, pour venir offrir à l'ancien maître dont il était presque oublié l'autorité de ses cheveux blancs et le vénérable appui de sa vieillesse. « Lorsque « la pompe et la splendeur de Versailles, dit éloquemment M. de Boissy-d'Anglas, étaient remplacées par l'obscurité de la tour du Temple, M. de Malesherbes put devenir, pour la troisième fois, le conseil de celui qui était « sans couronne et dans les fers, de celui qui ne pouvait offrir à personne que « la gloire de finir ses jours sur le même échafaud que lui. »

M. de Malesherbes écrivit au président de la Convention, pour lui proposer de défendre le roi.

« Je ne vous demande point, lui dit-il dans sa lettre, de faire part à la Convention de mon offre, car je suis bien éloigné de me croire un personnage « assez important pour qu'elle s'occupe de moi ; mais j'ai été appelé deux fois « au conseil de celui qui fut mon maître dans le temps où cette fonction était « ambitionnée de tout le monde : je lui dois le même service lorsque c'est une « fonction que bien des gens trouvent dangereuse. »

Plutarque ne nous a rien transmis d'un héroïsme plus simple. Dans les âmes faites pour la vertu, la vertu est une action naturelle qui s'accomplit sans effort, comme les autres mouvements de la vie.

Louis XVI parut à la barre de la Convention le 26 décembre. M. Desèze termina son plaidoyer par ces mots, qui sont restés dans la mémoire des hommes :

« Louis vint au-devant des désirs du peuple par des sacrifices personnels sans « nombre, et cependant c'est au nom de ce même peuple qu'on demande au- « jourd'hui... Citoyens, je n'achève pas; je m'arrête devant l'histoire. »

Ils ne se sont pas arrêtés devant l'histoire! ils l'ont bravée! Auraient-ils pressenti qu'elle leur réservait la miséricorde de Louis XVIII?

M. de Malesherbes vint à la Convention avec MM. Desèze et Tronchet, pour appuyer la demande d'un sursis, d'un appel au peuple, et pour réclamer contre la manière dont les votes avaient été comptés. Il ne put prononcer que quelques paroles entrecoupées de sanglots. Il avait sollicité le sacrifice : tout le poids du sacrifice retomba sur lui. Il fut chargé d'annoncer au roi l'arrêt fatal. Écoutons-le lui-même raconter cette scène dans la prison à M. Hue : « Je vois encore le « roi (c'est M. de Malesherbes qui parle); il avait le dos tourné vers la porte, « les coudes appuyés sur une table, et le visage couvert de sa main. Au bruit « que je fis en entrant il se leva : Depuis deux heures, me dit-il, je recherche « en ma mémoire si, durant le cours de mon règne, j'ai donné volontairement « à mes sujets quelque sujet de plainte contre moi; je vous le jure en toute « sincérité, je ne mérite de la part des Français aucun reproche. »

M. de Malesherbes tomba aux pieds de son maître, et voulut lui annoncer son sort. « Il était étouffé pas ses sanglots, dit Cléry, et il fut plusieurs moments « sans pouvoir parler. Le roi le releva, et le serra contre son sein avec affec- « tion. M. de Malesherbes lui apprit le décret de condamnation à la mort; le « roi ne fit aucun mouvement qui annonçât de la surprise ou de l'émotion : il « ne parut affecté que de la douleur de ce respectable vieillard, et chercha « même à le consoler. »

Les hommes vulgaires tombent et ne se relèvent plus sous le poids du malheur; les grands hommes, tout chargés qu'ils sont d'adversités, marchent encore : de forts soldats portent légèrement une pesante armure. Après l'accomplissement du crime, le vénérable défenseur du roi se retira à Malesherbes : les bourreaux vinrent bientôt l'y chercher. Il fut enfermé dans la prison de Port-Royal avec presque tous les siens (1). Son vertueux gendre, M. de Rosambo, périt le premier. Ensuite le plus intègre des magistrats parut lui-même devant les plus iniques des juges, avec sa fille, madame de Rosambo, sa petite-fille, madame de Chateaubriand, femme de mon frère aîné, qui eut aussi les mêmes juges et le même échafaud : qu'on me pardonne cette vanité de famille! M. de Malesherbes est qualifié dans son interrogatoire, de *défenseur officieux de celui qui a régné sous le nom de Louis XVI.* On lui demanda si quelqu'un s'était chargé de plaider sa cause; il répondit par un seul mot : « Non. » Le tribunal lui nomma d'office un défenseur, appelé Duchâteau. Ainsi, celui qui avait défendu volontairement Louis XVI ne trouva point de défenseur volontaire. Dans ces temps, où tout innocent était coupable, les avocats reculèrent devant cinquante années de vertus, comme dans les jours de justice ils refusent quelquefois de prêter leur ministère à de trop grands crimes. M. de Boissy-

(1) Madame de Rosambo et son fils, M. et madame de Chateaubriand, M. et madame de Tocqueville, M. Le Pelletier d'Aunay.

d'Anglas dit que l'épouvante avait glacé tous les cœurs : tous sans doute, excepté ceux des victimes.

L'homme de bien reçut son arrêt avec le calme le plus profond : on eût dit qu'il ne l'avait pas entendu, tant il y parut insensible; mais il s'attendrit sur ses enfants, que frappait la même sentence. Il sortit de la prison pour aller à la mort, appuyé sur sa fille, madame de Rosambo, qui était elle-même suivie de sa fille et de son gendre. Au moment où ce lugubre cortége allait franchir le guichet, madame de Rosambo aperçut mademoiselle de Sombreuil, si fameuse par sa piété filiale. « Mademoiselle, lui dit-elle, vous avez eu le bonheur « de sauver la vie à votre père : je vais avoir celui de mourir avec le mien. »

« M. de Malesherbes » (je ne saurais mieux faire que de transcrire ici un passage de l'ouvrage de M. Boissy-d'Anglas), « M. de Malesherbes avait vécu « comme Socrate, il devait mourir comme lui. Mais sa mort fut plus doulou- « reuse, puisque, avant de cesser de vivre, il eut sous les yeux l'affreux spectacle « de la mort d'une partie de sa famille, et qu'on différa son supplice pour en « augmenter la cruauté.

« Ainsi finit de servir sa patrie en même temps qu'il cessa de vivre, l'un des « hommes les plus dignes de l'estime et de la vénération de ses contemporains « et de l'avenir. On peut dire qu'il honora l'espèce humaine par ses hautes et « constantes vertus, en même temps qu'il la fit aimer par le charme de son « caractère. »

L'éloge de M. de Malesherbes ne serait pas complet, si on n'y ajoutait les paroles du Testament de Louis XVI.

« Je prie MM. de Malesherbes, Tronchet et Desèze, de recevoir ici tous mes « remercîments et l'expression de ma sensibilité, pour tous les soins et les « peines qu'ils se sont donnés pour moi. »

Pourquoi M. le comte de Boissy-d'Anglas, qui a loué si dignement M. de Malesherbes, s'efforce-t-il de nier le changement qui s'était opéré dans quelques-unes des opinions de cet homme illustre? Quelle si grande importance met-il à prouver que l'ami et le protecteur de Jean-Jacques Rousseau ne s'est jamais accusé d'avoir contribué, par ses idées, au malheur de la révolution? cet aveu rendrait-il à ses yeux l'homme moins grand, ou la révolution plus petite? pourquoi rejette-t-il les faits avancés par M. de Molleville et par M. Hue? Pourquoi veut-il balancer, par son opinion étrangère, des traditions de famille? J'ai moi-même entendu M. de Malesherbes, déplorant ses anciennes liaisons avec Condorcet, s'expliquer sur le compte de ce philosophe avec une véhémence qui m'empêche de répéter ici ses propres paroles. M. de Tocqueville, qui a épousé une autre petite-fille de M. de Malesherbes, m'a raconté que cet homme admirable, la veille de sa mort, lui dit : « Mon ami, si vous avez des enfants, « élevez-les pour en faire des chrétiens; il n'y a que cela de bon. »

Ainsi, ce fidèle serviteur avait profité de la leçon de son auguste maître. Le roi captif, en le chargeant d'aller lui chercher un prêtre non assermenté, lui avait dit : « Mon ami, la religion console tout autrement que la philosophie. »

M. de Malesherbes ne manqua pas de consolations religieuses à ses derniers moments. Il y avait quelques prêtres, condamnés comme lui, sur le tombereau qui les conduisit au lieu de l'exécution. La tolérance philanthropique avait trouvé ce moyen de donner des confesseurs aux chrétiens qu'elle envoyait au supplice.

Mettons d'accord les deux opinions : que la philosophie réclame la première partie de la vie de M. de Malesherbes; la religion se contentera de la dernière.

Quand M. le comte de Boissy-d'Anglas affirme encore que M. de Malesherbes eût approuvé la loi des élections, cela paraît un peu extraordinaire. La loi des élections n'avait que faire ici. M. de Malesherbes est mort victime des opinions démocratiques : fouiller dans son tombeau pour y découvrir un suffrage favorable à ces opinions, ce n'est peut-être pas là qu'on pouvait espérer le trouver. S'il n'était oiseux de rechercher ce qu'eût été M. de Malesherbes en supposant qu'il eût vécu jusqu'à la restauration, j'aurais sur ce point des idées bien différentes de celles de M. Boissy-d'Anglas. Il y a deux modérations : l'une est de l'impuissance, l'autre est de la force : avec la première on ne peut marcher, avec la seconde on s'arrête quand on veut : avec l'une tout fait peur, avec l'autre on est sans crainte. M. de Malesherbes possédait cette dernière et précieuse modération. Il n'aurait jamais été retenu par le cri éternel des médiocres et des pusillanimes : « Vous allez trop loin. » Il eût donc été un ardent et zélé royaliste. Il eût voté, comme son collègue M. Desèze, contre la loi des élections; les principes ministériels lui auraient paru funestes, et, rangé par cette raison dans la classe des *exclusifs*, il eût grossi la liste des destitués pour services rendus à la cause royale.

M. de Malesherbes fut un homme à part au milieu de son siècle. Ce siècle, précédé des grandeurs de Louis XIV et suivi des crimes de la révolution, disparaît comme écrasé entre ses pères et ses fils. Le règne de Louis XV est l'époque la plus misérable de notre histoire : quand on en cherche les personnages, on est réduit à fouiller les antichambres de M. le duc de Choiseul, ou les salons de madame d'Épinay et de madame Geoffrin. La société entière se décomposait : les hommes d'État devenaient des gens de lettres, les gens de lettres, des hommes d'État; les grands seigneurs, des banquiers; et les fermiers généraux, de grands seigneurs. Les modes étaient aussi ridicules que les arts étaient de mauvais goût; et l'on peignait des bergères en paniers dans les salons où les colonels brodaient au tambour. Et comme pourtant ce peuple français ne peut jamais être tout à fait obscur, il gagnait encore la bataille de Fontenoy; pour empêcher la prescription contre la gloire; et Montesquieu, Voltaire, Buffon et Rousseau écrivaient pour maintenir nos droits au génie.

Notre célébrité se réfugia particulièrement dans les lettres; mais il en résulta un autre mal. Les auteurs pullulèrent; on devint fameux avec un gros dictionnaire ou avec un quatrain dans l'*Almanach des Muses ;* Dorat et Diderot eurent leur culte. Les poëtes chantaient le temps des *cinq maîtresses*, et détruisaient les mœurs; les philosophes bâtissaient l'*Encyclopédie* et démolissaient la France.

Toutefois, des figures respectables se montraient dans les arrière-plans du tableau. Elles appartenaient presque toutes à l'ancienne magistrature. Quelques-unes de nos familles de robe retraçaient, par la naïveté de leurs mœurs, ces temps où Henri III, venant visiter le président de Thou, s'asseyait, faute de chaise, sur un coffre. M. de Malesherbes conservait la science, la probité, la bonhomie et la bonne humeur des anciens jours. On raconte mille traits de sa distraction et de sa simplicité. Il riait souvent : son visage était aussi gai que sa conscience était sereine. Au premier abord, on aurait pu le prendre pour un homme commun; mais on découvrait bientôt en lui une haute distinction : la vertu porte écrite sur son front la noblesse de sa race. Ce qui prouve le charme et la supériorité de M. de Malesherbes, c'est qu'il conserva ses amis dans les jours de ses succès. Or, le plus grand effort de l'amitié n'est pas de partager nos infortunes, c'est de nous pardonner nos prospérités. Si M. de Malesherbes ne fit que passer dans les affaires, c'est qu'on ne parvient point au pouvoir avec une réputation faite, ou que du moins on n'y reste pas longtemps. Il n'y a que la médiocrité ou le mérite inconnu qui puisse monter et rester aux premières places.

Deux mots échappés à M. de Malesherbes peignent admirablement sa magnanimité. Lorsque le roi fut conduit à la Convention, M. de Malesherbes ne lui parlait qu'en l'appelant *Sire* et *Votre Majesté*. Treilhard l'entendit, et s'écria furieux : « Qui vous rend si hardi de prononcer ici ces mots que la Convention « a proscrits? » — « Mon mépris pour vous et pour la vie, répondit M. de Malesherbes. »

Le roi demandait un jour à son vieil ami comment il pouvait récompenser MM. Desèze et Tronchet. « J'ai songé à leur faire un legs, disait l'infortuné « monarque; mais le paierait-on? — Il est payé, sire, répondit M. de Ma- « lesherbes; vous les avez choisis pour défenseurs. »

Dans ma jeunesse, j'avais formé le projet de découvrir par terre, au nord de l'Amérique septentrionale, le passage qui établit la communication entre le détroit de Behring et les mers du Groënland. M. de Malesherbes, confident de ce projet, l'adoptait avec toute la chaleur de son caractère. Je me souviens encore de nos longues dissertations géographiques. Que de choses il me recommandait! que de plantes je devais lui rapporter pour son jardin de Malesherbes! Je n'ai pas eu le bonheur de l'orner, ce jardin, où l'on voyait

> Un vieillard tout semblable au vieillard de Virgile,
> Homme égalant les rois, homme approchant des dieux,
> Et, comme ces derniers, satisfait et tranquille.

Mais les beaux cèdres que ce vieillard a plantés, et qui ont grandi comme sa renommée, sont aujourd'hui religieusement cultivés par mon neveu, son filleul et son arrière-petit-fils. C'est avec un plaisir mêlé d'un juste orgueil que je trouve ainsi mon nom uni, dans la retraite d'un sage, au nom de M. de Malesherbes. Si, comme ce nom immortel, le mien ne représente pas la gloire, comme ce même nom, du moins, il rappellera la fidélité.

PANORAMA DE JÉRUSALEM.

Avril 1819.

M. Prévost a pris la vue de Jérusalem du haut du couvent de Saint-Sauveur. On découvre de ce point la ville entière et le cercle presque complet de l'horizon. Cet horizon embrasse, à l'orient et au midi, le chemin de Bethléem, les montagnes d'Arabie, un coin de la mer Morte et la montagne des Oliviers, au nord et à l'ouest, les montagnes de Sichem ou de Naplouse; le chemin de Damas, et les montagnes de la Judée sur la route de Jaffa.

Tous ces lieux, ainsi que les plus petits détails de Jérusalem, sont décrits dans l'*Itinéraire*, et peuvent servir d'explication au Panorama. Qu'il me soit permis seulement de rappeler le tableau de la ville, en priant le lecteur d'observer deux choses :

1° Mon point de vue, pris de la montagne des Oliviers, est conséquemment tout juste à l'opposé du point de vue de M. Prévost : dans le Panorama, la montagne des Oliviers est en face; dans ma description, c'est Jérusalem qu'on a devant soi.

2° Je me trouvais en Judée au mois d'octobre ; le soleil était ardent, les cieux *étaient devenus d'airain*; les montagnes étaient arides, sèches et brûlées. M. Prévost a vu Jérusalem en hiver, par un temps pluvieux et sombre; ce qui convient également à la tristesse du site et des souvenirs. A ces petites différences près, les deux tableaux ont l'air d'avoir été calqués l'un sur l'autre. Voyez donc la description extraite de l'*Itinéraire*.

Telle est aujourd'hui Jérusalem, et telle la représente le Panorama. Compagnon naturel de tous les voyageurs, m'associant en pensée à leurs périls et à leurs travaux, j'admire trop les arts, j'aime trop les muses pour ne pas me faire un devoir de recommander à la France les talents qui la peuvent honorer. Soyons reconnaissants envers l'homme courageux qui a immolé à son art sa santé, son repos et sa fortune. Ce n'est encore là que le moindre des sacrifices de M. Prévost : il a eu le malheur de perdre son neveu. Ce jeune peintre, de la plus belle espérance, vrai martyr des arts, est mort à la vue de la Grèce, et son corps a été abandonné aux flots de cette mer qui baigne la patrie d'Apelles. Ainsi toutes les peines sont pour les voyageurs, tous les plaisirs pour nous qui profitons du voyage : nous allons au bout de la terre sans quitter notre patrie. Après tout, c'est toujours là qu'il en faut revenir; et, quand on a vu toutes les villes du monde, on trouve encore que celles de son pays sont les plus belles : c'était l'opinion de Montaigne.

« Je responds, dit-il, ordinairement à ceux qui me demandent raison de « mes voyages : Je sais bien ce que je fuis, mais non pas ce que je cherche. « Si on me dit que, parmy les estrangers, il y peut avoir aussi peu de santé, « et que leurs mœurs ne sont pas mieux nettes que les nostres, je responds « que c'est tousjours gain de changer un mauvais estat à un estat incertain,

« et que les maux d'autruy ne nous doivent pas poindre comme les nostres. Je « ne veux pas oublier cecy : que je ne me mutine jamais tant contre la France « que je ne regarde Paris de bon œil : elle a mon cœur dès mon enfance, et « m'en est advenu comme des choses excellentes. Plus j'ay veu depuis d'autres « villes belles, plus la beauté de cette cy peut en gaigne sur mon affection. Je « l'ayme tendrement, jusques à ses verrues et à ses taches. Je ne suis Français « que par cette grande cité, grande en peuples, grande en félicité de son assiette, « mais surtout grande et incomparable en varieté et diversité de commodités, « la gloire de la France et l'un des plus nobles ornements du monde. Dieu en « chasse loin nos divisions ! »

SUR LE VOYAGE AU LEVANT,

DE M. LE COMTE DE FORBIN.

Mai 1819.

M. le comte de Forbin, dans son *Voyage au Levant*, réunit le double mérite du peintre et de l'écrivain : l'*Ut pictura poesis* semble avoir été dit pour lui. Nous pouvons affirmer que, dessinés ou écrits, ses tableaux joignent la fidélité à l'élégance. Nous avons vu quelques lieux qu'il n'a point visités, comme Sparte, Rhodes et Carthage; mais il a parcouru à son tour des ruines qui ont échappé à nos observations, telles que celles de Césarée, d'Ascalon et de Thèbes. A cela près notre course, quasi la même, a été accomplie dans le même espace de temps. Plus heureux que nous seulement, M. le comte de Forbin avait un pinceau pour peindre, et nous, nous n'avions qu'un crayon : un roi légitime lui a donné de grands vaisseaux pour le transporter en haute mer; et nous, nous possédions à peine la petite barque d'Horace pour raser la terre, *biremis præsidio scaphæ*. Nous sommes forcé d'envier au voyageur jusqu'au château dont il s'est défait pour subvenir aux frais de la route : quant à nous, on avait eu soin de ne nous laisser à vendre que nos coquilles de pèlerin.

M. le comte de Forbin s'embarqua à Toulon le 22 août 1817, sur la division navale composée de la frégate *la Cléopâtre*, de la corvette *l'Espérance*, des gabares *la Surveillante* et *l'Active*. Il avait pour compagnons de voyage : M. l'abbé de Janson, missionnaire; M. Huyot, architecte; M. Prévost, auteur de beaux panoramas; et l'infortuné M. Cochereau, peintre, et neveu de M. Prévost. La flotte se trouva le jour de la Saint-Louis à la vue de la côte de Tunis. « M. l'abbé « de Janson célébra la messe sur le gaillard d'arrière. Vingt-un coups de « canon et des cris de *vive le Roi!* saluèrent le rivage où saint Louis rendit à « Dieu sa grande âme. Ce noble souvenir frappa tout l'équipage. Quel rapprochement en effet ; quel spectacle que celui de ce désert qui fut jadis témoin « du deuil des lis, et qui conserve aujourd'hui les ruines de Carthage (1)! »

(1) *Voyage dans le Levant*, page 5.

Otez la religion de ce beau tableau, que restera-t-il? Quelques ruines muettes, et la poussière d'un roi.

Le 30 août, près la côte de Cérigo, mourut le jeune Cochereau, qui *avait entrepris le voyage plein de joie et d'ardeur* (1). Dans les projets de la vie on oublie trop facilement cet accident de la mort, qui abrége tous les projets. C'est pourquoi les hommes ont raisonnablement fixé la patrie au lieu de la naissance, et non pas à celui de la mort, toujours incertain :

Lyrnessi domus alta, solo Laurente sepulcrum.

Les voyageurs débarquent à Milo, où M. Huyot eut le malheur de se casser la jambe. M. le comte de Forbin, demeuré seul avec M. Prévost, se hâte d'aller visiter Athènes.

Il faut lire la description d'Athènes dans le Voyage. M. le comte de Forbin peint avec une expression heureuse ces ouvrages de Périclès, que nous avons nous-même tant admirés. « Chacun d'iceux, dit Plutarque, dès lors qu'il fut « parfait, sentoit déjà son antique, quant à la beauté; et neanmoins, quant à « la grâce et vigueur, il semble jusques aujourd'hui qu'il vienne tout fraische- « ment d'estre fait et parfait, tant il y a ne sais quoi de florissante nouveauté, « qui empesche que l'injure du temps n'en empire la vue, comme si chacun « desdits ouvrages avoit au dedans un esprit toujours rajeunissant, et une « ame non jamais vieillissante, qui les entretinst en cette vigueur. »

Le voyageur rencontra à Athènes notre ancien hôte, M. Fauvel, si digne de faire les honneurs de la Grèce. Nous voyons aussi que l'archevêque d'Athènes allait marier son neveu à la sœur de l'agent de France de Zéa. Cet agent est apparemment le fils de ce pauvre M. Pengali qui se mourait de la pierre lorsque nous passâmes dans son île, et qui n'en mariait pas moins une des quatre demoiselles Pengali, lesquelles chantaient en grec : *Ah! vous dirai-je, maman*, pour nous adoucir les regrets de la patrie. Le fils de M. Pengali nous a écrit depuis la restauration; il nous avait connu persécuté par Buonaparte pour notre attachement à la famille des Bourbons; il se figurait que nous devions être tout-puissant sous le roi. Nous nous sommes bien donné de garde de solliciter la faveur qu'il demandait auprès des ministres de Sa Majesté : nous aurions craint de faire destituer le pauvre vice-consul, pour nous avoir jadis reçu, par la volonté des dieux, dans la maison de Simonide.

M. le comte de Forbin nous apprend encore, au sujet d'Athènes, que le docteur Avramiotti a écrit en grec une brochure contre nous. Est-ce qu'il y a des ministériels à Athènes? S'ils sont pour Périclès, nous passons de leur côté; mais s'ils sont pour Hyperbolus ou pour Critias, nous restons dans l'opposition. Nous ignorons ce que nous avons fait au docteur Avramiotti : nous le citons dans l'*Itinéraire* avec toute sorte de considération. Se serait-il fâché parce que nous avons dit qu'il semblait un peu fatigué de notre visite? Cela pourtant était tout simple : nous devions être très-ennuyeux. Nous sommes donc aujourd'hui la fable et la risée d'Argos? Nous tâcherons de nous en consoler, en songeant que

(1) *Voyage dans le Levant*, pag. 6.

depuis le temps de Clytemnestre on a tenu bien de mauvais propos dans cette ville.

Le voyageur se rembarque, et poursuit sa course vers le Bosphore. Il voit en passant le cap Sunium, où nous nous arrêtâmes, prêt à quitter la Grèce. Arrivé à Constantinople, il se rend chez l'ambassadeur de France. « Les nobles qua- « lités de M. de Rivière m'étaient connues, dit-il; mais je découvris en lui « chaque jour de plus hautes vertus sous les formes les plus franches et les « plus aimables. » Nous n'eûmes point le bonheur de rencontrer M. de Rivière à Constantinople; mais nous y fûmes reçu par M. le général Sébastiani avec une hospitalité que nous nous sommes plu à reconnaître, et que le changement des temps ne peut ni ne doit nous faire oublier.

Nous avons beaucoup de descriptions de Constantinople : il y en a peu qu'on puisse comparer, pour l'originalité et la parfaite ressemblance, à celle que l'on trouve dans le *Nouveau voyage du Levant;* nous ne pouvons résister au plaisir de la transcrire :

« J'ai vu dans cette ville singulière, dit le voyageur, des palais d'une admi- « rable élégance, des fontaines enchantées, des rues sales et étroites, des ba- « raques hideuses et des arbres superbes. J'ai visité Sandalbezestan, Culchi- « larbezestan où se vendent les fourrures. Partout le Turc me coudoyait, le « Juif se prosternait devant moi, le Grec me souriait, l'Arménien voulait me « tromper, les chiens me poursuivaient, et les tourterelles venaient avec con- « fiance se poser sur mon épaule; partout enfin on dansait et on mourait au- « tour de nous. J'ai entrevu les mosquées les plus célèbres, leurs parvis, leurs « portiques de marbre soutenus par des forêts de colonnes, et rafraîchis par « des eaux jaillissantes. Quelques monuments mystérieux, restes de la ville de « Constantin, noircis, rougis par les incendies, sont cachés dans des maisons « peintes, bariolées et souvent à demi brûlées. Les figures, les costumes, les « usages, offrent partout le spectacle le plus pittoresque, le plus varié. C'est « Tyr, c'est Bagdad, c'est le grand marché de l'Orient (1). »

De Constantinople, M. le comte de Forbin descend à Smyrne, où il retrouve M. Huyot chez les pères de la Mission, « à qui, dit le voyageur, cet artiste « doit incontestablement la vie. » On passe de Smyrne aux ruines d'Éphèse, dont la description est un des plus beaux morceaux du *Voyage.*

« Je parvins, dit M. de Forbin, avec assez de difficulté, par une journée « brûlante, jusqu'à la vaste enceinte du temple de Diane. L'ensemble paraît « être de la grandeur du Louvre et des Tuileries, en y comprenant le jardin. « . . . . A la vue de ces constructions gigantesques, il est « aisé de concevoir les dépenses qu'elles coûtèrent à tous les peuples de la Grèce « et de l'Asie. On rencontre, derrière le temple de Diane, un monument cir- « culaire orné de colonnes; un autre, de forme carrée, et au milieu un empla- « cement dont le pavé était de marbre. Un édifice assis sur des souterrains est « entièrement tombé. Ces ruines composent un grand monticule entouré de « plusieurs autres, tous formés des débris portant la merveilleuse empreinte

(1) *Voyage dans le Levant*, pag. 44.

« du goût exquis des Grecs à l'époque brillante de leur puissance, de leurs « succès dans tous les genres.

« Quel sujet d'émotions plus profondes que celui de cette grande destruction! « Quelle terrible et singulière leçon que cette promenade d'une lieue où l'on « marche sans cesse sur des décombres, où des matériaux d'une admirable ri- « chesse couvrent des plaines, des montagnes, des vallées, n'offrant d'asile « qu'aux loups et à de nombreux sangliers! La porte de la Persécution est un « monument en marbre, construit des arrachements et des restes d'édifices « postérieurs; elle me rappela les monuments romains. . . . .
« . . . . Le dernier tremblement de terre a renversé cette porte, « qui était si bien conservée lorsque je la dessinai. On marche pendant un « quart de lieue sur un terrain couvert d'un épouvantable chaos de pierres et « de marbres amoncelés, empilés : frises, frontons, architraves, métopes, sta- « tues, tout ce qui charmait autrefois les yeux par sa régularité et sa perfec- « tion, les effraie aujourd'hui par la confusion de ses débris.

« Je suivis un aqueduc qui réunit dans les montagnes les eaux des sources « les plus abondantes : il les amène encore, mais personne ne va s'y désaltérer. « Cette rivière, portée sur des murs élevés, rencontre enfin une brèche chargée « de vignes sauvages : elle tombe alors en cascade, et sa nappe limpide se « brise sur le dôme des ruines et des bains turcs.

« Les siècles les plus reculés et les âges de barbarie ont écrit leurs annales « dans ce lieu des regrets, des hautes réflexions, où tout parle si noblement de « la mort. . . . .

« L'aspect général d'Éphèse me rappelait celui des marais Pontins. A l'heure « où le soleil descendait dans la mer, l'harmonie des lignes, la vapeur chaude « des lointains, le voile de cette heure mystérieuse, formaient un ensemble « touchant et mélancolique, supérieur aux plus beaux paysages de Claude « Lorrain. Peut-être un jour, me disais-je, un homme des Florides viendra- « t-il visiter ainsi les ruines de ma patrie, et, comme dans Éphèse, quelques « noms seuls demeureront debout au milieu de la poussière des marbres et de « la cendre du cèdre et de l'airain. Je me rappellerai longtemps l'impression « douce et triste de cette soirée : les échos, cachés dans des conduits profonds, « répétaient alors les moindres bruits; le frémissement du vent dans les « bruyères ressemblait à des clameurs souterraines; l'imagination croyait en- « tendre les derniers sons de l'hymne des prêtres de Diane, ou les chants des « premiers chrétiens autour de l'apôtre d'Épèse (1). »

D'Éphèse on arrive à Saint-Jean-d'Acre; on suit le voyageur à Césarée, à Jaffa, à Jérusalem, à la mer Morte, au Jourdain; on revient avec lui à Jaffa; on l'accompagne avec le plus vif intérêt à Ascalon, et dans le désert qu'il traverse pour se rendre à Damiette; on remonte le Nil avec lui jusqu'au Caire, de là jusqu'à Thèbes, où se termine sa course comme arrêtée par des monceaux de ruines. L'Égypte ressemble à ses colosses : renversée dans le sable, l'œil du voyageur, qui n'aurait pu l'embrasser tandis qu'elle était debout, en mesure

(1) *Voyage dans le Levant*, pag. 60 et suiv

avec étonnement les proportions gigantesques et les énormes débris. On remarque un contraste singulier dans les monuments égyptiens : immenses en dehors, en dedans leurs dimensions sont resserrées. Dans ce vaste tombeau qui semble écraser la terre, dans cette haute pyramide qu'on aperçoit à quinze lieues de distance, on ne peut entrer qu'en se courbant. Tandis que sa masse indestructible annonce extérieurement la grandeur et l'immortalité du génie, sa capacité intérieure offre à peine la place d'un petit cercueil : ainsi ce tombeau semble faire le partage exact des deux natures de l'homme.

C'est avec un charme particulier qu'en parcourant les tableaux de M. le comte de Forbin nous reconnaissons dans ses personnages nos anciens hôtes, ces vertueux Pères de Terre-Sainte, encore plus malheureux aujourd'hui qu'ils ne l'étaient lorsqu'ils nous reçurent dans toute la charité évangélique. Nous avons revu, non sans attendrissement, le nom du père Clément Perez et celui du bon père Munoz au cœur *limpide e bianco* : nous nous sommes réjoui en apprenant que M. Drovetti occupe une place auprès du pacha d'Égypte ; mais puisqu'il devait adopter une patrie étrangère, nous aurions mieux aimé que celle qu'il a si honorablement servie l'eût reconnu pour son enfant. Homère était bien heureux. Lui donnait-on l'hospitalité, il mettait le nom de son hôte dans ses ouvrages, et voilà *son* hôte immortel : nous autres obscurs voyageurs nous ne pouvons payer les soins qu'on a pris de nous que par une stérile reconnaissance.

Nous sommes obligé d'abréger les citations de l'ouvrage de M. le comte de Forbin, parce qu'il faudrait trop citer ; mais nous recommandons particulièrement aux lecteurs les descriptions d'Ascalon et de Césarée, de ces deux villes encore debout, mais sans habitants, telles que le prophète nous représente Jérusalem assise dans la solitude, ou le port de Tyr battu par une mer sans vaisseaux. On verra avec plaisir la touchante histoire d'Ismaïl et de Maryam. Parmi les dessins il faut remarquer celui de la mosquée d'El-Haram, et une vue de Jérusalem prise de la vallée de Josaphat. En véritable peintre, M. le comte de Forbin a saisi le moment d'un orage, et c'est à la lueur de la foudre qu'il nous montre la cité des miracles. Il nous pardonnera de rappeler quelques lignes de l'*Itinéraire*, qui nous serviront à décrire son tableau : « L'aspect « de la vallée de Josaphat est désolé : le côté occidental est une falaise de « craie qui soutient les murs gothiques de la ville, au-dessus desquels on « aperçoit Jérusalem : le côté oriental est formé par la montagne des Oliviers « et par la montagne du Scandale. . . . . Les pierres « du cimetière des Juifs se montrent comme un amas de débris au pied de la « montagne. . . . . A la tristesse de Jérusalem, dont il ne s'élève « aucune fumée, dont il ne sort aucun bruit ; à la solitude des montagnes, où « l'on n'aperçoit pas un être vivant ; au désordre de toutes ces tombes fracas« sées, brisées, demi-ouvertes, on dirait que la trompette du jugement s'est « déjà fait entendre, et que les morts vont se lever dans la vallée de Josaphat. »

On ne saurait trop louer le voyageur d'avoir porté dans la Terre-Sainte des sentiments graves : avec un esprit de doute et de moquerie il n'aurait rien vu, et il aurait tout défiguré. Nous admirons le grand *Voyage d'Égypte* ; nous rendons hommage aux gens de lettres et aux artistes qui l'ont exécuté ; mais nous souffrons quand nous voyons commenter les livres de Moïse avec une assurance qui fait de la peine, pour peu qu'on ait quelque connaissance des langues originales. Expliquer la colonne de nuée et de feu qui conduisait les Hébreux dans le désert, *par un réchaud cylindrique dans lequel on entretient un feu vif et brillant, en y brûlant des morceaux très-secs de sapin*, n'est-ce pas une imagination un peu trop philosophique? L'auteur a-t-il trouvé l'histoire de ce réchaud dans quelque antique manuscrit arraché au tombeau d'Osymandué? Non : il s'appuie de l'autorité du XXIVe numéro d'un journal intitule *le Courrier de l'Égypte*, imprimé au Caire où Buonaparte avait établi la liberté de la presse pour les Arabes. On nous permettra de nous en tenir à la version du Pentateuque. Le texte ne dit point du tout un *réchaud*, mais une *nuée*: nous ne voulons pas citer de l'hébreu. Les Septante et la Vulgate traduisent exactement.

Heureusement il s'en faut beaucoup que tous les Mémoires du magnifique *Voyage d'Égypte* soient écrits dans le même esprit, témoin ce passage où M. Rozière, ingénieur en chef au corps royal des mines, parle de l'expédition de saint Louis. « Alors, dit-il, la religion sincère, la foi chrétienne touchante et « sublime dans les grandes âmes, la brillante chevalerie ignorante et naïve, « craignant le blâme plus que la mort, pleines de nobles sentiments et d'illu- « sions magnanimes, guidaient loin de leur pays les enfants de la France. » Voilà qui est beau, très-beau. Quand on aspire à l'immortalité, c'est une grande avance que d'être chrétien.

L'ouvrage de M. le comte de Forbin achèvera de prouver qu'on peut faire aujourd'hui promptement et facilement ce qui demandait autrefois beaucoup de temps et de fatigues. Un voyageur qui noliserait un vaisseau à Marseille, et qui partirait par les grands vents de l'équinoxe du printemps, pourrait jeter l'ancre à Jaffa le vingtième jour après son départ, et peut-être même plus tôt; le vingt et unième il serait à Jérusalem; mettons huit jours pour voir les lieux saints, le Jourdain et la mer Morte, six semaines ou deux mois pour le retour, ce voyageur serait donc revenu dans sa famille avant qu'on eût eu le temps de s'apercevoir de son absence. Qui n'a trois mois à sa disposition? Il ne serait pas plus long de se rendre chaque année à Athènes, à Thèbes, à Jérusalem, que d'aller passer l'été de châteaux en châteaux aux environs de Paris : on se délasserait des jardins anglais dans le potager d'Alcinoüs.

Les Français peuvent tirer un autre profit de leurs voyages ; ils peuvent se convaincre, en parcourant le monde, qu'il n'y a rien de plus beau et de plus illustre que leur patrie. Ils ne sauraient faire un pas dans l'Orient sans retrouver partout les immortels souvenirs de leur race, depuis ces chevaliers qui régnèrent à Constantinople, à Sparte, à Antioche, à Ptolémaïs, qui combattirent à Ascalon et à Carthage, jusqu'à ces quarante mille voyageurs armés qui vainquirent aux Pyramides, et battirent des mains aux ruines de Thèbes. Cette armée dont l'Arabe du désert raconte encore les hauts faits, vengea les chevaliers de la Massoure; mais elle ne releva point à Jérusalem les deux sentinelles françaises qui gardent si fidèlement le Saint-Sépulcre : Godefroy de Bouillon et Beaudoin son frère.

M. le comte de Forbin se montre partout bon Français, et il doit quelques-unes de ses plus belles pages aux inspirations puisées dans l'amour de son pays. Le poëte de Smyrne promet des succès à ceux qui combattaient περὶ πάτρης, pour la patrie.

DE QUELQUES OUVRAGES

HISTORIQUES ET LITTÉRAIRES.

Octobre 1819.

L'excellent ouvrage de critique de M. Dussault (*Annales littéraires*) nous fournit l'année dernière l'occasion de rappeler une partie de la gloire de la France, trop oubliée de nos jours. Du milieu des agitations politiques, nous allons encore cette année jeter un regard sur le paisible monde des Muses, que nous regrettons de ne plus habiter. Cependant, pour goûter le repos des lettres, deux choses sont nécessaires : se compter pour rien et les autres pour tout, être sans prévention et sans envie. Alors on jouit de son propre travail comme d'une occupation qui remplit la vie sans la troubler : l'admiration que l'on n'a pas pour soi, on la garde entière pour les autres ; on s'enchante d'un beau livre dont on n'est pas l'auteur ; on a le plaisir du succès sans en avoir eu la peine. Y a-t-il une jouissance plus pure que d'environner les talents des hommages qu'ils méritent, que de les signaler, de les faire sortir de la foule, et de forcer l'opinion publique à leur rendre la justice qu'elle leur refuse peut-être?

Examinons quelques-uns des ouvrages nouvellement publiés, et que l'amour des lettres nous console un moment des haines politiques.

Les premières annales des peuples ont été écrites en vers. Les Muses se chargent de raconter les mœurs des nations, tant que ces mœurs sont héroïques et innocentes ; mais lorsque les vices et la politique surviennent, ces filles du ciel abandonnent le récit de nos erreurs au langage des hommes. Les ouvrages historiques se multiplient de nos jours, et force nous est de les produire, car l'histoire se plaît dans les révolutions : il lui faut des malheurs pour juger sainement les choses ; quand les empires sont debout, sa vue ne peut atteindre leur hauteur ; elle n'apprécie l'étendue du monument que lorsqu'elle en peut mesurer les ruines.

L'*Histoire du Béarn* mérite de fixer l'attention des lecteurs ; elle renferme dans un excellent volume tout ce que Froissart, Clément, de Marca, Auger-Gaillard, Chapuis, de Vic et dom Vaissette nous ont appris sur les devanciers et sur la patrie de Henri IV. Ce petit modèle de goût et de clarté n'a pas la majesté historique, mais il a tout le charme des Mémoires : c'est un ouvrage posthume de M. de Baure. L'historien dont les travaux sont destinés à ne paraître qu'après sa mort doit inspirer de la confiance. Quel intérêt aurait-il à se porter en faux témoin au tribunal de la postérité? Voué en secret à l'histoire comme à un sacerdoce redoutable, il n'attend de son vivant aucune récompense. Retranché, pour ainsi dire, derrière sa tombe, il s'y défend contre les passions des hommes et déjà semble habiter ces régions incorruptibles où tout est vérité en présence de l'éternelle Vérité.

L'ouvrage solide et important connu sous le nom d'*Histoire de Venise*, fait grand honneur au beau-frère de M. de Baure. En voyant les monuments et les mœurs de l'Italie, on est tenté de croire que des peuples dont le passé est si sérieux, et le présent si riant, ont été formés par la philosophie d'Horace. D'une part silence et ruines, de l'autre chants et fêtes. Cela ne rappelle-t-il pas ces passages du poëte de Tibur : « Hâtons-nous de jouir..... Le temps fuit.... Il faudra quitter cette terre..... » *Carpe diem.......* *Fugaces labuntur anni....* *Linquenda tellus....* et toutes ces maximes qui cherchent à donner au plaisir la gravité de la vertu?

L'*Histoire de Venise* n'est peut-être pas sans quelques défauts, mais ces défauts tiennent plus à l'esprit du siècle qu'au bon esprit de l'auteur. On s'imagine aujourd'hui que l'impartialité historique consiste dans l'absence de toute doctrine, que l'historien doit rester impassible entre le vice et la vertu, le juste et l'injuste, la raison et l'erreur, le droit et le fait : c'est remonter à l'enfance de l'art, et réduire l'histoire à une table chronologique.

L'esprit moderne croit encore que certains faits religieux sont au-dessous de la dignité de l'histoire : et pourtant l'histoire, sans religion, ne peut avoir aucune dignité. Il ne s'agit pas de savoir si réellement Attila fut éloigné de Rome par l'intervention divine, mais si les chroniques du temps ont attesté le miracle. Le bras du Tout-Puissant arrêtant le ravageur du monde au pied de ce Capitole que ne défendent plus les Manlius et les Camille; le fléau de Dieu reculant devant le prêtre de Dieu, n'est point un tableau qui déroge à la dignité de l'histoire. Ce sont là les mœurs; il les faut peindre : et, si vous ne les peignez pas, vous êtes infidèle. Toute l'antiquité a publié qu'une puissance surnaturelle dispersa les Gaulois aux portes du temple de Delphes. Thucydide, Xénophon, Tite-Live, Tacite, n'ont jamais manqué de raconter les prodiges que les dieux font pour la vertu, ou dont ils épouvantent le crime : l'histoire a cru, comme la conscience de Néron, qu'un bruit de trompettes sortait du tombeau d'Agrippine.

Nous hasardons ces réflexions plutôt comme des doutes que comme des critiques. Nous cherchons à nous éclairer; nous ne saurions mieux nous adresser pour obtenir les lumières qui nous manquent, qu'à l'auteur dont l'ouvrage nous occupe dans ce moment. Quelques autres observations nous resteraient à faire; nous les supprimons, dans la crainte d'être soupçonné par M. le comte Daru de n'avoir point oublié l'*Examen du Génie du Christianisme*. Nous ne nous en souvenons néanmoins que pour remercier l'aristarque de la justesse de ses critiques et de l'indulgence de ses éloges.

Plus heureux ou plus malheureux que M. Daru, M. Royau a consacré ses études à sa patrie. Quand il raconte l'honneur, la fidélité, le dévouement de nos aïeux pour leurs souverains légitimes, on voit qu'il a trouvé dans son cœur les antiques documents de son histoire (1). Cette loyauté de l'auteur répand un grand intérêt sur l'ouvrage, et il tire de son amour pour nos rois l'énergie que Tacite puisait dans sa haine pour les tyrans. Au reste, s'il fut jamais moment propre à écrire notre histoire, c'est celui où nous vivons. Placés entre deux empires, dont l'un finit et dont l'autre commence, nous pouvons, avec un fruit égal, porter nos yeux dans le passé et dans l'avenir. Il reste encore assez de monuments de la monarchie qui tombe pour la bien connaître, tandis que les monuments de la monarchie qui s'élève nous offrent, au milieu des ruines, le spectacle d'un nouvel univers. Plus tard, les traditions seront effacées; un peuple récent foulera, sans les connaître, les tombes des vieux Français; les témoins des anciennes mœurs auront disparu, et les débris même de l'empire de saint Louis, emportés par les flots du temps, ne serviront plus à marquer le lieu du naufrage.

M. Petitot s'est chargé de recueillir une partie de ces débris précieux. Il veut nous donner la collection complète des *Mémoires relatifs à l'Histoire de France*, depuis le siècle de Philippe-Auguste jusqu'au commencement du dix-septième siècle. Cette collection avait déjà été entreprise. Commencée sur un mauvais plan, conduite avec peu de savoir, de critique et de soin, elle est en tout très-inférieure à celle que M. Petitot publie aujourd'hui. Les deux derniers volumes de cette première collection parurent sous le règne de Buonaparte, et sont dédiés au prince Murat.

Toutefois, il eût été désirable que le nouvel éditeur eût travaillé sur un plan plus vaste. Pourquoi ne se serait-il pas attaché à continuer, avec les autres savants qui s'en occupent, le *Recueil des Historiens* de dom Bouquet? Les Mémoires, et surtout les très-anciens Mémoires, ne s'éloignent guère des histoires générales du même temps. Nous avouons que nous sentons peu la différence qui existe entre les Chroniques de Saint-Denys, celles de Flandre et de Normandie, entre les Chroniques de Froissart et de Monstrelet, et les Mémoires de Villehardouin et de Joinville. Il nous semble donc qu'au lieu de faire deux classes des Histoires et des Mémoires, on devrait les réunir; c'est même le plan que l'on a suivi jusqu'ici pour les trois races dans le grand Recueil de dom Bouquet. En effet l'Histoire de Grégoire de Tours n'est pas autre chose que des Mémoires, puisqu'on y trouve mêlées les propres aventures de l'auteur et une foule d'anecdotes étrangères à l'histoire générale. Les Gestes de Dagobert, la Vie de Charlemagne par Eginhard, celle de Louis le Débonnaire par l'anonyme *dit* l'Astronome, la Vie de Robert par Helgaud, de Conrad II par Vippon, de Philippe-Auguste par Riggord, sont autant de Mémoires particuliers. A commencer à l'époque des Mémoires français, c'est-à-dire à l'époque où Villehardouin écrivait, on aurait pu donner tour à tour un volume des chroniqueurs latins, des Mémoires français en prose, des Vies ou Chroniques en *carmes* ou vers. C'eût été encore rentrer dans le plan de dom Bouquet. Son Recueil contient des extraits des grandes et petites Chroniques de Saint-Denys, des fragments des Chroniques de Normandie, des vers en latin du moyen âge et en

(1) *Histoire de France, depuis Pharamond jusqu'à la vingt-cinquième année du règne de Louis XVIII.*

vieil allemand, tout aussi barbares que nos poëmes français historiques. Ces poëmes sont, il est vrai, difficiles à dévorer; mais on y trouve bien des choses, et ils servent à éclairer des points obscurs de notre histoire. Par exemple, sans un poëme sur le combat des Trente, conservé à la Bibliothèque du Roi, nous ignorerions si les champions de ce fameux combat étaient *tous* à cheval, ou si les chevaliers bretons ne durent la victoire qu'à l'avantage qu'obtint Montauban, en combattant *seul* monté sur un coursier. Cela n'était guère probable : quand il s'agit d'honneur, on peut s'en fier aux Bretons. Mais enfin le fait était resté sans preuve. Un vers du poëme lève toutes les difficultés :

Et d'un côté et d'autre tous à cheval seront (1).

La Bretagne vient d'ériger un monument à la mémoire de ses Trente Héros. On peut toujours dire des Bretons modernes combattant pour leur roi ce qu'on disait de leurs ancêtres : *On n'a pas fait plus vaillamment depuis le combat des Trente.*

M. Petitot aurait été plus capable qu'un autre d'enrichir un grand travail de savantes préfaces à la manière des Baluze et des Bignon sur les lois des Francs et sur les capitulaires; des Pithou, des Duchesne, des dom Bouquet, des Valois, des Mabillon sur nos historiens; des de Laurière, des Secousse, des Vilevault, des Brequigny et des Pastoret sur les ordonnances de nos rois.

Les nouveaux volumes publiés par M. Petitot achèvent l'histoire de du Guesclin, et contiennent les charmants Mémoires de Boucicaut. *Christine de Pisan*, qui avait précédé ces derniers Mémoires, est à la fois sèche et diffuse. L'éditeur a préféré les *Anciens Mémoires de du Guesclin*, écrits par Le Febvre, à tous les autres. Il a peut-être eu raison, en ce sens qu'ils sont les plus complets; mais ils sont pour ainsi dire modernes, et ils n'ont pas la naïveté de l'*Histoire de messire Bertrand du Guesclin, escrite en prose à la requeste de Jean d'Estourville, et mise en lumière par Claude Mesnard*. C'est là qu'on voit, dit Mesnard, *une âme forte, nourrie dans le fer, et pétrie sous des palmes.*

Cette histoire de du Guesclin nous fait souvenir qu'en bon Breton nous avons plusieurs fois été tenté d'écrire la vie du bon connétable. Notre dessein de travailler sur l'Histoire générale de France nous a fait abandonner cette idée. Ensuite l'histoire vivante est venue nous arracher à l'histoire morte. Comment s'occuper du passé quand on n'a pas de présent?

SUITE.

Décembre 1819.

Après avoir traité de l'histoire, il conviendrait de parler des sciences; mais nous manquons de ce courage, si commun aujourd'hui, de raisonner sur des

(1) Nous possédons une copie de ce poëme. M. de Penhouet doit l'avoir publié dans un ouvrage sur les antiquités de la Bretagne.

choses que nous n'entendons pas. Dans la crainte de *prendre le Pirée pour un homme*, nous nous abstiendrons. Néanmoins nous ne pouvons résister à l'envie de dire un mot d'un ouvrage de science que nous avons sous les yeux. Il est intitulé *de l'Auscultation médiate.* Au moyen d'un tube appliqué aux parties extérieures du corps, notre savant compatriote breton, le docteur Laënnec, est parvenu à reconnaître, par la nature du bruit de la respiration, la nature des affections du cœur et de la poitrine. Cette belle et grande découverte fera époque dans l'histoire de l'art. Si l'on pouvait inventer une machine pour entendre ce qui se passe dans la conscience des hommes, cela serait bien utile dans le temps où nous vivons. « C'est dans son génie que le médecin doit trouver les re- « mèdes, » a dit un autre médecin dans ses ingénieuses *Maximes*; et l'ouvrage du docteur Laënnec prouve la justesse de cette observation. Nous pensons aussi comme l'*Ecclésiastique*, « que toute médecine vient de Dieu, et qu'un bon ami « est la médecine du cœur. » Mais retournons aux choses de notre compétence.

M. de Bonald et M. l'abbé de La Mennais nous ont donné, dans le cours de cette année, le premier, des *Mélanges philosophiques, politiques et littéraires*; le second, des *Réflexions sur l'état de l'Église de France.* Nommer ces deux hommes supérieurs, c'est en faire l'éloge. Les royalistes, qui les comptent avec orgueil dans leurs rangs, les présentent à leurs amis et à leurs ennemis. Ils prouvent l'un et l'autre que les vrais talents sont presque toujours du côté de la vertu, et que la probité est une partie essentielle du génie.

On publie dans ce moment une édition complète des œuvres de madame de Staël. Le temps où l'auteur de *Corinne* sera jugé avec impartialité n'est pas encore venu. Pour nous, que le talent séduit, et qui ne faisons point la guerre aux tombeaux, nous nous plaisons à reconnaître dans madame de Staël une femme d'un esprit rare : malgré les défauts de sa manière, elle ajoutera un nom de plus à la liste de ces noms qui ne doivent point mourir. Quand on a connu la fille de M. Necker, et toutes les agitations dont elle remplissait sa vie, combien on est frappé de la vanité des choses humaines! que de mouvement, pour tomber dans un repos sans fin! que de bruit pour arriver à l'éternel silence! Madame de Staël rechercha peut-être un peu trop le succès, qu'elle était faite pour obtenir sans se donner tant de peines. Fi de la célébrité, s'il faut courir après elle! Le bonhomme La Fontaine traita la gloire comme il conseille de traiter la fortune; il l'attendit en dormant, et la trouva le matin assise à sa porte.

Pour rendre madame de Staël plus heureuse et ses ouvrages plus parfaits, il eût suffi de lui ôter un talent. Moins brillante dans la conversation, elle eût moins aimé le monde, qui fait payer cher le plaisir qu'il donne, et elle eût ignoré les petites passions de ce monde. Ses écrits n'auraient point été entachés de cette politique de parti, qui rend cruel le caractère le plus généreux, faux le jugement le plus sain, aveugle l'esprit le plus clairvoyant, de cette politique qui donne de l'aigreur aux sentiments et de l'amertume au style, qui dénature le talent, substitue l'irritation de l'amour-propre à la chaleur de l'âme, et remplace les inspirations du génie par les boutades de l'humeur.

Ce n'est pas sans un sentiment pénible que nous retrouvons cette politique dans un dernier ouvrage de M. Ballanche. Cet ouvrage, qui n'est qu'un simple dialogue entre un vieillard et un jeune homme, a quelque chose, dans le style et dans les idées, de calme, de doux et de triste. Le début rappelle celui de la *République* ou plutôt des *Lois* de Platon. Que l'auteur d'*Antigone* s'abandonne désormais à ses penchants naturels; qu'il apprécie mieux les trésors qu'il possède, et qu'il répande dans ses écrits la sérénité, la candeur, la tranquilité de l'âme : *O fortunatos..... sua si bona norint!* Qu'il nous laisse à nous, tristes enfants des orages, le soin d'agiter ces questions d'où sortent à peine quelques vérités arides, vérités qui souvent ne valent pas les agréables mensonges de ces romans dont nous allons parler.

ROMANS.

Les peuples commencent par la poésie, et finissent par les romans : la fiction marque l'enfance et la vieillesse de la société. De tous les habitants de l'Europe, les Français, par leur esprit et leur caractère, se prêtent le moins aux peintures fantastiques. Nos mœurs, qui conviennent aux scènes de la comédie, sont peu propres aux intrigues du roman, tandis que les mœurs anglaises, qui se plient à l'art du roman, sont rebelles au génie de la comédie : la France a produit Molière, l'Angleterre, Richardson. Faut-il nous plaindre ou nous féliciter de ne pouvoir offrir des personnages au romancier, et des modèles à l'artiste? Trop naturels pour les premiers, nous le sommes trop peu pour les seconds. Il n'y a guère que la mauvaise société dont on ait pu supporter le tableau dans les romans français: *Manon Lescot* en est la preuve. Madame de La Fayette, Le Sage, J.-J. Rousseau, Bernardin de Saint-Pierre, ont été obligés, pour réussir, d'établir leurs théâtres, et de prendre leurs personnages hors de leurs temps ou de leur pays.

Il est possible que l'influence de la révolution change quelque chose à ces vérités générales. Nous remarquons, en effet, que la société nouvelle, à mesure qu'elle présente moins de sujets à la comédie, fournit plus de matériaux au roman : ainsi la Grèce passa des jeux de Ménandre aux fictions d'Héliodore.

Ces changements s'expliquent : lorsque la société bien organisée atteint le dernier degré du goût, et le plus haut point de la civilisation, les vices, obligés de se cacher, forment avec les convenances du monde un contraste dont la comédie saisit le côté risible; mais lorsque la société se déprave, que de grands malheurs la font rétrograder vers la barbarie, les vices qui se montrent à découvert cessent d'être ridicules en devenant affreux : la comédie, qui ne peut plus les couvrir de son masque, les abandonne au roman pour les exposer dans leur nudité; car, chose singulière! les romans se plaisent aux peintures tragiques : tant l'homme est sérieux, même dans ses fictions!

Les romans du jour sont donc, en général, d'un intérêt supérieur à celui de nos anciens romans. Des aventures qui ont cessé d'être renfermées dans les boudoirs, des personnages que ne défigurent point les modes du siècle de Louis XV, captivent l'esprit par l'illusion de la vraisemblance. Les passions aussi sont devenues plus vraies à mesure que les mœurs, quoique moins bonnes, sont devenues plus naturelles : c'est ce que l'on sentira à la lecture du *Jean Sbogar* de M. Ch. Nodier, ou de l'épisode du beau *Voyage* de M. de Forbin, ou *des Mémoires d'un Espagnol* ou du *Pétrarque* de madame de Genlis.

Nous avons eu occasion d'examiner autrefois quelle a été l'influence du christianisme dans les lettres, et comment il a modifié nos pensées et nos sentiments. Presque toutes les fictions des auteurs modernes ont pour base une passion née des combats de la religion contre un penchant irrésistible. Dans *Lionel*, par exemple, cette espèce d'amour, inconnu à l'antiquité païenne, vient remplir la solitude où l'honneur a placé un Français fidèle à son roi. Cet ouvrage, qui se fait remarquer par les qualités et les défauts d'un jeune homme, promet un écrivain de talent. Nous louerions davantage le modeste anonyme, si des critiques n'avaient cru devoir avancer qu'il s'est formé à ce qu'ils veulent bien appeler notre école. Nous ne pensons pas que la chose soit vraie; mais, en tous cas, nous inviterions l'auteur de *Lionel* à choisir un meilleur modèle : nous sommes en tout un mauvais guide; et quand on veut parvenir, il faut éviter la route que nous avons suivie.

VOYAGES.

Enfin nous entrons dans notre élément; nous arrivons aux voyages : *parlons-en tout à notre aise!* Ce n'est pas sans un sentiment de regret et presque d'envie que nous avons lu le récit de la dernière expédition des Anglais au pôle arctique. Nous avions voulu jadis découvrir nous-même, au nord de l'Amérique, les mers vues par Heyne, et depuis par Mackenzie. La narration du capitaine Ross nous a donc rappelé les rêves et les projets de notre jeunesse. Si nous avions été libre, nous aurions sollicité une place sur les vaisseaux qui ont recommencé le voyage cette année : nous hivernerions maintenant dans une terre inconnue, ou bien quelque baleine aurait fait justice de nos prophéties et de nos courses. Sommes-nous plus en sûreté ici? Qu'importe d'être écrasé sous les débris d'une montagne de glace, ou sous les ruines de la monarchie?

Une chose touchante dans le journal du dernier voyage à la baie de Baffin est la précaution prise de rappeler les chasseurs anglais, quand les Esquimaux de la tribu nouvellement découverte venaient visiter les vaisseaux. Ces Sauvages, isolés du reste du monde, ignoraient la guerre, et le capitaine Ross ne voulait pas leur donner la première idée du meurtre et de la destruction. Au reste, ce sont de grands penseurs, que ces Esquimaux; ils tiennent pour certain que nos esprits s'en vont dans la lune; c'est aussi l'opinion du chantre de Roland. A voir ce qui se passe aujourd'hui en France, le philosophe Otouniah et le sage Arioste pourraient bien avoir raison.

Laissons ces régions désolées pour suivre notre illustre ami, M. le baron de Humboldt, dans les belles forêts de la Nouvelle-Grenade. Le *Voyage aux régions équinoxiales du nouveau continent, fait en* 1799-1804, est un des plus importants ouvrages qui aient paru depuis longues années. Le savoir de M. le baron de Humboldt est prodigieux; mais ce qu'il y a peut-être de plus étonnant encore, c'est le talent avec lequel l'auteur écrit dans une langue qui n'est pas sa langue maternelle. Il a peint avec une vérité frappante les scènes de la nature américaine. On croit voguer avec lui sur les fleuves, se perdre avec lui dans la profondeur de ces bois qui n'ont d'autres limites que les rivages de l'Océan et la chaîne des Cordilières; il vous fait voir les grands déserts dans tous les accidents de la lumière et de l'ombre, et toujours ses descriptions, se rattachant à un ordre de choses plus élevé, ramènent quelque souvenir de l'homme, ou des réflexions sur la vie : c'est le secret de Virgile.

> Optima quæque dies miseris mortalibus ævi
> Prima fugit.

Pour louer dignement ce *Voyage*, le meilleur moyen serait d'en transcrire les passages; mais l'ouvrage est si célèbre, la réputation de l'auteur est si universelle, que toute citation devient inutile. M. le baron de Humboldt, bien que protestant de religion, et professant en politique ces sentiments d'une liberté sage que tout homme généreux trouve au fond de son cœur; M. de Humboldt, disons-nous, n'en rend pas moins hommage aux missionnaires qui se consacrent à l'instruction des Sauvages. Il juge avec la même équité les mœurs de ces mêmes Sauvages; il les représente telles qu'elles sont, sans dissimuler ce qu'elles peuvent avoir d'innocent et d'heureux, mais sans faire aussi de la hutte d'un Indien la demeure préférée de la vertu et du bonheur. A l'exemple de Tacite, de Montaigne et de Jean-Jacques Rousseau, il ne loue point les Barbares pour *satiriser* l'état social. Le discours de Jean-Jacques Rousseau sur l'*Origine de l'Inégalité des conditions*, n'est que la paraphrase éloquente du chapitre de Montaigne sur *les Cannibales*. « Trois d'entre eux, dit-il, (trois Iroquois), ignorant combien coustera un jour à leur repos et à leur bonheur la connoissance « des corruptions de deçà, et que de ce commerce naistra leur ruine. . . . . . « furent à Rouen, du temps que le feu roy Charles neuviesme y estoit : le roy « parla à eux longtemps; on leur fit voir nostre façon, nostre pompe, la forme « d'une belle ville : aprez cela quelqu'un en demanda leur advis, et voulut « sçavoir d'eulx ce qu'ils y avoient trouvé de plus admirable; ils respondirent « trois choses, dont j'ay perdu la troisiesme, et suis bien marry; mais j'en ay « encores deux en mémoire. Ils dirent. . . . . . qu'ils avoient apperceu qu'il « y avoit parmy nous des hommes pleins et gorgez de toutes sortes de commo- « ditez, et que leurs moitiez estoient mendiants à leurs portes, descharnez de « faim et de pauvreté, et trouvoient estrange comme ces moitiez ici necessiteuses pouvoient souffrir une telle injustice, qu'ils ne prinssent les aultres à « la gorge, ou missent le feu à leurs maisons. Je parlay à l'un d'eulx fort long- « temps. . . . . . Sur ce que je lui demanday quel fruict il recevoit de la su- « périorité qu'il avoit parmy les siens, car c'estoit un capitaine, et nos matelots

« le nommoient roy? il me dict que c'estoit marcher le premier à la guerre : « de combien d'hommes il estoit suivi? il me montra un espace de lieu, pour « signifier que c'estoit autant qu'il en pourroit en une telle espace, ce pouvoit « estre quatre ou cinq mille hommes : si hors la guerre toute son autorité es- « toit expirée? il dict qu'il luy en restoit cela, que, quand il visitoit les villages « qui despendoient de luy, on luy dressoit des sentiers au travers des hayes de « leurs bois, par où il peust passer bien à l'ayse. Tout cela ne va pas trop mal: « mais quoy! ils ne portent point de hault de chausses. »

Voilà bien Montaigne et ses tours imprévus, imités depuis par La Bruyère. Ce qui choquait donc le malin seigneur gascon et l'éloquent sophiste de Genève était ce mélange odieux de rangs et de fortune, de jouissances extraordinaires et de privations excessives, qui forme en Europe ce qu'on appelle la société.

Mais il arrive un temps où les hommes, trop multipliés, ne peuvent plus vivre de leurs chasses; il faut alors avoir recours à la culture. La culture entraîne des lois, les lois, des abus. Serait-il raisonnable de dire qu'il ne faut point de lois, parce qu'il y a des abus? Serait-il sensé de supposer que Dieu a rendu l'état social le pire de tous, lorsque cet état paraît être l'état le plus commun chez les hommes?

Que si ces lois qui nous courbent vers la terre, qui obligent l'un à sacrifier à l'autre, qui font des pauvres et des riches, qui donnent tout à celui-ci, ravissent tout à celui-là; que si ces lois semblent dégrader l'homme en lui enlevant l'indépendance naturelle, c'est par cela même que nous l'emportons sur les Sauvages. Les maux, dans la société, sont la source des vertus. Parmi nous la générosité, la pitié céleste, l'amour véritable, le courage dans l'adversité, toutes ces choses divines sont nées de nos misères. Pouvez-vous ne pas admirer le fils qui nourrit de son travail sa mère indigente et infirme? Le prêtre charitable qui va chercher, pour la secourir, l'humanité souffrante, dans les lieux où elle se cache, est-il un objet de mépris? L'homme qui, pendant de longues années, a lutté noblement contre le malheur, est-il moins magnanime que le prisonnier sauvage dont tout le courage consiste à supporter des souffrances de quelques heures? Si les vertus sont des émanations du Tout-Puissant, si elles sont nécessairement plus nombreuses dans l'ordre social que dans l'ordre naturel, l'état de société, qui nous rapproche le plus de la Divinité, est donc un état plus sublime que celui de nature.

M. de Humboldt a été guidé par le sentiment de ces vérités lorsqu'il a parlé des peuples sauvages : la sage économie de ses jugements et la pompe de ses descriptions décèlent un maître qui domine également toutes les parties de son sujet et de son style.

Ici nous terminerons cet article : nous avons payé notre tribut annuel aux Muses. Aux époques les plus orageuses de la révolution, les lettres étaient moins abandonnées qu'elles ne le sont aujourd'hui. Sous l'oppression du Directoire, et même pendant le règne de la Terreur, le goût des beaux-arts se montra avec une vivacité singulière. C'est que l'espérance renaissait de l'excès des maux : notre présent était sans joie, mais nous comptions sur un meilleur avenir; nous nous disions que notre vieillesse *ne serait pas privée de la lyre.*

Nec turpem senectam
Degere me cithara carentem.

Derrière la révolution, on voyait alors la monarchie légitime, derrière la monarchie légitime, on voit aujourd'hui la révolution. Nous allions vers le bien, nous marchons vers le mal. Et quel moyen de s'occuper de ce qui peut embellir l'existence, au milieu d'une société qui se dissout? Chacun se prépare aux événements; chacun songe à sauver du naufrage sa fortune ou sa vie; chacun examine les titres qu'il peut avoir à la proscription, en raison de son plus ou moins de fidélité à la cause royale. Dans cette position, la littérature semble puérilité : on demande de la politique, parce qu'on cherche à connaître ses destinées; on court entendre, non un professeur expliquant en chaire Horace et Virgile, mais M. de Labourdonnaye défendant à la tribune les intérêts publics, faisant de chacun de ses discours un combat contre l'ennemi, et marquant son éloquence de la virilité de son caractère.

SUR

L'HISTOIRE DES DUCS DE BOURGOGNE,

DE M. DE BARANTE.

Décembre 1822.

L'histoire de France est aujourd'hui l'objet de tous les travaux littéraires. Nous avons dernièrement encore parlé de la *Collection des Mémoires relatifs à l'Histoire de France, depuis l'origine de la monarchie française jusqu'au treizième siècle*, siècle où commence la collection de M. Petitot. L'infatigable président Cousin avait entrepris pour les historiens de l'empire d'Occident ce qu'il avait fait pour les principaux auteurs de l'histoire Byzantine. Sa traduction (dont les deux premiers volumes imprimés contiennent Éginhard, Thégan l'astronome, Nitard, Luitprand, Witikind, et les Annales de Saint-Bertin) était à peu près complète : ses manuscrits existent; ils pourraient être d'un grand secours et épargner beaucoup de travail à M. Guizot. Les grandes Chroniques de Saint-Denys, publiées successivement dans le Recueil de dom Bouquet, ne sont aussi, pour les premiers siècles de la monarchie, que des traductions des auteurs latins antérieurs à l'établissement de ces Chroniques.

D'un autre côté, M. Buchon a commencé une *Collection des Chroniques écrites en langue vulgaire du treizième au seizième siècle;* ouvrage différent de celui de M. Petitot, qui ne publie que les *Mémoires*. Il a débuté par une édition de Froissart, aidé dans ses propres recherches par les recherches de M. Dacier : c'est de tout point un important et consciencieux travail.

Enfin, la grande collection de dom Bouquet se continue : on remarque pourtant avec peine qu'elle a marché moins rapidement depuis la restauration que sous Buonaparte. Quelques savants bénédictins, pendant l'usurpation, ne paraissaient survivre à leur société et à la monarchie que pour rendre les derniers honneurs à l'une, en achevant d'exhumer l'autre. Quand ces hommes de Clovis et de Charlemagne, que les siècles passés semblent avoir oubliés sur la terre, auront rejoint leurs générations contemporaines, qui parlera la double langue du traité de Strasbourg?

Il nous arrive ce qui est arrivé à tous les peuples : nous nous portons avec un sentiment de regret et de curiosité religieuse à l'étude de nos institutions primitives, par la raison même qu'elles n'existent plus. Il y a dans les ruines quelque chose qui charme notre faiblesse, et désarme, en la satisfaisant, la malignité du cœur humain. Aujourd'hui nous connaissons mieux qu'autrefois la vieille monarchie : lorsqu'elle était debout, notre œil embrassait mal ses vastes dimensions; les grands hommes et les grands empires sont comme les colosses de l'Égypte, on ne les mesure bien que lorsqu'ils sont tombés.

Parmi les ouvrages historiques du moment, il faut surtout distinguer celui de M. de Barante.

Rien d'abord de plus heureusement choisi que le sujet.

Toute histoire qui embrasse un trop grand espace de temps manque d'unité et épuise les forces de l'historien. L'*Histoire des ducs de Bourgogne de la maison de Valois* n'a pas ce défaut capital : elle est resserrée tout entière entre deux batailles célèbres, la bataille de Poitiers, où combattit et fut blessé, auprès de son père, Philippe le Hardi, premier duc de Bourgogne de la maison de Valois; et la bataille de Nancy, où fut tué Charles le Téméraire, dernier duc de cette race. A la fois biographie et histoire générale, elle aurait pu être écrite par Plutarque et par Tacite. Elle commence et elle finit comme un poëme épique, s'égarant, sans se perdre, dans une multitude d'aventures qui tiennent du merveilleux. Elle embrasse nos guerres civiles et étrangères depuis le roi Jean jusqu'à Louis XI; elle amène tour à tour sur la scène Charles V et du Guesclin, Édouard III et le Prince Noir, Charles VI et Isabeau de Bavière, Henri V et ses frères, Charles VII, Agnès Sorel, la Pucelle d'Orléans, Richemont, Talbot, La Hire, Xaintrailles et Dunois; elle passe à travers les ravages des Compagnies et les horreurs de la Jacquerie, à travers les insurrections populaires, les massacres et les assassinats produits par les rivalités des maisons de Bourgogne et d'Orléans. Et tout à coup cette terrible histoire de quelques cadets de la Maison de France vient expirer aux pieds de ce personnage unique dans nos annales, de ce Louis XI, qui faisait décapiter le connétable et emprisonner les pies et les geais instruits à dire, par les bourgeois de Paris : « *Larron, va dehors; va, Perrette* (1), » tyran justicier, méprisé et aimé du peuple pour ses mœurs basses et sa haine des nobles; opérant de grandes choses avec de petites gens; transformant ses valets en hérauts d'armes, ses barbiers en ministres, le grand-prévôt en *compère,* et deux bourreaux, dont l'un était gai et l'autre triste, en *compagnons;* regagnant par son esprit ce qu'il perdait par

(1) Moquerie de la sortie de Louis XI de Paris, et du traité de Péronne. Voilà comme nous aurions été pour les ministres s'ils étaient parvenus à nous ôter la liberté de la presse; nous aurions eu la ressource des perroquets.

son caractère; réparant comme roi les fautes qui lui échappaient comme homme; brave chevalier à vingt ans et pusillanime vieillard; mourant entouré de gibets, de cages de fer, de chausse-trappes, de broches, de chaînes appelées *les fillettes du roi*, d'ermites, d'empiriques, d'astrologues, après avoir créé l'administration française, rendu permanents les offices de judicature, agrandi le royaume par sa politique et ses armes, et vu descendre au tombeau ses rivaux et ses ennemis, Édouard d'Angleterre, Galéas de Milan, Jean d'Aragon, le duc de Bourgogne, et jusqu'à la jeune héritière de ce duc : tant il y avait quelque chose de fatal attaché à la personne d'un prince qui, par *gentille industrie*, dit Brantôme, empoisonna son frère, le duc de Guyenne, *lorsqu'il y pensoit le moins*, priant la Vierge, *sa bonne dame, sa petite maîtresse, sa grande amie*, de lui obtenir son pardon!

Quand Charles le Téméraire et Louis XI disparaissent, l'Europe féodale tombe avec eux : Constantinople est pris; les lettres renaissent dans l'Occident; l'imprimerie est inventée, l'Amérique, découverte; la grandeur de la Maison d'Autriche commence par le mariage de l'héritière du duc de Bourgogne avec Maximilien; Léon X, François Ier, Charles-Quint, sont à peu de distance; Luther, avec la réformation religieuse et politique, est à la porte; et l'histoire des ducs de la Bourgogne, en finissant, vous laisse au bord d'un nouvel univers.

Par un égal bonheur, les sources d'où découle l'histoire des ducs de Bourgogne sont abondantes. Nous avons, pour les cinq règnes compris entre la mort de Philippe de Valois et l'avénement de Charles VIII à la couronne, à peu près cent quatre-vingts manuscrits et cent quarante-trois mémoires et chroniques imprimés. Il faut ajouter à cela la collection des auteurs bourguignons et celle des auteurs anglais depuis Édouard III jusqu'à Édouard V, sans parler des documents du Trésor des Chartes et des Actes de Rymer. Au commencement et à la fin de ces histoires, on trouve Froissart et Philippe de Comines, l'Hérodote et le Thucydide de nos âges gothiques.

Les vignettes des manuscrits donnent l'idée la plus nette des usages du temps. On y voit des batailles, des cérémonies publiques, des prestations de foi et hommage, des intérieurs de maison et de palais, des vaisseaux, des chevaux, des armures, des vêtements de toutes les formes et de toutes les classes de la société.

M. de Barante s'est servi de ces matériaux en architecte habile. Il a ramené le goût pur de l'histoire et la simplicité de la bonne école. Point de déclamations, point de prétentions à la sentence; rien de plus attachant et à la fois de plus grave que son récit. Il peint les mœurs sans avertir qu'il les peint ou qu'il va les peindre.

Lorsqu'on a vu naître parmi nous l'histoire prétendue philosophique, les auteurs nous ont dit : « Jusqu'à présent on n'a fait que l'histoire des rois, nous « allons tracer celle des peuples. Nous nous attacherons surtout à faire con« naître les mœurs, etc. »

Et puis ils ont cru s'élever au-dessus de leurs devanciers, en terminant leurs périodes par quelques lieux communs contre les crimes et les tyrans, et en nous disant à la fin de chaque règne comment en ce temps-là les habits étaient faits, quelle était la coiffure des femmes et la chaussure des hommes, comment on allait à la chasse, ce que l'on servait dans les repas, etc.

Les mœurs et les usages ne se mettent point à part dans le coin d'une histoire, comme on expose des robes et des ornements dans un vestiaire, ou de vieilles armures dans les cabinets des curieux ; ils doivent se montrer avec les personnages, et donner la couleur du siècle au tableau. Hérodote nous apprend les détails de la vie privée des peuples de sa patrie, digne aujourd'hui de son antique gloire, lorsqu'il nous représente les trois cents Spartiates, avant le combat des Thermopyles, se livrant aux exercices gymniques et peignant leurs cheveux, ou les Grecs assistant aux jeux olympiques après le même combat, et recevant, pour prix de la course, une couronne de cet olivier que l'on appelait l'olivier aux belles couronnes : ἐλαία καλλιστέφανος.

Nous connaissons toute la vie d'un vieux Romain, lorsque les députés du sénat, allant annoncer la dictature à Cincinnatus, le trouvent dans son champ de quatre arpents, conduisant la charrue ou creusant un fossé. Ils le saluent, offrent aux dieux des vœux pour sa prospérité et pour celle de la république, et le prient de prendre sa toge pour entendre ce que lui demande le sénat. Cincinnatus, étonné, s'enquiert s'il est arrivé quelque malheur, essuie la poussière et la sueur de son front, et envoie sa femme Racilia chercher sa toge dans sa cabane : *Togam propere e tugurio proferre uxorem Raciliam jubet*, dit Tite-Live.

Nous revoyons dans Tacite les dictateurs, mais les dictateurs perpétuels. Ils n'habitent plus le *tugurium*, mais le *palatium*; et, quand ils descendent jusqu'à la *villa*, c'est pour s'y livrer à la débauche, ou pour y méditer des forfaits. Le sénat ne leur donne plus le pouvoir suprême pour prix de leurs vertus, mais pour récompense de leurs crimes : *Cuncta scelerum suorum pro egregiis accipi videt.*

Avec nos vieux chroniqueurs on voit tout, on est présent à tout : Froissart nous fait assister aux festins d'Édouard III, aux combats de ses guerriers. La veille de l'affaire du pont de Lussac, où le fameux Jean Chandos fut tué, il s'était arrêté sur le chemin, dans une hôtellerie : « Il estoit, dit Froissart, dans « une grande cuisine près du foyer, et se chauffoit de feu de paille que son « héraultlui faisoit, et causoit familièrement à ses gens, et ses gens à lui, qui « volontiers l'eussent osté à sa mélancolie. » Le lendemain Chandos partit, et rencontra les Français, conduits par messire Louis de Saint-Julien, et Kerlouet le Breton : « Les Anglois se placèrent sur un tertre, peut-estre trois *bouviers* « de terre en sus du pont. » On voit que Froissart compte à la manière d'Homère. Le *bouvier* est l'espace que deux bœufs peuvent labourer en un jour. Chandos parle ensuite comme les héros de l'*Iliade*; il raille les ennemis: « Entre nous, François, s'écrie-t-il, vous estes trop malement bonnes gens d'ar-« mes; vous chevauchez partout à teste armée; il semble que le pays soit tout « vostre, et pardieu non est! » Il fut tué, en combattant à pied, parce qu'il s'embarrassa « dans un grand vestement qui lui battoit jusqu'à terre, armoyé « de son armoirie d'un blanc satin... Si commencèrent les Anglois à regretter « et à doulorer moult, en disant : « Gentil chevalier, fleur de tout honneur!

« messire Jean Chandos! à mal fut le glaive forgé dont vous estes navré et mis « en péril de mort! » De ses amis et amies fut plaint et regretté monseigneur « Jean Chandos: et le roi de France et les seigneurs de France l'eurent tan- « tost pleuré. »

Cet art de nous transporter au milieu des objets se fait remarquer chez nos vieux écrivains jusque dans la satire historique. Thomas Arthus nous représente Henri III couché dans un lit large et spacieux, se plaignant qu'on le réveille trop tôt à midi, ayant un linge et un masque sur le visage, des gants dans les mains, prenant un bouillon et se replongeant dans son lit. Dans une chambre voisine, Caylus, Saint-Mesgrin et Maugiron se font friser, et achèvent la toilette la plus correcte : on leur arrache le poil des sourcils, on leur met des dents, on leur peint le visage, on passe un temps énorme à les habiller et à les parfumer. Ils partent pour se rendre dans la chambre de Henri III, « branlant tellement le corps, la teste et les jambes, que je croyois à tout pro- « pos qu'ils dussent tomber de leur long... Ils trouvoient cette façon-là de mar- « cher plus belle que pas une autre. »

M. de Barante s'est pénétré de cette importante idée, qu'il faut faire passer les usages et les mœurs dans la narration. Il décrit les batailles avec feu : on y assiste. Il faut lire dans le livre second la fameuse aventure du connétable de Clisson et du duc de Bretagne. Y a-t-il rien de plus animé que la peinture de ce qui advint après la signature du traité entre le Dauphin et Jean sans Peur, au mois de juillet 1419? « La paix des princes, dit l'historien, leur avait causé « (aux Parisiens) une grande joie; cependant ils ne voyaient pas qu'on s'oc- « cupât beaucoup à faire cesser les désordres... Mais les esprits furent encore « bien plus tristement émus lorsque le 29 juillet, vers le milieu de la journée, « on vit arriver à la porte Saint-Denys une troupe de pauvres fugitifs en dé- « sordre, et troublés d'épouvante. Les uns étaient blessés et sanglants; les « autres tombaient de faim, de soif et de fatigue. On les arrêta à la porte, leur « demandant qui ils étaient, et d'où venait leur désespoir : Nous sommes de « Pontoise, répondaient-ils en pleurant; les Anglais ont pris la ville ce matin; « ils ont tué ou blessé tout ce qui s'est trouvé devant eux. Bienheureux qui a « pu se sauver de leurs mains! jamais les Sarrasins n'ont été si cruels aux « chrétiens qu'ils le sont. — Pendant qu'ils parlaient, arrivaient à chaque ins- « tant, vers la porte Saint-Denys et la porte Saint-Lazare, des malheureux à « demi nus, de pauvres femmes portant leurs enfants sur les bras et dans une « hotte, les unes sans chaperon, les autres avec un corset à demi attaché; des « prêtres en surplis et la tête découverte. Tous se lamentaient : O mon Dieu! « disaient-ils, préservez-nous du désespoir par votre miséricorde; ce matin « nous étions encore dans nos maisons, heureux et tranquilles; à midi, nous « voilà, comme gens exilés, cherchant notre pain. — Les uns s'évanouissaient « de fatigue; les autres s'asseyaient par terre, ne sachant que devenir; puis ils « parlaient de ceux qu'ils avaient laissés derrière eux. »

Voilà la vraie manière de l'histoire : c'est excellent.

L'*Histoire des ducs de Bourgogne* est écrite sans esprit de parti, mais non pas avec cette impartialité contraire au génie de l'histoire, qui reste indifférente au vice et à la vertu. On a oublié dans l'école moderne que l'histoire est un tableau, et que si le jugement le compose, c'est l'imagination qui le colore. La véritable impartialité historique consiste à rapporter les événements avec une scrupuleuse exactitude, à respecter la chronologie, à ne pas dénaturer les faits, à ne pas donner à un personnage ce qui appartient à l'autre : le reste est laissé au sentiment libre de l'historien.

C'est ainsi que M. de Barante écrit nécessairement dans les idées qui dominent son système politique. Quand il expose les crimes des classes secondaires de la société avec autant de sincérité que d'horreur, on sent qu'il y trouve une sorte d'excuse dans l'oppression des peuples et des communes; quand il raconte les vertus des chevaliers, on entrevoit qu'il serait plus satisfait si ces vertus appartenaient à une autre race d'hommes; mais cela n'ôte rien à l'intégrité de son jugement, ni à la fidélité de son pinceau. Chaque historien a son affection : Xénophon, Athénien, est Spartiate dans son histoire; Tite-Live est pompéien et républicain sous Auguste; Tacite, n'ayant plus que des tyrans à maudire, se compose des modèles de vertus dans quelques hommes privilégiés ou dans les Sauvages de la Germanie. En Angleterre, tous les auteurs sont whigs ou torys. Bossuet, parmi nous, dédaigne de prendre des renseignements sur la terre; c'est dans le ciel qu'il va chercher ses chartes. Que lui fait cet empire du monde, *présent de nul prix*, comme il le dit lui-même? S'il est partial, c'est pour le monde éternel : en écrivant l'histoire au pied de la Croix, il écrase les peuples sous le signe de notre salut, comme il asservit les événements à la domination de son génie.

M. de Barante a déjà publié quatre volumes de son histoire, qui font vivement désirer le reste. Il poursuit son ouvrage avec cette patience laborieuse sans laquelle le talent ne jette que des lueurs passagères, et ne laisse que des travaux incomplets. L'histoire est la retraite aussi noble que naturelle de l'homme de talent qui est sorti des affaires publiques. Là encore il y a des justices à faire. Nous savons bien que ces justices n'effraient guère dans ce siècle ceux qui se sont accoutumés au mépris public; il y a des hommes qui ne font pas plus de cas de leur mémoire que de leur cadavre; peu importe qu'on la foule aux pieds, ils ne le sentiront pas : mais ce n'était pas pour punir les morts, c'était pour épouvanter les vivants, que l'on traînait autrefois sur la claie les corps de certains criminels.

SUITE.

Mai 1825.

Nous avons rendu compte des premiers volumes de cet important et bel ouvrage. Deux autres volumes ont paru depuis cette époque, et deux nouveaux volumes sont au moment de paraître. Remettons rapidement sous les yeux du lecteur ce tableau si dramatique et si varié.

Le roi Jean est prisonnier en Angleterre; Philippe de Rouvre, dernier duc de la première maison de Bourgogne, meurt; Jean recueille son héritage, comme si la Providence voulait rendre au monarque captif autant de puissance et de provinces qu'il allait en céder à Édouard III pour sa rançon. Mais Jean donna à son fils bien-aimé, le jeune Philippe de France, qui avait combattu et avait été blessé auprès de lui à la bataille de Poitiers, le duché de Bourgogne; c'est Philippe le Hardi, premier duc de Bourgogne de la maison de Valois.

Sous ce premier duc s'écoule tout le règne de Charles V, ce règne si sage, si fertile en événements et en grands hommes, mais qui devait se terminer par le règne de Charles VI, où renaissent toutes les calamités de la France.

Philippe le Hardi vit encore commencer la maladie de Charles VI, et cette tutelle orageuse que se disputèrent des oncles ambitieux et une mère dénaturée. Les querelles des maisons d'Orléans et de Bourgogne éclatèrent. Il y a quelque chose de plus grand dans la maison de Bourgogne, mais quelque chose de plus attachant dans celle d'Orléans. On se range malgré soi de son parti; on lui pardonne la faiblesse de ses mœurs, en faveur de son goût pour les arts et de son héroïsme : par sa branche illégitime on passe de Dunois aux Longueville; par sa branche légitime, on arrive de Valentine de Milan à Louis XII et à François Ier.

Le premier crime vient de la maison de Bourgogne : Jean sans Peur, qui avait succédé à son père Philippe le Hardi, fait assassiner le duc d'Orléans le 23 novembre 1407. Il semble d'abord nier son crime, et s'en vante ensuite hautement, dernière ressource des hommes qui peuvent être convaincus, mais qui sont trop puissants pour être punis. Le duc de Bourgogne devient populaire à Paris. La reine fuit, emmenant à Tours le roi malade. Valentine de Milan succombe à sa douleur, sans avoir pu obtenir justice.

« Sa vie n'avait pas été heureuse, dit M. de Barante; sa beauté, sa grâce, « le charme de son esprit et de sa personne n'avaient réussi qu'à exciter la ja- « lousie de la reine et de la duchesse de Bourgogne. Les tendres soins qu'elle « avait pris du roi avaient accrédité encore plus la réputation de magie et de « sortilége qu'elle avait parmi le vulgaire. Elle avait aimé son mari et il lui « avait sans cesse et publiquement préféré d'autres femmes. Un horrible assas- « sinat le lui avait enlevé, et toute justice lui était refusée; son bon droit et sa « douleur étaient repoussés par la violence. Sauf la première indignation que « le crime avait produite, elle ne trouvait partout que des cœurs intéressés, « des sentiments froids, ou une opinion malveillante. Dans les derniers temps « de sa vie elle avait pris pour devise : *Rien nè m'est plus, plus ne m'est rien.* « C'était grande pitié que d'entendre au moment de sa mort ses plaintes et son « désespoir. Elle mourut entourée de ses trois fils et de sa fille. Elle vit aussi « venir près d'elle Jean, fils bâtard de son mari et de la dame de Cauny. Elle « aimait cet enfant à l'égal des siens, et le faisait élever avec le plus grand « soin. Parfois, le voyant plein d'âme et d'ardeur, elle disait qu'il lui avait « été dérobé, et qu'aucun de ses enfants à elle n'était si bien taillé à venger « la mort de son père. Cet enfant fut le comte de Dunois. »

Ce portrait est plein d'intérêt et de charme : le talent de l'auteur se montre surtout dans les détails où la sévérité de l'histoire permet un moment d'abaisser le ton et d'adoucir les couleurs. Les sortiléges de Valentine de Milan étaient ses grâces : cette étrangère, cette Italienne, apportant dans notre rude climat, dans la France à demi barbare, des mœurs civilisées et le goût des arts, dut paraître une magicienne : on l'aurait brûlée pour sa beauté, comme on brûla Jeanne d'Arc pour sa gloire.

Le traité de Chartres donna tout pouvoir au duc de Bourgogne; on trancha la tête au sire de Montaigu, administrateur des finances, ce qui ne remédia à rien; on convoqua une assemblée pour réformer l'État, et l'État n'en alla que plus mal. Les princes mécontents prirent les armes contre le duc de Bourgogne. Le duc d'Orléans, fils du duc assassiné, avait épousé en secondes noces Bonne d'Armagnac, fille du comte Bernard d'Armagnac, d'où le parti du duc d'Orléans, conduit par le comte Bernard, prit le nom d'*Armagnac*. On traite inutilement à Bicêtre; on se prépare de nouveau à la guerre. Les Armagnacs assiégent Paris; le duc de Bourgogne arrive avec une armée, et en fait lever le siége. A travers tous ces maux, l'ancienne guerre des Anglais continue, et un roi en démence ne reprend par intervalle sa raison que pour pleurer sur les malheurs de ses peuples.

Une sédition éclate dans Paris : les palais du roi et du Dauphin sont forcés; la faction des *bouchers* prend le chaperon blanc; le duc de Bourgogne perd son pouvoir, et se retire. On négocie à Arras.

Le roi d'Angleterre descend en France. La bataille d'Azincourt perdue renouvelle tous les malheurs de celles de Crécy et de Poitiers. Paris est livré aux Bourguignons après avoir été gouverné par les Armagnacs; les prisons sont forcées, et les prisonniers massacrés. Les Anglais s'emparent de Rouen, et Henri V prend le titre de roi de France.

Un traité de paix est conclu à Ponceau entre le duc de Bourgogne et le Dauphin (1419). Vaine espérance! les inimitiés étaient trop vives : Jean sans Peur est assassiné sur le pont de Montereau.

Le nouveau duc de Bourgogne, Philippe le Bon, s'allie avec les Anglais, pour venger son père. Henri V épouse Catherine de France, et Charles VI le reconnaît pour son héritier, au préjudice du Dauphin. Deux ans après la signature du traité de Troyes, Charles VI mourut à Paris; il avait été précédé dans la tombe par Henri V. Écoutons l'historien :

« Déjà depuis longtemps Charles VI n'avait plus ni raison ni mémoire; cependant il était toujours demeuré chéri et respecté du pauvre peuple; jamais on ne lui avait imputé aucun des malheurs qui avaient désolé le royaume pendant les quarante-trois années de son règne. On se souvenait que, dans sa jeunesse, il avait su plaire à tous par sa douceur, sa courtoisie, ses manières aimables; que de grandes espérances de bonheur avaient été mises en lui, et qu'il avait été surnommé le Bien-Aimé.

« On s'était toujours dit que les maux publics, les discordes des princes, les rapines des grands seigneurs, le défaut de bon ordre et de discipline, provenaient de l'état de maladie où était tombé ce malheureux prince. La bonté qu'il laissait voir dans les intervalles de santé avait augmenté cette idée, et

« avait fait de ce roi insensé un objet de vénération, de regret et de pitié; le « peuple semblait l'aimer de la haine qu'il avait eue pour tous ceux qui avaient « gouverné en son nom. Quelques semaines encore avant sa mort, quand il « était rentré à Paris, les habitants, au milieu de leurs souffrances et sous le « dur gouvernement des Anglais, avaient vu avec allégresse leur pauvre roi « revenir parmi eux, et l'avaient accueilli de mille cris de *Noël!* C'était un « sujet de douleur et d'amertume que de le voir ainsi mourir seul, sans qu'au- « cun prince de France, sans qu'aucun seigneur du royaume lui rendît les « derniers soins. En attendant le retour du régent anglais, qui suivait alors le « convoi du roi Henri, le roi de France fut laissé à l'hôtel Saint-Paul, où « chacun put, durant trois jours, le venir voir à visage découvert, et prier « pour lui. »

Quoi de plus touchant et de plus philosophique à la fois que ce récit! Le duc de Bedfort revenant des funérailles de Henri V, roi d'Angleterre, pour ordonner celles de Charles VI, roi de France; cette course entre deux cercueils, du cercueil du plus glorieux comme du plus heureux des monarques, au cercueil du plus obscur comme du plus infortuné des souverains : voilà ce que l'historien vous met sous les yeux sans réflexions, sans un vain étalage de moralités. Grande et sérieuse manière d'écrire l'histoire! La leçon est dans le tableau, et le tableau est digne de la leçon.

On sait que l'infortuné monarque, lorsqu'il reprenait sa raison, ne cessait de gémir sur les maux de la France; et lorsqu'il éprouvait une rechute, poursuivi par l'idée que sa folie le rendait une sorte de fléau pour ses sujets, il soutenait qu'il n'était pas roi, et effaçait avec fureur son nom et ses armes partout où il les rencontrait.

Le Dauphin se trouvait à Mehun sur Yèvres, en Berry, lorsqu'il apprit la mort de son père. « La bannière de France fut levée, dit encore excellemment « M. de Barante; et ce fut dans une pauvre chapelle, dans une bourgade « presque inconnue, que pour la première fois Charles VII fut salué du cri « de *vive le roi!*. . . . Les Anglais, par dérision, le nommèrent *le roi de* « *Bourges;* mais on pouvait voir dès lors combien il serait difficile de vaincre « son bon droit et d'établir d'une façon durable le pouvoir des anciens enne- « mis du royaume. »

Richemont, Dunois, Xaintrailles, La Hire, soutiennent d'abord l'honneur français sans pouvoir arracher la France aux étrangers; mais Jeanne d'Arc paraît, et la patrie est sauvée.

Quelque chose de miraculeux, dans le malheur comme dans la prospérité, se mêle à l'histoire de ces temps; une vision extraordinaire avait ôté la raison à Charles VI; des révélations mystérieuses arment le bras de la Pucelle : le royaume de France est enlevé à la race de saint Louis par une cause surnaturelle : il lui est rendu par un prodige.

Il faut lire, dans l'ouvrage de M. de Barante, le morceau entier sur la Pucelle d'Orléans. Il a su conserver dans le caractère de Jeanne d'Arc la naïveté de la paysanne, la faiblesse de la femme, l'inspiration de la sainte, et le courage de l'héroïne. On voit la bergère de Domremy planter une échelle contre les retranchements des Anglais devant Orléans, entrer la première dans la bastille attaquée : on la voit blessée, précipitée dans le fossé, pleurer et s'effrayer, mais revenir bientôt à la charge, emporter d'assaut les tourelles, en criant au capitaine anglais qui les défendait : « Rends-toi au Roi des cieux ! »

Confiante dans ce succès sans en être enorgueillie, elle déclare qu'elle va conduire le roi à Reims pour le faire sacrer. « Je ne durerai qu'un an, ou « guère plus, répétait-elle : il me faut donc bien l'employer. » Elle annonçait qu'après le sacre la puissance des ennemis irait toujours décroissant. On obéit à la voix de cette femme extraordinaire. Jargeau est escaladé; le fameux Talbot est vaincu et fait prisonnier à Patay. Cependant, manquant de vivres, et découragée par son petit nombre, l'armée du roi, arrêtée devant Troyes, veut retourner sur la Loire. La Pucelle prédit que Troyes va se soumettre, et Troyes ouvre en effet ses portes. Châlons se rend. Charles VII entre à Reims le 14 juillet 1529 : il est sacré à ces fontaines baptismales de Clovis où, après d'aussi grandes infortunes, Dieu ramène aujourd'hui Charles X.

« Pendant la cérémonie, Jeanne la Pucelle se tint près de l'autel, portant « son étendard; et lorsque après le sacre elle se jeta à genoux devant le roi, « qu'elle lui baisa les pieds en pleurant, personne ne pouvait retenir ses « larmes en écoutant les paroles qu'elle disait : « Gentil roi, ores est exécuté « le plaisir de Dieu, qui vouloit que vous vinssiez à Reims recevoir vostre « digne sacre, pour monstrer que vous estes vrai roi, et celui auquel doit « appartenir le royaume. »

Cependant Jeanne annonçait que son pouvoir allait expirer. « Savez-vous « quand vous mourrez, et en quel lieu ? » lui disait le bâtard d'Orléans.

« Je ne sais, répliqua-t-elle; c'est à la volonté de Dieu : j'ai accompli ce « que Messire m'a commandé, qui estoit de lever le siége d'Orléans, et de « faire sacrer le gentil roi. Je voudrois bien qu'il voulust me faire remener « auprès de mes père et mère, qui auroient tant de joie à me revoir. Je gar- « derois leurs brebis et bétail, et ferois ce que j'avois coutume de faire. »

Le roi, entré dans l'Ile de France, vient attaquer Paris. Jeanne avait passé le premier fossé; elle sondait le second avec une lance, lorsqu'elle fut atteinte à la jambe d'un coup de flèche. L'armée reçoit l'ordre de faire retraite. « Jeanne, qui voulait quitter le service, suspendit son armure blanche au « tombeau de Saint-Denys, avec une épée qu'elle avait conquise sur les An- « glais dans l'assaut de Paris. » Elle se battit pourtant encore quelque temps : son avis était qu'on ne pouvait trouver la paix qu'à la pointe de la lance. « La « terreur que répandait son nom devint telle, dit l'historien, que les archers « et les gens d'armes qu'on enrôlait en Angleterre prenaient la fuite, et se ca- « chaient plutôt que de venir en France combattre contre la Pucelle. » Jeanne allait retourner à Dieu, dont elle était venue.

Dans une sortie vigoureuse qu'elle fit de Compiègne sur les Bourguignons qui assiégeaient cette ville, elle tomba aux mains de ses cruels ennemis. Le jour même où elle fut prise, elle avait dit : « Je suis trahie, et bientôt je serai « livrée à la mort. Je ne pourrai plus servir mon roi, ni le noble royaume de « France. » Les Anglais, en apprenant la prise de Jeanne, poussèrent des cris de joie ; ils crurent que toute la France était à eux. Le duc de Bedfort fit chanter un *Te Deum.*

Sur la demande d'un inquisiteur et de l'évêque de Beauvais, la Pucelle fut livrée aux Anglais par les Bourguignons, ou plutôt vendue pour la somme de dix mille francs. On fit faire une cage de fer où on l'enferma, après lui avoir mis les fers aux pieds : elle fut déposée, ainsi traitée pour la France, dans la grosse tour de Rouen. « Les archers anglais qui gardaient cette pauvre fille « l'insultaient grossièrement, et parfois essayèrent de lui faire violence. » Elle fut exposée aux outrages même des seigneurs anglais.

Son procès commença. Environnée de piéges, enlacée dans des mensonges par lesquels on voulait surprendre sa foi, Jeanne fut trahie même par le premier confesseur qu'on lui envoya. L'évêque de Beauvais et un chanoine de Beauvais conduisaient toute la procédure. « Jeanne commença par subir six « interrogatoires de suite devant ce nombreux conseil. Elle y parut peut-« être plus courageuse que lorsqu'elle combattait les ennemis du royaume. « Cette pauvre fille, si simple que tout au plus savait-elle son *Pater* et son « *Ave*, ne se troubla pas un seul instant. Les violences ne lui causaient ni « frayeur ni colère. On n'avait voulu lui donner ni avocat ni conseil; mais sa « bonne foi et son bon sens déjouaient toutes les ruses qu'on employait pour « la faire répondre d'une manière qui aurait donné lieu à la soupçonner d'hé-« résie ou de magie. Elle faisait souvent de si belles réponses, que les docteurs « en demeuraient tout stupéfaits. »

Une fois on l'interrogeait touchant son étendard.

« Je le portois au lieu de lance, dit-elle, pour éviter de tuer quelqu'un : je « n'ai jamais tué personne. »

On voulut savoir quelle vertu elle attribuait à cette bannière.

« Je disois : Entrez hardiment parmi les Anglois, et j'y entrois moi-mesme. »

On lui demanda pourquoi au sacre de Reims elle avait tenu son étendard près de l'autel; elle répondit :

« Il avoit esté à la peine, c'estoit bien raison qu'il fust à l'honneur. »

On voulut avoir d'elle avant son supplice une sorte d'aveu public de la justice de sa condamnation. Un prédicateur ayant parlé contre le roi de France, Jeanne l'interrompit en lui disant : « Parlez de moi, mais non pas du roi : j'ose « bien dire et jurer, sous peine de la vie, que c'est le plus noble d'entre les « chrestiens. »

Elle allait échapper à ses bourreaux, en réclamant la juridiction ecclésiastique; elle avait repris les vêtements de son sexe, et promis de les garder : pour lui faire violer cette promesse, on lui enleva ses vêtements pendant son sommeil, et on ne lui laissa qu'un habit d'homme. Obligée par pudeur de s'en revêtir, elle fut jugée relaps, comme telle abandonnée au bras séculier, et condamnée à être brûlée vive.

La sentence fut exécutée. Son second confesseur, qui rachetait par ses vertus l'infâme trahison du premier, « frère Martin l'Advenu étoit monté sur le bûcher « avec elle : il y étoit encore, que le bourreau allume le feu : « Jésus ! » s'écria Jeanne, et elle fit descendre le bon prêtre. « Tenez-vous en bas, dit-elle,

« levez la croix devant moi, et dites-moi de pieuses paroles jusqu'à la fin... » Protestant de son innocence et se recommandant au ciel, on l'entendit encore prier à travers la flamme. Le dernier mot qu'on put distinguer fut *Jésus*.

Tel fut le premier trophée élevé par les armes anglaises au jeune Henri VI, qui se trouvait alors à Rouen ! telle fut la femme qui sauva la France, et l'héroïne qu'un grand poëte a outragée. Ce crime du génie n'a pas même l'excuse du crime de la puissance : l'Angleterre avait été vaincue par le bras d'une villageoise; ce bras lui avait ravi sa proie; le siècle était grossier et superstitieux; et enfin ce furent des étrangers qui immolèrent Jeanne d'Arc. Mais au dix-huitième siècle ! mais un Français ! mais Voltaire !... Honneur à l'historien qui venge aujourd'hui d'une manière si pathétique tant de vertus et de malheurs !

Disons-le aussi à la louange des temps où nous vivons, une telle débauche du talent ne serait plus possible. Avant l'établissement de nos nouvelles institutions, nous n'avions que des mœurs privées, aujourd'hui nous avons des mœurs publiques, et partout où celles-ci existent, les grandes insultes à la patrie ne peuvent avoir lieu; la liberté est la sauvegarde de ces renommées nationales qui appartiennent à tous les citoyens.

Henri VI quitta Rouen, et vint à Paris; il fut couronné dans cette cathédrale où devait être consacrée une autre usurpation : il n'y resta qu'un mois. Le traité d'Arras réconcilia le roi de France et le duc de Bourgogne. Paris ouvrit ses portes au maréchal de l'Ile-Adam (1436), et le roi, un an après, y fit son entrée solennelle. « Le sire Jean Daulon, qui avait été écuyer de la Pucelle, te-« nait le cheval du roi par la bride : Xaintrailles portait devant lui le casque « royal, orné d'une couronne de fleurs de lis; et le bâtard d'Orléans, le fa-« meux Dunois, couvert d'une armure éclatante d'or et d'argent, menait l'ar-« mée du roi. »

Nous avons été bien malheureux; nos pères l'ont-ils été moins? Après le règne de Charles VI et de Charles VII, M. de Barante nous présentera le tableau de la tyrannie de Louis XI. Les guerres de l'Italie et la captivité de François Ier ne sont pas loin, et les fureurs de la Ligue les suivent. La France ne respire enfin qu'après les désordres de la Fronde; car si les guerres de Louis XIV l'épuisèrent, elles ne troublèrent pas son repos. Cette paix continua sous Louis XV, et il faut remarquer que c'est en avançant vers la civilisation, que les peuples voient augmenter la somme de leurs prospérités. L'immense orage de la révolution a éclaté après un siècle et demi de tranquillité intérieure. Il a changé les lois et les mœurs; mais il n'a pas arrêté la civilisation. Une autre histoire va naître : quels en seront les personnages? Souhaitons-leur un historien qui, comme M. de Barante, parle des rois sans humeur, des peuples sans flatterie, et qui ne méprise ni n'estime assez les hommes pour altérer la vérité.

SUR L'HISTOIRE DES CROISADES,

PAR M. MICHAUD, DE L'ACADÉMIE FRANÇAISE.

Octobre 1825.

Des choses remarquables se passent sous nos yeux. Tandis qu'un mouvement immense emporte les peuples vers d'autres destinées, tandis qu'une politique en sommeil néglige d'attacher à ce qui reste de croyances et d'institutions anciennes les intérêts d'une société nouvelle, cette société se jette avec une égale ardeur sur le passé pour le connaître, sur l'avenir pour en faire la conquête.

C'est en effet un trait particulier de notre époque, que la grande activité politique qui travaille les générations ne se perde plus, comme aux premiers jours de nos expériences, dans le champ des théories. On se résigne (courage bien singulier!) au changement des doctrines par l'étude des faits, se précautionnant, pour ne pas s'égarer dans la route qu'on va suivre, de toutes les autorités de l'histoire.

A cette idée de prudence il se mêle aussi une idée de consolation. Cette chaleur de travail et d'instruction historique, cette sorte d'invasion dans les monuments des vieux âges, vient encore du besoin universel d'échapper au présent. Ce présent pèse en effet à toutes les âmes fortes, tant il leur est étranger, tant elles sont peu contemporaines des hommes qui s'agitent et des choses qui se traînent sous nos yeux. Il semble que pour retrouver une France noble et belle, telle que des hommes d'État, dignes de ce nom, pourraient la faire ; il semble qu'on soit obligé d'aller demander à l'histoire de quoi nourrir cet orgueil de nous-mêmes qui, malgré tout ce qu'on a fait pour le flétrir, ne nous quittera pas. Il faut donc considérer comme une généreuse conspiration de patriotisme cette noble passion de notre époque pour l'étude des souvenirs, des traditions, des monuments nationaux.

Une pensée fraternelle semble animer ceux qui lisent et ceux qui écrivent. L'histoire des vieux temps, tracée par des hommes du nôtre, resserre encore les liens de la parenté. Ceux qui ont des souvenirs, ceux qui ont des espérances, se rapprochent dans ce commerce historique. Par une double rencontre, il devient l'occupation des hommes mûrs qui ont passé par les affaires, et des hommes jeunes encore qui doivent y passer : ils mettent en commun leurs nobles douleurs et leurs ambitions généreuses. Chassés du présent par une politique étroite, ils se retrouvent dans les jours qui ne sont plus.

Il est surtout quelques vieux Français à qui la consolation d'écrire sur l'histoire de la monarchie semble aujourd'hui plus particulièrement appartenir. Ce sont ces vétérans de l'exil, refoulés encore loin de ce trône relevé par leur persévérance, chez qui l'habitude des proscriptions n'a fait qu'allumer l'ardeur de nouveaux services, et qui, en s'éloignant du palais des rois, se sont donné rendez-vous sous l'oriflamme, afin d'en redire la gloire.

Retiré sous cette vieille bannière, c'est là que M. Michaud a écrit l'*Histoire des Croisades*. La conception et le succès d'une aussi vaste entreprise témoignent honorablement en sa faveur : il a achevé son ouvrage malgré les fatigues d'une vie mêlée à tous nos orages politiques. Si le public a accueilli cet ouvrage avec un grand sentiment de justice, c'est que l'auteur possède cette fidélité de doctrines, toujours estimable, par laquelle on tient à un parti; cette élévation de sentiments, et cette bonne foi de la raison, par laquelle on touche à l'opinion de tous les hommes.

L'*Histoire des Croisades*, dont nous annonçons la quatrième édition, est l'heureux fruit de cette heureuse alliance de qualités. Écrite sous des temps différents, par intervalles, par parties détachées, elle forme un tout régulier. C'est le même esprit qui domine tout cet ensemble de récits divers et compliqués.

Nous avons déjà dit ce que nous pensons de cet ouvrage, qui a fait naître une unanimité de suffrages dans des jours de divisions. Cette dernière édition atteste la sollicitude infatigable de l'auteur, qui ajoute, qui modifie, qui, plus pénétré de l'ensemble des faits généraux, redonne à chacun des faits particuliers une physionomie plus marquée et plus précise.

Ayant à peindre l'époque la plus pittoresque de l'histoire moderne, des mœurs pleines de grandeur et de naïveté, de crimes et de vertus, de croyances ardentes, M. Michaud a très-bien senti qu'un tableau si intéressant par les noms, par les souvenirs, par les résultats, n'avait besoin que de simplicité. Il a senti surtout l'avantage de pouvoir disposer à son gré des chroniqueurs; de mêler quelquefois leur rude expression à l'éclat des faits qu'il raconte ; de faire dire, avec toute la simplicité des ermites, des exploits agrandis par tout le courage des chevaliers : c'est toujours un historien que l'on suit, quelquefois un pèlerin qu'on écoute.

Il y avait trois difficultés dans l'histoire complète des croisades : c'était d'indiquer leur cause première ; de retrouver dans la poussière de tant de milliers d'hommes, la trace des premiers pas faits vers la Terre-Sainte; puis, une fois cette indication préliminaire établie, il fallait mettre de l'ordre et de l'enchaînement dans cette suite de migrations et d'entreprises qui n'eurent pas toutes plus tard le mobile qu'elles avaient eu d'abord.

Restait ensuite la tâche du philosophe après celle de l'historien; restait à juger les résultats, après avoir raconté les événements; à promener des regards tranquilles sur les conséquences terrestres des guerres religieuses, sur l'action puissante de ces temps barbares pour enfanter la civilisation au nom de laquelle on les a trop souvent accusés.

Or, l'historien des croisades nous paraît en avoir bien surpris les causes; elles sont simples, mais il n'y a que beaucoup d'études historiques qui pouvaient mettre sur la voie de ces causes. L'usage, ancien déjà parmi les chrétiens, au moment des croisades, de faire des pèlerinages au tombeau de Jésus-Christ, voilà une bien tranquille origine à cette fougue guerrière qui poussa les populations de l'Europe sur les populations de l'Asie. Mais cette origine est pourtant vraie, et elle est démontrée jusqu'à l'évidence par la gradation que l'auteur introduit dans la narration successive de ces saints voyages, commencés avec le bourdon et continués avec l'épée. Entraîné par l'enchaînement du récit, vous voyez grossir peu à peu la foule, et bientôt les croisades ne nous paraissent plus que des pèlerinages de cinquante mille hommes armés.

Quand, dans un sujet, on va au fond des choses, il est tout simple que la forme, esclave fidèle, se moule sur le sujet choisi par l'écrivain. Il n'y avait qu'un écueil pour le style dans l'*Histoire des Croisades*, c'était d'être entraîné par la poésie du sujet, et de se tromper de Muse. M. Michaud a évité cet écueil, mais en même temps il a su conserver la vie et le mouvement à ses personnages. Dans les circonstances nécessaires, sa diction est éclatante sans cesser d'être naturelle.

Malgré la sobriété des ornements que la gravité de l'historien commandait à l'inspiration du poëte, on voit souvent un heureux mélange de l'esprit qui éclaire avec l'imagination qui colore. Nous choisirons parmi plusieurs de ces tableaux celui du départ des croisés après le concile de Clermont. Il nous a fait éprouver ce sentiment d'enthousiasme qui n'appartient qu'à la jeunesse des individus comme à celle des nations, et qui faisait tout quitter aux croisés pour une visite lointaine à un tombeau.

« Dès que le printemps parut, dit l'historien, rien ne put contenir l'impatience des croisés; ils se mirent en marche pour se rendre dans les lieux où ils devaient se rassembler. Le plus grand nombre allait à pied, quelques cavaliers paraissaient au milieu de la multitude, plusieurs voyageaient montés sur des chars traînés par des bœufs ferrés; d'autres côtoyaient la mer, descendaient les fleuves dans des barques ; ils étaient vêtus diversement, armés de lances, d'épées, de javelots, de massues de fer, etc. La foule des croisées offrait un mélange bizarre et confus de toutes les conditions et de tous les rangs : des femmes paraissaient en armes au milieu des guerriers... On voyait la vieillesse à côté de l'enfance, l'opulence près de la misère; le casque était confondu avec le froc, la mitre avec l'épée, les seigneurs avec les serfs, le maître avec le serviteur. Près des villes, près des forteresses, dans les plaines, sur les montagnes, s'élevaient des tentes, des pavillons pour les chevaliers, et des autels dressés à la hâte pour l'office divin; partout se déployait un appareil de guerre et de fête solennelle. D'un côté, un chef militaire exerçait ses soldats à la discipline; de l'autre, un prédicateur rappelait à ses auditeurs les vérités de l'Évangile : ici, on entendait le bruit des clairons et des trompettes; plus loin, on chantait des psaumes et des cantiques, Depuis le Tibre jusqu'à l'Océan, et depuis le Rhin jusqu'au delà des Pyrénées, on ne rencontrait que des troupes d'hommes revêtus de la croix, jurant d'exterminer les Sarrasins, et d'avance célébrant leurs conquêtes; de toutes parts retentissait le cri de guerre des croisés : ***Dieu le veut! Dieu le veut!***

« Les pères conduisaient eux-mêmes leurs enfants, et leur faisaient jurer de vaincre ou de mourir pour Jésus-Christ. Les guerriers s'arrachaient des bras de leurs épouses et de leurs familles, et promettaient de revenir victorieux. Les femmes, les vieillards, dont la faiblesse restait sans appui, accompagnaient leurs fils ou leurs époux dans la ville la plus voisine, et, ne pouvant se séparer des objets de leur affection, prenaient le parti de les suivre jusqu'à Jérusalem.

Ceux qui restaient en Europe enviaient le sort des croisés, et ne pouvaient retenir leurs larmes : ceux qui allaient chercher la mort en Asie étaient pleins d'espérance et de joie.

« Parmi les pèlerins partis des côtes de la mer, on remarquait une foule d'hommes qui avaient quitté les îles de l'Océan. Leurs vêtements et leurs armes, qu'on n'avait jamais vus, excitaient la curiosité et la surprise. Ils parlaient une langue qu'on n'entendait point; et, pour montrer qu'ils étaient chrétiens, ils élevaient deux doigts de la main l'un sur l'autre, en forme de croix. Entraînés par leur exemple et par l'esprit d'enthousiasme répandu partout, des familles, des villages entiers partaient pour la Palestine; ils étaient suivis de leurs humbles pénates; ils emportaient leurs provisions, leurs ustensiles, leurs meubles. Les plus pauvres marchaient sans prévoyance, et ne pouvaient croire que celui qui nourrit les petits des oiseaux laissât périr de misère des pèlerins revêtus de sa croix. Leur ignorance ajoutait à leur illusion, et prêtait à tout ce qu'ils voyaient un air d'enchantement et de prodige; ils croyaient sans cesse toucher au terme de leur pèlerinage. Les enfants des villageois, lorsqu'une ville ou un château se présentait à leurs yeux, demandaient si *c'était là Jérusalem*. Beaucoup de grands seigneurs, qui avaient passé leur vie dans leurs donjons rustiques n'en savaient guère plus que leurs vassaux; ils conduisaient avec eux leurs équipages de pêche et de chasse, et marchaient précédés d'une meute, portant leur faucon sur le poing. Ils espéraient atteindre Jérusalem en faisant bonne chère, et montrer à l'Asie le luxe grossier de leurs châteaux.

« Au milieu du délire universel, personne ne s'étonnait de ce qui fait aujourd'hui notre surprise. Ces scènes si étranges, dans lesquelles tout le monde était acteur, ne devaient être un spectacle que pour la postérité. »

Aujourd'hui même on retrouverait quelque chose de ce sentiment exalté pour une croisade nouvelle : la Grèce réveillerait facilement le double enthousiasme du chrétien et de l'admirateur de la gloire et des arts. Mais les gouvernements n'ont plus le caractère des peuples; ils s'en séparent; et de cette division naîtra un jour des révolutions inévitables. Pierre l'Ermite souleva le monde par le seul récit des maux qu'enduraient les pèlerins voyageant en Terre-Sainte : que des vaisseaux sous pavillon chrétien portent au marché du musulman des femmes chrétiennes et des enfants chrétiens dont les infidèles ont égorgé les maris et les pères, on trouve ce commerce tout naturel; mais la postérité ne le trouvera pas tel. Cette indifférence même d'une politique rétrécie sera punie : la Grèce se sauvera seule, ou par l'influence d'un gouvernement qui saura bien enlever à l'Europe continentale les fruits qu'elle aurait pu tirer d'un effort généreux en faveur d'une nation opprimée.

En attendant, pour trouver des sentiments généreux, relisons l'*Histoire des Croisades*. Les détails de cette histoire existaient, mais dispersés dans des matériaux confus et indigestes. M. Michaud les a rassemblés : c'est un tableau qui a trouvé un peintre.

FIN DES MÉLANGES LITTÉRAIRES.

TABLE DES MATIÈRES

CONTENUES DANS CE VOLUME.

FIN DE LA TABLE.

LAGNY. — Imprimerie VIALAT et Cie.

Made in the USA
Monee, IL
10 September 2026

62770888R00177